# 一生一事

## 做書的日子

李昕 著

（一九八二至二〇二二）

本書作者

# 序

劉再復

三月間，李昕兄告訴我，他正在寫作一部回憶錄，追憶的是自己的編輯歷程。還說寫成之後希望我為他的新書作一序文。他的「希望」不帶任何「世故」之思，即沒想到由我這個海外遊子作序會不會帶來什麼不利影響。我答應作序也不帶任何「世故」之念，即完全沒想到李昕可是中國一流人文出版社三聯的總編等等。只是想到，我的寫作生涯與李昕兄的編輯生涯太密切、太息息相關了，我可以講講自己的感受。歷史的經驗固然值得注意，但自己的經驗和感受卻最可靠。我的經驗和感受告訴我：李昕可真是好編輯呀！

李昕編輯生涯的三個主要段落（北京擔任人民文學出版社編輯時期；香港擔任三聯副總編和總編時期；北京擔任三聯副總編和總編時期）都和我關係密切，具體地說，都支持過我，幫助過我，甚至是「啟動」了我。

使用「啟動」這個詞，絕非故作驚人之語。我可以告訴朋友們：如果不是二〇〇二年春的那一天，李昕和舒非（詩人，三聯編輯）一起到城市大學教師宿舍找我並鄭重地向我約稿，我可能不會寫出《紅樓四書》，也不可能寫出《雙典批判》等，我「返回古典」並燃燒起書寫古典的熱情，完全是那一天他們給點燃的。那一天，李昕以香港三聯負責人的身份看望我，知道我在城市大學中國文化中心（鄭培凱主持）正在講解《紅樓夢》、《三國演義》和《水滸傳》，就立即作出約稿的決斷。他用斬釘截然的語言對我說：「您的《紅樓夢》講稿，我們可以出版。您什麼時候交稿，我們就什麼時候進入編輯過程。」他講得一點也不含糊，一點也不猶豫。其赤熱的口吻，其堅定的態度，讓我立即感受到信賴與真誠，也感受到鼓舞。不管怎麼說，香港三聯是大陸官方背景的出版社，我作為一個海外遊子，已經多年沒有在這種出版機構出過書了。那個瞬間，我完全沒想到他如此大膽，如此坦率，如此「毫無畏懼」。在李昕與舒非的「感召」之下，我當時就作出一個重要決定：好，抓緊整理，整理好了就交給你們。大約努力了一年，我終於把《紅樓夢悟》整理出來了，舒非作為責任編輯很快就推出《紅樓夢悟》。沒想到，二〇〇四年，李昕兄調到北京三聯擔任副總編。離開香港前夕，他又告訴我：「《紅樓夢悟》，不僅要在香港出，我到北京後，也要在北京出簡體版。」這又給我一個意外的驚喜，使我信心百倍。於是，我又着手寫了《共悟紅樓》、《紅樓人三十種解讀》、《紅樓哲學筆記》。李昕兄指定曾誠、劉蓉林、徐國強等為責任編輯，於是《紅樓四書》就這樣在香港與北京先後問世了。見到「四書」的樣本，我和許多朋友說：「你知道這套書的第一原動力是誰嗎？是李昕！」

李昕在北京主持三聯編輯業務的九年裏（二〇〇五至二〇一四），我也開始了一段「回歸故國」的心事浩茫的歷程。從「返回古典」到「返回北京」，這純屬偶然。在這偶然裏，有一重要因素，便是一個名為「李昕」的人。因為他，我在三聯一鼓作氣出了將近二十部書籍，除了《紅樓四書》外，還有《賈寶玉論》（李昕退休後在北京三聯出版）、《李澤厚美學概論》、《雙典批判》（責任編輯朱競梅）、《隨心集》（責任編輯朱競梅），還有由鄭勇兄擔任責任編輯（後提升為副總編）、由白燁編選的《劉再復散文精編》十卷（《師友紀事》、《人性諸相》、《世界遊思》、《檻外評說》、《漂泊心緒》、《八方序跋》、《兩地書寫》、《天涯寄語》、《散文詩華》、《審美筆記》等）。在三聯的「敢為天下先」精神的影響下，也由於周青豐兄的推動，福建人民出版社、中信出版社、福建教育出版社也紛紛推出我的舊作與新作共六十種左右。幾年間，我的名字又重新走上祖國的大地和祖國的心靈，真的「復活」了。所以說李昕兄不僅幫助了我，而且「啟動」了我，並非虛言。

其實，在香港之前李昕的北京十四年（一九八二至一九九六）時期，我的文學生涯與李昕的編輯生涯就奇妙地聯結上了。他於一九八二年從武漢大學中文系畢業後便到人民文學出版社工作。到了一九八五年，他也只能算是工作之初。而我剛就任文學研究所所長，也是初弄潮流，很需要國家的金牌出版社支持。那時，我借助手中權力，想做一番打破「蘇式教條」的改革事業。一方面，我自己提出兩大理論：一是提出「性格組合論」，想以人性論打破階級論；

二是提出〈論文學主體性〉，想以「主體論」哲學基點取代「反映論」哲學基點。當時我把「蘇式教條」當作「大風車」，把自己當作唐．吉訶德，真的是想衝撞搏鬥一番。沒想到，就在那個時刻，我和李昕相逢了。他支持我，要出版我的〈論文學主體性〉，但篇幅不夠，於是，我又選了一些相關的文章，編成一部《文學的反思》。李昕說，此書是「重頭戲」，書前要放張照片。我說，能否放一張我和愛人陳菲亞的合影，她為我抄寫稿子很辛苦。李昕滿口答應：「沒問題！」這張照片的刊登，讓菲亞高興了好久，說了幾遍「小李真不同凡響」。沒想到，書籍出版後，我的一位師長竟然給出版社提了意見，說：「把妻子的照片也放上去，太過分了。」因為這本書，我才知道李昕這位剛出茅廬的年輕編輯非同一般，做事不拘一格。我喜歡這種敢擔當、有作為的人才。李昕還有一件事讓我感動，就是我在「大戰風車」時，主編一套《文藝新學科建設叢書》，也得到他的全力支持。為了戰勝風車，我借用各種武器，其中包括自然科學的新三論（系統論、控制論、信息論）。進而我又在文學所開設一個新的研究室，命名為「新學科研究室」，請我的好友董乃斌和程廣林（程麻）當正副主任。新學科室的建立引起了非議。當時副院長汝信提醒我：文藝新學科名字太彰顯，有人不贊成。為了證明新學科的合理性與可能性，我策劃這套叢書，自己擔任主編。在這一「緊要關頭」，我請三位出版界朋友幫忙，一是文聯出版社的鄭榮來兄；二是中國社科出版社的白燁兄；三是人民文學出版社的李昕兄。沒想到，李昕兄又是滿口答應。他的支持真的鼓舞了我。於是，書籍一本一本問世。如果不是那場政治風波，這一番事業應當會給共和國的文化臉面增色。李昕對這套叢書的支持，讓我從內心深處把他當作「自己人」。儘管我從未有過「山頭」意識和「圈子」意識，但在無意中卻真把他當作八十年代「大戰風車」的同伴，「唐．吉訶德傻子王國」的兄弟了。因此，十幾年後在香港重逢，也算是「他鄉遇故知」。

在北京和李昕相識時，我只想到他是「年輕才俊」，可以助我這個「弄潮兒」一臂之力，並沒有想到他以後會是國家出版事業的真脊樑等等，直到他退休，我才恍然悟到，這麼年青，怎麼就退休了。那一瞬間我先是意識到自己老了，之後，便意識到，這個李昕真能幹。不僅有「識」，而且有「膽」，可謂學膽識兼備，他不僅善於「策劃」，而且有「策略」，做事比我穩當多了。不像我那麼「唐．吉訶德」，那樣老戰風車，也是在那個瞬間，我才意識到，自己已無「話語權力」了。只是今天讀了他的這本回憶錄，更明白自己對他的一切感受都沒錯。他真的默默地做了許多好事，包括出版《鄧小平時代》這樣的特大好事，為國家為他人默默地做了許多「嫁衣裳」。而我此刻在美國洛磯山下閱讀他的回憶錄，除了回應「默默的敬意」之外，什麼也沒有。

美國科羅拉多

二〇一七年四月二十三日

# 目錄

## 下篇：北京三聯九年（二〇〇五至二〇一四） 245

# 上篇

## 人文社十四年（一九八二至一九九六）

# 一、走上出版道路

一九八二年七月，我從武漢大學中文系畢業。那時，國家還在實行大學畢業生統一分配制度。國家把編製好的用人計劃下發給大學，由大學根據計劃中的用人指標派遣學生。因為文革十年，高等教育先是中斷，繼而辦學不正規，造成國內無論中央還是地方都人才稀缺。所以一九七七年恢復高考制度後，第一屆和第二屆畢業生非常搶手。我是七八級畢業生，算是第二屆。我們中文系的畢業分配指標，中央和湖北省以及其他省份的行政和文化單位的用人名額非常多，大約可以佔到百分之九十五以上的比例。我們全年級六十名同學，北京的分配名額有十六個，其中行政和新聞單位居多，其他如教學、科研、出版單位都有。同學中湖北人居多，佔半數左右，他們大多希望留在武漢，其他如家在湖南、河南的同學等，也大多關注本省的用人單位，而家在北京的同學只有我一人，所以在畢業分配時，我基本沒有遇到競爭。

我大學四年的學習成績不錯，在年級裏排名第二，拿下過畢業論文演講和答辯比賽的一等獎。當時系裏的領導可能覺得我有點口才，適合留校當教師，於是找我談話。我知道本科生留校，這學歷是不夠的，而且系裏說要留我教外國文學，我在這方面的訓練更是達不到要求。但系主任張廣明先生對我說，準備留校後第二年就送我去美國讀研究生，還舉例說七七級有一位現已留校的同學，他們就是這樣安排的。但我略為考慮了一下，還是婉拒了，因為我那時太想回北京了。

我自從一九六九年四月從北大附中初中畢業後到吉林省洮安縣農村插隊，到此時已經十三年了。一個人漂泊在外，很有幾分想家。當年和我一起下鄉的中學同學，十之八九都以各種理由陸陸續續回到了北京。我父母

作者參加畢業論文演講答辯比賽（一九八二年）

也非常希望我趕快回來。那時他們都已年近七旬，身體也都有多種疾病。對我的畢業分配，他們的唯一希望，就是回北京與他們團聚。何況，那時我的女朋友在北京，我們已經準備結婚，她雖然不介意我留在武漢，但是終究也認為，我還是回北京更好。

婉拒留校以後，就需要填報志願：地點和職業。我選擇了北京和出版。為什麼選擇出版？這是因為我覺得自己不適合做黨政工作，儘管我在學校已經是黨員，而且擔任班長，但是我不喜歡政治性的活動，對機關事務沒有興趣，而一腦門子希望搞業務工作。若是去當記者，倒是有多個單位可以選擇，例如中國新聞社、《中國財貿報》（今《經濟日報》）等，但是我認為自己和一些同學相比，筆頭不算靈敏，才氣並不突出，恐怕很難一輩子靠寫文章吃飯。至於去科研單位，我又感到自己在文革中被耽誤得太多，學術根基不牢，很難做起大學問。我當時就想到，古人強調的「才學識」，我除了有一點「識」以外，別無所長。所謂「識」，就是分析問題的能力和見識，我因為上大學前下鄉當了幾年知青，社會經驗比起那些從校門到校門的年輕同學豐富一些，所以寫起文藝評論來比較得心應手，在學生時代就曾經發表過評論文章。大家對我這方面的才能也比較肯定，所以畢業前夕我們面對社會招生，舉辦「武漢大學中文系優秀畢業生寫作講習班」，開設七八門課程，其中的「文學概論」課程，就是由我主講的。這種情況，使我自我評估，覺得自己大約比較適合做文學類圖書的編輯。正巧，我打聽到北京的出版單位來武大招收畢業生的名額，就是人民文學出版社（以下簡稱人文社）的編輯崗位。於是我毫不猶豫選擇了它。

我對文藝評論最初的感覺，以及我對編輯工作和人文社的最初的認知，也部分地來源於我的父親。家父在清華大學外語系任教，解放初期曾經擔任蘇聯塔斯社在中國創辦的時代出版社的兼職編輯，此時期他翻譯過不少研究蘇俄文學的文藝評論類著作，其中有兩本，就是在人文社出版的。家父那時為了提高自己的文學修養和翻譯能力，大量閱讀中外小說，所以我們家裏的藏書，也有相當的比例，是人文社的出版物。我可以說從小便懵懵懂懂地跟着家父讀了多部人文社出版的圖書，那時就知道這是一家權威性很高的文學專業出版機構。更為巧合的是，大約五十年代中期，家父工作的時代出版社被合併到人文社，家父雖然解除了他與時代社的兼職關係，但是他當年的老同事和老朋友如孫繩武、許磊然、劉遼逸等，都成了人文社的

作者在武漢長江邊（一九八〇年）

編輯。所以家父和這家出版社算是有緣分，也有感情，他聽說我申請到這家出版社工作，當然非常支持。

因為沒有人和我競爭，所以我非常順利，如願以償。在同學們普遍焦慮，不知畢業去向的時候，我已經早早確定了自己未來的工作崗位。七月放暑假，許多同學不敢離校，我則按時回到北京，和女友結婚，在青島和上海旅行了半個多月。八月回到武漢，拿到了派遣證。

雖然被分配到人文社並不像被派遣到中央部委那麼牛氣，但是武大的老師們卻似乎對我去人文社格外重視。因為這畢竟是一所專業機構，對於學中文的學生來說，仍然是去做業務工作，而不是去當官、當公務員。而且，在他們看來，這是一個有條件為武大中文系做貢獻的崗位，將來中文系的老師要在人文社出版自己的著作，就更加方便了。此前，武大中文系已經有兩個校友在人文社，現在都已經是骨幹中的骨幹（即陳早春和何啟治，他們後來分別擔任人文社的社長和副總編輯），如果我再進入人文社，就自然成了那兩個校友的接班人。所以，聽到我的畢業分配消息，不少老師都向我表示祝賀。特別是現代文學專家陸耀東教授，在校期間他和我接觸不多，他大概知道我學習成績不錯，雖然在現代文學方面我從沒有專門向他請教過什麼。我的大學畢業論文選擇的是中國古代文論的題目，也並非由他指導，可是這時他卻特地把我叫到他家裏，對我耳提面命，告訴我，一定要珍惜這次分配帶來的機會，一定要在人文社站住，做好。他說人文社名家多、專家多，對青年人選用很嚴格，人才競爭也非常激烈。他們是要「抽底板」的，做得不好的人，最終會從底板上漏下去——就是被淘汰，在社裏待不住。所以一定要有敬畏之心，要事事謹慎，特別注意編輯稿件不要留硬傷。要想不留硬傷，唯一的方法是多看資料，多查字典，切切不可自以為是。然後他寫了一封信，向當時已是人文社資深編輯的陳早春推薦了我。

這是我走上編輯崗位之前的重要一課。陸老師的話，我真是記了一輩子。

# 二、初入人文社

一九八二年九月五日，我到北京朝內大街一六六號人民文學出版社報到。

這家出版社有個規矩，編輯上崗以前要先做校對，算是專項業務培訓。時間不算長，半年到一年。我和同來的幾個大學畢業生上班的第一天就被送到校對科，跟着一位老校對學習看校樣。

同來的大學生一共是五人，四男一女。女的是劉海虹，來自中國人民大學，男的高賢均來自北大，夏錦乾來自復旦，張國星來自華東師大，我來自武大。我們這四個男生，被安排在同一間辦公室裏，每天同出同入，關係極其融洽，非常引人注目。當時新畢業的大學生很少，社裏同仁看我們都是欣賞和羡慕的眼光。有些編輯部門早早就把我們盯上，希望我們結束校對培訓就去那裏當編輯。更是有些喜歡張羅事的老同事前來打聽，我們之間誰還沒有結婚、沒有女朋友，想為我們介紹對象。那時人文社和人民出版社、三聯書店同在一個院子，幾個社的人似乎都對我們有些好奇，不時還傳出一些議論。我還不認識三聯的沈昌文先生時，已經聽說他管我們四人叫做「四大金剛」了。

在校對科，我們大約工作了十個月。科裏對我們完全按照普通校對要求，諸如每個月要完成多少字數，消滅錯誤率要達到什麼標準等，都要按月考核，公佈成績之後，有獎有罰。這是一種相當嚴格的訓練，一開始我們幾乎有一點吃殺威棒的感覺。那時我們並不瞭解，術業有專攻，校對也是一種特殊的專業能力。以為看看書稿中的錯別字，這有何難？看到出版社校對科裏絕大多數同事都是中學畢業的女孩子，而我們是大學中文系畢業，內心很有些自負的。但是一動起真格的，面對校樣，我們就立刻失去自信了，硬是眼睜睜地校不出錯誤，頭兩個月考核成績總是很低，甚至不及格。例如我們做初校，《西廂記》被排成《兩廂記》，《水滸傳》被排成《木滸傳》，眼睛一溜就過去了，錯誤明晃晃地留在校樣上，讓二校校對員、那些學歷很低的女孩子拿紅筆勾出來，是非常刺眼的，令我們汗顏。這時我才瞭解到，編輯和校對其實是兩種訓練，編輯重點關注的是書的內容，而校對重點關注的是書的文字和它的格式，能夠做編輯的人，未必當得了校對。但對於編輯來說，校對也是一項基本技能。受過校對訓練的編輯，案頭能力肯定比沒有受過校對訓練的編輯要好。

作者在人文社樓頂平台（一九八三年）

人文社總編輯屠岸先生

當然情況也是因人而異，做校對其實是需要天賦的。有些人經過長期訓練，熟能生巧，甚至可以達到出神入化的境界，校樣拿在手裏，錯別字好像就是一個一個自動往外蹦，人文社的老校對裏面，很有幾位這樣的神人。但是也有些人，就是很難有長進，哪怕做一輩子校對，其工作質量總是不高，這可能是悟性不足。

在我們四人中，高賢均校對水平最好，他文字修養好，又天生喜歡看稿，冷靜細心，善於糾錯，所以月考核成績總是「優秀」。他後來在人文社擔任副總編輯，因為不放心出版質量，還常常親自為重要的書稿擔任校對。他就是在校對《哈利．波特》系列的第一部《哈利．波特與魔法石》時發現吐血，才查出肺癌最終去世的，想起來真令人痛心。夏錦乾和我兩人情況差不多，屬於可造之材，校對質量一般，「消滅錯誤率」通常是在八至九成之間，月考核成績通常是「合格」。夏錦乾後來調回上海，也是做了一輩子編輯，退休前是《學術月刊》的總編輯。至於張國星，他其實是超前進入了編輯角色，科裏給他校樣，本來是讓他校對文字和格式之類的問題，但他的注意力全在書稿內容方面，每每對作者提出質疑，在校樣上寫下大段批語，甚至直接找到發稿編輯，就其案頭加工進行商榷。但他常常忽略了校樣上的技術錯誤。他的校對質量，在我們四人中最差，月考核成績常常「不合格」。不過他做編輯確有長處，在人文社做了幾年以後，調入《文學評論》雜誌社，後來還做了該雜誌社的副社長。

到了一九八三年六月，我們的校對培訓結束。大家在這十個月裏各自顯示出了專業興趣和特長，也都聯繫了自己中意的編輯部門，社裏決定根據工作需要，結合我們的個人願望，為我們分配編輯部門。高賢均自己是小說作家，他去了當代文學編輯室（當時稱「現代部」），夏錦乾熱衷現代文學，他去了現代文學編輯室（當時稱「五四新文學部」），張國星一門心思鑽研魏晉南北朝文學，他被分配到古典文學編輯部。我是希望從事文藝理論編輯的，但是人事處長宣佈分配名單時，只說要我到人事處報到，並沒有給我指定編輯部門。我一打聽，才知道，社裏經過研究，準備把我留在人事處，作為政工幹部培養。

我是人文社這一年招收的五名大學生中唯一的一個黨員，一進入出版社就受格外重視。那時人文社直屬文化部出版局，出版局的團委需要人文社選派一名團委委員，我便被社裏派到局團委兼職。當時文化部要求，各單位的黨委都要有青年委員，直接負責團支部的工作。人文社黨委找不到合適人選，也把我的名字上報。我記得，我還代表社黨委參加過文化部組織的青年工作會議。過了一兩年，出版社改選黨委，我真的被提名為黨委委員人選。後來是我自己主動找到黨委書記，向他說明，根據黨章規定，當選人文社這一級的黨委委員，需要三年以上的黨齡。而我是大學畢業前夕才入黨的，黨齡還不夠。這樣他們才把我從候選人名單中刪除。從這些，都可以看出那時社裏確實是把我作為一個政工幹部的接班人了。

但是我對於政工一類事務性工作從來不感興趣。我一直認定自己是業務人員，要走專業發展道路。我心目中的編輯，是學者化的。我的理想是當編輯，出好書，同時自己做研究，在編輯之餘也成為文學評論家。這種想法很正常，當時人文社社長韋君宜就非常提倡編輯要「一手編，一手寫」，鼓勵編輯自己搞創作和研究。而社裏的編輯，大家雲集，名流甚多，從嚴文井、樓適夷、聶紺弩、牛漢、韋君宜、屠岸開始，可以數出一長串人名，都是著名的作家、翻譯家和文學評論家，這些人中光是中國作家協會會員，就有八十來人。他們是我心目中的榜樣。

當時出版社的人事處長姓李，是一位五十多歲的女同志，她對我是很欣賞也很器重的，這從她在一九八三年和一九八四年連續兩年到武漢大學中文系去招收畢業生可以看出來，因為她希望系裏再推薦像我一樣的畢業生給人文社，甚至還要求我給系裏管學生分配的領導寫過一封信。但我顯然令她失望了。她和我談話，要留我在人事處，我卻找到當時主管全面工作的總編輯屠岸，表達我願意搞業務的態度。她最後只能服從屠岸的決定。

其實我對自己要求做編輯是否能夠獲准，心裏並沒有底。我也不敢把話說得太絕，畢竟組織上留我做政工幹部也是好意，擺明是要提拔重用我的。人不能不識抬舉。但是該說的話還是要說。

我只對屠岸先生提了一個小小的要求，就是請他給我一個做編輯的機會，為期三年。我說，我知道做一個好編輯不容易，特別是在人文社這樣的地方。武大的陸耀東老師曾經告訴過我，在人文社當編輯還可能被「抽底板」。但是我想試試自己有沒有這方面的能力，如果三年後我發現自己的條件不能成為好編輯，我一定主動報名來當政工幹部，請他考驗我。

屠岸是知識分子氣很濃的領導，中國文化界有名的謙謙君子。他是非常通情達理的，自己做了一輩子編輯，遇到青年人喜歡做編輯，他怎麼可能不理解，不支持？他聽了我的話，盯着我的眼睛，伸出一個手指，說了四個字：「一言為定」。

幾天以後，我進入了編輯部，開始成為一名編輯。

# 三、進入角色

因為屠岸先生關照了我，我被分配到人文社當代文學編輯室（當時稱「現代部」）文藝理論組。

其實我事前也是有選擇的。在校對科時，已經和幾個編輯部門都有接觸，討論過到其他部門工作的可能性。除了外文部以外，有關中國文學的幾個編輯室，我都可以選擇。因為武大的陸耀東老師向當時擔任現代文學編輯部（當時稱「五四新文學部」）副主任的陳早春先生寫了推薦信，我當然會更多傾聽他的意見。

由於有陸耀東的推薦，陳早春一和我見面，就表示可以把我留在他身邊，讓我跟着他搞現代文學編輯出版，同時結合史料，做些研究性工作。但是我告訴他，我的興趣在當代文學上，他聽了似乎不以為然，對我說，當代文學編輯是很難做成學問的。因為文學作品的價值，需要經過歷史的篩選和淘汰，當代文學作品，哪些可以傳世，哪些則是「速朽」，一時難以辨別。如果你費盡心力研究了一大堆最終被歷史埋沒的作品，那麼你的研究也就成了陪葬品。所以不如直接去研究那些史有定評的偉大作品。例如他本人就是研究魯迅的專家。

且不說進行學術研究，只談做編輯，也應當承認，陳早春所說的話值得重視。因為，作為一個以出好書為終身理想的編輯，如果他數十年經手的圖書都是經歷時間考驗、被證明為確有文化價值的作品，那麼當他退休的時候，他的成就感一定很強。古典文學、現代文學和外國文學的編輯面對的是「史有定評」的作品，所以他們都很容易做到這一點，但是當代文學的編輯面對的是良莠不齊的新創作，他們要做到這一點很難，以致他們一生經手的圖書，能夠被歸入經典的恐怕只是少數。如果一個編輯一輩子出版的圖書，大多數都是轉瞬即逝、迅速被人遺忘的作品，那麼他作為編輯的人生就很難說是成功的了。

但是當時，我聽了陳早春的分析，並沒有被他說服。我說，我在大學時代就喜歡文藝評論，我進入當代文學編輯室，不是想去編詩歌、散文和小說，而是希望進入文藝理論組當編輯。陳早春聽了，覺得這樣也好，編輯理論著作，自己同時做一點研究，倒是也不會耽誤自己。於是同意我去理論組。

文藝理論組很小，加上我只有六個人，既要編刊又要編書。刊物是季刊《新文學論叢》，由楊桂欣和白崇義兩人負責，圖書編輯則有羅君策、松濤和我。毛承志是編輯室副主任兼理論組長，他也編書，但主要是做複審。

我上班的第一天，毛承志就交給我一部書稿，說請我做責任編輯發稿。我一看，這是《胡風評論集》的中冊。上冊已出版，責編是胡德培，他剛剛被調離理論組，他留下的工作由我來接。我當時還根本不懂編輯發稿的程序和規矩，但毛承志說「幹中學」，於是我就迅速進入了狀態。

《胡風評論集》收錄的都是作者寫於上世紀三四十年代的文藝評論，出版這套三卷本的書，是改革開放以後，中央為「胡風反革命集團案」平反時由中宣部所做的決定，是為胡風落實政策的舉措之一。在當時也算是人文社的一個重點出版項目。

書稿是現成的，由解放前出版的九本別集合編為三本文集，分為上中下三冊，繁體改簡體，豎排改橫排，案頭工作並不複雜。胡風的女兒張曉風擔任他的文字秘書，已經將書

《胡風評論集》

稿初步整理過一遍，我所做的，不過是改正書稿中的誤植和語病，統一文字和符號用法、確定版面和插入照片等等，但是，我也並不是簡單做做案頭，而是在編輯中伴隨着一些個人思考。編這套書，我擔心讀者不瞭解上世紀三四十年代中國文藝界思想鬥爭的背景，讀不懂胡風的那些深奧的理論，於是提出建議，請胡風先生寫一篇〈後記〉，對當時的情況做些解釋和說明。結果沒想到胡風先生認起真來，一口氣寫了四萬七千字，對自己的文藝思想進行了全面的梳理和總結。

今天看來，這是作為文藝理論家的胡風在政治平反後撰寫的唯一一篇為自己辯護的文字，也是他一生中所寫的最後一篇論文，其理論價值和史料價值自不待言。但是，因為胡風的政治和思想平反不是一次性解決的，《胡風評論集》出版的時候，他的理論還帶着「個人主義」、「宗派主義」和「唯心主義」等幾頂帽子，因而他在〈後記〉中談論新文學史上的一些爭論，當他為自己的理論辯護時，一些觀點就顯得敏感，而他從個人角度對於一些史實的陳述，也不被當時的主流話語認可。這樣，他的舊著在評論集中收錄固然沒有問題，但是由於擔心他對舊著的新解可能引發新的矛盾，使人文社的編輯部躊躇不決。社長韋君宜看了〈後記〉，立即要求撤下文章，不准發表，但毛承志和我都認為，這是一篇具有獨到理論價值的文章，十分難得，如果刪去不僅太可惜，而且無法向作者交代。屠岸等社領導認為，如果能商請作者進行修改，這篇〈後記〉還是可以保留的。一次社領導班子開會，對如何處理這篇〈後記〉的問題，曾經是胡風分子的牛漢和韋君宜發生激烈爭論。牛漢堅決不同意撤稿，他提議將文稿送給中宣部領導看看。

後來是中宣部副部長賀敬之親自審稿，批示請人文社商請作者修改後發表。商談修稿文稿，當然是社領導出面，但是改什麼，怎麼改，還得由我們提出具體建議。

記得當初是我和毛承志一起重讀〈後記〉，揣摩着文壇領導人的心理，列出了一些所謂「敏感問題」，例

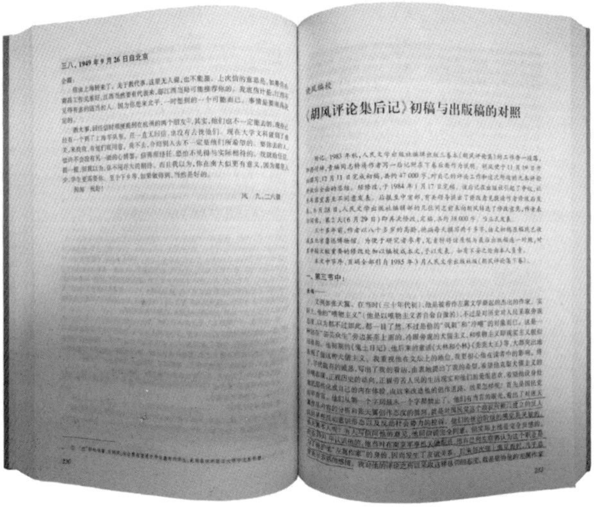


《闡釋與史料》發表的〈《胡風評論集後記》初稿與出版稿的對照〉

如對於無法核定史實的獨家回憶，對於文學史重大史實的不同敘述和解釋，對於所謂文壇「權勢者」壓制自己及與自己意見相同的作家的指責，對於一些重要作家作品的激烈貶斥，我們都要求作者刪節或注意分寸等等，並舉出一些具體例子，寫了幾頁紙。

出版社一位副總編拿着我們的商榷性意見去作者府上拜訪。胡風先生從大局出發，未予計較，真的根據我們的意見刪去了大約九千字的篇幅。

這是我做編輯後第一次因為「政治敏感」而對書稿動手術。這樣大的刪改，令文章傷筋動骨，是我極不情願的。但是，《胡風評論集》三卷本畢竟在這篇〈後記〉定稿後順利出版，畢竟因為這篇長達三萬八千字的〈後記〉而大為增色，且這一切都趕在胡風去世之前，算是在一定程度上了卻了老人家的一個心願，使我又覺得有些欣慰。

只是多年以後，張曉風在一本題為《史料與闡釋》的雜誌中，將〈後記〉初稿全文刊出，並和印在書上的出版稿（也就是刪節稿）做了對照。我看到對照文章，不禁有些汗顏。以今天的標準來看，我們的確刪得太多了。這顯然和我思想不夠解放有關，也和胡風當時尚未完全平反有關。我立即寫了一篇文章，題為〈《胡風評論集》出版風波〉，對此進行了反思和懺悔，並向張曉風女士表達了歉意。

我經手的第二部書是唐弢主編的《中國現代文學史簡編》。這是一本高等學校文科教材。過去，唐弢先生受中宣部和教育部委託，主編過一套三卷本的《中國現代文學史》，這套書也是在人文社出版的。但是三卷本的書作為高校教材，許多大學反映篇幅太大，教學時間不夠用，課程講不完。於是唐弢先生又應邀將三卷本壓縮為這個「簡編」。果然，這個「簡編」一出版，就立即被全國的幾乎所有高校的中文系採用，成為暢銷書，發行量非常大，累計超過一百萬冊。

編《中國現代文學史簡編》，按理說這是名家的作品，又有三卷本的成書作為基礎，不需要我再提什麼修改建議。但是，因為當時出版社的學術空氣很濃，編輯接到書稿，通常按慣例都要和作者進行一些商榷，否則，就似乎是編輯沒有盡到責任。所以我也學着老編輯的模樣，以非常挑剔的眼光給作者找毛病。我到資料室找來了王瑤、劉綬松、夏志清、司馬長風等人的同類著作，邊審稿邊對比，努力判別這本書稿的價值和特色，同時也發現它的某些弱點或不足。我把這些想法和唐弢先生溝通，到他家裏去面談過兩次，唐弢先生為人非常謙虛大度，不但對我這個小編輯的唐突之語並不介意，還給我諸多鼓勵。對我指出的一些細節問題則是能改就改。由於這部著作是多位作者集體寫作的，主編是唐弢先生，還有現代文學研究專家萬平近、樊駿和嚴家炎作為副主編，文稿多人經手，內中文字便多有重複和不統一之處，甚至有些地方內容不銜接。我把問題一一向唐先生提出，他每每十分重視，和藹客氣地告訴我如何修改。看過幾段我修改的稿子以後，唐弢先生便對我非常信任。我再提出何處需要加幾句話，何處需要改寫一段，他竟然會對我說，不用問我了，你改定就可以了。這使初出茅廬的我受寵若驚，頓時有了幾分自信。

編輯這部書稿，使我學會了在比較中判斷書稿的創新價值。大約就在此時，出版社總編輯屠岸召開了一個青年編輯座談會，讓我們這些新來的青年人談談自己從事編輯的體會。我在會上發言，談到我是怎樣通過閱讀幾種不同的文學史著作首先瞭解研究背景，然後和唐弢先生交流，從而順利地為《中國現代文學史簡編》的書稿進行加工潤色。屠岸先生做會議總結時，當場表示，李昕做編輯的路子是對的，與作者交換意見，要使自己心中有數，就一定要多看資料，研究問題。這樣才能取得作者的信任。

的確，我這樣一個編輯新人，因為《中國現代文學史簡編》一書的出版使唐弢先生有所瞭解，他後來對我一直是關注的。至少有兩次，我在報刊上發表文章，他讀到以後就打電話來，談他自己的感想和看法。記得當時受到思想解放運動的影響，大家都在討論文藝研究的新方法問題，我在《人民日報》上發表過一篇隨筆，內容是講文藝批評方法的優化和互補，意思是說傳統的批評方法與各種現代的方法互有優劣，是可以並存而且互相汲取精華的。唐弢先生對這個觀點非常讚賞，在電話中與我討論，對我的論述進行補充和深化，給了我很多啟發。

作為理論編輯，我第一次就書稿修改問題與作者全面商榷，面對的是上海復旦大學的潘旭瀾教授。潘先生今天廣為人知，是作為一位文化批評家，跨界寫出一本名著《太平雜說》，對洪秀全領導的太平天國運動進行了顛覆性的思考，提出諸多振聾發聵的意見。但是八十年代初期的他，只是一位當代文學批評家，而且以小說家杜鵬程為研究對象。他交給人文社的著作，是他多年研究成果，題目叫做《詩情與哲理》，收入我們編輯的《新文學論叢叢書》。我初讀這部書稿，覺得他寫了厚厚的十幾萬字，但內容平平，缺少新意，我看了不滿意，希望他大改。約定面談的那天，潘先生特地從上海飛來北京聽我們的意見。理論組負責人老編輯毛

作者與陳早春先生合影（二〇一七年）

承志和我一起與作者會面，但他坐在旁邊一言不發，只是鼓勵我大膽講。但是我當時完全不懂得講話的策略，不會和風細雨地討論，而是上來就直言不諱闡述自己的看法，劈頭蓋臉地談了一大堆問題，結論是，我對作者說：「您對杜鵬程的研究，還沒有達到三十年前馮雪峰對他的《保衛延安》研究的水準。」說得潘先生非常尷尬。但他的涵養很好，並不和我爭辯，只是一再強調說，自己寫作時處理得倉促，考慮有所不周，願意修改。儘管事後毛承志說我提的意見很專業，「擊中要害」了，潘先生回去以後，也的確吸收我的意見做了大幅修改和調整，兩年後這本書還是由我做責編出版了，但是我一直認為這本書在修改後也並沒有達到我期望的高度。

不過，從另一個角度，我也做了反思。若干年後，當我具備了一定的工作經驗以後，每每想起當年與潘旭瀾討論書稿修改問題時的情景，我都頗為慚愧和後悔，覺得自己的做法，對潘先生是一種失敬和失禮。我引為教訓，意識到與作者交往，言談舉止都應注意分寸，得體最重要。

當然這件事，也間接地證明了陳早春關於搞當代文學難以做成學問的觀點言之成理。潘旭瀾是一位學術功力深厚的學者，但是他選擇研究杜鵬程，則很難取得大成就。因為杜鵬程一輩子的創作，能夠傳世的作品恐怕只有《保衛延安》，而即使是這部傳世之作，以其藝術魅力和影響力也未必能歸入文學經典之中。至於其他作品，其研究價值更是受到局限，以致於潘旭瀾要寫一本《杜鵬程小說論》，幾乎是命中注定難以獲得巨大成功。所以如今潘旭瀾在文壇上並不以當代文學和杜鵬程研究聞名。好在後來他文人論史，寫出了《太平雜說》，才顯示出他作為一位傑出學者的睿智和深刻。

# 四、幾套理論叢書

一九八四年底，社裏開始醞釀改革，成立宣傳發行部，理論組副組長羅君策被調去擔任負責人，他在理論組的工作由我接任。

我開始做選題以後，接觸了一些作家和學者。那時年輕，喜歡出去跑，騎自行車到處去尋訪名家。我特別熱衷美學，對美學大家格外崇拜，所以那一時期國內最為著名的美學家，例如蔡儀、朱光潛、王朝聞、黃藥眠、李澤厚、蔣孔陽、高爾泰等，我都拜訪或者聯繫過，向他們約稿。人文社是個特別講求規格的地方，動不動就論資排輩，過去只給老一代學者如周揚、胡風、馮雪峰、何其芳、邵荃麟等出版文學評論集，中青年學者難入法眼。但我意識到，長此以往恐怕不行，將來會被認為是落伍的。出版老一代學者的著作固然必要，但那只是一種文化積累，而在當前，更重要的其實是創新。

所謂創新，實際的含義是順應改革大潮，衝破束縛人的理論枷鎖，解放思想，面向世界，面向未來，引進新的觀念和方法。當時湖南人民出版社在鍾叔河的策劃下出版了《走向世界叢書》，要重新「睜開眼睛看西方」，把世界上好的東西「拿來為我所用」。接着四川人民出版社推出一套《走向未來叢書》，涉及社會科學和人文科學諸多領域，集中介紹新知識和新思想，代表了當時中國知識界的最新思考。這兩套叢書都反響極大，以致於國內很多出版社紛紛效法，在出版界掀起了一個與思想解放熱潮相配合的叢書熱，多個出版社都有自己嘗試創新的理論叢書。

人文社該怎麼辦？這引起了我們的思考。不消說，必須跟上時代潮流，但是我們和其他出版社不同，身上的包袱很重。

熟悉內情的人知道，人文社出書不僅特別講求規格，講求章法，而且還特別強調穩妥。當時我們的輿論界還不曾出現「導向」這個詞，但是人文社事實上，在選題策劃上是特別講究「導向」的。當然，我這裏使用「導向」這個詞，並非指它的政治含義，而是指它的傾向性和影響力。因為上世紀八十年代的行政管理體制之下，人文社作為中央直屬的國家文學出版機構，它出版誰的書，常被人認為是代表國家一級管理部門對於這位作家和作品的認可。這種認可，不僅表現在藝術上、學術上，也包含在政治上肯定該作品。所以，甚至可以說，能在這間出版社出一本書實際上就是給這個作家、學者在國內定了位。當時普遍是這麼一種情況：某省一個作家在人文社出了一本書，他很快就可以在自己那個省當上作家協會副主席，這是屢試不爽的事情。因此，對於我們這些人文社的編輯來說，出誰的書，不出誰的書，如何選擇，怎麼才能一碗水端平，怎麼才能不至於誤判，以致誤導讀者的認知，顯得特別重要。至於當時文藝理論界活躍的一批理論家，大多是中青年學者，他們過去是人文社從未關注過的。其中有一部分人在嘗試新觀念、新方法、新學科，各種各樣的探索很多，創見疊出，但他們和正統的理論家的爭鳴也空前激烈，這樣很明顯地出現了一些理論派別。如果只是不同藝術流派引起些爭論倒還好說，問題是中國的文藝界，從來就是把藝術問題與意識形態問題混淆在一起。直到改革開放以後的八十年代，這種情況也沒有根本改變，理論界的不同意見爭着爭着，就分出了所謂改革派和保守派，自由派和正統派，進而就成了唯物主義和唯心主義的論戰，接着還有個別人會被扣上政治帽子，諸如「資產階級自由化」、「精神污染」之類。在這種背景下，人文社如果出版理論讀物，就有一個支持誰反對誰的問題。我個人的傾向自然是站在支持文藝觀念更新的一邊，但因為考慮到出版社的選擇應該代表國家、代表管理層的聲音，所以編書時就不能簡單地選邊站了。

我強烈地感到，在這時我們需要策劃一套既能反映理論創新又能平衡不同理論流派意見的叢書。靈機一動，我想到了「百家文論」四個字，認為現在到了重提百家爭鳴的時候。從出版社的角度，我們絕對需要鼓勵創新、支持探索和前沿性研究，但是同時也需要繼續堅持傳統。這樣，我們編輯的原則應該是既要開放，又要包容，這正是百家爭鳴的題中應有之意。

我提出這個想法和毛承志商量，他認為倡導「百家」沒有問題，這也是我們的責任，但是這兩個字太寬泛了，需要有所限定。不能拿「百家」做個筐子，什麼都放進來。於是我們研究，又在「百家文論」後面，加了「新著」兩個字，將叢書名定為《百家文論新著叢書》，意在強調理論創新，必須是新作品才可以收入叢書。

有了叢書定位和編輯原則，我就開始約稿。真的本着兼收並蓄的宗旨，我們不管作者是哪一個學術派別，不論作者的年資屬於哪一代學者，只要有新探索，只要學術上有創見（包括對傳統文藝理論的繼續闡發），都可以接受。這套書後來出了十七八本，包括劉再復的《文學的反思》、金開誠的《文藝心理學概論》、楊匡漢的《詩美的積澱與選擇》、何新的《藝術現象的符號——文化學闡釋》、李慶西的《文學的當代性》、孫紹振的《美的結構》、高爾泰的《美是自由的象徵》、敏澤的《主體性．創新．藝術規律》、周良沛的《詩就是詩》、蔣孔陽的《美學新論》、何國瑞的《藝術生產原理》等等，其中收錄了一些彼此尖銳對立、激烈爭論的學者的著作，使叢書很有一些百家爭鳴的姿態。例如孫紹振、楊匡漢和周良沛三人都是八十年代最著名的詩歌評論家，但是他們三人對當代詩人和詩歌的認識和評價卻相距甚遠。再如敏澤的著作，在文學主體性問題上，就曾與劉再復的《文學的反思》公開辯論。他們的文章中都有指名道姓批評對方的激憤之詞。出版之前，我分別找到這兩位作者，請他們把這一類文字刪除，但是文章的觀點原樣保留，使爭論保持心平氣和。起初，他們都不高興、也都不願配合，都擺出不屑與對方為伍的姿態。敏澤先生說：「誰讓你們把我的書和劉再復的書編在一起？」劉再復先生也說：「早知道你們把我和敏澤放在一套叢書裏面，我就不會同意把書交給你們出版。」但是我強調，我們要出版的是「百家文論」，沒有你們雙方的加入，就不成其為百家。後來他們被我說服。

這個時期，我全身心撲在理論組工作上。我本來曾經考慮到美國讀研，在清華大學擔任外語系主任的父親主動為我聯繫了美國一所大學，只等我考完托福去辦理簽證。但是因為工作特忙，我一直沒有時間複習英語，就拖着沒去參加托福考試，這樣放棄了出國的機會。但是與此同時，我迅速地成長為一個成熟的編輯。因為擔任了理論組負責人，我也開始承擔一部分策劃和複審工作，工作面寬了，眼界比較開闊了。但是對於每一本書稿，我都仍然像責任編輯一樣仔細閱讀，並給作者提出商榷意見。我的複審意見，有的比責任編輯的初審意見還細緻具體。孫紹振和金開誠兩位先生，拿到我的審稿意見都說，從來沒有遇到過這麼認真負責的編輯，從來沒有人給他們的書稿提出過這樣詳盡的修改建議，於是對我大加稱讚。而何新的那本《藝術現象的符號—文化學闡釋》，因為書中引文竟然夾雜着七八種外國文字，我不得不帶回清華大學的家裏，請我教外語的父親幫忙校對一遍。後來何新知道此事，非常感動，特地送來兩幅中國畫，一幅是他請朋友畫的《劉海戲蟾》，另一幅是他自己畫的《雄雞報曉》，說是謝謝我父親。

《百家文論新著叢書》部分品種

當然我知道，作為理論編輯，需要致力於促進文藝觀念更新和理論創新，這就要探討一些邊緣性和交叉性的學科理論。那時理論界掀起「三論」（系統論、控制論、信息論）熱潮，許多學者在研究中引進這「三論」的觀念和方法，一時出現了「新學科熱」。我那時對此是相當關注的，常常參加有關學術討論，與文壇思潮的領軍人物劉再復時有接觸。劉非常熱情地呼籲和支持學術界拓展中國文學的思維空間，並身體力行，親自對文藝新學科的建構進行籌劃和佈局。他找了文學研究所新學科室的研究員董乃斌和程麻，又找到我和中國社會科學出版社的白燁、中國文聯出版公司的鄭榮來，大家一起研究編輯策劃一套《文藝新學科建設叢書》，分別由我、白燁、鄭榮來所屬的三家出版社出版。由他擔任叢書主編，董和程為副主編，我和白、鄭忝列常務編委。計劃中，這是一套規模很大的叢書，要出版上百個品種，每一本都是一個邊緣、交叉學科，比如我經手的就有楊春時的《藝術符號與解釋》，花建的《文藝新學科導論》，楊曾憲的《審美鑒賞系統模型》，林興宅的《象徵論文藝學導論》，楊建民的《藝術感覺論：對於作家感覺世界的考察》，潘凱雄、蔣原倫與賀紹俊合著的《文學批評學》等等，其中很多理論建構是具有觀念的衝擊力的，讓人耳目一新，確實可以活躍文藝界的思想，呈現一種百花齊放的態勢。但是好景不長，因為八十年代末期劉再復去了美國，而理論界的「新學科熱」也如一陣風飄忽而過，這套書後來難以為繼，顯得虎頭蛇尾。

不過，即使劉再復不走，這套書最終恐怕也很難堅持下去。以今天的眼光進行回顧，會發現八十年代所謂新學科熱，的確是一種浮躁的學術思潮，帶有某種不理智的狂熱。雖然顯示了一代學人的激情和進取之心，也表達了諸多創新理念，形成了一批突破性和探索性的學術成果，對當代文藝理論的發展有一定的促進作用，但是，要建立一個新學科體系，這畢竟只是一種理想化的願望，既不可能一蹴而就，也不可能以大躍進的方法實現。所以劉再復後來在文章中，也對此時自己的表現加以反思，甚至自嘲。他以唐·吉訶德自比，說他那時有一個「大戰風車」的團隊，而我就是他這個團隊裏的弟兄。

八十年代，由於「文化熱」和「理論熱」，文藝理論圖書出版相對容易，不至於給出版社造成很沉重的經濟負擔。記得《百家文論新著叢書》，至少前面的若干本，開印都是一萬冊起步的，有幾種還曾經重印過。但是到了九十年代，出版社實行事業單位企業管理，不僅需要自負盈虧，而且也有盈利任務。這時又逢「理論熱」退潮，文藝理論類圖書出版就變得困難起來。

大約是一九九三年底，人文社社長陳早春接到老作家陳荒煤的電話，說是想出版一套《文學評論家叢書》，希望交給我社。那時我是社長助理兼當代文學第二編輯室主任。陳社長找我商量，說無論如何也要接下來，但是經濟上虧損怎麼辦？我說先接下來，經濟上我再想辦法。於是我和他一同到陳荒煤先生家裏，與陳荒煤、馮牧和許覺民三位老先生面談，當即確定了這套叢書的十六位作者，每人一冊。所選的都是當時知名度較高、影響力較大的文學評論家，讓他們編輯能夠代表個人成就的自選集，從而以一套書管窺我國當代文學研究的整體水平。我們當初策劃時，是兼顧了老中青三代評論家的。其中年長的是陳荒煤、馮牧、許覺民，朱寨、王春元、江曉天、唐達成，中生代有顧驤、陳丹晨、謝永旺、繆俊傑、何西來、何鎮邦，當時屬於青年一代的有馮立三、秦晉和雷達。最年輕的雷達出生於一九四三年，遺憾的是他卻過早去世了。

那次從陳荒煤先生家回來以後，我聯繫了張鍥先生主持的中華文學基金會，從那裏得到了一筆出版資助。於是這套書順利上馬，於一九九五年全部出齊，我們召開了座談會以示慶祝。這套書，在今天看來，算是一項有價值的文化積累，因為如果沒有這套書，可能當代文學史上的一些重要論文便無處尋覓了。有些評論家學術水平高，研究能力強，但是平時並不重視出版作品集。如謝永旺先生，五十年代就在《文藝報》重要編輯崗位上任職，寫過不少有份量的文章，但是他一生中出版的唯一一本評論集，就是收在這套叢書中的《當代小說聞見錄》。而馮立三先生，自八十年代起就是影響很大的著名文學評論家，有人說他「行文以思想機敏深邃、見解新穎活潑、詞鋒明快銳利、講求氣勢和詞采而自成一格，諸多論文曾引起文壇矚目」，但是他唯一的文學評論自選集，也是收入在這套叢書中的《從藝術到人生》。

這套叢書雖然是陳荒煤、馮牧主編，但是兩位老作家年事已高，他們便將一些叢書編務委託給稍微年輕幾歲的許覺民先生。所以那一時期許先生和我聯繫較多。許先生其實和我有很深的緣分，他是老三聯，解放初期就擔任過人文社的副社長，後來又擔任過中國社科院文學所所長，八十年代我已經認識他。因為這套書裏面也編入了他的評論集《今天將會過去》，那是他最重要的一本自選集，我是策劃人和責任編輯之一，所以他對我有一份特殊的感情。後來我又恰巧到三聯工作，他作為三聯老同志常來三聯聚會，和我也一直保持聯繫。他是一位謙謙長者，每每談笑間給我以教益。我特別感慨的是，他對我在三聯的工作一直關心和支持，後來他患了癌症，直到去世前一個星期，他還寫信給我，內容是向我介紹一個上海學者的選題，希望在三聯出版。他對文化和出版事業的執着，令我敬佩。

順帶再說一件逸事。荒煤先生是這套書的主編之一，他的責任心極強。雖然委託許覺民代表他和出版社聯繫，但是他仍然放心不下，隔一段時間必定要親自和我聯繫，有時徑直跑到朝內大街人文社來，誰也不見，直上三樓到我辦公室沙發上一坐，聽我匯報出版進度。談完了還聊天，一聊就是一個上午。他待我這樣的晚輩，完全就像同事和朋友一樣。

其實我對荒煤老先生，原本就是比較熟悉的。早在一九八〇年他到武漢大學做報告，我就聽他講過文革前毛主席曾經說「荒煤不檢討，就讓他到北大荒去挖煤」的故事，我當編輯以後，曾經多次在出版社組織的各種會議上見到他。他是非常平易近人的一位文藝界領導人，對我們總是有求必應，那時我作為一個編輯，可以直接把電話打到他家裏，請求他出席我們組織的研討會並講話，用俗一點的語言來說，就是拉老人家來為我們出版的新書站台。他總是答應得很爽快，從未拿過一點架子。我從內心裏感激他給我們諸多支持。要知道他是部長級的領導幹部，而且年長我四十歲呀。

這樣來往多年，我和他算是很熟了。可是，就在這套書出版一兩年之後，一九九六年的夏天，從日本回國探親的女作家蔣璞來到北京，說是想見見荒煤先生。她和老先生熟悉，而且她父親蔣孔陽也是荒煤先生的朋友。此時，我也有一年沒有見老先生了，就自願陪同蔣璞前往。陳家在木樨地的部長樓裏，我們進門以後，荒煤先生迎出來，在過道裏面與我們寒暄。他和蔣璞握手，然後看看我，問你是從哪裏來？我很詫異老先生竟然認不出我。我說，我從人文社來。他說，你在哪個部門？我說我是當代文學編輯室的。老先生立刻反應過來了，說：「那你一定是和李昕同志一起工作。」弄得我哭笑不得，說我就是李昕呀。老先生一下臉紅了，拍拍頭說：「你看我這個腦子！」的確，他那時已經非常衰老，看來是腦力退化了。僅僅半年以後，我聽到他去世的消息，參加他的追悼會時，心裏非常難過。

陳荒煤先生

# 五、《中國現代小說史》的出版

我在理論組工作期間，尤其值得一提的是楊義的《中國現代小說史》三卷本。楊義今天已是聲名顯赫的學者，作為中國社科院學部委員，長期擔任中國社科院文學所和少數民族文學所兩個所的所長，退下來以後到澳門大學擔任講座教授，寫了《中國敘事學》、《李杜詩學》、《論語還原》、《屈子楚辭還原》、《先秦諸子還原》系列等多種古典文學、文化研究專著。可是他在人文社出版《中國現代小說史》的時候，只是一個三十幾歲剛畢業的研究生，而他的成名作就是《中國現代小說史》。

關於我和楊義出版合作的故事，幾十年來一直延續，成為人生佳話。我曾寫過〈我眼中的學者楊義〉，集中介紹我是怎樣編輯他的著作的。他曾經對我說過一句話：「咱們兩人是互相繞不開的」，意思是說他作為學者，我作為編輯，將來各自在總結人生的時候，都不可避免地會提及對方，因為雙方都認為對方在自己人生中非常重要。

我剛到理論組就認識楊義。他是這裏的常客、我們的刊物《新文學論叢》的作者。他在中國社科院當了唐弢先生的碩士研究生，剛剛畢業不久，留在文學研究所魯迅室工作，寫的論文都是和魯迅有關的。他喜歡和我們聊天，不過他不閒談，聊的都是學問，就像在研討會上發言那樣，一邊抽煙，一邊滔滔不絕神侃。他每次來，都帶上一包好煙，和我們幾人分享，一般來說，煙不抽完，他不會回去的。所以我認識他沒有多久，就和他很熟。但那時，我們只知道他是個「讀書的種子」，讀了很多我們這些專業人士都沒有聽說過的現代文學作品，並不知道他在悶頭搞一部大著作。

當楊義把《中國現代小說史》第一卷的手稿抱到我們桌面上時，大家一看全愣了，稿子太厚了，一尺多厚一大摞，五十萬字，花了他大概五年時間。而且我們意識到，這只是一套書的第一卷！也就是說，把這三卷寫完要寫一百五十萬字。這樣的著作可謂驚人！要知道，游國恩主編四卷本《中國文學史》總結兩三千年文學流變也不超過一百五十萬字，而這部著作只寫三十年歷史，而且只涉及其中的小說這一種文體，也用這麼大篇幅，是不是太誇張！更有甚者，他的作者楊義只是一個寂寂無名的年輕人。要到人文社這樣的最高殿堂出一套文學史長篇巨作，是沒有先例的。

文學史該怎麼寫？那時在我們心目中，以前的文學史著作多數都是大學老教授領着青年教師和學生一起寫，需要多人參與，作為集體智慧的結晶。雖然王瑤和劉綬松等老一代學者也獨立寫作過類似著作，但都篇幅較小，還不及此書的一半。以一個人的力量搞這麼一套大書在當時是聳人聽聞的事情。別的不說，光是這書的規模，如果要出版，對人文社也屬於破格之舉。

當然，稿子來了就要審讀，做出判斷。老編輯羅君策先把稿子翻閱過一遍，留下一個評價，說質量不錯，有新東西，楊義這傢伙真有水平。可是接着羅就被調走了，稿子便轉到我手裏。

偏巧，這個題材對我來說是熟悉的。前面提到，我剛剛編輯出版了唐弢的《中國現代文學史簡編》，為此曾經專門找來一批中國現代文學史著作進行比較閱讀。所以我對於這樣的著作，哪些觀點新穎獨到，哪些材料前所未見，心裏比較有數，判斷時比較自信。我發現這部著作許多敘述和論點都令人耳目一新，再加之我發現楊義採用了一些比較新鮮的研究角度和方法，整體上既扎實厚重，又新意疊出。與唐弢、王瑤、劉綬松等老一代學者的同類著作相比較，可謂發掘人所未曾發掘的史料甚豐，而言及人所未能言及的獨見更是不少。畢竟，比起那些綜合性的文學史，它是一部專注於現代小說的著作，不僅論及許多前人未曾關注到的作家作品，而且一一給予中肯的分析和評價。據說，楊義為了寫作此書，把北京各大圖書館所藏全部現代小說悉數借閱，一網打盡，閱讀了二千多本圖書。這些書總共兩億字，楊義從中摘記了五千張卡片。因而在資料佔有方面，楊義到了無人能及的境界，他的著作比起前人有所超越，是必然的。

我審讀後對這部書稿極口稱讚，又轉給毛承志做複審，他閱後也非常興奮，說沒想到楊義這樣一鳴驚人，要對他刮目相看了。於是我們下決心出版這套書。

其實我們的決定不算數，拍板的權力在社領導那裏。我們把意見送上去，等於是把一個難題交給社裏，將了領導一軍。

領導當然要算經濟賬。我們要出版第一卷，等於對作者承諾三卷本都要出。當時出版社已經到了需要考慮經濟效益的時代，這套書作為理論著作出版，賠錢是必定無疑的，而且虧損數額預計較大，可能比我們每年出版四本《新文學論叢》季刊虧得還多。雖然，人文社從來都不會完全拒絕賠錢書，那個時期理論組出版的學術著作，經濟上有虧損的也不在少數，但那些虧本的，都是老一代名家學者的代表作，出版社賠錢賠得心甘情願。而楊義這樣的毛頭小子，要出版社承擔數倍於其他著作的虧損，從社領導的角度來看不能接受，完全可以理解。

我們的主管副總編叫李曙光，他找我去面談，因為我那時候已經是理論組的負責人了。李曙光是革命老幹部出身，但是他懂業務，曾經長期擔任國家文藝界領導人的秘書，自己也是文學評論家，筆名叫黎之，寫過不少理論性著作。他當然瞭解這部書稿的價值，至少對理論組三個編輯一致叫好的書稿，他不會輕易否定。但是他對拍板出版有些猶豫。他對我說：「這套書你想出版是可以的，但有個條件，你得把它變成高等學校文科教材。」我一聽，頭都幾乎要炸了。這是多大的難題呀，簡直就是無法做到的事情。我揣摩他的心理，有兩種可能，一是他也看好這本書，現在反過來將我一軍，逼我一下，讓我想辦法爭取一個理想結果；另一種可能，就是他要我知難而退，乾脆放棄算了。我的直覺是後一種可能性較大。因為領導講話，總是講藝術的，退稿意見不一定要明說。儘管李曙光對我一直是提拔重用、非常賞識的，但他很務實，不會支持我隨意上馬虧損較大的出版項目。

領導的決定幾乎讓我們都灰心了。大家分析，一個三十幾歲初出茅廬、名不見經傳的小夥子寫出這麼一套巨著，我們拿去申請列入高等學校文科教材，是不是異想天開？在此之前，有誰聽說過，一個只有助理研究員職稱的青年學者，可以獨立寫作高校教材的？肯定沒有先例。但是事到如今，無論如何都需要試一試，死馬當活馬醫。

按照程序，我知道首先需要出版社向國家教委推薦。我就以自己的審稿意見為基礎，改了改格式和語氣，使它變成一封推薦信，列印出來，蓋上人文社的公章，然後騎上自行車直接找到位於西單的國家教委。

我在那裏見到的國家教委教材辦的工作人員，一女一男：女的五十來歲，是處長；男的是科員，年歲比我略小，是個新畢業的大學生，也是學中文的。他倆並沒有打官腔，而是讓我感到很親切。當然他們並不知道楊義是何許人也，但他們不存偏見，態度非常和善，看了我寫的材料，似乎還有些興奮，相信我上報的是一本很有水平的著作。他們告訴我，教委歡迎推薦這樣的新人新作，但是我的手續不全。因為光是出版社推薦信不行，專家推薦才更重要。只要手續全了，他們自然會開會研究，一年兩次。我問需要什麼樣的專家？他們說當然是越權威的專家越好。

說實話，他們的態度使我意外地看到一絲希望。回來後，我跟楊義一商量，兩人說幹就幹，立刻分頭找到了唐弢、王士菁、嚴家炎、樊駿等四位專家，請他們看書稿、寫鑒定。這四位專家在中國現代文學界都是頂尖的學者，恰好他們對於楊義也都是熟悉和瞭解的，於是他們都以獎掖後進、鼓勵新人的姿態，對楊義的學術創新給予了積極肯定和高度評價。沒過多久，推薦意見都寄來了。我帶齊了所有材料，再一次到國家教委教材辦接洽。接待我的還是那一女一男兩位，他們笑盈盈地收下我的材料，什麼也沒說，只讓我回去等消息。此時我內心裏仍然沒敢抱什麼希望，只是覺得照章辦事，我已經盡到責任，心到佛知。謀事在人，成事在天嘛。

過了大約半年的時間，忽然一天我收到一個郵件，是個牛皮紙大信封，上面有國家教委字樣。慌忙拆開，發現內有一份公函，蓋了大紅印章，批准楊義的《中國現代小說史》作為高等學校文科教材。要知道，這是一百五十萬字的書，我們只給教委看了五十萬字第一卷的稿，他們就把一百五十萬字的三卷本全都批准做教材了。這可真是天上掉餡餅一樣的喜事，喜出望外呀。

現在想來，此事的成功幾乎有些神奇。聯想到近些年學術界、文化界一些人為了評個什麼，選個什麼，就講潛規則，當年我們辦如此大事，不但沒有請吃過一頓飯，沒有送出過一分錢的禮，而且也從未生出過一絲一毫類似的念頭。人文社固然送不了其他厚禮，但人們喜聞樂見的圖書總是不缺的，甚至還有些市場上罕見的珍稀版本。問題是我竟然不曾想到，要給那一女一男兩位工作人員寄上幾本好書，甚至連一聲謝謝也沒有對人家說過。純粹從人之常情的角度，這簡直讓我自感失禮，有些慚愧。

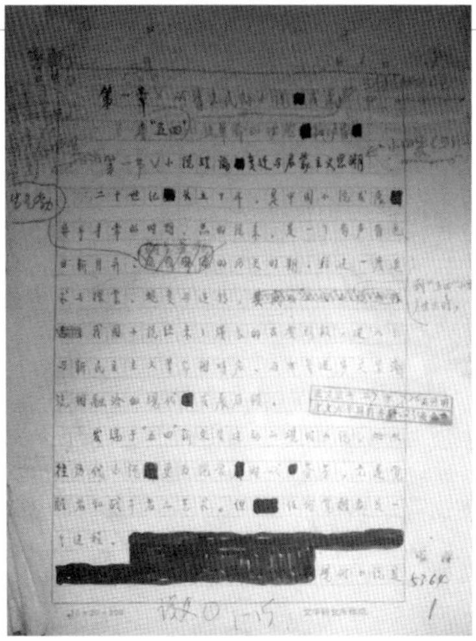

《中國現代小說史》第一卷手稿

我不知拿到教委的批件時，楊義有沒有范進中舉的感覺，反正這件事對他來說具有改變命運的意義。

他從此解決了幾乎所有的後顧之憂，學術道路一片坦途，以後他再出版任何著作都不困難了，因為有這三卷本的《中國現代小說史》作為高校教材，他的學術公信力得到了證明。同時，這套書出版不僅不再虧損，而且還幾乎年年作為教材重印，經濟效益不俗，是人文社的常備書。它還奪得了第一屆國家圖書獎的提名獎，中國社會科學院建院四十週年優秀學術成果獎，被收入中國出版集團主持編輯的《中國文庫》，成為中國現代學術著作中的經典品種。

楊義的個人生活待遇也因為這套書而改觀。他寫作小說史時住在東城趙堂子胡同兩間總共不到二十平方米的低矮平房裏，因為這套書的出版，他兩次被破格提拔，一直升到研究員和研究所長，住房由小換大，幾年內連續搬家幾次。到現在，楊義已經成了著作等身的學術大家，但是他後來跟我說，如果當初這套《中國現代小說史》不能出版的話，他可能早就改行了，中國可能多了一個商人，或是一個官員，而少了一個學者。確實，楊義嘔心瀝血寫出一百五十萬字的大書，如果當時沒人出版，他是沒辦法繼續做學問的。

而我，也因為此事的成功受到極大鼓舞。特別是這套書後來還兩度獲大獎，它作為教材，中文系教師和學生讀後好評多多，作為編輯的我也與有榮焉。本來幾乎要退稿的書，最後竟是這樣皆大歡喜的結果，怎不令人興奮和欣慰？我的老領導李曙光大概也會想，是他想出了一個好點子吧？

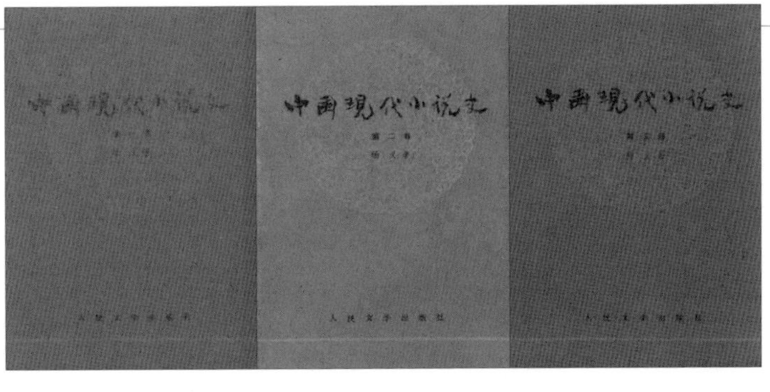


《中國現代小說史》（三卷本）

# 六、四位學者型作家

八十年代，我在人文社的作者中，給我留下深刻印象的，有幾位學者型作家，他們是王蒙、劉賓雁、劉再復、高爾泰。

## （一）

我認識王蒙先生，得益於老領導李曙光的介紹。一九八四年底，我剛剛接手理論組的管理工作，李曙光找我談話，問我有什麼想法，我說自己感到理論組的書稿比較陳舊，新鮮感不足，想組織一點有新意同時有思想衝擊力的選題。我談到幾位當時活躍的人物，其中就有王蒙。

王蒙是小說家，但是他勤於思考，兼有學者氣象，經常發表一些理論性文章。不久前他在《讀書》雜誌發表了一篇題為〈一個值得探討的問題——談我國作家的非學者化〉的文章，引起文化界轟動。文章指出，和五四時代的老一輩作家相比，我們今天的作家整個隊伍非學者化，作家隊伍與學者隊伍日益分離，走上兩股道路。但是，作家如果不提高自己的學識和文化修養，是很難寫出史詩式的偉大作品的。所以他大聲疾呼要學習、學習、再學習。我從這篇文章，意識到王蒙其實也是文學評論家，是可以出版評論集的。我的想法得到李曙光的支持，他與王蒙很熟悉，便把王蒙的聯繫方法告訴我。

那時王蒙還在主編《人民文學》雜誌，家住在虎坊橋一帶的老式居民樓裏。我去向他約稿，他很高興，叫我「小李」，給我講他和「老李」（李曙光）的一些故事。他編書不難，因為才思敏捷，寫得極快，因而手裏現成的文章很多，對他來說，問題不是文章夠不夠，而是該突出什麼主題，他考慮再三，決定以《創作是一種燃燒》作為書名，那同名的文章也是當時他影響極大的一篇創作談。

他選出幾十篇文章，其中有些是演講稿。我做編輯發稿，重點是對演講稿做文字潤色，把口語表達中不規範的詞語規範化。這樣下來，有的稿子也改得很花，其實都是一些技術問題，包括「的、地、得」的正確用法。為了尊重作者，我發稿前到王蒙家給他過目。他看我改了那麼多，隨口說：「你可別給我弄錯了呀。」我很自信，說：「不至於吧。」於是他坐在沙發上，一邊看稿，一邊和我聊天。我發現他可以一心二用，聊天不耽誤看稿。聊着聊着，他突然說：「你看，這個地方你改得不對，『地』應該是『的』。」我一看果然是我改錯了，弄了一個大紅臉。這件小事，我之所以至今還記得，是因為我引以為戒，從此時開始，我做編輯案頭工作，凡是在作者稿子上做的修改，我都要反覆校核，至少三遍。

王蒙對我編輯的《創作是一種燃燒》很滿意，我們一直保持聯繫。第二年，他擔任了文化部長，家搬到朝內小街一個四合院，離人文社大約只有三百米，此後我和出版社的同事都常去看望他。去了也並不是約稿，只是聊天。他知識廣博、思想敏銳、經歷豐富，聽他聊天是一種享受，可以極大豐富我們的見聞。八十年代末，他辭去文化部長一職，在家裏賦閒。大約有兩年左右，媒體上沒有了他的消息，只是有些人在報刊上點名不點名地批評他過去寫的一些作品和文章，甚至給他亂扣帽子，也不見他回應。文化界的朋友都不知他近況如何，以為他一定非常失落，情緒消沉。那時我和同事一起去看望他，見他依舊若無其事，談笑風生，覺得他真是一個拿得起放得下的人。臨出門前，他拿出厚厚一疊彩色照片，從中抽出幾張，給我和一起去的同事每人一張。那張照片是他站在自家小院裏的半身像，突出他的一張喜形於色的臉和哈哈大笑的表情。那笑真是開懷，笑容真是燦爛，令人觀之忍俊不禁。照片背後有他的親筆簽名。王蒙說：「要過年了，這照片就代替我的賀年片了。」我們頓時感到他的豁達中透着一種機智。

王蒙是很念舊的人。最近我讀到他懷念當年在新疆下放時與他一起生活的維吾爾族家庭兩代人的文章，非常感動。其實我和他認識三十七年，他對我也一直是有關照的。幾十年來我換過幾家出版社，每當我需要他支持，向他約稿，基本上都沒有落空過。對他這樣做過上層領導的大作家來說，我自知卑微，不敢謬託知己。但是他還能主動想到我。例如一九九六年我到香港工作以後，他常來香港，每每會通知我，我便會去拜訪他，一起吃一頓港式中午茶。我在香港三聯書店，也出版過他幾本書。

王蒙對我總是比較體諒的。因為他名氣大，書也暢銷，所以很多出版社都在版稅上提高條件，以價高者得的姿態，競爭他的版權。但在出版合作條件上他從不過多苛求我。因為受到我所在的出版社有關規定的局限，我多次為他出書，給他支付的版稅，比起別人支付給他的，總要低幾個百分點，但他並不介意，很有幾分義氣。特別是我在香港三聯時期，出版了他的《紅樓夢》評點三卷本。王蒙對《紅樓夢》的評點，可謂哲人睿語，妙語連珠，在紅學研究中自成一家，報酬上自然是應該優待的。這本書內地也有不只一個簡體字版，出版社一般會按百分之十至十二向他支付版稅。但我和他商談時，說我們編輯部研究了，按我們的規矩，只同意給他百分之六的版稅。王蒙很詫異，問我為什麼這麼少？我說這本書主要內容還是曹雪芹的原著，您的評點只是少部分，我是按照您和曹雪芹平分報酬來計算的，香港人在計算版稅方面很嚴格。王蒙聽了，立刻表示同意，說「我不能和曹老先生爭利益」，真是從善如流，顯得非常大氣。

雖然幾次和我合作，王蒙在經濟上都沒有得到很高的回報，但是他對我一直信任和支持。我從香港返回北京，在北京三聯擔任副總編輯的時期，有一天中國出版集團總裁聶震寧對我說：「你知道王蒙對你有多好嗎？他要我把你從三聯調出來，當人民文學出版社社長。」這時，我因為已經習慣了三聯的出版風格，不願再換新

作者與王蒙先生在合肥（二〇一〇年）

崗位，婉拒了。但是內心裏，一直對王蒙先生的情誼心存感激。

## （二）

差不多就在我向王蒙先生約稿的同時，我收到了劉賓雁先生的一部評論集。它的編者，是我武漢大學中文系的老師吳濟時。吳老師教我們當代文學，他推崇劉賓雁「鐵肩擔道義，妙手著文章」，在課堂上大講劉報告文學的警世和醒世功能，給我留下深刻印象。那時我對劉賓雁直面現實人生也非常敬佩，他的報告文學作品，我都反覆閱讀並做了一些思考。我大學期間在我們自己編輯的校園刊物上發表的唯一一篇評論文章，就是關於劉賓雁的。

劉賓雁不僅僅是作家，他也是一個思想者。對於社會、人生和文學的關係，他結合自己幾十年的觀察和體驗，寫了不少論文。改革開放初期，他「右派」平反後重登文壇，十分活躍，寫出了《人妖之間》等振聾發聵的作品，影響巨大，頻頻被各地請去做報告。這樣他又留下了大量演講錄音稿。吳濟時老師將這些文章都編輯在一起交給我，準備以「論文學與生活」為題出版。

我是極為歡迎的，當即列入出版計劃，我本人做責編。後來，吳老師來京，我們一起約見了劉賓雁，確定了論文選目，就由我做案頭加工。劉賓雁非常客氣，也很謙虛，他自知文稿多為演講實錄，非常粗糙，就鼓勵我大膽一點，該改就改，當刪就刪，不用和他商量，只是最後讓他看一次校樣即可。初次見面他就告訴我：「我和編輯總是相處得很好，給我編過書的人後來都和我成了朋友。」讓我感覺他是一個很隨和的人，這和他在文章中顯示出來的那種剛直不阿、敢言敢諫頗為不同，算是性格的另一面吧。

但是，這部稿子和王蒙的書稿不同，案頭工作的難點不在語言文字的規範化上。那時劉賓雁已經是一個敏感人物。他的報告文學揭露社會弊端，每每激起強烈反響，也每每給他惹來麻煩。他自己承認，由於性急，他有些冒失，作品中有個別細節不確切，一些言辭又過於激烈，容易留下話柄。所以這幾年，他寫哪個省的人和事，哪個省就會有人告他批他。他的這本文藝評論集，其敏感性也不例外。其中那些他在各地的演講錄，許多都是隨口講來的直率之語，此前從未發表，內中牽涉到不少難於公開的內容。

我做編輯，自然要給他做些「技術處理」。這不是一般的文字潤色，關係到他的一些觀點，修改是要「動手術」的。對此，我和他溝通過幾次，剛開始是他到出版社找我，我發現他雖然身為中國作協副主席，卻也沒有專車或工作用車，已經六十歲了，還騎着自行車風塵僕僕、滿頭大汗地往我這裏跑，實在不好意思，後來便是我到他《人民日報》社的宿舍找他。令我欣慰的是，他聽了我的一些修改建議，基本都能認可。甚至告訴我，要我幫他好好把一下關。因為他自己對所謂「敏感問題」非常遲鈍。於是我真的變得「大膽」起來。

我至今記得，他的幾篇演講中談到腐敗問題，涉及對一些事件和人物的點名批評，我擔心會惹爭議，大筆一揮給他刪去了幾大段；另有一些是觀點問題，例如如何理解馬克思主義的指導意義，如何理解黨對文藝工作的領導，他有一些看法顯得「出位」，我也做了刪減處理。特別是他在作協第四次代表大會上的講話，重點談「文學要聽命於人民」，但是作家特別是黨員作家要堅持「黨性原則」，他認為這兩者之間可能有矛盾。一旦發生矛盾，該聽誰的？他選擇聽命於人民，因為建國以來「反右派」和文革的歷史證明，只有人民不會犯錯。這些話很激烈，我只能「降溫處理」，把大段論述加以簡化，刪去帶有刺激性的詞句，淡化批評色彩。改過之後，我將帶有刪改筆跡的幾篇「花稿」送給他，然後懷着忐忑不安的心情等候他的意見。誰知他看了，立即回覆我：「你改得很好，我沒有異議，只能說謝謝你！」我猜想，他如此說實屬無奈。對於當時中國的政治背景和他個人的現實處境，他心中有數，與我只是心照不宣罷了。

這本書於一九八五年十二月出版。出於對作者的重視，我編輯出版這本書，很有些打破慣例的安排。當時人文社對於出版精裝本很慎重，認為那是一種高規格，但我毫不猶豫就為他做了精裝本。由於這本書對於劉賓雁的文藝思想具有代表性，確定編輯體例時，還特地加入了他的自傳、日記摘抄和著譯年表作為附錄，使之更像一部總結性的文集的編法。所以最後確定書名時，我決定直接採用《劉賓雁論文學與生活》，這當然也是破格之舉，因為此前人文社只有在給文豪級別的作家出版理論著作時，才採用類似的書名。為此，我還特地請作者手寫簽名，用燙金字將簽名印在封面上。劉賓雁看到這個設計十分滿意，他用手撫摸封面許久，說沒想到這麼漂亮。作為文藝理論著作集，這是他出版的第一本，當然，這也是他一生中唯一的一本。

由於命運的變故，這本書真的為劉賓雁的文藝思想做了總結。一年以後，劉賓雁陷入無法扭轉的逆境。新作不能發表，多部舊作不能繼續銷售。然而，這本書卻一直沒有從書店下架。我覺得，這可能和我當初「削足適履」地處理了一些所謂敏感問題有關。為此我內心十分矛盾。一方面，我為了把關，使這部書稿肯定是傷筋動骨了；另一方面，正是因為付出了如此代價，我們保留下了這部雖有殘缺但十分寶貴的論文集。我想，如此

《劉賓雁論文學與生活》

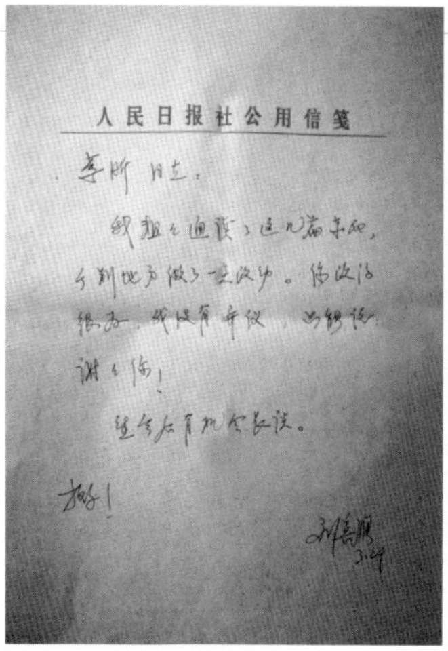

人民日报社公用信笺

李昕同志：

我粗粗通读了这几篇东西，个别地方做了一点改动。你改的很好，我没有异议，[illegible]谢谢你！

望今后有机会长谈。

握手！

刘宾雁 3.4

劉賓雁先生給作者的信

以退為進，或許不失為恰當的選擇吧？畢竟，讓作者的思想成果得以存留，得以擴散，得以遠播，這是歷史和時代的需要，是促進社會思考的需要。能夠為此而盡一份心力，哪怕是注定要留下某些遺憾，也仍然值得去做。

後來，我把自己為劉賓雁編書的故事，寫成一篇文章發表，題為〈想起了劉賓雁……〉。旅美老作家王鼎鈞先生看過後，給我寄來一篇簡短的文字，題目是〈「刀下留書」讀後〉，其中有這樣兩段：

> 「刀下留書」寫得很有趣。我想起當年華北農村春天照例缺糧，叫做「春荒」，家家吃番薯度過。番薯存在地窖裏，秋收後放進去，放到來年春天，難免發霉。主婦們用一種特製的小刀除去發霉的部分，小刀奇形怪狀，能削、能切、能挑、能挖，把一塊遍體瘡疤的番薯雕刻成玲瓏的太湖石。不管什麼模樣，番薯仍然是番薯，仍然是含有蛋白質、脂肪、糖分、礦物質和維生素的番薯，把每一家的小孩子養得又白又胖。
>
> 遙想您在那知識界的荒年，春寒料峭，您左手緊握番

著，右手以筆作刀，聚精會神，用盡一切雕刻的技巧，把不准下鍋的部分減去，使那嗷嗷眾口還是得到蛋白質、脂肪、糖分、礦物質和維生素，您這樣的行為也是天地正氣，正氣中的「地維」。我認為天柱地維不能混為一談，以宗教為例，殉教的人是天柱，宗教賴以提高，妥協者是地維，宗教賴以延長。殉教者的精神遺產，靠妥協者保存、流傳、發揚，二者都是推動歷史的人。

他老人家如此說，對我是一個極大的安慰。

## （三）

與劉再復先生相識，我已經記不清是在什麼場合。時間肯定是在一九八五年，那時他剛剛出任中國社科院文學所所長。他在一年前發表了〈論人物性格的二重組合原理〉就引起了我的注意，此後他的文字，每發表一篇我必定追讀，儼然是他的粉絲。我感覺到他的文學觀念在當時具有啟蒙的意義，即重新思考「人與文學」的關係，從「人的解放」和「人的覺醒」的立場出發，呼喚文藝創作要重視「人在歷史運動中的能動性、自主性和創造性」，要求文學作品展示現實中人物性格的二重性和多重性，寫出人物的「極為豐富的內在世界」和「極為複雜的心理系統」。在理論上，要拓展文學的思維空間，建立「以人文中心」的主體性理論體系。這些思想對我，說是振聾發聵一點也不過分，就像文學評論家白燁所說，讀了他的文章，「你會感到，信而不疑的被動搖了，習以為常的被更新了，若有所思的被挑明了，所見略同的被強化了」。

我急切地希望出版他的著作，但是《性格組合論》一書已經被上海文藝出版社捷足先登搶走了，於是我約定了他的文藝評論集，定名為《文學的反思》。集子中收入了他三個方面的代表性文章，即關於性格組合的，關於思維空間拓展的，關於文學主體性的。可以說是他那一時期的著作精選集，一九八六年十一月出版，先出了一個單行本，後來又收入《百家文論新著叢書》。

我對劉再復一直是格外力挺的，儘管他長期都是爭議性人物。八十年代，文學界的思想解放其實並不徹底，一些自居正統的理論家總是試圖以意識形態的理由指責文藝理論上的突破和創新。例如劉再復談論「主體性」，其理論內核本來是一種應當倡導的「以人為本」的觀念，這與馬克思主義沒有任何抵觸，但是有些人硬是把它和主觀主義、唯心主義聯繫在一起。這有點像建國初期批判胡風的「主觀戰鬥精神」一樣。改革開放後胡風在政治上平反了，而一些人在思想上仍然把他當作異端，就是聽不得主觀性、主體性這樣的名詞。我對這些陳腐的言論是不以為然的。所以對這本書，我想在出版形式上也要表明人文社支持理論探索的態度。我不但給它破格做了精裝本，而且採用頗為講究的設計，在封面包封內，紫紅色精裝布面上只以燙金精印劉再復的手書簽名，三個字金光閃閃，顯得格外奪目耀眼，劉再復見此也非常喜歡。那時書前按慣例需要加一張作者照片和一幅作者手跡，我特地多加了一張劉再復和夫人陳菲亞的合影。這一做法曾引來人文社內部議論紛紛。有的老編輯對文壇現狀並不瞭解，他們問，這個劉再復是什麼人，為什麼給他這麼高規格，還印上夫妻合照？我也不理會，隨人說去。但陳菲亞高興之極，這大概是她第一次與再復一起現身在書中，以致於三十年後她仍然記得此事，還特地告訴我，竟然有日本讀者拿着這本書，請她在這張照片下簽名！

《文學的反思》

我和劉再復的友情從這時開始也一直保持至今。他是我尊敬和欽佩的人，能夠親手出版他的著作，是我的榮幸。我感到特別欣慰的，是他遠走美國以後，他的著作在中國大陸，整整十七年無人問津，我猜其中原因，很可能是因為沒有人帶頭出版吧，而此時我做了第一個吃螃蟹的人，幫助他實現了「破冰之旅」（其中的故事我在後面會講），從此他的作品在中國內地重新暢行無阻，出版了大約六十多品種、上百個版本。

正因為如此，他對我也有一份特殊的感情。他的著作，只要是新書，都任由我挑選，這是他對我的承諾。我把這些書介紹給香港三聯、北京三聯、北京商務印書館和其他多家出版機構。劉再復和編輯們合作得都非常愉快。他的性格和善親切，待人誠懇，愛交朋友。他曾寫過一篇文章，題為〈三聯三代皆好友〉，就是講三聯的編輯如何為他編書。十幾個編輯，他都清楚地記得人名，歷數出當年往事，讓人感覺到他對編輯的那一份特殊的尊重。當然，三聯的編輯，除了范用、沈昌文和董秀玉是八十年代他在《讀書》上發表文章時認識的，其他所有為他編書的三聯編輯，如香港的陳翠玲、北京的鄭勇等第二代，以及十來位三四十歲的第三代青年編輯，全部是我介紹給他的，都成了他的朋友。

劉再復的朋友多，原因在於他的人格被人推崇。他是一位在個人品質上簡直找不到瑕疵的人。我在文化圈幾十年，也算閱人無數，發現作家、學者們，幾乎無人不被詬病。但是劉再復是個特例，我從未聽到有人講他壞話。他與人為善，以愛心處世，再難相處的人也可以與他交好。例如，大家都知道李澤厚有幾分孤僻，是根本沒有朋友的，但是劉再復卻和他成為莫逆之交。李澤厚本人也說，他這輩子有劉再復一個朋友就足夠了。

在人們看來，劉再復一貫充滿愛心、厚待友人，這源於他骨子裏的善良本性，類似佛教說的善根，屬於一種人生的高境界。但是這並不意味着他沒有原則性。我知道兩個小例子：

一是我在北京三聯工作時出版了德國漢學家關愚謙的夫人海珮春的回憶錄《德國媳婦中國家》，希望找幾位知名作家寫推薦語。因為關氏夫婦過去在德國接待過劉再復，劉曾和我談起過他對關氏夫婦印象頗佳，於是我請他為這本書寫幾句話。劉再復欣然接受，寫了一段評語，熱情洋溢。但是後來有一天，他問我為本書寫推薦語的還有誰？我告訴他還有另外四個人。他聽到其中有一個名字是他反感的，立刻要求我，把他的推薦語撤下來，不容商量。

二是他在國內的一位多年老友，也是一位名望甚高的老藝術家，與他可謂交誼甚篤。但是他聽說此人趨炎附勢，有諂媚舉動，便立即抄錄了一首宋人朱敦儒的《臨江仙》贈送對方，意思是從此分道揚鑣：

> 堪笑一場顛倒夢，元來恰似浮雲。塵勞何事最相親。今朝忙到夜，過臘又逢春。　流水滔滔無住處，飛光忽忽西沉。世間誰是百年人？個中須着眼，認取自家身。

這兩件小事都劃出了他交友的底線，表明他是眼裏不揉沙子，最講潔身自好的。

我說劉再復是學者型的作家，可能有些人只注意到他是學者，而不知他還是一位傑出的作家。李澤厚說劉再復本質上是詩人，這話是不錯的。但或許是因為他頭上的理論光環太過耀眼，把他作為詩人和散文家的才情都掩蓋了。

他寫過很多極為精彩的散文詩，八十年代就出版過《雨絲集》、《太陽．土地．人》兩本集子。這些作品，將激情與哲理融為一爐，如江河奔騰令人震撼，又如涓涓細流沁人心脾。一時被文學愛好者傳誦。

後來，他又陸續寫了很多人生悟語，一段一段，都是隨思而錄，妙手偶得。是靈感的流雲，也是詩意的結晶。他後來把這些碎片的感悟收集起來，先後出版過多個版本。

二〇二一年，香港城市大學出版社替他出版了五卷本的《人生悟語：劉再復新文體沉思錄》，參加香港出版雙年獎的評獎，進入了候選書目。我作為終評評委之一，極力推薦此書獲獎，寫了如下推薦語：

劉再復先生的這些《人生悟語》從未整體出版過。這是作者自創的一種新文體，記錄的是一個作家兼學者充滿睿智的片段哲思，令人想起古羅馬皇帝馬可·奧勒留的千古名著《沉思錄》。這是大智慧和大手筆，特別是卷三、卷四、卷五這三卷，頗多深刻的人生感悟和反思，沒有博大悲憫的情懷，沒有參透人生的境界是寫不出來的。值得人們反覆研讀、思考和玩味，以便從中獲得哲理的啟示。

最終經過全體評委投票，這套書獲得優秀出版物獎。

## （四）

我知道高爾泰先生的名字，是在大學時代。因為喜歡美學，我曾經關注五十年代文壇的美學大討論。蔡儀、朱光潛、李澤厚、高爾泰、呂熒等名家各執一說，爭論得天翻地覆。其實論題在今天看來非常簡單，只是圍繞「美是什麼」、「美是主觀的還是客觀的」之類。但主觀和客觀，在當時是唯心主義和唯物主義的分水嶺，如果說唯物主義是馬克思主義的前提，那麼唯心主義就罪不可赦了。

高爾泰一九五六年是蘭州的一個中學美術教師，只有二十一歲，他寫了一篇〈論美〉，不承認美是不以人的意志為轉移的客觀存在，標新立異地強調美和美感是一回事，沒有美感無所謂美，所以美必然是主觀的，這自然使他遭受了嚴厲的批判。

作者與劉再復先生合影（二〇一七年）

我到人文社理論組工作以後，一天無意中在本組的樣書櫃裏發現了一套舊書，這是當年人文社以作家出版社的名義（作家出版社曾是人文社的副牌）出版的《美學問題討論集》，一共八本。我瀏覽一遍，發現所謂「討論」，就是政治大批判，高爾泰被扣了不少政治帽子，批得體無完膚。

其實高爾泰在文章發表前，曾經在蘭州當地請教名家，甚至也給傅雷寫信。傅雷等人都諄諄告誡，說他的思想是早已被批判過的陳詞濫調，但他一意孤行，還是把文章交給《新建設》雜誌發表。《新建設》固然不認同他的觀點，但遵照「雙百方針」決定刊出此文，同時加上編者按，預告將發表批判它的文章，於是引來了眾人的聲討，連同樣被指為唯心主義美學家的朱光潛也加入了圍攻的行列。

高爾泰後來因此被開除公職，打成右派後曾被勞教。幸好他擅繪畫，被敦煌研究院常書鴻收留，繼續做了一些專業工作。

改革開放後，高爾泰獲平反，應李澤厚之邀到中國社科院哲學研究所從事美學研究。他對自己的美學思想挨批一直不服氣，認為他的觀點並不違背馬克思主義。正好當時理論界對馬克思早期手稿展開討論，在《一八四四年經濟學哲學手稿》中，高爾泰發現馬克思的一些重要觀點，包括「異化」理論，都可以支持自己的立論。馬克思說「美是人的本質力量的對象化」，而人的本質力量是自由，於是美是自由的象徵。他認為這個三段論是顛撲不破的真理，於是寫了〈美是自由的象徵〉一文。同時馬克思指出，「異化」現象是人對自我的一種精神束縛，人的解放必須超越這種束縛。高爾泰認為，審美活動就是人類自我超越的一種形式，是人類追求精神自由的一種表現，於是他又寫了〈美的追求與人的解放〉一文。

他這兩篇文章發表後在學術界反響強烈，可謂自成一家之言。我編輯《百家文論新著叢書》，覺得為他編一本美學論文集，正符合我們的編輯宗旨。因而寫信向他約稿，他欣然接受，很快編好交給我，書名就叫做《美是自由的象徵》。

那時理論組的發稿由我安排，因為我手裏忙着其他稿件，便將此稿交給老編輯白崇義做責編，而我擔任複審。出書很順利，因為這部著作非常專業，我們沒有做什麼實質性的商榷，只是根據規範做了一些案頭加工而已。

高爾泰那個時期常來北京，他到出版社，談書稿的事情不多，主要是聊天。他很會講故事，對我講他一生磨難中的傳奇經歷。例如他在夾邊溝農場勞改時饑寒交迫的慘痛生活。我是從他嘴裏第一次聽說「夾邊溝」這個名詞的，後來讀到楊顯惠的《夾邊溝記事》已經不像其他讀者那樣震驚，因為從高爾泰敘述的故事中有了思想準備。他也講到他的繪畫才能救了他一命，若不是兩年後被抽調出去畫畫，說不定會死在那個農場裏

《美是自由的象徵》

面。

《美是自由的象徵》出版時他大約五十歲，體格強健，一眼看去就是硬漢。儘管他時時面帶和善的微笑，但是飽經風霜的臉上，以及堅毅的目光中，總是透出一種倔強和不屈的神態。我覺得，哪怕你不瞭解他的經歷，也可以從外表上看出他是吃過大苦遭過大難的人。他聽力很差，可能有一隻耳朵失聰，所以別人和他說話時，他總是側過臉用一隻耳朵聽。他講話聲音很大，容易帶情緒，語言有時顯得激憤，這大概也是那一時期的苦難給他留下的性格烙印。

當時我剛剛編完劉賓雁和劉再復的著作，我覺得高爾泰和他們兩人心靈上會有些相通之處，很希望他們相互認識。我記不清他與劉賓雁會面是否由我牽線，反正肯定他第一次見到劉再復是我帶他去劉主持的一次會議。兩人都非常稱讚高爾泰才華，但對他的評價不一。一次某報記者就高爾泰對兩位劉先生進行採訪，劉賓雁說：「高爾泰是當代中國一個難得的奇人。無論就人格、才華和貢獻而言，他都應該被列在中國最優秀的知識分子的前三名。」劉再復則說：「高爾泰才華橫溢、性情正直，但是稍嫌極端。」劉賓雁的話或許有些溢美，而劉再復說他「稍嫌極端」則是因為他本人是溫柔敦厚的儒者，和高爾泰屬於完全不同的兩種性格。

高爾泰很自然地和我成為朋友。出書以後，只要他來北京，總會到我辦公室坐坐。

九十年代初，他在北京住過一段時間，一天他來找我，說起不久前他曾經以莫名其妙的理由，在南京被關進看守所，說是進行審查，而三個月後，又以「審查結束」為名被釋放。他說，看守有意整他，把他關進一大群刑事犯的牢房，想讓那些流氓給他吃些苦頭。他看準了哪個人是「獄霸」，提出要和那人「單挑」。結果比試中他三拳兩腳把那傢伙打翻在地，苦苦求饒。此後一眾流氓把他當做「爺」，送吃送喝，對他小心伺候，所以他那三個月沒吃什麼苦。我過去只知道他年輕時是運動健將，曾經在自己居住的城市得過短跑冠軍，從未聽說他還學過摔跤和散打。這時真見識了他的能文能武。

接着他拿出一幅畫，說是送給我做紀念。那是個立軸，我展開一看，原來是一幅中國畫《仕女圖》。畫面上一個唐代裝束穿長裙的女人跪地手舉一隻托盤，盤子裏有茶壺和茶杯，像是在向什麼人獻茶。我說哎呀，這個題材我不喜歡，能換一張別的嗎？他有些詫異，大概以為我看低了他的水平，說你別小看這幅畫，這樣的畫外國人可是非常喜歡的，有的在法國可以賣十萬法郎。我連忙解釋說，我不是想收藏，而是想掛在自己家裏。我希望掛一張風景畫。他遲疑了一下，說，那好，以後我再給你畫風景。這幅畫我送給別人吧。

可是自那以後，他再沒有和我見過面。不久我就聽說他定居美國了。他在美國的生活來源也是靠賣畫，據說收入不俗。二〇一三年，我們為了出版《百年佛緣》到宜興大覺寺面見星雲法師，在寺院裏聽星雲法師講往事，說他曾經花費重金邀請高爾泰為佛光山繪製一百幅佛教題材作品。

高爾泰的畫作我是親眼所見，但愚鈍如我，卻一直不瞭解他是極好的散文作家。直到十幾年後，我在北京三聯工作，才在網上讀到他的一些回憶性散文，很受感動和震撼。和北島一樣，我也是「驚訝於其文筆之好，靈氣飛揚，五彩繽紛」。於是我想三聯可以請他多寫寫人生故事，出版一本他的回憶錄。費了不少精力，我才輾轉找到了高爾泰在美國的電話號碼。

電話接通以後，聽到久違的聲音，兩人都興奮之極。寒暄，敘舊，接着是我向他約稿。但高爾泰告訴我，他早有一本回憶錄，過去在廣東出版過一次，現在剛做修訂，即將在北京十月文藝出版社重新出版，所有版權的事情，他都委託給好友徐曉了。我不免失望。

這本書，就是在文壇上影響極大、被很多人認為是當代經典的《尋找家園》。

我為自己的後知後覺感到遺憾。

# 七、參與管理，關注文壇

一九八六年，出版社編輯室改組，我做了當代文學第二編輯室副主任，工作範圍擴大了。編輯室下設兩個編輯組，主任是毛承志，他是文藝理論家，但是身體不好，有冠心病，常休病假，所以理論組的工作由我全面負責。另一位副主任是楊匡滿，他是知名的詩人和報告文學作家，主管詩歌散文組。但是他正在醞釀調離，對工作也管得不多。這樣，我雖仍然側重在文藝理論方面，但是對編輯室的整體管理也需要參與。那時人文社在當代詩歌、散文和報告文學創作方面，也在鼎力支持老中青三代作家，出過不少有影響的好書。詩歌方面，新中國的詩人從艾青、臧克家、田間、李季開始，到新時期的舒婷、顧城、海子，第一流的作品幾乎都出遍了。散文方面，也是選擇冰心、柯靈、楊朔等名家作品，當然其中最有影響和代表性的是巴金的《隨想錄》共五集。

近些年人們搞出版研究，談到三聯書店總經理范用的膽識和擔當，都會舉例說，范用有一次去看望巴老，老人談到自己的《隨想錄》出版時曾被刪節，對此感到不解和痛心。范用當即表示，這部書可以在三聯書店出版，他拍胸脯保證不會刪改一個字。這的確是事實，北京的三聯書店後來真的出版了《隨想錄》，而且未作刪改。但是這些研究者並不知道，早在三聯於一九八七年九月出版《隨想錄》合訂本之前，人文社已經從一九八〇年六月至一九八六年十二月分五集陸續出版這套書的單行本（每集有一個書名，分別為《隨想錄》、《病中集》、《真話集》、《探索集》、《無題集》），而且同樣是一字未改。它的責任編輯就是當時我所在部門的老編輯季滌塵先生，而到上海向巴金老人約稿的，正是人文社當時的社長韋君宜和總編輯屠岸。他們三個人後來寫的回憶錄都曾提及此事，而季滌塵先生一直保留着巴金先生的很多有關《隨想錄》的書信，還專門圍繞這些書信寫過一本書，題目叫《生命的開花：〈隨想錄〉紀事及其他》。至於巴老提到書稿曾被刪節，指的是《隨想錄》在中國大陸出版之前先在香港一家刊物連載時的情況，那家刊物是中資期刊，觀念比較陳舊保守，在大陸已然思想解放之時，仍顯得有些落伍。這個令巴老不快的事件，不僅與人文社的版本無關，而且與香港三聯出版的繁體字版也無關。要知道，香港三聯在一九八〇年以後，幾乎與北京的人文社同步出版了這套書的單行本五集，也是一字未動地刊印巴老的原作。北京三聯出版這個《隨想錄》未刪節本，比起人文社和香港三聯的版本在時間上都要晚得多。這件事，由於我在人文社和香港三聯都曾經任職，可以作為一個見證人。

八十年代的人文社，名家雲集，編輯陣容十分強大，光是中國作家協會會員就不下七八十人，這個數字，超過一個較為邊遠的省份的作家人數。所以每次選舉作協代表會代表，都是按省組團，人文社甚至因為作家太多，被要求單獨組團選舉。編輯中作家多，學術空氣自然就濃郁，而且從老社長韋君宜開始，就提倡編輯「一手編，一手寫」，希望編輯「一專多能」。在這種氛圍下，出版社很像一間研究機構。編輯在一起聊天的話題，通常都和當前文藝思潮和動態有關。

此時正是改革開放後思想啟蒙運動的高潮期，文化界思想活躍，各種新銳的理論和藝術探索層出不窮。創作上從傷痕文學、反思文學到尋根文學、魔幻現實主義文學，一直到各種現代主義創作手段的嘗試，理論上則是出現了各種新觀念、新方法、新學科。我在這一時期，對這一切都是非常關注的。因為負責當代文學編輯室的工作，必須時時瞭解文壇現狀，對新鮮的文化現象及其發展態勢進行跟蹤。那一段時間我讀書特別多，主要是閱讀文學新創作和近期從國外引進的影響巨大的理論著作，例如佛洛伊德的《精神分析引論》、卡西勒的《人論》、沙特的《存在與虛無》、尼采的《悲劇的誕生》、馬斯洛的《存在心理學探索》、托佛勒的《第三次浪潮》等等，《走向未來叢書》中一些介紹新知識的小冊子，我也選讀了多種。至於每年在國內評獎中獲獎的中短篇小說和重點的長篇小說，我幾乎全部讀過。中國電影資料館有內部電影，首都劇場有現代派戲劇，我都設法找票去看。所以當時在人文社的編輯部裏，我不僅算是資訊靈通者，而且也是較為熟悉當代文壇情況的——無論創作還是理論。因而在業務交流活動中，我就顯得比較活躍。記得一九八六年底，社裏召開過一次有關中國當代文學的專題報告會，總編輯屠岸要我做了題為「當前文學發展的若干動態」的報告，全社的編輯都來聽我介紹情況，我從當前的文學藝術與傳統對比的角度，講了很多新現象，令一些埋頭工作的編輯感到十分驚奇，有的人甚至有「山中方七日，世上已千年」的感覺。的確，八十年代文化界繽紛多彩，幾年中發生的巨變，是要刮目相看的。當時的人文社美術編輯室主任、老藝術家張守義先生聽了我的報告，立刻跑來對我說：「就是這個內容，我想請你再講一次。」

原來，張守義是中國美術家協會的裝幀藝術委員會主任，他承擔着培訓全國新聞出版界美術編輯的責任。此時他們正在組織一次美術編輯的業務培訓班，他便邀請我去班上做一場同題講座。講座的地點在空軍招待所的禮堂，聽眾大約有兩三百人。那天我非常興奮，狀態很好，在準備好的講稿上又大加發揮，竟然神侃了四五個小時，上午沒講完，就轉到下午繼續講。結果把會議安排好的下午培訓時間佔用了半個小時。下午是老翻譯家高莽講俄羅斯文學，讓老人家在一旁等我講完，現在想來真是不該。

更不該的事情，發生在頭一天晚上。因為空軍招待所離我家很遠，我擔心早上趕不上講座的時間，對張守義說了，他說你前一晚可以住進招待所。於是我真的這樣做，張守義讓我到他的房間。我一看只有一張床，不知該怎麼睡。他說，你睡大床，我加一張行軍床。我知道他年長我二十歲，也知道他在美術界地位很高，在圖書裝幀設計方面，即使不算泰斗，也可以說是一代宗師。但是我不知他的身體情況。我表示自己年青，該睡行軍床，但是他說，你是我請來的客人，不是客隨主便嗎，你就聽我安排吧。我於是就不再客氣，大模大樣地睡到床上。但是後來我對此非常後悔，因為我聽說，張守義的健康狀況很糟。他曾有嚴重的胃病，多年前做了胃切除手術，把整個胃摘掉了。此後一直不能吃東西，連粥都不能喝，只以喝啤酒代替飲食，啤酒就是他的飯。據說，曾經有一個時期，啤酒供應緊張，限量銷售。弄得張守義要斷糧了，於是社裏發動群眾，組織了幾十個人去為他排隊買啤酒，才幫助他度過難關。瞭解到這些，我感到自己對這樣一個病弱之人竟然不知謙讓，實在是少不更事呀。

這一時期我讀書多，寫文章也不少。我從大學畢業前夕開始發表文學評論，此時一心希望成為文學評論家，研究問題集中在當代文學作家作品上。我特別熱衷於參加社裏舉辦的各種作品研討會，積極參與討論。記得那時《當代》發表的小說，如張賢亮的《河的子孫》，鄭義的《遠村》、《老井》，我都是主動寫了評論文章的。一九八六年張煒的《古船》也是在《當代》發表，我和《當代》的編輯洪清波是最早寫文章推薦的人，兩篇文章一起發表在《中國文化報》上，我的那篇集中談論作品在處理當代歷史題材方面的突破和創新。

張守義先生

不過《古船》自從發表出來就有爭論，不僅在小說藝術方面，而且在思想傾向方面，很快報紙上就出現了批判文章，有人打棍子。社裏的編輯，一時間議論紛紛。家父平時比較關心文化動態，他看到我為《古船》寫的評論，問我，不會有人寫文章連你一起批？我說我不介意。因為我的文章依據的是恩格斯的兩個觀點，一是恩格斯認為，惡是歷史發展的一種動力，二是恩格斯曾說，歷史的發展，是由多種力量的「合力」推動的。我的文章，題目就是〈人性惡的挖掘與歷史「合力」的顯現〉，都是在講述這部小說是如何證明了恩格斯的思想是如何正確。這在政治上有什麼問題呢？

後來是延安出身的老一代評論家陳涌出面表態，說這部作品「整體思想傾向的正確是應該肯定的」，「深刻地反映解放前中國的現實的真實，是主要的」。平息了這場爭論。就在爭論最為激烈的時候，《當代》編輯部為這部作品舉辦研討會，我也參加了。在會上我非常慷慨激昂地闡述了自己的觀點，當場受到多人好評，作家張煒也在現場。我和張煒就是在那一天認識的。後來幾乎沒有什麼聯繫。大約是二〇一三年，我在北京國際書展上偶然見到他，他握着我的手第一句話就說，我至今記得你當初在《古船》研討會上的講話，某某觀點是你第一個提出來的吧？他複述了一下，但是我都記不清自己當初是怎樣說的了。二〇一七年，在中國作協第九次代表大會上，我再一次見到張煒，他仍然對我說《古船》研討會上我的發言，他記憶猶新。直到今年前幾個月，我和他通電話，他又第三次說我那天研討會的發言太精彩了，他一直忘不掉。他說，再來北京，一定要和我喝一點小酒，共同敘舊。張煒在我看來，且不說他如今已是中國作協副主席、茅盾文學獎獲得者，僅就創

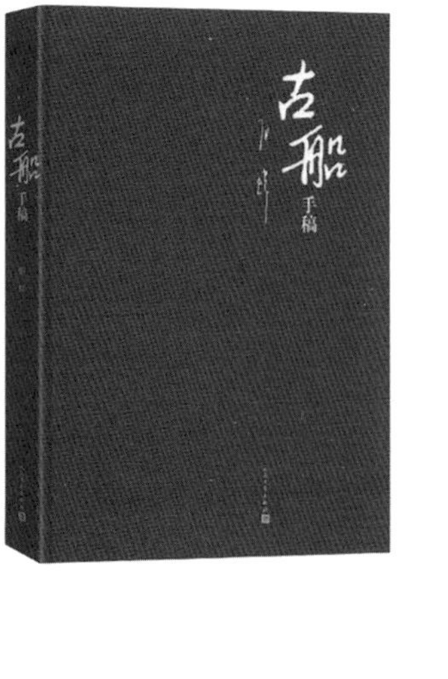


《古船》

作實力來說，他是中國當代作家中最有成就的少數幾人之一，他的《古船》屬於當代文學經典中的經典。我對《古船》的評價，能讓他在三十五年之後還念念不忘，真是令我感到榮幸。

因為我對當代文學作品多少有一點研究，所以有時出版社其他部門（比如主管小說的編輯室和《當代》雜誌編輯部）對於一些書稿有爭議，社裏需要更多的編輯參與討論，也便會找到我。例如雲南的青年作家鄧賢，他考察了第二次世界大戰期間雲南的舊戰場，搜集了包括他父親留下的日記在內的大量史料，以中國遠征軍赴緬甸作戰的經歷為題材，創作了紀實文學《大國之魂》。厚厚一部手稿，出自一個從無創作經驗的青年作者，涉及的又是一個敏感領域，所寫的故事在當時從未有人描述。於是社裏不同意見爭論激烈，反對意見是不由分說，準備直接槍斃選題。這時《當代》編輯部把稿子轉給我和小說編輯高賢均。我們兩人對作者的大膽創新給予了高度評價，並提出了一些具體修改建議。後來這部作品在人文社出版並獲得「首屆青年優秀圖書獎」，我們的意見是起了重要作用的。幾年後鄧賢又聯繫自己的知青經歷，寫了報告文學《中國知青夢》，因為描述的知青故事慘烈而震撼，許多史料發人所未發，令人驚心動魄。此書出版之前同樣引起爭論，有人對作者爆料太猛表示擔心。我和高賢均看過稿子後再一次力挺鄧賢。最後這本書也在人文社順利出版，並獲得「中國報告文學獎」。

鄧賢當時只有三十幾歲，能夠在人文社出書，而且一連兩本，都是突破性題材，都經歷了起死回生的過程，最後出版上市都獲得了極大的成功，他當然非常感謝我們這些編輯。於是他表示要請我們吃飯。那時運動員李寧加盟廣東「健力寶」公司，該公司在北京東四路口開了一間健力寶酒樓，專營廣式早茶、中午茶。鄧賢便在那裏設下飯局，《當代》的一眾編輯，以及我和高賢均都參加了。在北京，廣東館子那時還很罕見，我就是在這裏第一次品嘗了蝦餃、鳳爪、腸粉、蛋撻等廣式點心的。

# 八、四位暢銷書作家

到了八十年代後期，出版社開始實行事業單位企業管理，經營壓力也就增加了，一九八九年一月，出版社為了整合編輯資源，激發創新活力，決定打破部門分工限制，成立兩個「綜合編輯室」，中國文學和外國文學方面各一個。可能社領導班子覺得我有點經營頭腦，就把我拉出來，讓我組閣，以自願組合的方式組建綜合第一編輯室。社長陳早春要我點將，我提名兩個能人做我的副主任，一個是人文社最好的小說編輯高賢均（他後來做了人文社副總編），另一個是青年編輯中的小說家王小平（她後來離開出版社，先去美國留學，回國後做電影和電視劇編劇，代表作品有電影《刮痧》和電視劇《甄嬛傳》、《芈月傳》等），但是王小平婉拒副主任職務，說是只當編輯，我也只好接受。接着我在全社範圍內又挑選了一批精兵強將。組成了十六人的一個大編輯室。

既然是以改革的名義組建，這個編輯室是一定要創造收入的，陳社長對我們的期望甚高。他對其他編輯室可以沒有經濟指標和壓力，但對於綜合編輯室是要有的，我要承擔這個責任，所以我必須策劃一些暢銷書。好在編輯室分工包括港台文學，其中暢銷書作家較多。

我首先想到的兩個暢銷書作家，一個是李敖，一個是王鼎鈞，後來過了兩三年，我又聯絡過金庸和梁鳳儀，在合作上有的成功、有的不成功。

## （一）

關於李敖先生，事情很湊巧。隨着台灣解嚴和大陸即將實施《著作權法》，台灣作家李敖意識到他的著作可以在中國大陸出版了，便託人給人文社捎來大約二十本書，尋求合作。這些書都是他在台灣出版的著作。社裏把這批書交給我處理，從此，我就和李敖結下了不解之緣。我和他的合作關係一直保持到他去世之時，接近三十年。

我們最先推出的是李敖的《獨白下的傳統》和《傳統下的獨白》，時間是一九八九年三月。這是他雜文的代表作，我把兩本書合成一冊（定名《獨白下的傳統》），請資深編輯彭沁陽和我一起做責編。這時我已經懂得做編輯一定要介入行銷，好書必須宣傳，酒香也怕巷子深。所以我們在出版時做了一些策劃，把李敖那句著名的大話「五十年來和五百年內，中國寫白話文的前三名是李敖，李敖，李敖」印在書的封底，十分醒目。那時的圖書發行，只有新華書店總店一條管道，我為了擴大發行效果，去拜訪了總店發行員高淑豔，問她在什麼情況下她可以包銷十萬冊以上？她建議我印海報，說全國一共有三千五百家左右的

作者在李敖先生家裏（二〇一三年）

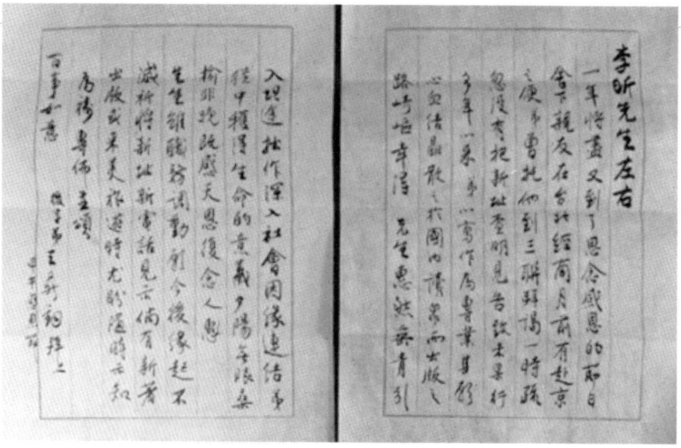

李昕先生左右

王鼎鈞拜上

王鼎鈞先生於感恩節致作者的信（二〇一四年）

書店，每個書店至少發兩張，可以隨書發行。於是我印了一萬張海報，將李敖和當時在大陸已經因為《醜陋的中國人》名聲大噪的柏楊聯繫在一起宣傳。告訴讀者，在台灣李敖和柏楊齊名，讀柏楊的人不可不讀李敖，對於國民性的揭示，李敖另有一番深刻。可以說，這是人文社第一次用發海報的方式推廣圖書，頓時奏效，此書發行大約二十萬冊。

此後，我們趁熱打鐵，在幾年內又陸續出版了《李敖自傳與回憶》、《北京法源寺》等著作，一共七種，形成《李敖作品系列》。這些作品，本本都有不俗的銷量。李敖的雜文隨筆，在人文社出版之前，曾經有一兩個未經授權的選本在大陸出版，可是並沒有形成影響；他的《蔣介石研究》三大卷也有人做了「內部發行」，我本人甚至還專門找來讀過。但是李敖著作通過授權正式在中國大陸出版，是在人文社，經我和彭沁陽等幾位編輯的手，李敖真正在大陸為人所知，產生轟動效應，也是從這裏開始。所以二十多年以後，我回憶起這段往事，還寫了一本小書，題目就叫做《李敖登陸記：出版背後的故事》。

當然，出版李敖著作是需要掌握一些政策尺度的，書稿中總會有一些政治敏感問題需要處理，別人遇到的問題我也同樣會遇到。我的辦法是用編選來迴避刪減，李敖那些太敏感的文章我不選，這樣避開了一部分問題，而必須編進去的文章，我的做法是一字不改，必要的時候刪幾個字，盡量不做大段刪節。後來李敖的書在中國大陸好多出版社陸陸續續地也都有出版，因為版權是流動的。人文社版權結束以後，這些書版權轉到其他出版社，那些出版社出了書，李敖老是拿人文社的版本去對照，有時候他會打電話給我，問：「你們人民文學出版社保留的字句為什麼別的出版社會刪？」我有時候也在幫我們大陸的編輯做解釋，告訴他現在有送審制度了，有專家審稿，要嚴格一些。但有時候李敖提的問題也讓我無言以對。比如他有一本書，題目是《坐牢家爸爸給女兒的八十封信》，這是他教女兒學英語的一本書，原來我在人文社出版基本一個字不刪，因為確實沒什麼政治問題。可是國內有一家出版社在二〇一一年重新出了這本書。李敖打電話來問我，就說：「這個編輯怎麼回事呢？他刪了我十六個字。」我問哪十六個字？李敖說，他抵制國民黨教育，所以讓女兒上美國去讀書，他要女兒「不念三民主義，不受國民黨教育的污染」，編輯居然把這十六個字給刪了。這就讓我沒法兒解釋，我們有的出版社編輯究竟是怎麼掌握的標準？這樣的內容為什麼要刪？

當然我也有過失誤。我讀了李敖的《蔣介石研究》三大卷，覺得分量很重，有獨家史料和獨到見解。但是，一方面為了迴避敏感問題，另一方面為了創造更好的經濟效益，我不打算原樣出版。我從中選出兩組文章，一組寫人為主，一組寫事為主，分別定名為《蔣介石其人》和《蔣介石其事》，將學術著作改變為大眾讀物出版。出版後銷路不錯，都發行了三萬到五萬冊。編選時，在政治上其實我是小心翼翼的，但是我沒有意識到，書裏面也埋着我偵查不到的「地雷」。有一天陳早春社長把我找去，說你出版《蔣介石其事》惹禍了。外交部經過新聞出版署轉來一份公函，說是《蔣介石其事》涉及到李敖批評蔣介石在一九四五年為了換取蘇聯出兵中國東北援助中國抗日，同意蘇聯的要求允許蒙古國獨立，這是賣國行為。此事引起了蒙古國大使館的抗議，造成了外交糾紛。署裏要求我們停止發行此書，並且做檢討。我不服氣，說這本書在台灣早就出版了，也沒有聽說蒙古國抗議呀！陳早春告訴我，蒙古國和台灣沒有外交關係。我無奈，只好老老實實寫了檢討報告。其實歸根結底，這只因為我們在《蔣介石其事》中是第一次揭密這些當時不為人知的史料，後來有關的研究和出版物多起來了，這根本就不算政治敏感問題。

二〇一三年十二月份，我帶着三聯的兩個編輯到台北去參加書展，順道到李敖家裏去坐坐，李敖把我們帶到了他書房的一角，用手一指說「你看那些書」，我一看，原來是他的十來本著作，一字擺開，全是我給他編的，包括我在人文社和在後來在香港為他出版的圖書，他擺在那裏讓我們欣賞，當時把我帶去的兩個編輯嚇一跳，他們沒有想到我過去曾經給李敖編過這麼多書。

李敖對我是很信任的。我去香港工作以後，他的著作轉到友誼出版公司，在那裏出版了四十本一套的大全集。其實他的著作，還有一些尚未在大陸出版，若是全出，大全集應該有八十本。就是二〇一三年這次見到李敖，他曾和我商談，因為他和友誼出版公司的合作已經結束了。他準備把他的全部著作交給我所在的北京三聯書店，用生活書店的品牌出版。可惜我很快就退休了，這項合作未能開展，對他對我都是一個遺憾。

## （二）

再說王鼎鈞先生。一九八九年剛剛成立綜合編輯室時，我為了開發港台作者資源，特地到福州、廈門和廣州，用了一個月的時間，在幾家研究所和大學的資料室、圖書館閱讀港台文學作品。當讀到王鼎鈞的《開放的人生》、《我們現代人》、《人生試金石》（合稱《人生三書》）和《作文七巧》、《作文十九問》（合稱《作文兩書》），非常喜歡，愛不釋手。拿「人生三書」來說，書中的一篇篇文章充滿人生感悟，啟迪人生智慧。我知道這些作品在台灣風靡一時，其影響力絕不下於龍應台的散文。王鼎鈞人稱「鼎公」，在台灣文壇備受推崇和敬重，當時有一個說法，叫做「凡有井水處，即有鼎公書」。這些作品如果介紹給大陸讀者，注定也是備受歡迎的。

我很想出版這些書，只是沒有鼎公的聯繫方式，但是天賜機遇，幾個月後，新聞出版署新成立的中華版權代理總公司主動聯繫我，說他們有一批港台圖書，希望我去挑選。我去了以後發現，鼎公的作品，他們的書櫃裏都有。原來他們在為鼎公做代理！該公司有一名業務人員，叫袁小牧，是著名導演袁牧之的女兒，她過去在人文社總編室工作，和我很熟。我就請她代我聯繫鼎公。

要出版，當然需要做些策劃，我那時覺得鼎公的作品，按照原先台灣版的單行本形式出版很困難。由於書是寫給青年人看的，不僅文章篇幅短小，而且每一本都很薄，而當時限於客觀條件，我們的出版用紙都是千篇一律的五十二克膠版紙，若把七八萬字的小書單獨裝訂，就成了沒有書脊小冊子，非常難看，且不莊重。所以對鼎公的書應該怎樣編輯出版？我頗費心思。考慮再三，我請袁小牧發傳真信件和鼎公協商，準備像出版李敖的《獨白下的傳統》一樣，把他一共五本的《人生三書》和《作文兩書》整合為兩本，以《王鼎鈞談人生》、《王鼎鈞講作文》之類的書名出版。鼎公是一個非常重視作品出版形式的人，他的每一本書，從書名到編輯體例都很有講究，我的要求大概使他感到意外。他收信後便答覆說他要考慮一下。更加意外的是，沒過多久，鼎公突然出患了一場重病，休養了很長時間，所以他再次回傳真，只說了一句話：「弟病矣，諸事從緩。」從此這事情就放下了。當時我手裏存積的選題很多，鼎公一病，沒有和我聯繫，我也沒有繼續跟進，就去忙別的了。這一緩竟然是緩了二十四年，一直到二〇一三年以後，我在北京三聯才重新聯繫鼎公，出版了《王鼎鈞作品系列》十六種。當然到這時，鼎公又有了許多新作，《人生三書》已變成了《人生四書》，《作文兩書》也變成了《作文四書》，特別是鼎公寫出了《回憶錄四部曲》，以「一代中國人的眼睛」觀察和記錄了二十世紀中國的百年憂患、世事滄桑。這些著作出版後影響巨大，且頻頻獲獎，令我深感欣慰，也深覺慶幸：原本早已失之交臂的鼎公，竟然可以在四分之一個世紀以後，仍然經我之手介紹給中國大陸讀者。我和鼎公的緣分不可謂不深也。關於出版鼎公作品，我後面還會詳述，這裏從略。

## （三）

需要說說金庸先生。金庸我們早有瞭解，但沒有意識到要出他的書。按理說，出版社分工，港台文學歸我負責，策劃金庸的作品出版事宜，是我的分內責任。但是那時按照傳統的文學觀念，武俠小說並不在人文社的視野之中。因為在經典文學的研究者看來，武俠小說是不入流的。其實他的作品，我很早就讀過幾本盜印版本，如《鹿鼎記》、《連城訣》、《雪山飛狐》等，私下也很喜歡，只是沒有把它們當做可以考慮的圖書選題。

大概是在一九九三年，馮其庸先生有一次到人文社開會，跟我們談到他對金庸的極高評價，說是「紅學」之外，還應有「金學」，把金庸作品提高到文學名著的層次。他建議我們一定要出版金庸作品，不能對這些武俠小說抱有偏見。這時我們有所醒悟，決定向金庸先生約稿。但我當時覺得我個人的分量不夠，直接寫信給金庸，怕他不買賬，所以我跟陳早春社長說我要用他的名義寫。我代筆寫了一封致金庸的信函，表示人文社要以出版名家作品的高規格隆重推出金庸先生全套作品集，陳社長看了信，一字未改，簽了字，扣上他的印章寄給金庸。大概一兩個月後金庸通過他的代理人告訴我們，他對人文社是一直抱有很高期望的，多年都在等待人文社出他的書，那時他認為，他的書就該在人文社出版，但是現在我們太遲了，三聯書店的董秀玉總經理已經跟他洽談好了出版意向，不好再改了，所以人文社失去了與金庸合作的機會。由於觀念束縛和反應遲鈍而怠慢金

作者在王蒙和金庸關於《紅樓夢》的對話會

庸，這大概要算是我在出版生涯中的一個重大疏漏。

其實說起來，我和金庸先生是有緣也無緣。說有緣，一是因為後來我到香港工作，和他有過一些近距離的接觸：香港三聯組織的活動，例如舉辦店慶慶典，他會來參加；有的重要出版物，我們邀請他來站台，他也給予支持；二是因為金庸和我還有一點遠親。他的堂弟查良錚（詩人穆旦）是我遠房的姑父。記得我在香港工作時，有一次因為推廣王蒙著作，請金庸來與王蒙對談。開會前我和金庸聊天，我提到我們之間沾親，搞得他頓時緊張起來，直到我說出原委，他才鬆了口氣，說自己輩份小，很怕一不留神成了我的晚輩。現在看來，我還得管他叫叔，放心了。這層親戚關係金庸是承認的，但是對於我和他之間的出版合作並沒有起一點作用。所以說又是無緣。我回到北京工作以後，金庸和北京三聯的版權合同早已過期，沒有能夠達成續約協議，金庸的代理人已經將作品集交給廣東的一家出版社重新出版。三聯編輯部許多同事都對此深表惋惜，他們希望我能夠說服金庸，將版權重新拿回三聯。於是我在幾年時間裏，先是多次聯繫金庸在香港的版權代理人，後來是直接給金庸本人寫信，託劉再復先生親手轉交。金庸當然記得我，他看了我的信，說我寫得很懇切，很真誠，他也很願意和三聯合作，但是很遺憾，因為他與廣東方面的合作有協議，並沒有到期。後來我們瞭解到，金庸和廣東方面的合作，不僅是版權的轉讓，而且還涉及資本的合營，牽涉問題較為複雜，所以我們的願望最終也沒能實現。這是一大遺憾。

（四）

梁鳳儀女士是香港財經小說作家，她的作品應該歸入通俗大眾讀物一類。我們沒有選擇《金庸作品系列》而出版《梁鳳儀作品系列》，在業內人士看來，是「不按牌理出牌」，有些不合章法的。所以無論香港還是內地，都曾經有人質疑我們。但是外人不知，出版梁鳳儀作品，對我們來說是從大局出發的一種特殊考慮。她是中共香港工委和國務院港澳辦推薦給人文社的。最初，將她的幾本財經小說轉給我們的人，就是當時新華社香港分社社長周南的夫人黃過女士；《豪門驚夢》、《醉紅塵》、《九重恩怨》等第一批作品出版時，我們在北京飯店舉辦新書發佈會，時任國務院港澳辦主任魯平又到會表示祝賀。當然，這兩個機構向我們推薦梁鳳儀是從政治角度考慮，希望我們支持香港的愛國作家。不過，從文學角度來看，我們覺得梁鳳儀的財經小說題材貼近回歸前夕的香港現實，清晰而準確地揭示了香港社會錯綜複雜的內部矛盾，社會認識價值頗高。且不說和武俠小說超脫於現實的虛構不同，她的作品和瓊瑤等專事言情的小說也不同，在言情的故事之外，寫出了官場和生意場上的刀光劍影、爾詐我虞，顯示出殖民社會的人情冷暖、描摹了香港過渡時期的人生百態。當時正值香港回歸前夕，內地讀者需要加強對香港現狀的瞭解，這些小說的社會作用是其他文學作品難以取代的；而且，這些作品故事生動，人物鮮活，可讀性頗強，確實具有一定的暢銷書潛質。所以我們在編輯室經過研究和論證，決定作為作品系列出版。

雖然意識到這些書肯定有賣點，我們也沒有想到它們會在第一時間火起來。因為我們組織「梁鳳儀作品在京出版新聞發佈會」，不僅國務院港澳辦主任魯平親自出席，而且中國作家協會一下來了王蒙、陳荒煤、馮牧三位副主席，都發表了力挺的講話。當天的中央電視台《新聞聯播》竟然用了一分多鐘介紹這三本財經小說。當晚，各地書店的訂單就紛沓至來。出版社連夜開機加印，很快每種作品都銷售十萬冊以上。後來，我們再接再厲，用了幾年時間，總共出版《梁鳳儀作品系列》超過二十種，其中多半是超過十萬冊的暢銷書。人文社與梁鳳儀的合作一直持續到「九七」香港回歸以後，梁鳳儀宣佈封筆。

我和梁鳳儀的友誼一直保持至今。後來我在香港三聯，還出版過她執筆的《李兆基博士傳記》。她和她先生黃宜弘與我的兩位領導——時任香港聯合出版集團董事長李祖澤夫婦以及後來的總裁陳萬雄夫婦都是密友，與我也算早有緣分的老友，因而我們有時會一起聚會，飲酒聊天，互通資訊。黃宜弘先生是香港著名的愛國企業家，不僅長期擔任香港立法會議員，而且也是全國人大代表，還曾經兼任香港出版總會的名譽會長。因為梁鳳儀的關係，我和他也很熟悉。黃先生曾為香港回歸和繁榮發展做出過重大貢獻，這在香港幾乎是人盡皆知的。可惜不久前他因病去世了，令人痛心。前兩年，梁鳳儀為了留下有關黃宜弘先生一生奮鬥的寶貴紀錄，在香港出版了一本《黃宜弘傳》。這本書她邀我合作，我查閱了二百萬字的報刊和圖書資料，又對黃先生做了兩次專訪，然後動筆。全書共四章，我執筆寫了其中兩章。這是我與梁鳳儀合作的延伸。

大約在二〇一四年，梁鳳儀和我談起，她重新恢復寫作，正在寫一部史詩式的作品，展現香港的百年滄桑史，從殖民統治的開始，一直寫到中華人民共和國的香港特別行政區。書名叫做《我們的故事》。我知道，這是她一直以來的願望，二十多年前我剛認識她時，就聽她談起過。只是後來她做了上市公司的總裁，無暇寫作，才把這件大事放下了。於是我幫助她重新和人文社建立聯繫，雙方洽談合作，又是一拍即合。《我們的故事》第一部出版時，開了一個新書發佈會。應梁鳳儀的要求，我也去參加，並講了幾句祝賀的話。那天，梁鳳儀公開在新書發佈會上講，李昕先生是我的恩師。想來她指的是我曾幫助她在中國大陸打開局面。當然，她這麼說我不敢當。首先工作不是我一個人做的，從社長陳早春到編輯彭沁陽、楊渡、曹暉等眾多同仁，包括發行部的許多員工都鼎力支持過她。另外我想說的是，正好相反，我從梁鳳儀那兒倒是學了不少東西，因為梁鳳儀是一個香港商界長袖善舞的女強人，她在經營上非常有創意，而且自己也在搞出版業，她借用金庸給她題寫的三個字「勤＋緣」，在香港建立了一間勤＋緣出版社，集中出版大眾讀物，其中包括她自己的著作。她與人文社合作時，總是借助她在

作者與梁鳳儀女士合影（一九九三年）

香港多年積累的商業經驗，全力配合新書出版後的宣傳推廣，她的點子特別多，而且不辭辛苦，到全國各地進行促銷活動不下十餘次，每到一地，都有講演、簽售，有時是一場連着一場的車輪大戰。我曾多次陪同，一個城市一個城市地轉。她成為暢銷書作家，與她自己不僅會寫而且會下力氣推銷關係甚大，功勞首先要記在她自己頭上。而我，通過對這位女強人的近距離的觀察和與她的多次交流，確實在出版行銷策劃方面增長了不少見識呢。

# 九、書緣：兩位錢先生

我羡慕江蘇文藝出版社的編輯家張昌華，他寫了《我為他們照過相》，講述自己探訪上百位文化名人，為他們留下珍貴影像的故事。我也羡慕記者出身的作家李輝，他寫了《和老人聊天》，記錄自己從青年時代結識的諸多前輩學者與他的交往。我寫不出這樣的文字，因為我手頭沒有足夠的資料。其實細細想來，從一九八二年到一九九六年，我在人文社工作十四年，接觸的老一代作家學者也為數不少，從丁玲、艾青、胡風、唐弢開始，總有幾十人，但是我竟然找不出一張自己與他們的合影。那時與名家見面，是根本意識不到需要拍照留念的。而八九十年代，我也還沒有開始寫日記，甚至名家學者給我的信件，我都沒有特意收藏，有些也丟失了。想想覺得自己真不能算是有心人。但想開了也覺得沒有什麼，也就是到晚年以後，少一點懷舊的材料而已。

不過，有兩位令我極為尊崇的老先生，我與他們的書緣頗深，但我卻未能前往拜見，面聆教誨，這是使我深感遺憾的事。這兩位先生，就是錢鍾書和錢學森。

## （一）

我是在大學時代知道錢鍾書先生的。我的畢業論文指導教師、武漢大學中文系羅立乾先生對錢鍾書佩服得五體投地，在古代文論課堂上就大講錢鍾書先生的學問天下無敵，說他博聞強記，「《十三經》連注釋都能背」，令我印象極深。後來中華書局出版《管錐編》四卷本，我毫不猶豫就買下一套，那大概是我大學四年中購買的最為厚重的學術著作。雖然以當時的學力根本不能通讀，只是選讀了一些篇章，讀得似懂非懂，但內心很滿足，感覺是念到了真經。後來到人文社當編輯，工作中發現夏志清和楊義的兩種《中國現代小說史》都高度評價小說《圍城》，於是又找來讀，立時被作品中鮮活的人物性格吸引，讀得入迷，對作者的才華、睿智和幽默的文筆驚歎不已。

說起來，我對錢鍾書的崇拜，也部分地來源於家父。家父長期在清華大學外語系任教，建國初期，曾與錢鍾書、楊絳夫婦同事。錢、楊都教英文，家父主教俄文，有時也教英文。家父多次對我談到他對錢鍾書的欽佩，說他自己的英文水平約略相當於英國本地大學畢業生的水平，但是錢鍾書可以勝過清華聘請的英籍、美籍教授。於是我有了一個印象：以學貫中西而論，錢鍾書堪稱中國現代史上第一人。家父和錢鍾書的關係似乎也不錯。那時的人仰慕蘇俄，有一次課堂上學生希望錢鍾書開講俄羅斯文學，錢說自己研究不多，推薦家父去講。家父對此還很有幾分榮幸之感。

不過，自從一九五二年高校院系調整，錢、楊二人離開清華大學，家父和他們沒有再見過面。而我，雖然在人文社當編輯，但錢鍾書的《圍城》、《宋詩選注》的編輯都另有其人，自然也無緣接近錢、楊二老。然而，偏巧在一九九三年，出現了一場和《圍城》相關的法律糾紛，錢鍾書委託人文社處理此案，而人文社陳早春社長

《錢鍾書集》

又要求我代表出版社將此糾紛訴諸法庭，於是我也算是受命於錢先生打了一場官司。

事情起因是四川文藝出版社以所謂「匯校」的名義，原樣複製了人文社一九八〇年出版的《圍城》，侵犯了錢鍾書的著作權和人文社的專有出版權。打官司打得曠日持久，在此不必詳談，這裏只說錢先生曾經為表達自己的意見，兩次寫信給我和出版社領導以及我們委託的律師陸志敏。今天我實在不記得自己給錢先生回過信。那時的我，是不大懂禮數的。為了聽取意見和獲得授權，社裏當然會安排專人去府上拜訪錢先生，我記得律師陸志敏和總編室的有關人員都去了，而那天我忙於其他安排，竟然也沒去。整個官司進行過程中，我們和錢先生的溝通主要通過錢媛。錢媛也很忙，幾次到社裏與我們會面，乘公車來往風塵僕僕。我記得她說過自己腰疼，和我們談話時喜歡站着，用手抵住後腰。但那時她自己也並不知道，這可能就是骨髓癌早期的症狀。

偏巧錢媛也與我有緣。她是北師大外語系教授，與家父都在北京市大學外語教學研究會任職，彼此相熟。特別是錢媛升職教授，家父還是專家評審組的負責人之一。所以錢媛見到我就特別親切，正事談完，還會和我閒聊一些她兒時在清華園裏的經歷。告訴我，她家和我家曾同住清華北院。她不僅從小認識我大姐，而且認識我母親。她誇我母親長得漂亮，喜歡穿什麼款式的旗袍，喜歡和哪位教授夫人一起散步，還說她十來歲時，總愛跑到清華音樂室去玩，在牆外攀上大窗台聽合唱隊在屋裏唱歌，有時會看到我母親在彈鋼琴。這些對我都是「史前史」，聽來非常有趣。初次見面，錢媛回家把在人文社和我相遇的情況對父母一說，她父母也非常高興，覺得把官司委託給我，是緣分。其實在這時，我是完全可以名正言順地請她帶我去見錢、楊二老的。但是我愚鈍，竟然沒有這樣想過。

錢先生的《圍城》官司在上海中級人民法院開庭，因為涉及的侵權問題頗為複雜，法院徵詢了諸多智慧財產權專家意見，拖了三年多才宣判。結果是我們打贏了，而且是完勝，我們代表錢鍾書先生討回了公道。隨即我也在一九九六年底被借調到香港三聯書店工作。

本來我以為沒有機會再為錢先生做事，沒想到剛到香港，我就接手編輯出版一套錢鍾書主編、朱維錚執行主編的《中國近代學術名著叢書》。這套書在學術上分量很重，原計劃出版五十種，後因各種客觀原因，只出版了十種，但光是這十種已經足夠讓學術界刮目相看了，因為人們知道錢先生的原則從來是不當官，不掛虛名，不當各種顧問和編委，而這是錢先生一生中同意列名主編的唯一一套叢書。整套書是香港三聯和北京三聯聯合製作的，編輯和排版工作都在香港完成，由我主持其事。此時錢先生還健在，但是我仍然沒有意識到自己在回北京出差或休假時，應該借這個機會去向他老人家登門請教。

然後我在香港又出版了楊絳先生的散文集《從丙午到流亡》。這時是一九九九年，從此我和楊絳先生有了直接的聯繫。二〇〇五年我回到北京三聯書店任職以後，更是經常會到府上看望楊先生，漸漸與楊先生熟悉起來，為她老人家出版了一系列作品。二〇〇七年，北京三聯重新出版經過修訂的《錢鍾書集》（第二版），我也是參與謀劃的，此書在南京舉行新書發佈會，我還特地飛到南京去致辭。這算是我與錢先生後續的書緣。但遺憾的是，此時錢鍾書先生已經去世多年，連錢媛也不在了，痛哉！錢先生和我最終緣慳一面，惜哉！

## （二）

我與錢學森先生的緣分也在於編書。

一九九四年，我擔任責任編輯，在人文社出版了錢學森的《科學的藝術與藝術的科學》一書。編這本書，對我既有偶然性，也有必然性。說偶然，是因為本書的編者，錢學森的堂妹錢學敏剛剛收到一封信，這是錢學森寫給包括她在內的一個七人小集體，以「親密無間」、「坦率陳言」的態度「探討學問」，提出了「科學的藝術」與「藝術的科學」這樣兩個命題，於是使她產生靈感，要為錢先生編這本書。說是必然，是因為我早在八十年代，就已經密切關注錢學森在人文社會科學方面諸多引領學術思考的論文，早有為他編書的念頭，只是還沒有找到機會向他約稿。

錢學敏的到來令我感到驚喜。她是中國人民大學哲學系的教授，對錢學森的學術思想非常熟悉。她把那封關於科學與藝術的親筆信給我看，我瞭解到錢先生的本意是這樣：

近日我深感我國文藝人和文藝理論工作者對高新技術不瞭解之病。我經常收到的有關文藝、文化的刊物有《中流》、《文藝研究》和《文藝理論與批評》，而其中除美學理論外都是：（一）罵資產階級自由化分子；（二）發牢騷；（三）論中國古代的文藝輝煌。但就是缺對新文藝形式的探討，研究科學技術發展所能提供的新的文藝手段。

他認為這樣不行，今天的理論界應該研究如何用高新技術為社會主義文藝服務，如何使科學與藝術相結合從而繁榮文藝創作和理論，希望大家研究。

我看信後覺得，錢先生提出的問題具有現實針對性。他批評的幾個刊物，思想偏於保守，因而在客觀上不利於「對文藝新形式的探討」。錢先生在此時提出將科學與藝術相結合的觀點，無疑可以活躍學術空氣，拓展藝術思維空間，推進理論研究。

錢學敏帶來了她編好的論文集目錄和樣稿，我瀏覽了一遍，當即決定出版這本書。但是我發現，錢學敏的編選比較拘謹，她只選擇錢先生討論科學與藝術兩者關係的文章，以及他從科學角度談文藝學和美學的論文，把選文範圍牢牢扣住「科學」和「藝術」這兩個主題，但是錢先生另有一些極富理論開創性的論文並沒有收進來。

文化界的老一代讀者或許瞭解，八十年代，錢學森堪稱中國思想界領軍人物之一。他一九八一年在《自然雜誌》上發表的〈系統科學、思維科學與人體科學〉，以及後續的一系列論文，是國內最早出現的新學科理論。後來作為時髦的理論被人們熱衷探討的系統論、控制論、信息論——即大家耳熟能詳的所謂「三論」，早在這些文章裏面都有雛形。錢先生的論述，以開放的觀念、宏觀的視野、前沿的科學知識、創新性的思維方式，給人們帶來了耳目一新的思想理論，引起學術界廣泛矚目乃至轟動。我記得那時嘗試新學科研究的學者，沒有不談錢學森的。

我問錢學敏，為什沒有收錄有關思維科學的文章？她說她是為了突出專題性，擔心文章駁雜而主題不集中。我說，以系統科學和思維科學研究藝術，不也正是科學與藝術相結合的一個方面嗎？這對於錢先生談論的藝術的科學相當重要，甚至是其指導性理論。她想想，覺得有道理，於是同意將錢先生的〈系統科學、思維科學與人體科學〉、〈關於思維科學〉、〈開展思維科學的研究〉這三篇最有代表性的思維科學論文收入。事後，她曾專門來信感謝我，說她和錢先生討論過了，認為我的建議，在很大程度上提高了這本理論集的學術含量，使一本原來略顯單薄的書厚重起來。

編輯中，我和錢先生沒有直接聯繫，我對於出版的一切建議，都通過錢學敏轉達。我的意見和建議，不過都是從出版角度所做的一些編選方面的考慮，錢先生從善如流，我們合作非常愉快。不過他也很認真，會親自為書稿最後把關。例如，作為設計的一部分，封面上要署上英文書名，該如何翻譯？我原來以為簡單，無非是用 *The Art of Science and the Science of Art*。但是錢先生說，藝術特指優美的藝術，應該用 The fine arts

來表示。最後書名譯成 *The Fine Arts with Science and the Science of Fine Arts*，是他親自改定的。

接下來的事情很順利。社裏非常重視這本書，我們做了精裝本，請設計師柳成蔭做了一個大氣典雅的裝幀，只用了三四個月就出書了。錢先生看到樣書，非常滿意。

一兩個星期後，我收到一本錢先生寄來的樣書，內封上寫着：

李昕同志：感謝您為此書付出的辛勤勞動。

為了宣傳和推廣，我寫了一篇書評，發表在《科技日報》上。想必錢先生也看到了。所以沒過多久，我又收到一本錢先生寄來的樣書，內封上寫著：

李昕同志：感謝您的書評。

由此我瞭解到錢先生的細心、周到以及他平易近人的性格。可是我仍然沒有想起，應該請錢學敏引薦我去拜訪一次錢先生，與他拍一張合影留念。

於今想來，那時的我可能有幾分木訥吧。

出書以後，我忙於編務，與錢學森、錢學敏都沒有繼續聯繫，一晃過去十幾年。

二〇〇九年十月三十一日是一個週六，那天上午，我在家裏上網瀏覽，無意中看到一則新聞：

中國科學巨星錢學森在北京逝世，享年九十八歲。錢學森是中國航太科技事業的先驅和傑出代表，被譽為「中國航太之父」和「火箭之王」。

震驚之餘，我立刻給錢學敏打電話。她在電話裏證實了這個不幸的消息。我表達了沉痛的悼念，請她向錢夫人蔣英轉達。隨後我又立即想到，我是否可以到錢先生府上弔唁？她說可以，錢先生家裏已經設立靈堂。我向她詢問了錢宅的地址。

錢學森先生是我深為愛戴的科學家，也是我的作者中最值得尊敬的人。我覺得，儘管我從沒有去府上拜訪過他，但在這個時候，我必須去一趟，到靈堂為他送行。

於是我駕車前往。進航天部宿舍大門沒有遇到盤查，門房的人只問我去哪裏，我說錢宅，他揮揮手就讓我進去了。

在錢先生居住的那棟紅磚樓附近，我停下車，徒步走過去。

那天，天色很暗，頭上烏雲密佈。論時令，還沒有入冬，但是很奇怪，天上竟然飄起了雪花，且寒風凜凜。我想，莫非是天地同悲？遠遠地，我看到樓房邊人群黑壓壓一片。大約有兩三百人密集地聚在樓房一側，而身穿黑色和藍色兩種不同制服的警察站成兩排，將人群阻擋住，以便在樓前留出一塊較大的空場。不時，可以看到有小轎車開到樓前空場上，有領導幹部模樣的人下車進入樓內。還見到幾個身穿軍裝帶大蓋帽的人物，一溜小跑魚貫而入。

人群中不時有人提問：「我們要進靈堂悼念，何時放我們進去？」但沒有人回答。

我在人群中站立了一會兒，只見雪越下越大，有些人身上已經白了。我也感到有些寒冷。

錢學森先生贈送給作者的兩本樣書

我覺得這樣等下去不是辦法。於是獨自走上前去，叫住一個穿黑衣的警察。他看起來像是當官的。我掏出一張名片遞給他說，請他把這張名片交給錢夫人蔣英女士。

那警察進屋去了。過了幾分鐘，他回到我面前，說：「你可以進去。」

我正準備脫離人群，就聽到人群開始騷動，警察們馬上手把手維持秩序，只放行我一人。

錢宅在那座三層小樓的一層。家門開着，我徑直走進去，正對着的就是靈堂，我往側面一看，在另一個房間裏，蔣英和幾個面色凝重的人正坐在一圈沙發上談話。我覺得不便打擾，就走向靈堂。靈堂正中懸掛着錢先生照片，周圍擺放了不少花圈和花籃，還播放着哀樂。但沒有一個人在屋子裏。我獨自上前，默默地對着錢先生遺像站立了一會，緬懷他老人家的豐功偉績，然後深深地鞠了三個躬。

從錢宅出來，聚集的人群見到我，立刻將我團團圍住。一些好奇的人想打聽裏面的情況，但是還沒等我來得及回應，就有三五支長槍短炮的照相機鏡頭對準了我。他們是新聞記者，有內地的也有香港的。以一家香港報紙為主，向我提問。主要問題是我和錢先生的淵源，以及我對錢先生的評價。我首先簡單講了我給錢先生編輯《科學的藝術與藝術的科學》的經歷，然後告訴他們，錢先生不僅僅是一位偉大的科學家，而且也是一位令人尊敬的人文學者，一位跨領域的文理兼通的大師。他的博學和深刻，都是一般人難於想像的。他對於思維科學和系統科學的倡導和建設，對於科學與藝術相結合理念的提出，都是革命性的創新思想，在這個意義上，說他同時也是一位思想家，並不過分。

我的這些看法，被一些媒體採用了。但遺憾的是，這些話，我沒有機會說給錢先生本人聽。

# 十、不同類型的選題策劃

一九八九年，我負責綜合編輯室以後，社裏把港台文學劃歸我負責，因此這類選題在我的編輯計劃中佔有一定比例。編輯室中做港台文學的是一個團隊，包括資深編輯彭沁陽、青年編輯楊渡和曹暉等，老編輯白崇義也曾參與。他們都具備良好的專業質素，工作效率高，發稿量大，所以我們每年出書數量很多，這方面明顯超出其他編輯部門，書的賣點也更好，因而經濟效益也不錯。

我們出版港台文學，除了編李敖、梁鳳儀作品外，還編過許多其他作家的小說、詩歌和散文，其中最有代表性的一套書是《台灣當代名家作品精選集》，一共二十五冊，選錄白先勇、陳映真、鍾理和、鍾肇政、王文興、馬森、鄭清文、洪醒夫、平路、瘂弦、洛夫、余光中、李魁賢、陳千武等二十五位名家作品，每人一冊。其中有小說十冊，詩歌八冊，散文七冊。這些書是由主編郭楓資助出版的。郭楓本人是著名的台灣作家和文學評論家，同時也是企業家。他是一個癡迷於文學的人。他說，他做企業不是為了賺錢，只是為了有錢來資助文學事業。他在台灣主編的《新地文學》，大概要算是台灣商業化背景下，貧瘠的文學土地上罕見的純文學獨苗。雜誌一向以倡導現實主義基調的文學為己任，堅持了二三十年。所以郭楓主編的這套書，是以《新地文學》的作者隊伍為基礎，以嚴肅的態度和嚴格的尺度，以文學成就和創作的藝術水平作為遴選標準，編選出的一套全面系統地介紹當代台灣文學的叢書，無論在整個台灣文壇，還是在當時中國大陸出版物中，同類書是不多見的。為了出版這套書，郭楓奔波於大陸與台灣之間不下十餘次，後來和我們都成了好友。他非常親中愛國，也見多識廣，在兩岸文藝界人緣甚好，還娶了一位大陸詩人為妻。人文社老幹部出身的副總編李曙光很喜歡他，每每邀他聚會。我記得李曙光從來不請人到家裏做客，但是郭楓來了，他會讓夫人做好蟲草燉鴨子招待他。

綜合編輯室的特點是選題不受原有文學體裁的編輯分工局限，各種類型的文學作品都可以出版。原來社裏嚴格規定，小說的出版另有其他編輯室負責，我們不能編，但這時，我們不受這個限制了。於是也主動出擊，組織了一些長篇小說書稿。其中也不乏有影響之作。

例如王安憶作品《紀實和虛構》，就是我在出版社舉辦的一次青年作家座談會上向她約稿的結果。當時我們編輯室辦了一個刊物，名為《海內外文學》，希望得到作家的廣泛支持，所以對作家普遍約稿。王安憶很隨和，只是和她一說，她立即給了我們一個中篇《叔叔的故事》，高賢均讀了以後非常稱讚，認為這篇作品將「我」的故事潛藏在叔叔的故事中，使紀實與虛構糅合成一體，這種結構技巧和敘述風格表明王安憶在藝術上臻

《紀實和虛構》

於成熟，達到了一個新的創作境界，相信她可以寫大手筆的作品。我對高賢均的評價是極為信賴和倚重的，特別是在對小說的判斷上。於是我們便再三邀約王安憶給我們提供一部長篇。誰知她寄來的長篇書稿，題目就是《紀實和虛構》，果然不同凡響。此書出版後很快就獲得「人民文學獎」，被專家列入王的幾部代表作之中。二〇一六年，我忽然聽到這本書又獲得了美國「紐曼華語文學獎」的消息，成為極少數獲得這一榮譽的中國當代長篇小說之一，也頗覺與有榮焉。

另一個例子是一九八九年，我到廣州的圖書館尋找港台選題，卻意外發現雷鐸的原創小說。雷鐸是廣州軍區作家，詩人出身，參加過對越自衛反擊戰，曾寫過一個著名的中篇小說《男兒女兒踏着硝煙》，獲得過全國獎，但是此時好像比較消沉，很長時間沒見他發表什麼作品。這次在廣州，雷鐸請我到他家裏吃飯，我隨手從茶几上拿起一本舊雜誌翻翻，那是一本文藝界人士不大看得起的通俗雜誌。沒想到雷鐸說，這本雜誌刊發了他一部長篇小說，可是這作品幾年來也沒有出版社願意接受出版，他已經不打算出版了。

我出於好奇心，就說請他把雜誌給我，我帶回北京看看。回到家後，我抽出了兩天時間讀了這部長篇，居然被它吸引了。我發現它的主旨是反映廣東潮汕地區底層百姓自晚晴以來對抗官府壓迫的慘烈鬥爭，以一個家族驚心動魄的抗爭和奮鬥史為線索，從鴉片戰爭一路寫到新中國成立。氣勢宏大，筆力雄健，人物個性鮮明，故事曲折震撼，是非常有價值的作品，甚至可以說帶有幾分史詩的氣概。我迫不及待地轉給高賢均看，他看完也很興奮，與我的看法大致相同。

怎麼出版？首先要改名。小說的原名我今天已經不記得，反正是比較平庸。我對雷鐸說，你這本書需要有一個好的書名，既要反映作者對社會大眾、芸芸眾生的悲憫情懷，又要體現我們民族自強不息的堅忍精神。我建議就叫《子民們》，我覺得「子民」這個詞，是對應「朝廷」和「天子」而言的，用這個詞做書名，開宗明義地顯示出一種社會的底層意識。我告訴他，改名後我們可以出版，而且一定會有好的反響。

雷鐸聽從了我的建議，後來這部書在人文社出版了，也獲得了「人民文學獎」中的「優秀長篇小說獎」。

雷鐸自此和我成了終身的朋友。他自學成才且多才多藝，特別是對國學和中國古典文化修養精深。我後來在香港三聯書店約他出版過《國學小叢書》一套四本，反響頗大。國學泰斗饒宗頤讀了他的書，稱讚他「很厲害，很通」。他其實是個雜家，學問超越雅俗，橫跨廟堂與江湖，有些甚至是民間的獨門絕學，例如風水學、相學，再如根據《易經》推演卦相。他也懂佛學，還別出心裁地寫了一本《圖解生命使用說明書》，以禪宗的思考方式解讀人生百態，一時熱銷。他的書法也別具一格，字體雄健而古樸，人稱「雷體」，更絕的是他不僅擅於「左書」，而且可以「倒書」。有好幾位文化學者和他談一次話，就發現他有異稟，是鬼才，甚至「驚為天人」。王魯湘曾邀請他到鳳凰衛視開講風水，介紹說他是把風水當做科學來公開演講的第一人。霍英東投資廣東的南沙經濟開發區，需要有人看風水，所邀請的專家就是他。他為人看相算卦，一算一準。我在香港工作時，有一次雷鐸來看我，一進家門就拿一隻指南針到處測量，然後告訴我大床應該怎樣擺放才符合風水原理。那天正值我兒子在北京高考的第二天。因為頭一天兒子在自己的強項上考試失手，第二天輪到弱項，令我極為焦慮，請雷鐸吃飯時茶飯無心。他問我何故，我據實以告。他說我給你算一卦。問了些基本情況，他用火柴棍擺了幾個圖形，然後告訴我，你放心吧，你兒子今天超水平發揮。當晚我打電話回家詢問，果然如此。我不能不對他的神機妙算有幾分佩服。

可惜，天不佑人，雷鐸已經在幾年前因為癌症去世了。我深深懷念他。

這一時期，在散文隨筆方面，我們出版的一套叢書反響頗大，這就是《漫說文化叢書》。

這套書是編輯王小平介紹過來的。出版三十年後，二〇一八年錢理群、黃子平和陳平原三位編者相約燕園，舉行了「漫說文化三十年座談會」，陳平原在發言中談到這套書的出版機緣，這樣說：

之所以做這個事情，原來人民文學出版社的編輯、後來成為作家的王小平，她讓我編林語堂文集，我謝絕了，因為投入那麼多時間，似乎不太值得。我對編專題文集有興趣，出版社表示支持，真正做的時候，負總責的是編輯室主任李昕，他後來當香港三聯書店的總編輯，又成為北京三聯書店的總編輯。李昕對這套書很有貢獻，所以首先要感謝。老錢剛才說外部環境很不利，可人家人民文學出版社還是頂住了。你想，一九九一年出版前五本，一九九二年出版後五本，都給做成了，很不容易的。我覺得還是應該感謝人民文學出版社的膽識，包括像李昕這樣的編輯。

我回想當初，是王小平約陳平原到出版社和我面談的。那時，正值中國文壇上的「文化熱」方興未艾，很多出版社都組織出版了一些文化學著作，學術界對於中國文化的理論問題極表關注。但是，在當時人們普遍的概念中，大家對文化的理解似乎偏於「硬件」（即顯性的文化，或者說物質的文化），而對於作為「軟件」的文化（即隱性的文化），也即人們的觀念文化、行為文化等等缺乏認知。陳平原說，他們發現梁啟超、章太炎、魯迅、周作人以來的許多名家小品、隨筆類的文章捕捉到了這些富有「軟文化」特徵的生活現象，闡發了具有獨特文化意義的主題，非常富於啟示性。他們想把這些作品按照不同文化專題編輯成書，交給我們出版。我們聽了非常高興，以為這種編輯的思路很有創意，於是立即約請他們著手編選。

後來的媒體記者這樣報導他們的編選工作：

大熱天裏，三人悶在錢理群當時僅十平方米的筒子樓單身宿舍裏讀書。先擬定體例，劃分專題，再分頭選文；開始他們以為遍地黃金，撿不勝撿；可沙裏淘金一番，才知道好文章實在並不多，三人又泡圖書館，又翻舊期刊，直到一九九〇年春天才初步編好。接着又是頗費斟酌地撰寫各書的前言。從一開始的「玩票」，越做越認真，結果變成撰寫二十世紀中國散文史的準備工作。

三位著名學者這樣投入心力編輯一套小叢書，也算是不辭勞苦。很快，他們就交來五本書稿，第二年又交來五本，我們分作兩批推出。因為這不是一般的散文集，如何讓讀者瞭解這套書的特點呢？我也費煞苦心，寫了一個「叢書簡介」，印在十本書每一本的封底上：

中國文化是什麼？

中國文化在哪裏？

或許，本叢書可以給你一點啟發。你會發現，文化不僅是玄奧的理論，而且是你所熟悉的一種情感，一種願望，一種心態，一種意趣，一種習性，一種生活方式。它不僅積聚在書本中，而且滲透在你的生活裏，很可能你的一舉一動都和它有關。文化就在你的周圍，就在你的身邊，就在你的夫妻父子朋友關係中，甚至就在你的衣服上，茶杯裏，你有興趣瞭解它嗎？

沒有說教，沒有枯燥的理論，不重概括而專於描述，這是本叢書的一大特色。揮灑自如，生動活潑，妙趣橫生，餘味不絕的文筆，可以使你在輕鬆的藝術享受中豐富知識。叢書所選四百篇散文雜文小品文皆

《漫說文化叢書》部分品種

二十世紀名家精品，分作十集，題為《父父子子》、《佛佛道道》、《男男女女》、《閒情樂事》、《世故人情》、《生生死死》、《神神鬼鬼》、《說東道西》、《鄉風市聲》、《讀書讀書》。

叢書出版後頗受歡迎，上市兩個月就脫銷，然後再版。由於陳平原、錢理群、黃子平三人都是現代文學研究的名家，所以這套書可謂名作名編，生命力持久不衰。直到今天，人文社的版權早已結束，但是這一套現代小品文的編輯作品仍然在其他出版社不斷重印、再版，成了當代的新經典。同時，由於它是第一次按文化專題將現代散文小品分類編輯，改變了出版界編輯作家個人散文集的傳統模式，一時引來多家出版社爭相效仿。九十年代以後，圖書市場上，讀者看到了不少尾隨這套叢書的續貂之作。

正是因此，《漫說文化叢書》在新聞出版署直屬出版社第一屆圖書評獎中獲得「優秀選題獎」一等獎。

我在人文社十四年，雖然最後幾年是社長助理兼編輯室主任，但我也一直未脫離具體的理論編輯工作。這是因為文藝理論方面的老作者有了新著作還會繼續找我。

一九九四年，有一天楊義忽然拿了一大堆書稿來社裏。此稿文字不多，大約二十多萬，但是插圖卻有一千多張。那些圖是楊義四處搜羅來的，主要是從民國時期的報刊上複印，清晰度不高，有些圖還黑乎乎的。

楊義告訴我，他要開創一種文學史寫作的新文體，叫做「圖志」，以圖文互現、圖文互證的方式展開研究，以圖出史，以史解圖。這當然是一種學術創新，從內容到形式都有新意，應該支持。但是，作為科研成果沒有問題，作為出版項目就難以實施了。因為當時人文社和國內大多數出版社一樣，沒有電腦排版設備，無法進行圖文混排；書中的插圖，要在照相單獨製版後，再和文字版拼在一起印刷。要把一千多幅插圖先一張張照相再拼版插進書裏，工作量大到不可想像，而且，每一幅插圖都要佔單頁，現實中也無法操作，因為如果那樣，這本書就會有一千三百多個頁碼，成本將引起價格奇高，難以銷售；何況，插圖大多需要修飾，不能直接印刷，在沒有電腦設備的情況下，僅靠人力用筆去描圖根本不可行。所以楊義此前曾將書稿交給北京的兩家出版社，編輯都知難而退了。

這時，楊義問我有沒有辦法。我開始也很無奈，但是忽然靈機一動，我想到這套書已經出版了台灣版，感到自己有文章可做了。

我知道台灣那家出版社曾利用電腦編排了這一千多幅插圖，並修飾了圖版。我想出一個主意，請楊義給我找兩套台版書。我的打算是利用書中編排和修飾過的插圖來發稿。具體辦法是把兩套書中正反兩面的插圖都用剪刀剪下來，貼在A4複印紙上，通常是每四幅圖拼成一面紙，形成一張圖版。不過，這時還是只有插圖沒有文字，我需要再把原版書中插圖的文字說明另外排字，把繁體字改成簡體字，拿去照相。等照相字印出來後，把它們一條條剪下來，用漿糊拼貼在每一幅插圖下面，要貼得非常仔細，水平線一點都不能歪，而且紙條上不能黏着漿糊。因為這些工作，都決定着將來的版面是否整齊和潔淨。做完這些，一張圖版才算完成。最後將總數大約三百張的圖版送去照相製版，製成後再把這些圖版插在相關的文字版面中。

今天說起來，這樣做有投機取巧的嫌疑，因為利用了台版成書中已經修飾好的插圖。但讀者需要知道，即使是這樣走捷徑，工作量也大得驚人，所做的仍然是從未有人嘗試過的事情。等於是在用鉛字印刷時代的做法，完成電腦排版時代的工作！相信在那個時期，很少有人會做這麼麻煩、這麼費事的書。我足足沒日沒夜地幹了三四個月。那時我家房子很小，晚上在家裏編輯這部書，桌子擺不下，就把床上的被褥掀起來，在床板上另外擺攤子。我太太至今都還記得當初滿屋子都是紙頁的情景。

當然這功夫沒有白下。這部兩卷本的著作出版後，不僅好評如潮，而且頗為暢銷。因為那時中國還沒有進入「讀圖時代」，多插圖的讀物非常少見，特別是以圖志形式寫史的著作，尚屬絕無僅有，可

雷鐸先生演習「左手倒書」

謂開風氣之先。所以它在日本、韓國、中國大陸與中國台灣都引起強烈的反響，被認為是文學史寫作獨創性和多樣性相結合的一個範本。著名作家蕭乾甚至直接稱「這是文學史上的一部曠世奇書」。有這樣的評價，我也感到欣慰。

楊義先生在家中工作（二〇一七年）

# 十一、四部非虛構作品

一九九一年，社裏再一次調整編輯室，將綜合第一編輯室改名為當代文學第二編輯室，仍由我當主任，但我的合作夥伴、原來的編輯室副主任高賢均被調到另一個編輯室去當主任了。於是我將現代文學編輯室的資深編輯王培元調入，請他主持理論組。王的理論質素極好，工作有激情，策劃和案頭能力都是一流的，有他在，我就不再費心。後來他主持下的理論組，的確出過一些有影響的作品，如《貓頭鷹叢書》等。而這一時期，我重點關注的領域就轉移到理論以外的其他方面了。

說起來，我算是文學編輯出身，但是我經手的純文學作品並不很多。詩歌我沒怎麼編過，甚至我會對人說自己不懂詩，小說我編得也很少，不能算是這方面的專業編輯，因為有關小說的結構藝術、表現技巧之類，特別是小說採用的各種現代派手法，高賢均他們都比我熟悉得多。我雖然寫過不少小說評論，但是觀察和分析採用的大多還是傳統的文藝批評工具和方法，與後來令人日益眼花繚亂的現代小說藝術，是多少有點隔的。在這方面我有自知之明，所以雖然社裏同意我們組織出版長篇小說，我本人還是仍然把選題的側重點放在非虛構作品上——這就是報告文學和傳記文學。

那時我們出版的非虛構圖書，我常常要直接參與策劃。印象中有四部作品社會反響較強，包括麥天樞和王先明的《昨天：中英鴉片戰爭紀實》、梅斌的《法蘭西漫遊》、孫志遠的《感謝苦難：彥涵傳》和李鳴生的《走出地球村》。

## （一）

麥天樞我早聞其名，讀過他幾篇報告文學作品，但我此前並不認識他。他是自己將《昨天：中英鴉片戰爭紀實》投稿到出版社的，不記得是什麼人介紹的，他來社裏，直奔我辦公室。我和他面談了一次，留下了書稿。

根據分工，我把稿子交給了我編輯室的一位負責報告文學出版的老編輯。那老編輯是國內知名的詩人，自己也寫過報告文學，甚至獲過全國獎。但是不知為什麼他會走眼，看過以後，寫了一份審稿意見，列出若干條問題，將作品基本否定，直接建議退稿。他的理由主要是說作品寫的故事沒有新意，這些內容都是老生常談了。因為這位老編輯算是行家，他的話是有份量的。我對他的意見不能不重視。但是，因為我過去讀過麥天樞其他作品，知道麥是一位思維敏銳的作家，非常善於在報告文學作品中提出自己的獨立思考。而老編輯的意見，把這部作品說得一無是處，使我不能不產生幾分疑惑。我想，就算是這部作品寫得不好，恐怕也差不到這個程度吧。

於是我決定自己看看作品再說。誰知一看便被吸引，進而被作品震撼。我發現這部關於中英鴉片戰爭的全景紀實作品，在中國文壇上是首次超越了傳統的政治解讀，而從中英兩種文化衝突的角度透視這場戰爭，不僅提供了新的視角和新的觀點，而且還做出了許多深刻的反思。在歷史知識和觀點的表述方面，由於麥天樞找到王先明這樣的清史專家進行合作，所以書中的史料既豐富又嚴謹。我覺得，這樣的作品簡直不可多得。為了堅定自己的看法，我馬上把書稿轉給高賢均，請他發表意見。高賢均是我在人文社期間最為親密的合作者之一。他的才華和水平，他對書稿的判斷力都是我素來欽佩的，如果得到他的支持，我便會獲得自信。結果兩人的意見真的完全一致。於是我們決定將《昨天》作為重點書出版，由我擔任責編，高賢均擔任複審。我還為它寫了一個很長的序言，對讀者大力推薦兩位青年學者的新銳思考，告訴讀者，這是一本不可多得的好書。書出版後，我們還舉辦了一個有文學界和史學界兩方面專家參加的作品研討會，會上這部作品果然大受好評。著名近代史專家雷頤說，《昨天》的出版顯示了一個現象：在引領社會思考方面，文學領先於史學。這是對作品思想價值的高度肯定。

這本書出版於一九九二年，作者寫這個題材，是為了紀念鴉片戰爭一百五十週年。然而幾年以後香港即將回歸，港人對於本港的歷史題材圖書忽然興趣大增，於是香港利文出版社的總經理鍾潔雄女士與人文社聯繫，洽談了在香港出版這本書的繁體字版權。幾年後我到香港三聯工作，發現利文出版社就是香港三聯的兄弟公司，辦公室挨着一起。鍾潔雄和我第一次見面就說，你編輯的那本《昨天》寫得真好，你的序言也寫得很好。我就是看了你的序才下決心購買這本書的版權的。

## （二）

翻譯家梅斌的《法蘭西漫遊》，是武漢的一位朋友介紹給我的。這部作品，曾由那位朋友經手，在武漢一家雜誌發表過一部分。作品記述的是作者九十年代初在法國遊歷半年的經歷，對法國歷史文化、風物人情、社會百態進行詳盡描述，是一本文化認知意義極強的遊記。特別因為作者是一位文化知識淵博的才子，他與錢鍾書、羅大綱、吳祖光、范曾等學者和藝術家多有過從，他將自己和這些人交往的故事也融入作品中，使得作品的文化意味更濃。我接到作品時，甚為喜歡作者娓娓道來的文風，看得如癡如醉。然而，我發現作者和當時定居法國的范曾交往甚多，他在法國的一段時間甚至住到范曾在巴黎的家裏。《法蘭西漫遊》四十萬字，至少有七八萬字和范曾有關。我從梅斌這裏知道，范曾先生於一九九〇年十一月與情人楠莉雙雙出走法國，曾經發表過〈辭國聲明〉，兩年半以後，於一九九三年六月，又發表〈歸國聲明〉，然後與楠莉一起回到天津南開大學定居。這些事情都沒有見之於報端，顯然是媒體對於報導范曾行蹤有所顧忌。那麼我們出書可否這樣詳盡地介紹范曾的法國生活？我仔細閱讀了書稿，看不出政治問題，於是決定照常出版。事後，據我所知，國內一些關心范曾的人，都在尋找這本書。此書出版後銷路不錯，很可能與此有關。

而另外一件相聯繫的事情，是發表范曾本人的作品。一九九三年，人文社創刊了一本新雜誌，名為《中華散文》，編輯部設在我們編輯室，主編由副總編李曙光兼任，我擔任它的第一副主編。正在我為雜誌約稿之時，梅斌告訴我，范曾先生寫了一篇非常棒的美文，題為〈風從哪裏來〉，可以登在《中華散文》上，我聽了很高興。

幾年以前，我在網上看到梅斌發表自己當時的日記，他是這樣記錄這件事的：

> 一九九三年十月二十二日（晴，星期五）
>
> 早上，李昕打來電話，說，讀了范曾寫的〈風從哪裏來〉，覺得很棒，這才是真正的美文，特別是前一半寫自然風，真是曠世未有的奇文，實在太棒了，千古奇文！這麼大的氣勢，在現代散文裏是少有的。沒有想到寫得這麼漂亮。給人一種楚辭、漢賦的感覺。這種寫法，這樣鋪

《法蘭西漫遊》

陳，讓一般人害怕，嚇人一跳，現在沒有人敢寫，寫了也沒人看。我說，我已經對范曾說過，這篇文章不是人寫的。李昕說，特別是開篇兩大段，真是氣勢磅礴，令人迴腸盪氣，他已經給大家朗誦了兩遍。但是，前面洋洋灑灑，後面卻有點局促，有點生硬，不過也不錯。就目前而言，最後一段也非寫不可。

他謝謝我為他們爭取到這篇美文，更謝謝范曾。

李昕說，我寫的序挺好，作為書評附上。一月五日左右雜誌即可發行。我囑咐他一定不要出現錯字。

這裏提到我曾興奮地拿着文章給雜誌編輯部的同事朗讀，副主編叢培香和幾位編輯聽了都一致叫好。確實是這樣，那時的情景今天還記憶猶新。

我們隨即決定將它發表在一九九四年第一期頭條位置上，為了隆重其事，還連同梅斌專為推薦此文所做的「小序」一併發表。須知，當時媒體上雖然已刊登過梅斌介紹范曾的文章，但范曾歸國後，還沒有他本人的任何一篇原創文字見諸報端。管理層究竟是否同意范曾作品公開發表，至今還是未知數。在這種境況下范曾的鬱悶可想而知。然而，我們刊出此文後，其他一些刊物或許是由此認識到范曾美文的價值，或許是由此知曉范曾的作品其實可以公開發表，反正用梅斌的話說，范曾是由此實現了一次「破冰之旅」，他當時為此而興奮之極。果然，後來許多報刊紛紛向范曾約稿，一段時期的困局便被打破了。我也曾為自己在困難中助人一臂之力感到快慰。

早在范曾的消息不能見之於報導的時候，為了「破冰」，梅斌還寫過一篇散文，題目叫〈歸去來，范曾〉，專講范曾的出走與歸國經歷。這一段傳奇的原委，梅斌掌握的資料甚多，且都是第一手的。但是文章寫好，還需要有膽識的編輯才能發表出來。梅斌本人後來這樣回憶：

在《湖北日報》楚天週末版發表我的文章〈歸去來，范曾〉的，就是這位頗具膽略的何大猷。同時發表此文的，還有《濟南日報》週末版。不久，人民文學出版社的《中華文學選刊》轉載此文，並在封面凸顯其標題：「歸去來，范曾！」這些默默無聞的編輯，姓甚名誰，我都沒有跟范曾提過，其中包括人民文學出版社當時年輕的社長助理李昕。

這裏提到的《中華文學選刊》，當時的負責人是高賢均，他時任人文社總編輯助理。

當然，這件小事在今天看來，或許已經不值一提。連當事人也已經淡忘了。二〇一一年我造訪梅斌，他告訴我，他與范曾已十多年沒有聯繫，因為不想湊熱鬧。梅斌的妻子李黎明早在第一次見到范曾時就當面對他說過：「我們只會在你困難的時候出現，將來有一天你香車寶馬、前呼後擁時，我們自會消失。」他們兌現了前言，當然，范曾也沒有再找過他們。

我二〇〇五年從香港回到北京工作以後，因為工作上的聯繫，曾經多次到范曾先生家裏拜訪，每每都會與他聊天。一次我曾問他，你是否記得自己從巴黎回來，第一次發表作品是在什麼地方？他想了一下，說記不得。我提起梅斌，范曾只是淡淡地說，的確有這麼個人，過去和他很熟悉，現在已不來往，也不知他現在怎樣。

於是我知道，我和梅斌等一眾人幫他「破冰」一事，他已經完全忘記了。我原想提醒他此事，但覺這樣便有邀功之嫌，所以最終沒有提及。

（三）

孫志遠的《感謝苦難：彥涵傳》是老一輩畫家彥涵的傳記。我們當時推出過一套《傳記文學叢書》，先後出版的還有關於司徒喬、吳冠中等人的傳記作品。《感謝苦難》展現彥涵這位飽經滄桑的老畫家的命運和追求，記述他從抗戰時期走上革命道路以後幾十年來的坎坷足跡，描述他對於藝術創新的不懈努力和奮鬥的過程。編輯龔玉閱後的評價是：題材很好，故事很棒，可以出版，但最好改一稿，因為它的敘述結構單調，平鋪直敘，把很精彩的人生故事表達得沉悶了一點，可讀性受影響。我看了稿子以後，和龔玉的感覺差不多。我們一起約作者長談，大概足足談了兩三個小時。我當時講的具體意見今天已經記不清了，總之是說服作者，告訴他現在這個面貌，也不是不能出版，但是令人不夠滿足，用北京話來說，是「差一口氣」，這是非常可惜的，使人有功虧一簣的感覺。因為作品在內容上有很好的基礎，只是表達不到位，如果下功夫改一下，可以使作品提高一個層次，我們相信作者有能力改好。我們又談了一些修改建議，其中最重要的一條，是我對作者說，你的作品，通篇都是以你的眼光去看彥涵和他的藝術，建議你再補充一個角度，就是用彥涵自己的眼光去看藝術、看世界。作者聽了似有所悟，他表示願意配合我們的意見進行修改。幾個月後，他把作品的結構重新梳理，增加了新的視角，採用了時空交錯的敘述方式，使作品的藝術質量大大提高。

《感謝苦難：彥涵傳》

這本書出版時，我們邀請彥涵先生的老朋友管樺先生作序。但是管老雖然一口答應，卻因為年邁體弱，遲遲沒有動筆。終於有一天，孫志遠來到我的辦公室，說別等管樺了，請你代筆寫序吧。雖然我覺得這個突然襲擊對我壓力頗大，但是發稿在即，我知道不能再拖下去，於是點燃一支香煙，當場動筆寫。孫志遠坐在一邊等，陪着我抽煙。我寫一段給他讀一段。那天我們兩人足足抽完一包煙，這篇序也完成了。我在序裏面實際只強調了一個觀點，就是傳記要為傳主的人格而立，不為傳主的成功而立。孫志遠寫彥涵，勝在寫出了彥涵的精神境界和高尚人格。這篇序言拿給管樺老先生，他頗為認可，就簽名發表了。

孫志遠後來和我成了莫逆之交。他口才和文筆都極好，會講故事，文章不多，但是每篇都出彩。他後來把自己的回憶性散文編成一本集子，題為《凡人往事》，十幾篇作品都是他圍繞自己的人生經歷，記述生命中最重要的親人、朋友、戰友的生活故事，文風平易樸實，但用情深摯，頗為感人。我把它介紹給上海三聯書店出版，並以〈從生活碎片看當代歷史〉為題，寫了一篇推薦序言，當然這次不是署管樺的名字，而是我自己的。

## （四）

《走出地球村》的作者李鳴生是一位部隊作家。他十七歲入伍就進入西昌航太工業基地。獨特的經歷使他專注於「航天文學」，寫出多部膾炙人口的報告文學（他後來一共寫出航太七部曲，並多次獲得多種重要獎勵）。他的早期作品，如《飛向太空港》、《澳星風險發射》等都曾在《當代》發表，所以我早早就關注到他的創作，也不止一次地參加他的作品研討會，對他的創作成就給以肯定。及至《走出地球村》發表時，我第一時間閱讀了作品，寫下了一篇熱情洋溢的推薦文章，發表在《當代》上。後來這部作品在人文社出版，交由我們編輯室處理，龔玉做責編，我又是複審人。這時李鳴生找我，希望把我的推薦文章作為本書的序言。

李鳴生自己是這樣回憶當時情景的：

《走出地球村》在人民文學出版社出書，和當初我希望在《當代》發表作品一樣，是我多年的一個心願。但我知道，人民文學出版社對書稿要求很高，而我的水平有限，於是當此稿還在構思階段——大概是一九九一年下半年時，我便與人民文學出版社編輯部主任李昕先生取得聯繫，在他辦公室談了我的基本構想。李昕主任聽罷我的構想後，對其題材和構想都給了充分的肯定，不光提出建設性意見，還對書稿寄予厚望，並一再強調，書稿寫完後一定先給他看！而且在此後幾年時間裏，李昕主任也一直關注着這部書稿的寫作進程，每次見面都會問問書稿的進展情況，不光給予我寫作的動力，還為寫好此書增添了信心。所以書稿剛寫完，我便送到李昕主任和劉茵老師的手上。但此稿涉及特殊的歷史時期，涉及複雜的政治背景和中國科技知識分子的坎坷命運，正如李昕主任後來在此書的序中所寫的那樣：「《走出地球村》真正要寫的已不再是『東方紅一號』衛星發射成功的『新聞』。作家可謂『醉翁之意不在酒』，他的真實用意是以我國第一顆衛星研製的線索為經，以冷戰環境下的國際對抗和競爭為緯，以一批堪稱『中國的脊樑』的傑出知識分子及其社會活動為中心，對中國的當代社會史進行一次痛切而深沉的整體剖析和全面反思。」因此，此書的出版難度可想而知。但後經李昕主任和責任編輯龔玉大姐的用心把控，傾力打造，此書還是於一九九五年十二月得以順利出版，而且李昕主任還特意為此書作序，給予我很大的鼓勵：「我認為《走出地球村》不僅是李鳴生個人創作上的一個突破，而且在我國當前乃至整個當代報告文學創作中，它也是獨具價值、獨具地位、獨具光彩的佳作。」

這裏提到我的序言。李鳴生對這篇文章特別看重，二十年以後，另有一家出版社要出版他的作品集，他還特地打電話來，要求我同意將這篇序言收入他的文集中。

說到序言，也是湊巧，上面提到的四本紀實性作品，我都有幸作為責編之一，而且無一例外地為書作序。前面提到，我一直有志於鑽研文藝理論，不時撰寫文學批評和隨筆，在文壇上雖然不能說有什麼名氣，但是文學圈內作家、學者不少人知道我喜歡寫評論。及至我擔任了這些書的責編，幾位作者都邀請我在書前作序。我不敢敷衍，每每都慎重其事，把序言寫成一篇有些份量的論文，極力向讀者推薦新書。這些序言都頗受評論界和讀者好評。說來有趣，一九九三年我申請加入中國作協，因為當時不曾有個人專著出版，達不到入會的門檻（需要出版兩部著作），所以申請被駁回。但此時已是作協會員的女作家韓小蕙竟然路見不平拔刀相助，她拿着《昨天》，找到作協負責審批新會員的領導，說你們發展會員怎麼只看數量不看質量？你們看看李昕給這本書寫的序言，還不夠資格當個作協會員嗎？不知是不是她的話起了作用，一九九四年我便順利地加入了作協。當然，話說回來，能把序言寫好，前提在於作品要好，才有話可說，說得恰如其分，既不空談，也不妄議。上面提到的四本書，《昨天》、《法蘭西漫遊》和《走出地球村》後來分別獲得「中國報告文學獎」、「人民文學獎」和「魯迅文學獎」。

# 十二、兩場版權官司

## （一）

一九九一年，《中華人民共和國著作權法》開始實施，從此中國的版權管理走入正軌。雖然此前的幾年，我們已經開始建立版權意識，也嘗試同作者簽訂出版合同。但那時出版社熟悉版權事務的編輯不多。由於我的工作涉及港台文學，常常需要洽談較為複雜的版權事務，多少有些版權合作的經驗，所以社裏一旦遇到版權糾紛，陳早春社長總是把我也找去一起商量，特別是我兼任他的社長助理（一九九二年）以後。

一九九二年初冬的一天，陳社長把我叫到他的辦公室。一進門，他便遞給我一本紅色封面的書，我一看，書名是《圍城》，心中不免詫異。《圍城》在人文社印行十幾年，使用的一直是灰底黑字的封面，我不記得換過呀。陳社長告訴我，這是四川文藝出版社的《〈圍城〉匯校本》，現在正在大量發行。

我看了一下這本書，署名錢鍾書著，胥智芬匯校。我沒有聽說過胥智芬其人。再看內容，不過是將《圍城》一九四七年在《文藝復興》雜誌發表的版本，一九四八年在晨光出版社印行的初版本，和八十年代人文社出版的定本進行了比對，把不同版本的不同用詞用字一一標示出來，作為注釋，注在每一頁的下方。整體上看，書的內容就是一本加入了若干注釋的長篇小說《圍城》，但注釋的內容，一概只是關於某個字詞在其他版本用作其他字詞一類的資訊。其中除了作者在定本中改正過來的個別錯訛，也有經編輯更正的解放前舊版中的排版錯誤，更為大量的是由於漢字簡化而出現的同一漢字的不同字體（例如舊版作「一枝筆」，新版作「一支筆」；舊版作「拿著」，新版作「拿着」等等），這些都被不厭其煩地羅列出來，全書號稱二千多條注釋，大量屬於最後這種情況，看了不禁令人發笑。一看便知，所謂「匯校」不過是障眼法，四川文藝出版社真正的目的是翻印長篇小說《圍城》。

誰都知道《圍城》現在是熱門書。一九九〇年《圍城》電視劇上映之後，人文社的長篇小說《圍城》多次重印，仍供不應求。不法書商乘機盜版，國內幾年中先後出現了近二十種盜印本，總印數據估計逾二百萬冊。但凡盜版，都是偷偷摸摸地印，悄無聲息地賣，讓你查不到，抓不着。但是這個《〈圍城〉匯校本》，卻是打着「為學術研究提供新版本」旗號，堂而皇之、大模大樣地公開銷售，出版者的大言不慚和理直氣壯着實令我震驚。

陳社長告訴我，現在錢鍾書先生已經全權委託我們出版社代表他打官司。我們替錢先生委託了陸志敏和李浩兩位律師，但是社裏也要有一個代表負責此事。他對我說：「你是我的助理，你辦事，我放心。」

我完全明白。這個官司不能不打，而且只能打贏，不能打輸。因為如果輸了，那麼人文社多年積累的大批現代文學名著，都可以被別人輕易拿走，巧立名目，另行出版，這樣《著作權法》所保證的專有出版權就名存實亡了。所以這個官司並不僅僅為了這一本書，而更重要的是要在《著作權法》實施以後為出版界立一個規矩，建立一個遊戲規則。

我們和兩位律師一起研究了案情，決定到上海去立案。

為什麼去上海？當時有兩點考慮，一方面是考慮案件的管轄權問題。就侵權責任人來說，雖然以四川文藝出版社為主，但因為胥智芬是上海人，上海也算是侵權發生地，而錢鍾書是文化名人，此案又涉及智慧財產權問題，有必要在專門受理智慧財產權案件的法院立案。我們注意到上海中級人民法院有一個新成立的智慧財產權廳，而四川的法院則沒有，於是覺得在上海立案是合適選擇。另一方面，是考慮在哪裏打官司才有勝算。四

人民文學出版社出版的《圍城》

川方面已經放出話來，讓人文社放馬過來，他們不怕打官司。因為他們早已拿到了「尚方寶劍」，提前找國家版權局辦公室做了一個「裁定」，那「裁定」說，四川方面只侵犯了錢鍾書的「匯校權」而沒有侵犯人文社的專有出版權。這裏的荒謬是顯而易見的。連錢鍾書先生本人讀罷，都連稱「可歎，可歎」。但是有了這個裁定，四川方面便有恃無恐，他們想以單方面給錢鍾書補償稿費辦法，滅了錢先生的「火」，這樣自然也就是對人文社釜底抽薪。但是錢先生非常仗義，他原封不動把稿費退回，堅決和人文社站在一起打這場官司。此時的我們，和錢鍾書先生共同背水一戰。但官司要想打贏，這意味着要否定國家版權局的「裁定」。誰有這個能力？必須找一家公正而且有權威性的法院。我們猜測四川方面信心滿滿地要和我們打官司，一定是他們已經與當地法院溝通後達成一致，坐等我們落入陷阱。對法院來說，拿着國家版權局的裁定判我們死刑，既不費力氣，也不必承擔風險，豈不是很容易順水推舟？所以我們必須避開四川當地的法院，到上海立案就成了不二選擇。

這個官司，與其說是和四川的一家出版社打，還不如說是和國家版權局打。要知道，國家版權局雖然不是立法機構，但是它對《中華人民共和國著作權法》的解釋是帶有一定權威性的。若要推翻他們的「裁定」，我們必須找到比他們更為權威的機構和專家發表意見。為此我們訪問了全國人大法工委，請他們從立法本意的角度，介紹有關專有出版權立法的意義；又找到中國作協作家權益保護中心等機構，請他們對「匯校」形式是否構成侵權發表意見。我們還舉辦了法學專家座談會，請鄭成思等多位知名專家們針對《〈圍城〉匯校本》展開討論，然後我們召開新聞發佈會，我本人作為人文社新聞發言人，將我們的意見和專家意見訴諸媒體。我還寫了一篇紀實性長文，題為〈《圍城（匯校本）》盜版風波〉，發表在《人民日報》主辦的《大地》雜誌上。我們相信，明眼人自有公論。

這案子審理了三年，我陪着律師兩次到上海，前一次是立案，後一次是開庭。開庭那天，我們的律師和四川方面委託的律師唇槍舌劍地爭辯，我方明顯佔據上風，不是因為雄辯，而是在於佔理。四川方面一再強調說，他們是要為學術研究提供一個新版本，「匯校」是一種學術行為，這本書是給專家看的。但是我們的律師拿出四川文藝出版社第二版以後幾次重印《圍城》的版本，居然連「匯校本」三個字都被從封面上刪除，質問他們，你們到底賣的是原作，還是「匯校」？從外觀上，專家能否識別這本書是給他們看的？而普通讀者，能否知道這是針對專家的版本？說得他們啞口無言。這樣吵了幾個小時以後，我們明顯感到對方的律師在理屈詞窮下是在勉強狡辯，都沒有興趣再做重複性的反駁。因為優勢明顯，庭審結束時，我作為人文社代表，被法官問到「是否有什麼補充」，做不做「最後陳述」，我直接回答「沒有」、「不做了」。法官又問：「需要進行調解嗎？」我說：「不需要，我們期待公正判決。」但是從庭上下來，法官還是要按慣例，把雙方拉到一起做最後調解。在法官的辦公室，對方的律師還在強辯，這時我才忍不住說話了。

我講了保護專有出版權對於中國出版業健康發展的必要性，指出《〈圍城〉匯校本》一案絕不是孤立的，關係到專有出版權這一項法律賦予出版社的權利是否能繼續存在的問題。此案如何宣判，將在中國未來的出版史上形成一個判例，作為後人遵循的依據。我們認為《〈圍城〉匯校本》侵權的實質是借用「匯校」的形式偷偷複製原作。這對專有出版權是一種巧取豪奪。因為如果只是在原著上加幾條「匯校」就可以另外生成一個「匯校本」，從而產生一個新的獨立版權，那麼如果有人在原著後面加兩篇評論，就可以叫做「評論本」，加兩條注釋就可以叫做「注釋本」，加一個附錄，可以叫「附錄本」，這樣，所有原著都可以被其他人用各種名義重新出版，那麼中國還會存在「專有出版權」之下出版的圖書嗎？我說完，對方的律師眨眨眼，沒有再說話。散會出門以後，在過道裏他對我說：「李先生口才很好呀，為什麼法庭陳述時不講話？」我說：「那是因為我們的律師比我口才更好呀！」

上海市中級人民法院最後以《中華人民共和國民法通則》為依據宣判《〈圍城〉匯校本》侵權事實成立，指出四川文藝出版社的「匯校本」不僅侵犯了錢鍾書的「匯校權」，而且對人文社享有圖書專出版權的《圍城》版本構成不公平競爭。從而錢鍾書和人文社獲得完勝，四川文藝出版社需作出大約二十萬元的賠償並登報公開道歉。

這個案例，確實為中國出版界立了規。此後，有關專有出版權的界定變得清晰了。國內再也沒有出現因為「匯校」引起的版權糾紛。後來有人說怪話，指責我們為了保護人文社的一己之私，禁絕了「匯校」這樣一種學術研究形式。我說這個鍋我們不背。因為我們從來沒有反對過「匯校」本身，而只是認為「匯校」必須經過原作者同意，「匯校本」出版前，需要得到享有專有出版權的出版社授權。這是法律的底線，任何人都必須遵守。

## （二）

另一場版權糾紛是關於梁鳳儀作品的。大約是一九九四年，在我們出版了多種暢銷的梁鳳儀財經小說以後，有一天發行部的同事告訴我，他們發現山西一家出版社也在發行和我們同樣的梁鳳儀作品，例如《九重恩怨》、《醉紅塵》、《花幟》、《昨夜長風》等等，一共九個品種。我大吃一驚。以我對梁鳳儀的瞭解，她不可能做這種重複授權，所以這些出版物一定是盜版。我立即請發行部的同事設法找到九本書的樣書，作為證據。

與梁鳳儀洽商此事，她表現得極為重視。此前，她已經得知自己的一些作品在內地被盜版的情況。但那都是一些無頭案，使她頗為無奈。因為那些盜版書，用的都是人文社的名義，裝幀設計也和我們出版的梁鳳儀作品別無二致。區別只是粗製濫造，品相極差，內行人一眼可以看出不是正規出版物。這當然是不法書商所為，但是那些惡人非常隱蔽，一般不會留下線索。除非你沿着銷售的路線反過來去順藤摸瓜，從零售商入手，找到批發商，然後一步步找到儲運公司、印刷公司，最後發現是誰下單開印，才能把矛頭對準盜版的商人。但是這相當於一次偵破過程，承擔任務的人需要有查案的經驗才行，一般的出版社哪有這種人力？即便是有人去做，沒有地方公安和工商管理部門的配合，定會遇到層層刁難，種種不順，最終事情也做不成。所以，對這樣的盜版，通常只能眼睜睜地聽之任之。

但這次不同，盜版書上明晃晃地印着山西一家國營出版社的大名。可謂冤有頭債有主，我們無論如何都需要拿那這家出版社是問。

當然也有這種情況，就是這家出版社也是受害者，他們的名義被不法書商盜用。在這種情況下，我們可能又是面對一場無頭案。

不論怎樣，需要先把事情搞清楚。

梁鳳儀女士決定和人文社一起追討盜版。她給人文社寫了全權委託書。一來因為梁的作品在人文社出版是我經手，二來是因為我作為社長助理，經常接觸版權事務，此時已經在幫助錢鍾書先生打《〈圍城〉匯校本》官司，算是有一點打官司的經驗，所以陳早春社長仍然考慮把這個案子交給我。梁鳳儀則是派出她的助理殷小敏和我一起同山西方面交涉。

我首先通過電話，找到山西那家出版社的社長，告知侵權事實。原本我猜想，也許他完全不知情，沒想到他立即承認，這九本書是他們出版的。不久前他們和一個書商合作，雙方簽訂協議，書由書商製作，書號由他們提供。當然他們收取了一筆書號費。這行為，用行內的話來說，就是出版社「賣書號」。社長在電話裏對我叫苦，說他們只賺了一點點錢，書商賺了大頭兒。他並不知道書商沒有得到作者授權，在他們與書商的協議中，版權問題是由書商負責的。最終的責任顯然應該由書商承擔。

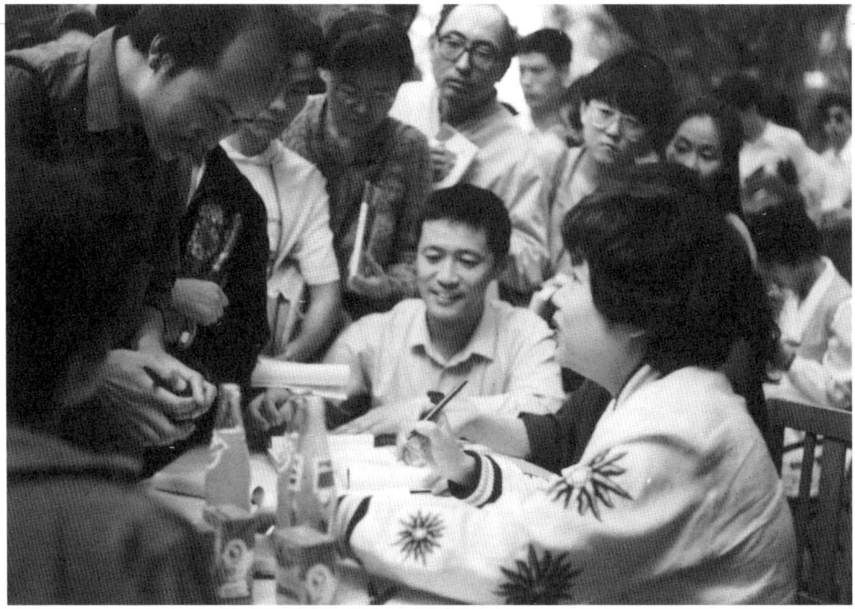

作者陪同梁鳳儀女士簽名售書

我告訴他，你們和書商之間有什麼協議是你們兩家的問題，和我沒有關係。但是現在侵權人是你們出版社，書的版權頁的署名是你們而不是書商，所以承擔法律責任的只能是你們。你可以去追究書商的責任，這事我不管，我只追究你們的責任。

接着，我對他曉以利害，請他選擇是「公了」（訴諸法律）還是「私了」（自己協商解決）。如果「公了」，打官司他是輸定了。事件也必定會曝光，這且不說對他的出版社形象不利，而且會暴露他們違反新聞出版管理規定（嚴格禁止買賣書號）的事實，說不定由此招致新聞出版總署對他們的行政處罰，他們損失的就不僅僅是錢了。但如果「私了」，可以和我們商談賠償數額，連作者帶出版社的損失一起賠，對他來說是破財消災。到了這時，那社長只能認栽，自知狡辯也不能解決問題，便改而連連道歉，並表示「千萬不要打官司」。

幾天後，那位社長派出他的社長助理專程到北京來和我商談解決方案。那助理是個非常能幹的女強人，一看就是公關高手。她與我周旋再三，想方設法讓我網開一面，法外開恩，少開一點賠償價格。但我是要算賬的，根據他們盜印的九本書的定價、印數算出正常需要支付的版稅大約是二十多萬，我提出總共賠償梁鳳儀和人文社兩家六十五萬元的要求。她自然是不同意，覺得我要價太高了。但是我說我不是尋求你們補償，而是要求你們賠償。根據相關法律，你們的賠償中應該包括正常版稅的三至五倍罰款。我並沒有漫天要價，因為考慮到是兩家協商解決，這是一種和解的方式，所以我只按三倍計算罰款，而沒有按五倍來算。

對這個數額，那女助理一再叫苦，請求我們理解和關照。我堅持不讓步，徵詢陳社長和梁鳳儀意見，他們也要我不妥協，還放下話，不行就打官司。第一次談，女助理說做不了主，回去了。過了半個月她又來了，看來是在社裏商量過了，想通了。她按照我的要求，與我簽訂了一個賠償協議，我覺得鬆了一口氣。但後來又節外生枝，付款期限到了，他們出版社稱手頭拮据，一時付不出款。我打了幾次電話沒有效果，和梁鳳儀一說，她說好辦，派自己的助理殷小敏去催。於是殷小敏到太原住下，每天去社裏催賬，一連十幾二十天，有時坐在社長辦公室不走。這一招很靈，社長終歸要顧自己的顏面，不想鬧出什麼動靜，所以乖乖把賬付了，此事算是圓滿解決。那家出版社賠償梁鳳儀和人文社六十五萬元，雙方平分，各得三十二萬多元。

六十五萬元在九十年代中期不是一個小數字。人文社此時一年的利潤也不過一百多萬。梁鳳儀女士和陳早春社長見到錢款到賬都非常高興。梁鳳儀問陳社長：「怎麼辦？要不要我給李昕發獎勵？」但陳社長對梁說：「這件事不該你管，我會重獎李昕。」後來，陳社長果然為我頒發了一萬元專項獎金，告訴我說，人文社歷史上，從來沒有給任何人發過這麼大數額的獎金，這次是破格。想來也是，那時我的月薪，可能還不到一千元。我很興奮，大家也都來起哄，說是要吃大戶。於是我拿出一千元，請同事去買水果、點心和飲料。在一個週末的晚上，我們通過熟人，借用了位於東四南大街的新聞出版署頂樓的多功能會議廳，因為那裏有擴音器，有大螢幕電視，可以唱卡拉OK。我們在那裏擺上吃的喝的，唱歌跳舞。記得那天人文社的青年編輯來了幾十人，大家熱熱鬧鬧地歡度了一晚。

# 十三、人情與原則

做了幾十年的出版，我發現，編輯是一個非常容易交朋友的職業。因為編輯與作者在合作中通常溝通比較密切，所以他們之間很容易互相瞭解，彼此熟悉。無論在出版方面還是人生方面，作者總難免遇到些許困難，如果編輯可以幫助他克服某種困難，他自然會感謝編輯。特別是當作者還是一個很無力很無助的年輕人時，編輯對他施以援手，他與編輯建立的感情就非同一般。

編輯幫助青年作者出書，對他們很可能是人生大事。前面我講自己我幫助楊義以高校文科教材的名義推出代表作《中國現代小說史》，這件事改變了他的人生，就是一例。此後楊義與我自然成了好友，一直保持密切合作，我做出版經歷過四家出版機構，他分別在這四家都出過書，這對我是極大的支持。

其實類似的例子，在我來說實在不少。這裏再說兩件小事。

大約是一九九〇年初，有人介紹年輕的德國文學研究者何珊給我認識，說她新近翻譯了一本德國小說，問人文社可否考慮。何珊畢業於武漢大學德語系，當時只有二十多歲，剛剛結婚，正在懷孕中。那小說的名字叫《十七歲生活剛剛開始》，作者是武漢鋼鐵公司的一位外國專家的太太。作品是用德文寫的，並不曾發表，但是因為何珊與她熟悉，就拿來欣賞，發現寫得不錯，於是就翻譯出來。無論對作者還是對譯者，這都是一個偶然事件。開始時都是覺得好玩，沒太當真。但是稿子譯好了，忽然覺得這是一本可以出版的書，於是才找到我。巧在我們當時正在創辦《海內外文學》雜誌，需要大量組稿，主持雜誌的高賢均問我，手頭有沒有合適的來稿可以選用？我便把這小說轉給他。誰知他看了叫好，說刊物可以上，而且做頭條。我對高賢均的判斷從來是非常信任的，因為他閱讀作品特別多，對創作狀況極其熟悉，自己也寫小說，善於鑒察作品的優劣。他說好的，肯定沒錯，這樣作品就在刊物上發表了。出刊後，我們又聽到一些回饋，說這個長篇小說不錯，你們為什麼不出版單行本？我和高賢均覺得也對，就單獨給這部作品出了一本書。

這個結果對作者來說是超預期的。何珊和老公那時經濟上頗拮据，覺得能拿譯稿換一點稿費也不錯，可以改善一下生活條件。誰知作品一下刊出了兩次，稿費變成了預期中的兩倍。那時稿費標準很低，十幾萬字的作品，翻譯費只有二千五百元。但是我們的做法，讓他們拿到了五千元，給了小夫妻一個驚喜。我至今還記得何珊的老公來取稿費支票時喜形於色的神情。其實這對我們是無意的，只是按照常規處理稿件，並沒有特別關照他們。但是他們卻被感動了。

此後我和他們多年沒有聯繫。一九九六年我又去香港工作，更是無緣和他們會面。直到二〇〇五年我回到北京三聯書店，才重新與他們建立聯繫。那時，何珊作為德文翻譯家，正在為三聯翻譯一本理論著作。她聽責任編輯說，三聯從香港回來一個新領導，名叫李昕。頓時大驚，說這個人我們找了很多年呀！

原來，他老公後來下海當了企業家，他們生活富裕起來，每每撫今追昔，憶苦思甜，想到當年女兒出生的時候，是靠我開的稿費換了奶粉吃的。他們認為是我幫了大忙，解決了女兒的「斷炊之虞」。飲水思源，一直想找到我表達感謝之情。

另一個故事關於Z先生。他在今天是著名的媒體人和理論家了。一九八八年，他在中國社科院讀博士，還不到三十歲，寫了一本文藝論文集，希望我能出版。要知道，以他當時的年資，在人文社出版論文集，是排不上隊的。有一個重要的區別在於：出版新銳的理論專著，我們會支持和鼓勵青年學者，但是出版論文集，便多少會有一些論資排輩的考慮。這是因為，論文集的形式是一個學者整個人生或人生某一階段的總結性著作，而年輕人不必忙着給自己做總結，來日方長嘛。但他急於出版這部書，因為他有一個很現實的考慮，就是他需要償還一筆債務。

Z先生原本在湖北讀完本科後留校教書，後被學校選送到北大中文系跟從胡經之先生讀研，此時湖北的學校和他簽了一個協議，規定他碩士畢業後一定要回校工作，否則就需要向學校賠償一筆培養費。然而他碩士畢業後接着到社科院讀了博士，畢業分配前夕，他決定不回原單位了。當時他是全國學聯的副主席，個人學習成績也十分優異，北京有不少單位希望錄用他，從政和治學，都有很多機會在等待他。不過，先決條件是他必須還上這筆錢。可是，他手頭沒有其他指望，只有兩部著作，一部交給了我，另一部是他和自己的研究生導師合寫的《西方二十世紀文論史》，他交給了中國社科出版社的編輯白燁。

出版Z先生的著作，和白燁相比，我的難度更大。因為中國社科出版社那一本，有北大教授與他聯合署名，且是專著，而我手裏的這本，只是他這個年輕作者的個人著作，且是論文集。不過我對他原來就有瞭解，知道他研究美學，寫過一些有影響的論文，是一位有才華的理論界後起之秀。讀了這部書稿，又覺得其中很多文章有創見，有思想鋒芒，理論價值不低，就內容來說是已經達到出版水準的。但問題是論題不夠集中，看上去有些駁雜，這種文集的形式難於顯示它在理論上的創新點，也便難以引起讀者的重視。

我注意到，他的文章絕大多數都是討論審美形態的，但是各自成篇，其間缺少關聯。於是我對作者說，這本書的基礎很好，可惜結構上缺乏整體性。這種面貌在人文社列入出版計劃有難度，他需要配合我對書稿進行改造。我的建議是請他把若干論文重新組織和編輯一下，加強內容的系統聯繫，突出論題的專題性，必要時重寫和補寫幾篇論文，使這本著作成為自成系統的專題性論文集，使讀者有連貫的閱讀體驗，感覺像讀一本理論專著。因為，青年人撰寫富於創見的理論專著，在人文社出版的理由比較充足。

作者與文學評論家張首映（左）、潘凱雄（右）合影（二〇一七年）

作者心領神會，回去做了調整和修改，最後真的把文章有機組合，形成了一個比較完整的結構，全稿突出了一個專題，對審美形態進行立體觀照，於是我把它列入《百家文論新著叢書》出版了。

我不知這本書的稿費最終對於他償還湖北的培養費起了多大作用，反正此後幾十年，他每次見到我和白燁，總是要說，有了我們當年的搭救，他才會留在北京發展以致於有今天的成績。他對我可以說是終身感戴的。所以我後來在工作遇到棘手的問題，只要找到他，肯定是有求必應。

前面講到我在幫助錢鍾書先生打《〈圍城〉匯校本》官司時，為了獲得社會輿論的支持，我寫了一篇紀實性長文，題為〈《圍城（匯校本）》盜版風波〉，準備在報刊發表。因為文章不可避免地涉及了國家版權局辦公室對於「匯校本」問題作出的錯誤「裁定」，批評的矛頭也自然指向了這個國家版權管理部門。這樣的文章，一般報刊是不大可能發表的。於是我找了Z先生。他當時是《大地》雜誌主編。他有膽有識，為錢鍾書和人文社兩肋插刀，二話沒說，將全文刊載在自己的刊物上，引起很大反響。

二〇〇八年三月十四日，發生了著名的拉薩三一四事件，一群不法分子在西藏拉薩市區的主要路段實施打砸搶燒，焚燒過往車輛，追打過路群眾，給當地人民群眾生命財產造成重大損失。當天，國內媒體迅速做了報導，認為事件的背後，是極少數藏獨分子利用謊言煽動不明真相的群眾鬧事。第二天，中宣部就來了指示，要三聯書店出版圖書，針對這次事件，澄清事實，揭露謊言，越快出書越好，最晚也不要超過十天。當時在三聯主持工作的是黨委書記張偉民，他把任務交給了作為副總編的我，我頓時壓力山大。我知道從頭開始組織寫文章肯定來不及，只能是在前一時期已有的文章基礎上編選。但編者不僅需要掌握資訊和資源，而且需要有一定權威性，最好是一個有公信力的機構，此外，他們還要全力支持並在時間上配合我們才行。合作夥伴不好找，我靈機一動想起了Z先生，他此時的身份是一家中央大報的新聞中心主任。我立即跑到報社見他，請他以這個新聞中心的名義編輯《謊言與真相》一書，告訴他時間緊迫，絕對不可耽誤。他拍胸脯說：「你放心。」接着他親自帶領手下的幾位研究人員沒日沒夜地幹了三天，將書編好交稿，我們又用四天時間排版印刷，總共只用了七天，這本書就出版了，中央電視台《新聞聯播》當晚做了報導，三聯書店受到中宣部的表揚。

Z先生在工作中助我，當然也是公事公辦，中規中矩的，但不能不承認，這中間有他對我的一片情在起作用。他重情誼，很仗義，總是說：「老李的事情，沒的說。」

作者總是講交情的，編輯當然也要有情有義。但是出版有原則，不能因為關係親疏決定出版事項。我們常常聽說，一些編輯需要處理領導交來的「關係稿」，意謂稿件質量達不到出版水準，而領導要做人情，安排出書。我是普通編輯出身，深知編輯對此的無奈心態，所以在擔任出版社領導以後，從未安排過一本「關係稿」，堅持對所有作者一視同仁。為此可能也得罪了一些朋友，我知道這是必須付出的代價。該承受就承受，我無怨無悔。

不過很多作者在我為他們出書以後都真誠表達感謝之情。請客吃飯是人之常情，不可避免，但是對待送禮我們格外慎重。錢和貴重物品一概不能收，或者先收下來再交公。

我接觸的作者裏面，最講究送禮的是港台海外作家，其中又以李敖和梁鳳儀為甚。

九十年代初，我國的外匯管理很嚴格。人文社連外匯賬戶都沒有，稿費一律用人民幣支付。梁鳳儀常來大陸，可以取出稿費在大陸消費，而李敖當時因為受到台灣當局打壓，擔心一旦離開台灣島就被驅逐，所以根本沒有來大陸的打算，人民幣的稿費收入，對他似乎沒有意義。第一次與我們簽訂出版合同，李敖就說了六個字：「稿費不出大陸」。那時他有一位版權

《謊言與真相》

代理人名叫陳又亮，是美國學者，同時在大陸開公司做生意，李敖請陳又亮代管他的稿費。但陳又是一個豪爽之人，說了一句「李敖的錢大家花」，於是每次取出李敖的稿費，他都會拿出一部分給出版社員工送禮。他會和我商量，買什麼？我就請他買香煙、巧克力、水果等，用幾個大手提包裝起來，運到社裏，由我幫忙分發。所有為李敖圖書出版做出過貢獻的部門，包括編輯部、總編室、美編室、出版部、校對科、發行部等，一個不落，全都分到。於是大家都說李敖真好。

梁鳳儀則是直接對出版社表達謝意。她來和我們談出書，看到人文社的會議室裏沙發破舊，就主動贈送幾套沙發，要我們換新。看到社長辦公室連傳真機都沒有，就親自從香港背過來一台。那時香港有些時髦物品在大陸既貴又缺，她就從香港一下買幾十隻電子錶，或者幾十個電子計算器等等。她把這些東西交給我，讓我代為發送，以感謝社裏那些為她的書付出過辛勞的同事，以及為她做過報導的記者等等。

後來我想，自己在人文社工作一直很順利——我發稿的書，總是出版得很快，很及時，設計和製作也都很用心，發行也很給力，銷售常比別人編輯的同類書多，這可能是因為，在出版社的諸多職能部門裏，我的人緣相對較好。這麼說，或許我也需要感謝李敖和梁鳳儀。因為可能其他編輯都沒有像我這樣經常給這些職能部門送些小禮品。當然，所謂小禮品都是些不值錢的小玩意兒，誰也不會看中禮品的價值，但是它代表了作者的人情，也表達我的心意，使接受的人從中感到自己的工作受到了尊重。所以那一時期，我相信人情是我工作的一種助力。

但是這中間，也發生了一件後來令我懊悔不已的事情。

九十年代初我擔任綜合編輯室主任時，接到新加坡語言學家鄭子瑜老先生的一部散文集，名為《挑燈集》。稿子是我們約定的，作為《海內外文學叢書》之一。但是作者交來一大摞手稿，編輯看到，面有難色。

這是因為，鄭子瑜是書法家，寫慣了草書，他的鋼筆字也以草書寫就，龍飛鳳舞。這樣的文字，連編輯都難於辨認，更不要說送到工廠，讓那些沒有多少文化的排字工去識讀了。我一時也頗感為難。

這時，有同事給我建議，說你可以找胡一平去謄寫一遍呀？我知道胡一平是人文社老編輯胡德培和出版部印務員高佩芝的兒子，這個孩子，中學時代就因為癱瘓輟學，在家裏自學文學寫作。他有時會幫助出版社做些抄抄寫寫的事情，掙一點抄寫費。當然這種報酬很低，每千字只給三五塊錢，可是對於一個沒工作的孩子來說，還是聊勝於無。

於是我就和高佩芝說了，她很開心，說謝謝我，幫助她兒子找事做。於是她把稿子拿回家了。

過了一段時間，鄭子瑜先生來信問我出版進度。因為和原訂計劃相比，有些脫期了，我很不好意思，就告訴老先生，這本書的編輯過程比較複雜，首先是稿子需要找人重新抄寫，其次是為了保證不出錯，初審、複審編輯都需要非常用心地校核原文，核對中確實訂正了一些抄寫的錯誤，以及原稿的誤植。所以編這本書特別費時費力。

鄭子瑜先生見信很感動，他也很講人情，給我回了一封信。這封信厚厚的，我在收發室剛剛拿到時就覺得有些奇怪，打開一看，原來裏面夾着四百美元。鄭在信中說，為了感謝我們，這些錢讓我代發，給我、初審編輯楊渡、複審編輯彭沁陽、抄寫者胡一平每人一百美元。當時一百美元是很大的數字，相當於八百元人民幣，而我們的月工資也不過一千元。

我覺得這些錢我們絕對不能收，從收發室出來，我連辦公室都沒有回，就徑直上二樓，把錢交給陳早春社長了。接着又到出版部，找到胡一平的母親高佩芝，說了這件事，高說：「你做得對，咱們只拿該拿的報酬，這種錢咱們不拿。」回到編輯室，我又和彭沁陽和楊渡兩人談，她們也說：「該交，該交。」但是這時楊渡補充了一句，說：「咱們的錢該交，人家胡一平的錢你為什麼要交呀？」這一句話把我問懵了。

陳早春在全社大會上表揚了我們。但我卻後悔自己做錯了事情。楊渡說得對，胡一平不是出版社的編輯，他和我們出版社只是勞務關係。這一百美元是作者給他的報酬或者獎勵，我們沒有權利剝奪。這孩子當時只有十六七歲，癱瘓在床，做這樣辛苦的抄稿工作，實在不容易。難道作者不應該感謝或獎勵他嗎？

此後很多年，我每每憶及此事都會自責，覺得對不起胡一平。

去年七月份，我在微信裏和老作者王川聊天，他忽然發來一組錄影和照片，我眼拙，完全認不出影像中的人物。王川告訴我，這是胡德培的兒子胡一平呀！照片是他們的全家福。我一看，胡一平娶的媳婦美若天仙，生的兒子也十分帥氣。錄影裏面，有三個非常漂亮的孫輩孩子，相貌顯然是隨了他們的父親和祖母，他們在齊聲祝賀他們的祖父胡一平生日快樂！原來，胡一平已經兒孫滿堂，一家人其樂融融，十分幸福。

王川告訴我，胡一平後來自修中醫理論，現在已經是北京的著名中醫了，說我們以後看病可以找他，他是專治疑難雜症的。我聽了先是大吃一驚，繼而又覺得很正常，這個孩子從小人殘志堅，定然會有作為。知道胡一平今天的境況，我內心得到了一些安慰。

# 十四、人生選擇

二〇二〇年，香港三聯書店為我出版一本新書，題為《那些年，那些人和書：一個出版人的人文景觀》，這是一本隨筆集，寫的是我幾十年來和作者交往的故事，在某種意義上可以算是我的編輯手記，責任編輯李安打算按照我出版生涯的三個階段將二十多篇文章劃分為三輯，為此她要求我在每一輯前面加一句話，對那一階段進行自我評價。於是我寫道：

人民文學出版社的嚴格訓練，使我有了一個好的起點。

香港三聯的八年對我至關重要，我的編輯理念和市場意識都是這一時期逐步形成並強化起來的。

生活·讀書·新知三聯書店，是一個編輯實踐人生理想的最佳平台。

這三句話，概括了我的編輯人生。

我自從大學畢業時選擇了編輯這個職業，一輩子只做了這一件事，錢掙得不多，官做得不大，但也無怨無悔。有些人問我，為什麼會是這樣，你沒有過見異思遷嗎？你就不會受到誘惑嗎？在別人擁有高薪、豪車、別墅的時候，你就不曾動心嗎？

處在這樣一個可以提供各種人生機會的時代，我當然不能免俗。

我曾經說過，大學畢業時，自己分析了個人的實際情況，以「才學識」而論，我的「才」和「學」都不足，唯有「識」不輸於人，這種條件適合做編輯。但這不意味着我只能做編輯。其實也有些職業我是感興趣的，並且有條件做好，比如當教師。

我自認為口才還不錯。文革後期，我在內蒙哲盟師範學校參加畢業實習，被派到科左中旗架瑪吐中學當了一個學期的教師，教高中一年級的「辯證唯物主義常識」課。因為我讀過《馬恩選集》中部分著作，還讀過汪子嵩、張世英及任華的《歐洲哲學史簡編》，周一良、吳于廑的《世界通史》三卷，范文瀾的《中國通史》四卷，於是斗膽到課堂上賣弄知識，結果把學生們侃暈了。「李老師講課好聽」這個消息傳出，校領導竟然組織全校的文科教師來我課堂上觀摩，把教室擠得水泄不通，讓我大出了一場風頭。要知道，架瑪吐中學，當時還是全內蒙的重點中學呢。經此一役，我相信自己可以當教師。

到人文社入職以後，大約有六年的時間，我仍然住在清華園父親的家裏。現實問題是上班太遠，坐公車需要一個半小時，中途倒兩次車。也就是

作者在清華大學大禮堂前（一九八五年）

作者在莫斯科郊區（一九九一年）

說，每天要花三個小時在路上。家父當時是清華大學外語系主任，他曾問我，你是不是願意調進清華裏面？

我從小是在清華大學院子裏長大的，對清華自然會有幾分依戀的感情。碰巧，一九八五年清華大學重新組建中文系，大量延攬人才。那時，大學任用教師還不那麼要求高學歷。記得兩年前，武大歷史系的學妹虞織文本科畢業時要求回北京（她是北京生源），被派遣到北京市人事局等待分配，工作單位沒有着落。她來求我，我讓父親和清華的基礎課教學部打了個招呼，她便順利地成為清華大學基礎課教師。如此看來，如果我那時想調進中文系任教，應該也是可以如願以償的。

另外，此時我還有一個選擇是出國留學。我這輩子沒有出國留學，從人生經歷的角度來講，當然不是沒有遺憾。事實上，八十年代我出國留學的條件強於一般人，前面已經講到，家父為我聯繫了美國一所大學，可以邊讀研邊教中文，而不需要去餐館刷盤子打工掙生活費。當時我在清華園的髮小們，歐美留學已然成風，但凡讀了大學的，都有出國深造的念頭。這對我不可能沒有一點影響。儘管我是學中文的，但是此時研究比較文學已經成為文學界的一種時髦。我是很想到美國去讀一個比較文學的學位的。

不過，一兩年之後，當教師和出國留學這兩個選擇我都放棄了。

原因在於自我感覺。我發現自己在編輯工作中找到了感覺，可以證明這份工作很適合我。這感覺是什麼？說白了就是成就感。

當我以一個編輯身份退休以後，有記者採訪我，問我為什麼可以在幾十年的編輯中始終保持激情滿滿？我說，激情是自我激勵的結果，而這種激勵來源於自己的工作成績。一個編輯，當你編出的每一本書都產生影響，得到社會肯定，引來同行的好評，你怎麼會不感到自豪？這就是成就感，可以激勵自己繼續前行。

回想自己當初沒有左顧右盼，而堅持走編輯之路，就是因為對編輯這份職業有了這樣的感情體驗。說起來我或許也有些狹隘，因為我所謂的編輯是狹義的。為了做編輯，出版社的其他崗位我都不情願接受。實話實說，陳早春社長老早就有意栽培我，希望我獲得全面的鍛煉，他總是說：「你將來是我的接班人，你需要熟悉各方面業務。」但是我認死理，除了編輯工作我都不喜歡，如果分配我幹別的，哪怕給我提職我也不願意。

九十年代初期，人文社發行部管理混亂，內部問題很多，引發社內群眾意見強烈。這時陳早春找我，說他要成立一個調查組進駐發行部，把問題搞清楚，提出解決方案。他讓我當調查組組長，讓出版部的一位副主任當副組長。我找理由推脫，不想去，怕耽誤手頭的編輯工作，但是他說，你是我的社長助理，關鍵時刻你不幫我誰幫我？現在發行部着火了，你就是我的消防隊長，你不去誰去？我聽他這樣說，只能勉強接受。

我在發行部工作了大約三個月，查賬，查庫房，查進貨、發貨記錄，找幹部談話，向員工摸底，最後終於寫出一份報告向社長交差。但這時陳社長對我說，他讓我去查問題，就是為了調整發行部的領導班子。現在他想讓那位出版部的副主任留下負責發行部，而提拔我當副社長主管發行。這一次我只能拒絕他的好意了。我說，我不能脫離編輯崗位，寧可不升職。陳社長對我頗為無奈。

大約也就是在這一段時間，文化人「下海」之風盛行。光是我所在的編輯室裏就走了兩個人。其中一位先是閉門練氣功開了「天目」，進而學會了發功治病，在社裏給一些同事治癒病症之後獲得自信，於是南下深圳開了診所。他大概只用了兩三年時間，就提着自己的第一桶金回北京了，後來繼續做出版，還頗有成績，當了一家出版社社長。另一位則是先在北京華龍街做股票經紀人，掙到一筆錢後南下深圳，與人合作經營互聯網電信公司，後來該公司上市，他頓時擁有數億身家。他們的快速致富令大家羡慕，把人心裏搞得癢癢的。

其實他們的經歷在當時並不令人驚異。那時整個社會，是一種人心思商的背景。中國正在經受市場化轉折，人們的心態也在發生變化。一時間，我認識的文化人，從倒賣鋼材的、折騰電器的到幫助家鄉賣蘋果、桔子的都不乏其人，炒股的也不在少數，很少有人壓根兒沒有動過掙外快的腦子，似乎大家都覺得單位那一點工資養活不了自己了。

但我就是比較愚鈍的一個，直到今天，我不但沒給任何人拉過一單生意，而且連一塊錢的股票也沒有買過，可以說是專心編輯，心無旁騖。想起當年有人把我介紹給香港地產老闆，讓我當他的北京辦事處主任，說是將來這個辦事處可能會發展成地產公司，前景看好，但我因為不願意下海，所以根本沒有理會。台灣作家郭楓在大陸做美國 TOTO 潔具總代理，他想讓我兼職在北京為他做銷售業務，對我說，他在大陸認識了很多人，但是適合給他生意幫忙的人只有兩個，其中之一是我，他把我看成可以長期合作的對象，但我聽到「潔具」這兩個字，在第一時間沒有絲毫猶豫就婉辭了。倒不是因為看不起潔具，而是因為這與我做的編輯工作無關。我的編輯工作一直很緊張，實在不能為其他事情牽扯太多精力。

平心而論，想不想多賺些錢？當然也想。那時大家就知道，文人要想賺快錢，得「觸電」，意思是要做與電視相關的事情，例如寫電視劇本，當電視製片人，或者主持人之類。我其實也有過機會。一九九三年，中央電視台有一檔節目名叫《文化園林》，它的女主持名叫方卉，好像沒有固定的男主持，常常聘用嘉賓來擔當此任。我被他們的製片人看中，和方卉一起做過一期節目，那次的主題是介紹民居，我臨時看了一點材料，就上去講福建土樓，居然也貌似專業人士，得到認可。第二天我在人文社門前過馬路，站在斑馬線旁等交通燈，這時有個老太太使勁看我，忽然拉住我的胳膊，說：「昨晚電視上那個人就是你吧？」說得我簡直有些沾沾自喜，算是體驗了一次做「電視名人」的滋味。不過這只是一個偶然的經歷，也沒得到什麼報酬。

真正的機會是兩年之後。一九九五年，《昨天：中英鴉片戰爭紀實》的作者麥天樞執筆，寫了一個長篇的電視節目《中國農民》，由時任國務院副總理田紀雲題寫片名，著名導演夏駿執導。拍攝完成後，在北京舉辦審片座談會，麥天樞叫我去參加。地點是在三里屯的一個演播室，從早上開始一直播放到下午三四點鐘，放完了立即討論。我本不習慣沒有準備地發言，但麥天樞點我的名，不能不講。那天我不知為什麼，鬼使神差地穿了一套西裝，還打了一條鮮豔的領帶，站起來發言，可能是比較引人注目。我講了自己對電視節目的觀感，講完後從大家的掌聲來看，似乎講得不錯。散場後夏駿對我說：「我發現你鏡頭感很好，適合做電視主持人。」

此後沒過多久，夏駿就來電話約我到中央電視台談談。原來他參與創辦《東方時空》，現在這個欄目下面要開一個《東方之子》的子欄目，專門報導各界人士中對國家貢獻卓著者。夏駿把我介紹給《東方之子》的編導，三人一起談。他們說，近期節目準備安排一組對於作家的報導，共採訪十位作家，每人一集。他們需要熟悉文學界情況的人參與，從確定作家人選開始，到擬定採訪提綱，然後去各地與作家對談，同時錄製拍攝，最後製成電視節目，每週播放一集。這工作從準備到播出，大約需要半年時間，當然是兼職性質，但承諾給予的報酬不低，很有吸引力。他們希望我承擔此事，還告訴我，第一個採訪目標，他們希望是老作家季羨林先生。我心裏暗自估量了一下，覺得做這事需要花費太多時間。因為擬定採訪提綱，得熟悉作家的生平和作品，為此我需要讀很多書，找很多相關材料。我思忖自己在當編輯的同時是不可能分身做這些事的，於是又婉拒了。

無論是改行還是兼職，我都沒有動念，這是因為經過了一個時期的薰陶，編輯對我已經不僅僅是作為一個職業，而且是一項人生事業了。它開始寄託了我的人生理想，這不但不可以放棄，而且也不可以怠慢。

當然，不放棄編輯，並不意味着只能留在人文社。九〇年代中期，社裏確實有些人心浮動。因為人文社改革滯後，沒有及時建立考核機制，仍然在吃大鍋飯，「多勞不多得」傷害了一些同事的積極性，有些同事不免嚮往「政策放開」的出版社。可是我沒有作如此想。在我看來，編輯要實現自己的人生理想，首先需要的就是一個理想的出版平台，人文社的歷史、傳統、品牌、聲譽，決定了它的重要性乃至唯一性，這是不可多得的。但是，話說回來，也有一個地方，一家出版社，對我來說是例外。

這就是香港三聯書店，它是一家設立在香港的中資企業，品牌響亮，經營有方，管理規範，員工的工資待遇當然也好。特別是由於政策寬鬆，他們的出版較為自由靈活，選題策劃空間廣闊。我早在一九八四年就在廈門舉辦的港台文學研討會上認識他們的編輯潘耀明和梅子，瞭解到他們與包括人文社在內的多家內地出版社的合作，對他們見多識廣、善於謀劃、既當作家又當編輯家非常欽佩。一九八七年，我得知北京三聯書店的副總編董秀玉女士奉調前往香港三聯任職，很是羨慕，心想這樣的好差事會不會有一天輪到我呢？

真是事隨人願，大約八年以後，這樣的機會居然降臨了。我也像董秀玉女士一樣被借調到香港三聯書店。當然，我赴港工作，一去又是八年，這也決定了我一生做編輯，不會再變。

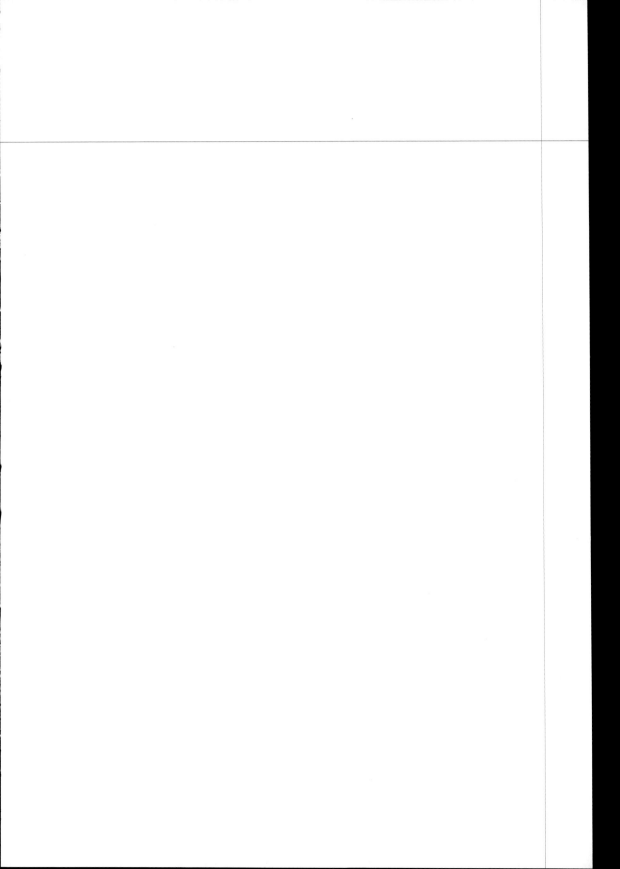

# 中篇

## 香港三聯八年（一九九六至二〇〇四）

# 一、赴港之前

我能得到去香港工作的機會，的確是一種幸運。這樣的事，自己是不敢奢望的。前面曾談到八十年代後期，北京三聯的董秀玉女士被派到香港三聯工作，我聽到消息很是羡慕，心想自己是否也能有這一天？但是我立刻就意識到，那是不現實的。

香港回歸祖國以前，香港的中資出版企業也需要從內地選拔人才參與管理。企業是本地化的，員工基本上都是港人，但是企業的領導人中，通常會有個別的所謂「內派幹部」參與管理。這種內派幹部是從內地借調而來，屬於輪換性質，通常在港工作不超過七年。不過，在當時內派幹部的選派，並沒有形成制度，只是香港的出版企業自己在內地物色，或者找人推薦。

推薦我的人是章新民，他可以說是我的貴人。因為他和我並不熟悉，推薦我沒有一點私情方面的考慮。他過去曾經在人文社五四新文學編輯室當編輯，一九八七年新聞出版署成立時調進署裏工作，九十年代初被借調到香港聯合出版集團，擔任行政部主任。他和我，大概也就是八十年代在人文社院子裏面打過幾次照面，甚至沒有說過話。

一九九四年，擔任聯合出版集團副總裁兼香港三聯總經理的趙斌對他說，希望從內地物色一個合適人選，到香港三聯來做他編輯方面的助手。趙斌是在董秀玉從香港回京後從上海調來接任香港三聯總經理的。本來，同樣從上海來到香港的陳昕曾擔任香港三聯總編輯，但他只做了兩年就回上海去了。於是香港三聯的編輯部就沒有專職主管。總編輯暫由趙斌兼任，但是他同時還擔任集團的一大堆職務，太忙了。

於是章新民就開始在這方面動腦筋。正巧這一年年底，人文社有一個代表團應邀訪問香港，團長是該社的副總編何啟治。何與章是多年老友，章在港請何吃飯，席間談到，香港三聯編輯部需要一個人，這人應該具備什麼條件，問何是否可以推薦？何幾乎是脫口而出，說：「你認識李昕嗎？我覺得他蠻合適。」章新民大概過去也聽同事議論過我，知道我的工作能力還不錯。於是他對何啟治說，你回去告訴李昕，他如果願意，就寫一份簡歷給我。

何啟治對我說起這件事時，我曾有過幾分猶豫。因為我知道，這對我幾乎可以算是人生重大選擇。我的兒子當時才九歲，上小學三年級，因為我愛人上班很遠，接送孩子不方便，所以兒子上下課都是跟着我。如果去香港，這是首先需要克服的困難。至於出版社的工作，我在此時離開，也是有些留戀的。十四年的時間打下了非常好的基礎，一旦調離，需要從頭開始。

事實上，當時人文社社長兼總編輯陳早春已經在社裏公開講，我是他培養的接班人。一旦有機會，我就會獲得提拔。前文我提到，陳社長曾經和我懇談，要我擔任出版社副社長，主管發行，但是因為我不願脫離編輯崗位，將他婉拒。他當然知道，我是在等待有機會被提拔為副總編。而這時機會已經在眼前了。因為馬上就有一位副總編退休，社裏需要上報一個遞補人選。我能意識到，這次輪到我了，但我也知道，天下事，有捨才有得。

我對陳社長談了此事，他建議我打消赴港的念頭，理由是香港市場太小，做出版沒什麼前途，不值得去浪費時間。那口氣，似乎還有些看不起香港三聯，說那不過是個小出版社。難怪，他畢竟是國家直屬大社的社長。但是我沒有被他說服，因為香港實在很有誘惑，絕不僅僅是工資待遇高的問題，更主要的是能夠開眼界，漲經驗，這對我來說，相當於一次留學。我記得人文社一位英語編輯在英國一家出版社工作了一年，回來以後做了一場報告，講述所見所聞所思所學，令我印象深刻，十分嚮往。我感到眼下是機會在敲我的門了。我找自己最好的朋友高賢均商量，他也要我下決心，義無反顧。於是我寫了一分簡歷，經章新民轉給了趙斌。

幾個月以後，一九九五年三月的一天，趙斌到北京出差，打電話約我見面。這相當於一次面試，理論上是他考察我，但實際上也是我選擇是否應聘赴港。

那是一個晚上，趙斌住在北京飯店，我騎自行車去看望他。見面後沒有什麼程式化的問答，只是閒談一樣聊天，兩個多小時，其實主要是我向他提問，從工作性質、環境、特點、要求，到生活安排、居住條件、待遇，一直到在香港每月吃飯要花多少錢，我都問到了，他不厭其煩地一一作答。我因為有些緊張，一直在連續不斷地吸煙，而趙斌極其反感煙味，他告訴我到香港一定要戒煙，因為三聯的辦公樓是禁煙的。但是今天你可以隨便抽。事後，趙斌說那一晚為了放掉屋裏的煙霧，他開窗直到半夜，以致沒有睡好覺。

那一晚談話的實質內容，最重要的是我去了以後擔任什麼職務的問題，趙斌說，肯定是來三聯，可能是副總編，也可能是編輯室主任，這些不由他來決定，上面還有人審批。但是他說，你需要知道，人文社是中央大社，香港三聯是地方小社。你是人文社的社長助理兼編輯室主任，如果到這裏只做編輯室主任，就是降級使用了。你要有這個思想準備。不過，他說：「內地幹部借調到香港，降級使用是普遍情況，這不是你一個人的問題。」

告辭以前，趙斌要我考慮一下，不要馬上答覆。當天晚上我回到家裏，幾乎一夜未眠。和家人充分商量了以後，我在第二天早晨打電話給趙斌，告訴他我決定去香港工作。他問我：「降級使用也不要緊嗎？」我說：「我想好了，在這個時候不能患得患失。」

於是我的赴港借調進入了審批程序。需要在香港新華分社和新聞出版署之間溝通。一方要同意借入，另一

作者與趙斌（中）、章新民（右）合影（一九九八年）

方要同意借出，手續頗為複雜，是一場漫長的等待。從一九九五年的三月，一直到一九九六年十二月，程序才全部走完，我被通知赴港報到。

在這期間，陳早春社長曾幾次勸我不要走，誠心誠意地挽留我。他很快就向新聞出版署上報我的材料，要求提拔我做副總編，他可能想借這個安排把我留下。但是此時關於我的兩地商調程序已經開始，新聞出版署答覆說，中組部有規定，商調中的「內派幹部」不能提拔。這樣他的建議被駁回。但他還不放棄，直到新華社香港分社人事部派人來北京考察我，約他談話之前，他還在問我：「你究竟是想走還是想留。如果想走，我就說你好話，如果想留，我就說你壞話。」這想法雖然不免書生氣，但我能感覺到他對我的一片情誼。只是我下定了赴港的決心，令陳社長失望了。此後我每每憶及此事，都覺得對陳社長有些虧欠。

那時，一個人被借調去香港，還是一件非常引人注目的事情。所以動身之前，竟然有兩位新聞出版署領導和我談話。

首先是副署長桂曉風，他把我請到新聞出版署的辦公室裏，在一張插着兩面國旗的辦公桌前，與我長談兩個小時。他甚至專門準備了詳細的談話提綱，歸納了七八點，基本都是對我的期望和要求，從政治到業務一直到生活，談得非常詳細，非常具體。我從來沒有這樣面對面地接受領導指示，完全沒有經驗，事前也沒有思想準備，以為就是去和領導見個面而已。我居然沒有想到，去見他的時候，需要帶一個筆記本，一支鋼筆。所以他講話時，我只能正襟危坐，洗耳恭聽，兩隻手平放在自己的大腿上，一動都不敢動，完全像個呆子。桂曉風講完以後，見我仍然一動不動，便問我，「我講了這麼多，你聽了有什麼感想嗎？」我不知說什麼好，只說了一句話：「我相信自己不會辜負領導的期望。」桂曉風聽了，沉思一下，說：「好，我記住你這句話。」

接着，桂曉風又把我領到新聞出版署署長于友先的辦公室，告訴他：「這個人就是李昕。」于友先講話就比較隨意了，他說我沒有什麼可談的，就是要你記住一點，你是

于友先署長在香港書展上到三聯攤位站台視察（一九九八年）

我們派出去的，不要忘記，你的老家在這裏。他說，現在香港人和我們講一國兩制，老是拿「兩制」和我們提條件，提要求，強調他們和我們不一樣。但是你要知道，你是代表「一國」的。你去了以後，不要像他們一樣和我們講「兩制」，而要對他們多講「一國」，強調他們和我們一樣的地方。這些話，我當時聽了有醍醐灌頂的感覺，不能不承認，于友先這位老領導看問題一針見血。

# 二、從頭學起

一九九六年十二月十二日，我乘火車從廣州到達香港九龍。趙斌和三聯五六位同事開了一輛中巴來接我，安頓我在聯合出版集團的宿舍樓中華大廈住下。

上班的第一天，趙斌騰出半天時間，和我做了一次長談。從香港的整體形勢一直談到本地出版工作特點，談到中資出版機構的責任和擔當，三聯目前的經營狀況和面臨的問題、機遇與挑戰等等。總之給我的感覺是兩點，一是一切都很新奇，二是工作壓力和責任都很大。去香港以前，我已經對港人講求效率，工作節奏快有所瞭解，但是趙斌的談話，給了我更加具體的認識。他講了幾點我至今不忘：

一、他說關於我的職務安排，上級批准我做副總編，但是這和做編輯室主任沒有多大區別，工作內容、性質都一樣。因為公司為了提高效率，實行「扁平化管理」，減少中間管理環節，取消了編輯室主任的設置。這可以加快上下級之間資訊溝通的節奏，有利於領導及時做出決策。當然這樣一來，副總編就要直接面對每一個編輯、設計人員和生產印製人員，既當公司領導又做基層領導，工作也會更加忙碌。

二、他說既然是做了領導，必須學會使用秘書，不要事必躬親。要面對的事情很多，不能被事務纏身。就像足球運動員一樣，不能總是自己盤帶，要盡快把球踢出去。要注意，球在誰的腳下，誰就要承擔責任。

三、不要把內地喜歡開會的毛病帶到香港來。這裏開會人工成本很高，一個月薪三萬元的編輯，每個小時的工資差不多要二百元，我們不能不算這個賬。公司大會一年只開一次，也只是中層以上幹部參加。平時只開領導班子會、部門的會，或找個別人研究問題。

四、注意要用數字說話。領導班子例會每週一次，就是報數字，研究數字中的問題。必須有所準備。這裏開會非常務實，不尚清談。內地文化機構開會，有很多程式化的東西，在這裏都不需要。

五、任何事情，總經理秘書都會通知，但是只通知一遍，不再提醒，所以必須記牢。他說我們在內地工作時，開一個會，左等右等人都不齊，有的人必須催兩遍三遍才會出現，這種情況在香港三聯不會發生。

趙斌這種務實的工作態度給我留下很深印象。他來香港以前是上海市新聞出版局副局長，是八十年代上海市委作為接班人提拔的青年幹部之一。陳早春曾告訴我他是學數學出身，腦子很清楚，特別會算賬；梁鳳儀也曾和我談起過他，說他是個厲害角色，一個幹才。但是面試那天我沒有看出他這種果敢、自信以及雷厲風行的性格，直到今天我才認識到了。

趙斌所說的一切，我都要迅速適應，我意識到自己對很多東西都需要從頭學起。

強化我這種認識的，是聯合出版集團的董事長、老一代出版家李祖澤先生。李先生知道我來香港了，約我談話，語氣非常委婉，但事實上是給我一個下馬威。他說，內地人來香港做出版，總是很自信，其實水土不服的人很多。他們以為自己在內地的經驗可以在香港複製，但香港可能讓他們英雄無用武之地。因為香港的出版，和內地根本是兩回事。所以他說：「如果你三年能熟悉就算及格，如果你兩年能熟悉，我就給你打 AA。」

這些話，我都聽進去了。心裏又增加一些壓力。

接着趙斌召集了一個編輯部門會議，介紹我和大家見面。我在會上誠懇地表示，自己需要在工作中學習，向大家學習。我做了一下自我介紹，說了些希望大家支持和配合我的話，最後說：「將來你們與我合作，會發現我這個人有許多缺點，但是我在這裏要提醒你們注意，我有兩個明顯優點，一是從善如流，不固執己見；二是知過能改，不堅持錯誤。」這是我應對香港陌生的新環境時講出的兩句話，但後來成了我的座右銘。

香港域多利皇后街九號三聯書店中環店（一九九八年），當時書店在中商大廈有五層樓面，三聯書店編輯部在九至十一層

最難的當然是選題策劃。初來乍到，我想不管三七二十一，先試試再說。在到達香港第一週裏，我立功心切，一口氣給趙斌提出了十來個選題，都是我熟悉的內地圖書，建議聯繫版權後拿到香港三聯出繁體字版，其中有些是我過去親手出版並在內地反應良好的作品，包括陳平原、錢理群、黃子平三人編選的《漫說文化叢書》，我認為這是新名家編選老名家作品，市場還能不接受嗎？但是這些選題全部被趙斌打回來，說是先放一放。他要我別急，先研究三聯原有圖書的市場反應，特別是銷售資料，然後再提選題建議。

由此我開始瞭解香港三聯的圖書出版和發行管理，接觸到了一些過去從未見過的統計表。看到他們關於圖書進銷存的統計總表，很是震驚。在一個大約兩尺長的大表上，列出幾十個欄目，將幾千個品種圖書的每一本從第一版的書號、出版時間、定價、印數、碼洋數，第一次發貨和庫存的冊數和碼洋，第二次發貨和庫存的冊數和碼洋，一直到第N次出版和發貨後庫存的冊數和碼洋，目前總庫存冊數、碼洋數全部列入，可謂清清楚楚楚。這種紀錄，每一條都可以說是一本書的生命史。整體上，就是一家出版社全部圖書的明細賬。這是必須依靠電腦紀錄才可以完成的。當時香港三聯的出版管理可以達到如此精準的程度，對我來說是聞所未聞的。因為大陸的出版社，例如人文社當時還沒有實現電腦管理。且不說那是九十年代中期，即使是十幾年後，我回到北京三聯書店工作，發現他們上馬了雲因出版管理系統，但因為編輯、出版、發行三個管理模塊不銜接，仍然不能提供這樣一張完整表格。為此我曾經把香港三聯的進銷存總表給他們參考，請他們改造雲因系統軟件以適應我們的需要，但遺憾的是直到我二〇一四年退休，這個願望也沒有實現。由此可見北京和香港兩地在出版管理精準化上的差距。

另外一套表格也同樣讓我震撼，就是關於重印書的排期。出版部經理關本農負責製作，他將所有可能在六個月內重印的書列入此表，然後按月監控。因為絕大多數常備書有固定的月銷量，比如每月八十本，他便從庫存還剩六百本時開始監控，到六個月後，庫存只剩一百二十本時開始重印，書印出來，進入市場補貨，正好和售罄的舊版銜接起來。幾乎每一本書的重印都是如此。所以拿到這張表，你可以知道三個月後或者六個月後你需要重印哪幾本書，以一年的銷量為度，每一本大約可以印多少冊，大約是多大的投資？這種重印控制，在我這樣一個從粗放管理的內地出版社赴港的人來說，簡直是一種藝術性操作。

我是從看報表開始學習圖書經營管理的。

雖然香港的市場很小，香港三聯和人文社相比不過是個小社，但是麻雀雖小五臟俱全，而且，我在這裏做了出版社的負責人，工作層面提高了，看問題的角度跟着發生變化，開始學會從全局的角度考慮經營問題。過去在北京，雖然對於圖書的銷售也很關心，但那只是作為編輯部門負責人，考慮的只是一個部門的幾本書的問題。但是現在，需要考慮整個出版社的整體銷售狀況、盈虧情況，特別是要注意一些趨勢性和傾向性的問題。

趙斌說要拿數字說話，指的就是這些。所以我很快就養成了經常看資料的習慣。當然，香港三聯雖然重視效率，也並不是每天都有現成的市場報表。但是因為它當時已有五間門市書店，後來幾年迅速發展到十七間，這些門市書店的銷售資料是可以供我參考的。我在中環的辦公室樓下就是三聯自己的書店，最初的兩年，我是每個月到樓下書店列印銷售排行榜，從中獲得市場訊息。後來零售系統電腦和辦公電腦實現聯網，為我們大大打開方便之門。十來萬個品種的圖書，哪一本在哪一天銷售了多少本，我坐在辦公室裏都能看到。而香港三聯自己的門市書店在香港圖書市場上是佔有固定銷售份額的。知道了圖書在自己門市書店的銷售數字，可以輕易估算出這本圖書在整個香港市場的銷量。而且，根據一般規律，從一本書幾個月的銷量，就可以很容易地推算它在未來幾年內的市場潛力。有了這些市場資料，出版社的盈虧賬就容易計算了，而且，通過資料分析，可以及時發現經營中的問題。哪些書推銷不利，哪些書發行不到位，都能迅速察覺。我們每週開一次總經理辦公會，常常要針對這些問題做些討論和研究。開會前當然要做準備，匯報工作當然要有提綱或者文稿，在一般情況下，寫提綱或者文稿，人們都會選擇使用 Office 裏面的 Word 軟件，但是香港三聯的管理人員，更多地選擇使用 Excel。原因是這個軟件的計算和圖示功能，對於研究銷售問題比較方便，在會上也易於使用投影儀做演示。我在香港八年，已經養成每週用 Excel 報告工作的習慣。

剛到香港，另外一個讓我大開眼界的是關於圖書的裝幀設計和藝術形式。我出身於人文社，那是一個以出文字書為主的出版社，出版物品相單一，設計樸素簡單，帶插圖的都很少，且不要說出版什麼圖文書和畫冊。一九九四年我編輯楊義的《中國新文學圖志》，算是做了一回圖文書的嘗試，雖然受到頗多好評，但是畢竟囿於排版條件，沒有能夠呈現更為自由的版面設計。記得我們開出版座談會時，滿屋的評論家都為這本書的圖文並茂的形式點讚，唯獨青年學者李輝指出書中有些圖片拼版不免呆板，不夠靈活。我當時聽了，還覺得他恐怕是有些吹毛求疵。但實際上，他是把這本書和當時港台海外已經出版的圖文書做了對比，才提出如此質疑。現在我到了香港，發現李輝說的沒錯，《中國新文學圖志》還不能算真正意義上的圖文書呢。

不能不說，直到本世紀最初的幾年，香港圖書出版在設計、製作和印刷方面，都還是領先於內地的。這是因為香港出版業較早地引入了蘋果電腦系統，可以使用Photoshop等影像處理軟件和PageMaker等排版軟體，將書稿中的圖文混排。而我在人文社工作時，大陸的出版社普遍還處在鉛字印刷時代，即便是引進了華光電腦排版系統，其所使用的低版本軟件，也不支援圖文混排。所以，可以說是香港比內地更早進入了「讀圖時代」，出版社可以做一些內地一時做不出來的畫冊和圖文書。其實香港的出版社在製作大型圖冊方面從來就比內地更有經驗。早在電腦技術應用於出版之前，他們製作的畫冊就足令我們刮目相看。如三聯出版的王世襄《明式家具珍賞》和《明式家具研究》，商務出版的沈從文《中國古代服飾研究》，都是八十年代在香港編輯

作者與三聯編輯部部分同事合影（二〇〇四年）

的，堪稱傳世經典。這些書之所以會拿到香港來製作，原因就在於當時內地出版社基本上都不具備這種畫冊的設計和策劃能力。

而我偏巧加盟的是香港三聯，這家出版社恰在圖書裝幀設計方面在香港也是獨領風騷。它擁有一流的美編，人稱「阿智」的設計家陸智昌曾經長期在這裏工作，北京三聯的著名設計家甯成春也曾兩次受聘來這裏任職。他們主持下的三聯圖書美術設計，重視質量，講求品相，形成清新淡雅的藝術風格。所以，一連很多年，香港舉辦圖書設計和印製大賽，三聯的書總會上榜，可以說是場場不漏。需要特別說明的是，香港的評獎和內地不同，不是一次評出很多本，還分一二三等之類，而是某一個類別只評出一本書。但是，每次評出的這一本獲獎書，往往就是三聯出版的，所以有人說三聯是「獲獎專業戶」。

當然，三聯的書講求設計，重視品相，這可能與它的歷屆領導人的品位和追求有關。八十年代擔任總經理的蕭滋先生，本人就是畫家和書法家，他很像北京三聯的范用先生，是可以自己動手設計封面的，所以他喜歡編輯藝術類圖書，而且對圖書的裝幀設計非常講究。時任總經理的趙斌也是一個很懂藝術的人，他雖然不會自己動手，但是他的眼光非常敏銳，善於發現設計中的問題。我剛到香港時，常常和趙斌一起參加圖書裝幀設計方面的討論，受益頗多。趙斌是一個簡約主義的奉行者，最反對的是設計意念的駁雜和混亂。例如面對一個設計好的封面，趙斌會請設計師談自己的意念，要求對設計中使用的一些非必要的元素做出恰當解釋，凡是解釋不清楚的一律刪去。這樣就使得原本含混的設計意圖變得明瞭簡單。設計師阿智是兩次赴法國學習藝術設計的，他也對簡約主義理念心領神會，所以他那種以清淡素雅的封面為主調的圖書設計在趙斌的鼓勵和推動下漸漸形成一種強烈的個人風格，以致於後來他到內地工作後，這種風格甚至影響了一大批圖書裝幀設計師。

而我，初來乍到，這一切都是耳目一新的。雖然過去在人文社，我編書時也會和美編商談，對裝幀設計提出建議和意見，但是和香港的同仁、特別是和趙斌一比，我發現自己在這方面幾乎是外行，對圖書如何製作和包裝更能顯示文化品位缺乏概念，對圖文書和畫冊的裝幀設計更是基本不懂。我到這時才發現，對於編輯來說，做書只有好的內容是遠遠不夠的，還有很多形式方面的東西需要用心鑽研。因為，內容與形式的結合是如此重要，它關係到書的文化定位、品格和品相，也關係到書的賣點。我逐漸認識到，能不能為一本書找到一種最適合於它的裝幀設計形式，實際是一個編輯的「書感」問題。而自己的書感，還需要在長期的實踐中培養。

# 三、語言關

香港雖然不是外國，但是此地的語言卻是自成一套系統。一直到了九十年代，因為內地和香港還沒有充分交流，所以港人能夠聽說普通話的比例很低。內地人赴港工作，需要掌握「兩文三語」，即中文和英文，粵語、英語和普通話。臨行前桂曉風副署長和我談話，七八點要求之中，就有一條，是要我盡快學好粵語和英語。

作為一種方言，粵語當時對我來說，和外語差不多，幾乎是一句也聽不懂的。我笨鳥先飛，在北京時就從書店買了幾套教授粵語的圖書和錄音磁帶，反反覆覆地聽讀練習。但是我很笨，語言天賦很差，磁帶聽了無數遍，書上的句子都能聽懂了，但是書上沒有的，還是完全聽不懂。我曾對人說，我家的全部語言天賦，都集中在我父親一人身上了。他是大學外語教授，懂得八九種外語，還會說廣東、上海、四川、天津等多種方言。這些方言他其實都沒怎麼專門學過，但是他聽人家說說，自己就會說了，總之是模仿能力強，悟性高。我的領導趙斌也是一樣，他是上海人，才到香港沒幾天，就突然滿嘴都是粵語，把三聯的員工都鎮住了。後來有人講他的故事，說他到香港三聯工作一個月時，召集了一個大會，為此他準備了一個講稿。他把講稿交給自己的秘書，請秘書念一遍並錄音。隨後他拿着秘書的錄音帶來回聽了幾遍，就用粵語把講稿背下來了。開會時忽然用粵語發言，舉座皆驚。然後他就鄭重宣佈，從今天以後，你們凡是來找我談工作的，都要用粵語，不准說普通話。他用這種方法逼迫自己，幾個月後就把粵語說得十分流利。

對此我只有表示欽佩的份兒。粵語我學得太吃力了。到香港後，我發現自己聽的那幾盤錄音帶完全不起

作者剛到香港入住新居時給家裏寄回的照片，牆上對聯是書法家劉濤所贈：「珍重保重親情友情見重，正常平常達處窮處尋常。」

作用，對這種語言還是要重新學。幸好三聯是文化單位，又是中資企業，員工中凡是進入管理層的，都懂普通話。我和他們的溝通事實上是從一開始就沒有問題的。三聯開會，他們考慮到我不懂粵語，便都用普通話發言，我也講普通話，雙方交流無障礙。但是，這樣大約度過了一兩個月，一次開會，趙斌當眾對我說：「你要知道，現在大家是在遷就你，讓你適應一下，但是適應是有期限的，不能總是這樣下去，從下次會議開始，我們要恢復講粵語了，你有什麼不懂的，會後自己問就是了。」

這讓我感到壓力，但其實，我也意識到長期這樣不行，我必須有能力融入香港社會，即使不能開口說，至少要能聽得懂。於是我到港後最初的半年多時間，一直在設法訓練自己的粵語聽力。電視專看粵語節目，口袋裏揣着收音機，上下班路上都在聽粵語廣播，早上聽新聞，晚上聽香港電台時政節目。這樣漸漸地把粵語的規範語言掌握了，雖然還是聽不懂一些土話，看粵語電視劇、聽球賽的解說，仍然常常有不懂的地方，但是開會時，聽港人用粵語發言，基本上都沒有問題。這樣就不會因為語言障礙影響工作了，我心裏感到踏實了一些。但老實說，學粵語到了這個程度，對我來說很難再上一個新台階了。我直到八年後離開香港時，也始終不會開口說粵語。後來常見的情景是這樣，就是遇到一些港人，見我說普通話，對方也便非常吃力地用普通話和我交流，有時臉都憋紅了也說不清楚。這時我會勸他們講粵語。他們聽了，往往喜出望外地問：「你識聽？」（你聽得懂？）我也用粵語說：「我識聽，唔識講」（聽

作者在香港三聯書店中環店裏接待內地來的讀者

得懂，不會說），於是他說他的方言，我說我的普通話，雙方溝通順暢。

至於英語，我一開始並沒有意識到它在香港的重要性。可是到了香港以後，才明白因為香港過去處在英國殖民統治下，所以英語一直是政府的第一工作語言。官方公文都是英文的，影響到我們這些文化企業，一些文件也需要使用英文。甚至香港三聯也會出版一些英文圖書，需要審稿，也需要與一些英文作者聯繫，簽訂出版合同等等。所以對我的工作來說，英文雖然不大需要聽說，但是讀寫常常是免不了的。

我的英文程度不高。中學時我學的是俄文，下鄉時開始自學英文，但是學得很少，只讀了一點當時的初中課本。主要靠在大學裏面學習了三年。那三年我是下了一些功夫的，和不少同學一樣，每天早起第一件事就是在大操場上背英語單詞和課文。為此甚至還被我們中文系講授《文心雕龍》的老教授吳林伯先生諷刺，說是不務正業。那時在中文系同班同學裏面，我的英語算好的，考試從來沒有低於九十五分。我下狠心背過一本高名凱主編的《英語常用詞彙》，從此可以看一點不太難的英文書。當時外文書店裏面有一些給青年人自學用的英語讀物，我大約讀過二十來本。

我父親是英語教授，他對我說，學一門語言，用一千個小時，或者精讀一千頁的原文，就可以過關了。我覺得自己用的時間遠遠不止一千個小時，精讀的書也不止一千頁，但是並沒有過關。聽說都不行，閱讀也極為吃力，一刻也離不了字典。可能是我的悟性差吧。特別要命的是，大學畢業後十餘年，我在出版社當編輯，編中文書，英語沒有用，也有些荒疏了。

此時，我發現自己基本英語閱讀能力還是有的，比如英文報紙大致能看。但是閱讀專業書的能力很有限，主要是因為單詞量不夠。於是我在初到香港的兩三年裏，又突擊背了一批單詞，這些單詞，多是專業方面的。例如當時我們在編輯出版一套管理學的英文翻譯著作，名為《完美管理系列》，我為其中的兩本書做責編，我一邊核對原文修改譯稿，一邊將不認識的生詞記下來，一本書編完了，也學會幾百個生詞。還有一些單詞是關於版權的，因為我們要出版翻譯著作，需要和外國大公司簽訂版權合約，而這些合約，通常都由對方擬定。外國的大型出版公司，他們的出版合約通常都極其繁瑣，文字上曲曲折折，目的是想盡一切辦法保全自己的利益，其中有些是霸王合同，有的甚至遍佈陷阱。這樣的合同，如果看不懂，定然是要吃虧的。我剛到香港時，面對這樣的合同，經常有些發懵。後來我下決心一定要把這件事搞定。我挑選了一份最為複雜的合同，那是英國的費頓出版公司（Phaidon）擬定的有關一本題為 *The Art Book* 的小畫冊的出版合同，長達二十四頁紙，如果翻譯成中文，估計有兩萬字以上。我大約利用了一兩個星期，每天的晚上包括週末的全部時間，都在摳這份合同的字眼。直到把它全部弄懂並且背下其中全部生詞。後來，我發現，再遇到的其他英文出版合約，都變得不難懂了，因為這些條款本來就是大同小異，一通百通的。

過了幾年以後，有一位內地的著名作家到香港，她要在牛津大學出版社的香港公司出版一本作品，對方拿出英文合同請她簽字。她不懂英語，找我去幫忙看看。我拿着合同一條條給她解釋：對方條件，哪些可以接受，哪些一定要拒絕。她很驚異地看着我，說：「你的英文這麼好嗎？」我笑說：「並不是，我只是對合同一門靈。」

# 四、在香港認識三聯傳統

過去在北京，我對三聯書店的歷史和文化傳統實在瞭解不多。雖然曾同在朝內大街一六六號辦公樓裏上班，三聯的老員工基本都認識，至少也是「半熟臉」，三聯的書也買了很多，讀了不少，但是只知道這是一家思想領先、出書有章法的出版社，其他的就不甚了了。像內地很多讀者一樣，想當然地將香港三聯當成北京三聯的分店。

其實，香港三聯的全名是「三聯書店（香港）有限公司」，它過去的確使用過「三聯書店香港分店」這個名稱，但這只是一種名義，可能是建國初期中央考慮統戰工作的需要，讓香港三聯以這個名義在香港繼續經營，在實際上，它與北京三聯無論在行政還是財務方面，是一點隸屬關係都沒有。它作為獨立的香港「中資」企業（這個概念是香港通用概念，區別於「外資」企業和「華資」即本地民營企業），長期歸中國政府在香港的代表機構新華社香港分社領導。例如我調往香港，就是新華社香港分社下調令，根本沒有通過北京三聯。

我到香港以後才知道，如果講「三聯書店」這個品牌，那麼香港才是它的誕生地。如果講品牌的延續性，那麼也只有香港三聯的品牌從創立一直延續至今。雖然三聯的歷史可以說發端在上海，最早可以追溯到鄒韜奮等一九三二年創辦生活書店、李公朴等一九三四年創辦讀書生活出版社和錢俊瑞等一九三六年創辦新知出版社，但它們作為宣傳抗日救亡和進步思想的出版機構，合併為一體則是後來的事。解放戰爭時期，三家書店為了躲避國民黨的政治迫害都不得不遷往香港，因為它們的宗旨、定位和出版風格相近，一九四八年十月，周恩來同志指示它們在香港合併，成立三聯書店。出任第一任總編輯的是胡繩，許多革命文化人都曾在這裏工作。

新中國成立前夕，書店的大部分人員根據中央的統一部署回到北京，參與國家建設。大約有兩年左右時間，三聯書店設立在北京，是一家獨立的出版機構。但是，因為中央要對國內的新聞出版業統一佈局，需要大量思想進步而又熟悉業務的專門人才，三聯的員工能夠適應這種需要，於是這家出版社便成為向新成立的各家出版機構輸血的基地。不僅書店的負責人胡繩、胡愈之、黃洛峰、徐伯昕都去擔任了出版界和文化界的領導職務，而且三聯書店的編輯和圖書發行、銷售人員也被大量調出支援人民文學出版社、人民美術出版社、新華書店總店、中國國際書店等等。這樣三聯事實上是被拆散，只剩下少數人員，被併入人民出版社，成為其中的一個編輯室。

從一九五一年到一九八六年，整整三十五年時間，三聯書店在北京，只是作為人民出版社的副牌而存在，出書很少，且時斷時續。在它的發源地上海，則根本沒有三聯書店。直到改革開放以後的八十年代，胡繩等六位三聯老同志上書中央，要求恢復三聯書店的獨立建制獲得批准，從一九八六年起，北京的生活·讀書·新知三聯書店才成為一家獨立出版社，三年後，上海三聯書店也相繼成立。

然而在這一漫長的歷史時期，少數留在香港的三聯員工，仍然以獨立出版發行機構經營着三聯品牌，從事進步文化的傳播工作。三聯的歷史，在香港一直沒有間斷。但它的職能卻有着很大變化。

香港三聯一直在港英統治的擠壓下艱難生存。早期，他們主要做書刊發行，將內地的書刊發行到香港及海外，被稱之為中國大陸書刊在香港的總代理。同時也在香港開辦零售書店，直接售賣內地出版的圖書。因內地的許多暢銷書進口數量有限，不能滿足香港及海外讀者的需求，他們也將這些圖書翻印後出版港版，例如《林海雪原》、《青春之歌》、《紅日》、《紅岩》等革命歷史題材的小說，他們都曾經出版過。內地文革期間，出版物極少，他們就大力發行《人民畫報》，店史記載，他們曾經全員出動，背着畫報走街串戶，將這本宣傳新中

生活·讀書·新知三聯書店在香港成立大會合影（一九四八年十月二十六日在香港）

香港三聯書店在九龍開新店（一九五七年）

國的畫報發行數萬冊，最多時可以超過十萬冊，這在當時只有三四百萬人口的小小香港，的確是創造了驚人的紀錄。

那時，香港愛國人士為了配合內地的文革，也曾掀起過「反英抗暴」鬥爭，三聯的員工曾經多次組織遊行活動。一次從中環德輔道集合，由時任副總經理的蕭滋先生帶隊，手舉小紅書《毛主席語錄》到港督府門前抗議，遭到港英警察瘋狂毆打，蕭滋、區鏡林、何沛棠等領導和員工被逮捕入獄，關押半年之久。遊行的當日，有人在中環電車鐵軌旁撿到一本沾滿血跡的《毛主席語錄》，扉頁上就有蕭滋的簽名。時任三聯總經理的香港老一輩出版家藍真先生親口對我講過，那時他作為出版界「反英抗暴」鬥爭的總指揮，曾特地借來一輛汽車，尾隨港府官員的汽車闖入赤柱監獄，給在獄中受難的三聯同事送去毛主席的紅寶書。他們的這些鬥爭經歷，和鄒韜奮創辦生活書店時期反抗國民黨統治的鬥爭經歷極其相似。

後來，根據中央指示，香港愛國各界調整策略，避免和港英當局直接衝突。香港三聯仍以出版發行圖書為己任，組織出版了一些有影響的時政類圖書，其中特別引人注目的是新谷明生、足立成男等幾位日本留蘇學生寫作的《蘇聯是社會主義國家嗎：日本留蘇學生座談蘇聯現代修正主義的實況》。這本書中作者以自己的親身經歷現身說法，對蘇聯背離馬克思主義的社會現實展開尖銳批評。它後來在中國內地被大量翻印，雖是「內部銷售」，卻成為七十年代初期紅極一時、幾乎人人皆知的暢銷書。我本人就是在這時知道有一家出版社名叫香港三聯書店的。

作為中資企業，香港三聯除了一如既往地通過圖書出版「暗示人生修養，喚起服務精神，力謀社會改造」以外，還承擔着對港人宣傳國家的對港政策、介紹中國歷史文化和當代中國社會的責任，需要幫助港人瞭解中國，引導他們認同中國。所謂中資企業，其含義是指它屬於中國政府投資企業，和我們在內地所講的國營企業是一回事。由於特殊歷史原因，香港不像內地每個省都有人民出版社，三聯書店在香港，其地位類似於省級人民出版社，儘管它的出版物涉及人文社會科學各個方面，但是它對社會時政問題總是關注較多。

內地改革開放以後，香港三聯的出版也走上正軌。一九七九年，時任香港中資出版業負責人的藍真先生到北京向中央港澳事務負責人廖承志同志匯報工作，廖公曾明確指示說，香港的「三中商」（指三聯書店、中華書局、商務印書館，都是中資企業）要各有分工，「三聯要旗幟鮮明，商務要正襟危坐，中華要文史傳家」。「文史傳家」易懂無須解釋，「正襟危坐」是要專心致志出版學術文化著作，而「旗幟鮮明」意味着要介入香港社會的政治矛盾，向港人傳達中方的立場。

具體到香港三聯，廖公又說了四句話，算是明確指示：立足香港，背靠大陸，面向世界，聯絡台灣。

多年以來，香港三聯努力踐行的，就是這四句話。

因為在特殊政治環境中成長，也因為有廖公所給予的清晰定位，所以香港三聯與北京三聯有着許多不同，表現在各個方面。

首先是對於現實的介入。香港三聯的編輯政治意識特別強，有強烈的社會責任感和使命感。在港英時期，三聯所做的工作，類似中國民主革命時期的共產黨所領導的地下鬥爭。編輯愛國愛港的熱情高漲，他們會在香港過渡時期有意識地策劃政策解讀類、針對現實問題的圖書，介紹和宣傳新中國的圖書，以迎接香港順利回歸祖國。這不像北京三聯處在安定的和平環境，長期沉湎於學術文化，編輯部門對時政類出版物很少感興趣，所以聚焦現實問題的圖書較少，甚至有鑽象牙塔的傾向。我記得自己八年以後回北京三聯工作，兩相對比，感覺到兩地有極大反差。

其次是業務範圍更廣。不像北京三聯只做自己一家圖書的發行，香港三聯為了「背靠大陸，聯絡台灣」，

北京、上海、香港三家三聯領導人一起高唱《團結就是力量》（二〇一二年）

作者與三聯前輩藍真先生（左）、聯合出版集團副總裁雷渝平女士（中）出席香港三聯為新書店開幕舉行的「切燒豬」儀式

承擔了中國大陸圖書在香港的發行總代理和台灣多家出版社在香港的代理商。在這個意義上，它也是一家發行公司，行業內稱之為「中盤」企業。這塊業務，在三聯內部被命名為「代理版」，意謂代理其他出版社的發行業務，它曾經是五十年代到九十年代三聯主要的業務支柱。後來因為內地和台灣圖書進出口業務日漸發達，特別是中國內地的出版社通過多家進出口公司直接聯繫香港的圖書零售商，三聯的代理業務萎縮了不少。但這始終是香港三聯業務的重要組成部分。

再次是前店後廠。這個傳統來源於三聯的歷史。過去在民主革命時期，三聯前身的三家書店由於出版進步和革命的圖書，屢屢被國民黨當局查封，多種圖書被禁，致使一般圖書零售商都不太敢與他們合作，於是只能自己開店，自產自銷。開店最密集的時候，三家書店在南方各地總共開店六十多家。這便形成了前店後廠的傳統，而這個傳統在香港一直繼承。所以香港三聯是一家包含出版、發行和零售三種業務的圖書企業，它的規模雖然不大，但是綜合性很強，在一定意義上帶有集團性質。而在其中，出版業務所佔比例並不高。三聯的財務報表上，「本版」（自行出版）、代理版、零售業務並列，本版銷售收入大概還佔不到三分之一。對比之下，北京三聯不僅不做代理發行業務，而且過去長時間也是只出版圖書而不經營書店。只是到了一九九五年北京三聯韜奮圖書中心開張，才建立起第一家書店，這是董秀玉女士從香港歸來，借鑒香港的經驗，重拾這一傳統的結果。當然後來，不僅北京三聯，而且上海三聯都陸續開設了多家書店，使這一傳統得以發揚光大，不過這是最近十來年的事情了。

第四是服務精神。這是三聯的韜奮精神的核心內容。我明顯感覺到，香港三聯人有一種「竭誠為讀者服務」的自覺。這顯然是受到老一代三聯前輩言傳身教的影響。例如，三聯從五十年代起就有一個書友會，在海內外發展了數萬會員，負責的同事幾十年如一日為讀者寄贈書訊，郵購圖書，同時接收讀者來信，依照當年鄒韜奮的要求，每信必覆，甚至附帶為讀者排憂解難，回答各種人生問題的諮詢，有時還為海外讀者代購藥品和生活用品，不厭其煩。又如，書店裏的員工，不僅懂書，而且對讀者殷勤周到，幫讀者選書、找書，向讀者薦書，儼然是專業人士。從來不會一問三不知。香港的書店，因為房租成本過高，通常面積小而書種多，一千平方米的書店，常常可以陳列十萬個品種。絕大多數的圖書都是單本擺放，人們很少在站立的書架上看到書的複本。讀者購買時，常常因為架上的圖書品相受損，而需要向店員索要新品，這就要求店員非常精確地瞭解複本在藏書櫃中的位置。而我見到三聯書店的店員，大多都是手到擒來，一抓就準，這便是熟悉業務的表現。說是韜奮先生倡導的服務精神在背後起作用，應當沒有錯。記得我剛到香港時，有一次因為編輯中審稿的需要，曾到三聯中環書店查找一本香港當代哲學家唐君毅的著作，我只記得唐的一個新儒學的觀點，不知在哪本書中，向店員詢問，沒想到該店員一股腦給我介紹了多部相關學術著作，包括唐君毅和牟宗三、徐復觀等多位新儒學學者的作品，令我大吃一驚。一個店員，這種為讀者服務的技能和水平，是我在內地的書店裏面從來沒有遇到過的。

# 五、回歸前後

我入職香港三聯時，距離香港「九七」回歸還差半年時間。我可以說是親眼見證了香港回歸祖國的時刻。那時迎接回歸的氣氛已經非常濃郁。各方面的工作都進入了倒計時。港人已經明確意識到改朝換代在即，社會制度將會發生極大的改變，有人欣喜，有人哀歎，有人困惑。許多人一面在熱切期待新時代的來臨，另一面則對舊有的一切依依不捨。在這個特殊的時期，人們集中關注的社會問題無非就是：中國內地和香港，明天會怎樣？

出版人的重要職責就是要回應社會的關切。所以「九七回歸」對香港三聯注定是一個大主題。

首先我們意識到，需要讓中方對港政策在香港家喻戶曉。什麼是「一國兩制」、「港人治港」、「五十年不變」？在特區建立之前，絕大多數港人是不甚了了的，甚至抱有懷疑和誤解，市場上急需一批闡發中方治港大政方針的圖書解疑釋惑。這方面的圖書策劃，香港三聯在一九八二年《中英聯合聲明》簽訂以後就開始着手，到此時更是急鑼密鼓。

我赴港之前，趙斌總經理已經組織出版了《鄧小平文選》、《陳雲文選》等政治性著作，他還請新華社香港分社的研究人員，撰寫了《基本法知多少》等深受歡迎的大眾讀物。我去了以後，他把這方面的工作移交給我，我沿着這個思路，又繼續組織編輯了《一國兩制知多少》、《香港特別行政區知多少》等普及政治和法律知識的小書。

《一國兩制知多少》

北方人可能不習慣「知多少」這個說法。這是粵語方言，意思就是「簡介」和「問答」。此類書的寫法，無非是作者提出上百個問題，然後用通俗的語言自問自解。所以也可以用《基本法XX問》之類的書名。根據我以往的經驗判斷，這樣的書，如果是在內地出版，可能就是純文字黑白印刷，採用極簡陋的裝幀形式，印成一本宣傳品小冊子，供人宣講或傳閱。但是在這裏，卻做得極其用心，甚至可以說有些隆重其事。因為設計師和作者都有很好的創意，在書中加插了上百幅與內容相關的照片，排版用蘋果電腦，文繞圖、圖配文，也排得非常精緻漂亮，印刷則用銅版紙全彩色，整體上圖文並茂，觀賞性極強，品相上佳。於是它們出版後在市場上大受歡迎，居然在香港這個彈丸之地都銷售出兩萬多冊，其暢銷的程度，可能在當年全港所有出版物中都算是名列前茅。當然，這和它們屬於時政熱門題材，有一部分集體購買有關，但如此銷售業績，也肯定有賴於出版形式的親和力。這兩本書是我到香港後親手編輯的頭兩本書，也是我第一次編輯真正意義上的彩色圖文書。出版後我拿在手裏反覆玩賞，從中很受啟發。我覺得它們雖然只是普及型的政治讀物，內容與藝術無關，但是在形式上，它們卻是藝術化的。由此，我認識到圖書是需要用心「做」的，裝幀設計的形式，和圖書的內容簡直同等重要。

回歸之年必話回歸。有關這方面的題材，我也組織了幾部有影響的書稿。非常湊巧，我剛剛接手編輯部的工作，就接到國務院港澳辦原副主任李後先生的電話，他說回顧自己親身參與香港回歸談判過程的歷史，感到其中有很多需要留給歷史、留給後人的記憶，於是寫了一本書，名叫《回歸的歷程》，問我是否感興趣？這樣求之不得的書稿，我當然竭誠歡迎。請他寄過來，我只用了兩個月的時間編輯製作，就在一九九七年四月出書了。另一本近似主題的著作，是新華社香港分社社長周南先生的作品，題為《紫荊開處勝朝霞》。周南和李後一樣，是中英談判全過程的參與者和見證人，又長期擔任中國政府派駐香港機構的負責人。他的文集闡釋港人面對所謂「九七大限」關心的時政問題，集中代表中方的態度和立場，很為當時香港社會需要。我們及時在回歸前夕隆重推出此書。周南先生是我們這些中資企業在香港的最高領導人，我和他有過一些親身接觸，深知他不僅是一位卓越的外交家，而且也是一位極有才華的文化學者。他早年就讀燕京大學中文系，古典文學修養深厚，擅寫舊體詩詞，與錢鍾書先生交誼甚篤，他的一些作品備受錢先生稱賞。堪稱一絕的是，他能在中英談判桌上旁徵博引，隨時以古人詩詞隱喻自己的心境和觀點，被傳為佳話。記得這本新書出版時，我們特地舉辦新書發佈會，會上有記者提問，書名《紫荊開處勝朝霞》是什麼意思？我說，這是周南先生一九九二年填寫的《憶江南》詞中的一句，全文為：「山半是人家。雲霧生時迷遠閣，紫荊開處勝朝霞。夜夜鬥煙花。」這首詞，看起來是寫景，實質是寫現實，暗指中英談判中撲朔迷離的變局。因為紫荊花是香港特別行政區的區花，所以「紫荊開處勝朝霞」一句，表達了作者對於香港明天會更好的信心。

回歸慶典剛過，我又聯繫得新華社香港分社研究室的專家，將他們有關香港回歸的研究成果拿到三聯來出版。這就

《香港回歸大事記（一九七九—一九九七）》

是《香港回歸大事記（一九七九—一九九七）》和《香港過渡時期重要文件匯編》兩書。這類書的編寫頗為不易，可謂積二十年之功力。拿這本「大事記」來說，從一九七九年三月二十四日鄧小平首次會見港督麥理浩，表明「叫投資者放心」的態度開始，一直到一九九七年七月二日香港特別行政區成立後行政長官董建華舉行第一次記者招待會，作者按年、月、日完整而客觀地記錄了此間香港發生的時政大事，從而展現了中國政府在香港恢復行使主權的全過程，是香港問題研究的重要工具書。這樣的書如果沒有人像寫日記一樣時時跟蹤記錄時政事件，是難以成書的，所以非常難得。而另一本「文件匯編」，則是將這一時期中英雙方的談判交涉的重要文本悉數收錄，按年、月、日排列，以歷史檔案的形式呈現和保存。這樣的出版物屬於可以立此存照的傳世之書。

令我感到欣慰的是，上述幾種圖書不僅由我策劃，而且全部都是由我親自擔任責任編輯，它們在「九七」香港回歸前後出版，反響巨大，很受讀者好評。我在編輯這些圖書的時候，強烈地感受到一個編輯所應該承擔的社會責任。這種感覺，是我在內地做出版時所沒有的。

其實，根據現實需要策劃選題，是香港三聯的一貫做法，絕不僅僅是為了迎接回歸。這和鄒韜奮先生倡導的三聯傳統有關。在民主革命時期，三聯一直承擔着啟蒙民眾、引領社會思想進步的重任，而今天在香港，三聯的角色和作用未變，它需要有針對性地探討香港社會的歷史和當今現實的種種問題，用中方的權威觀點予以闡明，也就是說，在很多情況下，它有責任向港人傳達主流的聲音、正確的聲音，特別是中央的聲音。

我在香港的八年中，這種責任意識一直不曾淡薄。為此曾經有意識地組織過不少這一類的選題。

特別值得一提的一件事，發生在二〇〇四年。有一天我在電視新聞上聽到記者採訪時任立法會主席范徐麗泰，范太說，香港的愛國群眾組織非常希望系統地瞭解鄧小平有關「一國兩制」問題的看法，但是沒有這方

作者在《基本法與香港特別行政區》新書發佈會（一九九七年）

作者陪同香港特區行政長官董建華進入《鄧小平論「一國兩制」》新書發佈會會場

面的書，他們就把有關文章從鄧小平的文集中找出來，打字複印傳閱。我聽了一驚，沒想到在今天出版業如此發達的時代，竟然會有這樣的事。我覺得范太的話是給我們交代了任務。做出版，讀者的需要必須滿足。而這件事，對香港三聯來說乃是責無旁貸。可是版權問題如何解決？文章如何選定？出版國家領導人的著作，肯定需要有中央的權威的部門審核把關，我們不能擅自做主。所以我馬上打電話給中宣部出版局局長張小影，請示操作方法。她說這事好辦，她來和北京的人民出版社協商，請他們協助解決版權問題，同時著手編選鄧小平著作。一兩天後，張小影發傳真給我一份鄧小平相關文章目錄，共選入十七篇文章，合為一冊，定名為《鄧小平論「一國兩制」》。我們立刻進入出版製作程序，加班加點編輯、排版，並反覆校對四五遍，以確保沒有一個錯別字。九天以後，這本書就出版了。這是我在香港出版得最快的一本書。此時是二〇〇四年七月。事有湊巧，時逢鄧小平誕辰一百週年，我們在香港會展中心舉辦了新書首發式，香港特區行政長官董建華和香港中聯辦主任高祀仁都親自出席首發式並發表講話，造成很大聲勢，使得本書一時非常暢銷。一個月後，針對香港的英語讀者，我們又專門出了它的英文版。這本書的出版，可以看作是香港三聯堅持韜奮傳統為社會盡職盡責的一個例子。

## 六、兩個主題：香港和中國內地

中國內地改革開放以後，廖承志指示香港三聯的四句話，第一句就是「立足香港」。這就是要求書店扎根於香港的土壤之上，成為香港著名的本地化品牌。之所以這樣提，是因為三聯的品牌雖然不能說不知名，但是長期以來一直不夠本地化。

新中國成立後，香港三聯長時間在港經營中國內地出版物，自己的原創圖書很少，它作為發行商和零售商，銷售的多是「國版書」而非「港版書」，所以在港人心目中，這就是一家內地圖書公司駐港的分支機構。而三聯自己的門市書店，從店鋪裝修到書架擺放一直到經營的圖書品種，都會給人像內地新華書店一般的感覺。台灣三民書局的董事長劉振強先生曾對我說，八十年代後期，他到香港尋求圖書發行合作。因為他早年在大陸生活，聽說過三聯書店的品牌，便主動找到三聯位於中環的書店。但站在書店門外，他發現櫥窗裏擺放的書中有些馬列和毛澤東的著作，嚇了一跳。幾十年台灣的反共宣傳，使他對這樣的陣勢感到驚恐。猶豫再三，才下決心推門進去。後來見到剛剛到任的香港三聯總經理董秀玉女士，一番親切的交談，終於使他解除誤解，放下包袱，決定請香港三聯作為台灣三民書局圖書在香港的總代理。這項合作從那時起一直持續至今。

對我講起香港三聯在八十年代以前的門市書店就像內地新華書店的人，除了台灣的劉振強先生以外，還有其他一些人，這說明它那時還沒有和香港本地的文化氛圍融為一體。香港長期處在英國殖民統治之下，一般民眾對「紅色文化」是敬而遠之的。要扎根香港，不但書店裝飾、擺放風格要變，而且三聯作為出版社，選題也需要調整。

廖承志做了指示以後，藍真等三聯領導意識到了這個問題。三聯的編輯部開始有意識地組織策劃反映香港社會政經文化及歷史的圖書選題。例如《香港政制縱橫談》、《過渡期的中港經濟關係》、《香港滄桑錄：陳迹四十年集影》、《新意象：香港當代藝術家作品選》、《香港文叢》等等，都是港人關注的話題。董秀玉擔任總經理後，本地化的步驟加快，從八十年代末期開始，三聯以南粵出版社的名義出版《古今香港系列》達數十種，其中《九龍城寨史話》、《香港賽馬話舊》、《香港古今建築》、《香港教會掌故》、《香港日佔時期》、《香港中區街道故事》、《回顧香港電影三十年》等都極受讀者歡迎。當時主持「南粵」出版品牌的是三聯副總編輯潘耀明先生，他是香港本地的著名作家，後來受金庸先生邀請，主編《明報月刊》至今三十多年。

到了我在香港入職的時候，在趙斌等人的規劃下，三聯的選題策劃思路已經非常明晰，圖書的板塊有三個：香港原創、大陸版權書和海外版權書。但是從主題上劃分，只有兩個重點，就是香港主題和中國主題，而重中之重是在前者。我們有意識地將原創圖書板塊做大，圍繞本地社會、歷史、文化、政治、經濟、法律、文學、藝術等各種問題，策劃和組織了大量書稿選題，其中圖文書和帶插圖的文字書佔大多數，幾乎本本品相都很好，吸引眼球。需要說一句，在這一時期，香港三聯製作圖文書的能力令我驚歎，圖書圖書，對他們來說，幾乎無圖不成書。這讓我這個做慣了純文字書的編輯很開眼界。當然，更重要的是內容，關注香港，呈現香港，研究香港，談香港時局，講香港故事，說香港文化，是三聯出版原創圖書的宗旨，目的就是要打造三聯的本地化品牌，讓這個出版品牌在香港深入人心。這也許可以說是「集中力量打殲滅戰」，我們的做法是很成功的。後來我回內地工作，在一些編輯培訓班講課，有時會講到一個觀點，就是要想打造品牌，必須「挖一口深井」，所舉的例子，常常會提到香港三聯實現品牌本地化的努力。我記得二〇〇四年我離開香港回京工作前夕，有一天前輩出版家藍真先生給我打電話，問我：「你知道香港三聯到現在為止已經出版了多少種本地題材的圖書嗎？」我說我沒有統計。藍真先生告訴我，已經有四百五十個品種，這數量居於香港各家出版社之首，而且實現了人文社會科學所有學科的全面覆蓋。他很興奮，對我說，這樣一來，今後凡是想研究香港問題的學者，都不可能忽視三聯出版物的存在了。

說到香港三聯出版本地原創圖書，要特別提到一位編輯，她就是李安。

李安是香港出生，畢業於香港中文大學，曾在美國留學，回港後編輯過《明報》副刊，八十年代末入職三聯。她的書感極好，職業敏感很強，特別擅長製作圖文書。香港回歸前夕，她注意到港人懷舊，在郵局前瘋搶英國「女皇頭」郵票，覺得此時出版介紹香港郵品的書一定暢銷。她來找我，說她認識一個名叫鄭寶鴻的郵商，其收藏集香港早期郵票、錢幣、明信片之大成，可以配合我們出書。我問此人會寫作嗎？李安說他學歷不高，從沒寫過書，但是不要緊，他的史料掌握充足，知識非常豐富，只要他提供了基本的說明文字，其餘自己可以協助完成。我有些疑惑，擔心她越俎代庖會吃不消，但是我剛到香港，一切都不熟悉，就尊重她的意見，將選題立項，同意讓她試試看。結果李安沒日沒夜地連編帶寫，幫助鄭寶鴻編出《圖片香港郵票》、《圖片香港貨幣》兩本圖冊，成為當年的暢銷書。讓我意外的是，李安由此發掘出鄭寶鴻這樣一位收藏家，後來鄭連連出版與香港文化有關的著作，至今恐怕不下十幾本，在香港小有名氣。

與此同時，李安還編輯了另一作者的《香港明信片精選》，也是緊趕慢趕，在回歸前夕出版，此書因為設計和製作有創意，獲得了當年香港出版印刷界新書評獎頒發的唯一大獎。

從此我便對李安刮目相看，我發現她策劃的選題，幾乎本本出彩。她編過三卷本的《姹紫嫣紅開遍：良辰美景仙鳳鳴》，述說香港粵劇名家白雪仙和任劍輝創辦粵劇戲班的歷史，此書在香港引起的巨大轟動，用「滿城爭說仙鳳鳴」來形容也不誇張。她策劃出版了新加坡學者潘翎主編的《海外華人百科全書》，以一人之力，

《香港明信片精選》

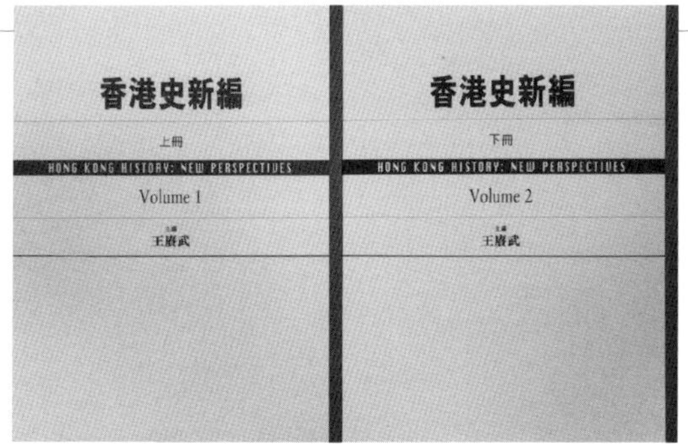


《香港史新編》

推出了這部當時在兩岸三地絕無僅有的巨作，又產生重大反響。到了世紀之交，李安忽然意識到可以從各種角度總結香港百年歷史，於是策劃了一系列「百年」主題的圖書，先是畫冊《港島街道百年》、《九龍街道百年》、《新界街道百年》，繼而是行業史《香港地產業百年》、《香港金融業百年》、《香港影視業百年》以及財團史《香港華資財團》、《香港英資財團》，還有分六卷介紹香港最大家族電影企業的《邵氏光影系列》等等，這種極具創意且很有章法的策劃，吸引了眾多讀者對三聯的青睞。李安對打造和弘揚香港三聯品牌貢獻很大，她幾十年一直堅持做精品書，卓有成效。特別令人驚異的是，二〇一七年以後香港出版學會在特區政府的贊助下設立「香港出版雙年獎」，每兩年評選一次，按十個圖書類別在全港數千種圖書中各選一本為該類別的「最佳出版獎」。到二〇二一年共評選三屆，每屆評出的十本書中，三聯一家的出版物都至少佔三種，最多時竟然達到六種，而三聯獲獎的圖書，一半以上是李安策劃或親自編輯的，她是名符其實的金牌編輯。

有特殊才能的編輯都有個性。李安很自信，對自己看好的選題往往堅持己見，因此難免會與領導和同事發生爭執，對我也不例外。她說話很直，不隱瞞自己的觀點。記得有一次她想引進一本中國內地圖書的版權，我對那本書比較熟悉，不假思索地質疑說：「這樣的書，港人會感興趣嗎？」她立刻反問：「港人感不感興趣，到底你是港人還是我是港人？」說得我立時非常尷尬。但是我終究信任她的判斷力，同意了她的出版策劃。

在香港工作那些年，我和李安合作非常有默契。對她，其實也不僅是對她，我對編輯部的同仁，只掌握一條，用其所長，盡量不干涉。任何創意，只要編輯有充足的理由說服我，我一定會給他（她）機會嘗試。因為我知道，如果他們是出以公心，想把書做得更符合理想，我沒有理由不支持。實際上，我支持了他們，也就是成全了自己。

李安當然也一直感謝我留給她廣闊的創意空間。她還只是普通的高級編輯時，我就在三聯內部給她單獨設立一個工作室，為她配助理編輯和專門的美術設計人員，使她可以最大限度地施展自己的才能，同時提高工作效率。二〇〇四年我離開香港前夕，提升她作為助理總編輯，以便她可以調動更多的人力和物力，工作更加得心應手。二〇二二年春節，李安作為香港三聯副總編輯即將退休。她給我發短信說：「事後想來，從前有您和趙生（指趙斌）在的日子，原來是最快樂無憂的。」

另外一個中國題材的板塊，在香港回歸時刻也成為熱點。此時，港人迫切需要對中國有更多瞭解。因為要和中國建立更多聯繫，必須讀懂中國。這方面的著作，香港三聯過去幾十年出過很多，例如多卷本的《中國通史》出過不止一個版本，連譚其驤主編的《中國歷史地圖集》也都原封不動地出版了。介紹新中國的書更是集中，從《毛澤東詩詞集》、《毛澤東和書》、《鄧小平文選》、《我的父親鄧小平》等著作，到反映民主革命鬥爭和新中國建設成就的《神州的崛起：圖說近代中國簡史》、《前進的足跡：圖說中華人民共和國簡史》等畫冊，一直到介紹新中國社會、政治、經濟、文化狀況的書，方方面面都有不少。但在此時，我們意識到應當幫助港人瞭解中國法律，還應該指導港人學好中國語文。於是在趙斌總經理的主持下，我們組織策劃了兩套書。

一套書是《中國法叢書》，共十七本，由香港城市大學法律學院院長王貴國先生主編，按專題介紹中國法律的各個分支和細部，涉及很多專業法律問題，例如《中國國際私法》、《中國財產法》、《中國外資法》、《中國侵權行為法》等等，不僅對香港讀者，而且對我這樣一個來自內地的文學背景的編輯來說，也是從來未曾涉足的領域。通過編書，我也接受了一次法律知識的普及，同時還結識了一些法律專家，例如後來擔任香港立法會議員的梁美芬女士、香港城市大學法律學院教授朱國斌先生等，他們都是這套書的作者。朱國斌先生後來和我成為好友，他擔任香港城市大學出版社社長期間，我們還在出版方面有過很密切的合作。

另一套書是《中國語文教學經典》，收入呂叔湘、夏丏尊、葉聖陶、朱自清、唐弢、張中行等語言教育家的著作十四種。最初是我們注意到呂叔湘的《語文常談》十來年中在香港銷售超過十萬冊，屬於超級暢銷書，感到本地的語文教學圖書的市場需求很大，於是動了編輯叢書的念頭。但這幾位語文教育家中有些人的著作沒有現成的單行本，我到圖書館查閱資料，找到相關專著和一些零散文章，確定了《語文隨筆》、《怎樣寫作》、《文章作法》、《文章講話》、《作文雜談》、《語文漫談》、《語文雜記》、《文心》、《寫與讀》、《文章修養》、《文話七十二講》、《讀寫指導》、《漢語語法常識》、《傳統語文教育初探》等題目，把分散的著作編成一套比較整齊的叢書，然後利用回北京探親的機會，分別拜訪各位作者的家屬，和他們一一簽訂出版合同。今天看來，這套書的經典性是毋庸置疑的，不僅對於港人，而且對於內地的語文教師，都是重要的教學指導書。例如像葉聖陶、夏丏尊先生那樣手把手地教學生如何下筆寫作，教老師如何批改學生作文，我此生很少見到比這更耐心細緻的解說和更為實用的技巧傳授，真可以說是不可多得。另外，這套書之所以令我印象深刻，也是因為大約五六年以後，它們就斷市了。此時香港作家梅子對我說，他很想收藏它們，遍尋而不得，於是我把自己手裏唯一的一套存書送給了梅子。及至二十多年以後北京的商務印書館聘我做出版策劃人，我想這套書很適合讓它們的教育編輯室重新出版，但遺憾的是我連樣書都找不到了。

當然，就整體的選題策劃來說，因為三聯的傳統是關注社會改造，力倡思想啟蒙，所以，我們介紹中國的圖書，不可能局限於法律法規的解讀，或者語言文字等方面的實用技能的傳授，我們希望讀者完整地準確地理解和認識中國。這樣，我們的圖書，不僅要傳播知識，弘揚文化，而且要研究問題，特別是在反映新中國的新氣象、新成就的同時，也需要對中國的歷史文化、對中國當代社會的各個方面都有觀照，有反思，有探索。作為出版者，我們應該力求保持客觀的立場。因而我們特地組織了一套有關中國國民性問題研究的叢書，包括《中國人的性格》、《細說中國人》、《中國民族性》、《國民素質憂思錄》等等，意在從比較文化的角度，對民族性格進行剖析。這套書就非常受香港讀者歡迎，因為他們在香港回歸以後，與內地的中國人合作和交往增多，需要瞭解中國人各方面的特點，當然，所謂特點除了優點，也有缺點和陋習，乃至民族的劣根性。不過，我們的考慮是，既然是書中講的是民族性格，便也包括港人在內，面對存在的問題，港人也需要警醒，同內地的國人一同反思。另一方面，對於當代生活，我們主張既正面介紹中國社會的發展，又不迴避發展中存在的問題。例如，我給楊繼繩先生出版了兩本著作，一本是《鄧小平時代》（很多人都知道我後來在北京三聯參與過傅高義的《鄧小平時代》的編輯，卻不知早在二十年前我曾編輯過這本同名的書），以歷史紀實的方式集中反映改革開放二十年中國所走過的道路和成就，揭示其中艱辛和曲折，顯示了歷史發展的必然性。而另一本《中國社會各階層分析》，則是以理性的歸納總結，對當代中國社會矛盾進行集中闡釋，列舉出諸多必須在今後解決的問題。這些圖書的出版，對於港人客觀全面認識自己的國家也是大有幫助的。

在香港從事出版工作一兩年後，我感到自己變化很大。不僅眼界被打開了，而且對於出版在傳承文化、啟迪智慧方面的本質意義有了較為清晰的認識。漸漸地，懷抱文化理想，承擔社會責任，成了一種自覺的追求，這意味着我的成長和進步。當然，這還是不夠的，在經濟上我還面臨更加嚴峻的考驗。

《香港地產業百年》

楊繼繩著《鄧小平時代》

# 七、文學熱退潮之後

自九十年代初期開始，香港三聯在趙斌總經理主持下優先發展香港主題和中國主題的圖書出版，這也和出版環境的變化有關。

香港的出版，一直深受中國內地影響，哪怕是在回歸之前。七十年代末，內地改革開放以後，由於文革的思想禁錮被衝破，人民渴望通過文學作品瞭解一段時期被遮蔽的當代歷史與現實，一時掀起了「文學熱」。從劉心武的《班主任》、盧新華的《傷痕》開始，以「傷痕文學」發端，經歷了「反思文學」、「改革文學」、「尋根文學」等各個階段，大約整整熱鬧了十年。和文學相比，思想理論界稍稍滯後，但也從八十年代初期起引進西方新觀念、新方法、新學科，呼喚新啟蒙，釀造了一場「文化熱」，這個熱潮到九十年代初期也開始退潮，經歷的時間也差不多是十年。所有這一過程，香港出版界也算是跟上了節奏，亦步亦趨地伴隨着內地出版業走過。

所以，我剛到香港時，趙斌和我講三聯歷史，說八十年代，三聯差不多是個文學出版社。在兩位活躍的香港作家潘耀明和梅子的主持下，他們出版過很多大型的文學叢書，包括《中國歷代詩人選集》、《中國歷代散文作家選集》、《海外文叢》等，甚至出版過二十多卷的《沈從文全集》。那時北京的人文社計劃出版一套《中國現代作家選集》，從魯迅、郭沫若、茅盾、巴金、老舍、曹禺開始一路編下來，總共出版五十種，香港三聯對此選題有興趣，特地派人來京洽談，將這一大套書的版權引入香港，重新出版繁體字版。這套書的港版，品相比人文社的版本好多了，我當時就收藏了好幾本，因為它的編者，有些就是人文社的編輯，例如在理論組坐在我對面的楊桂欣先生就是《丁玲》一書的編者，他們有時會把港版樣書送給我。所以在那時我所瞭解的香港三聯，是非常注重文學出版的。

至於學術文化著作的出版，香港三聯也曾期望和北京三聯同步。一九八七年董秀玉女士從北京到香港擔任三聯書店總經理後，堅持學術主導的出版方向，她策劃的《三聯精選》收入的都是在內地引起很大反響的學術著作，例如何博傳的《山坳上的中國：問題．困境．痛苦的選擇》，劉再復、林崗的《傳統與中國人》等。她也曾策劃過一套《西方文化叢書》，從八十年代末開始出版，到九十年代前期結束。這套書由高宣揚主編，內容主要是對西方哲學、社會科學的各種前沿學術思想的評介，總共也有三十三種。我查閱了香港三聯的銷售記錄，在一九八八年前後，這套書的首批起印數是二千冊，而且基本售罄；一兩年後，書的起印數就降低到一千五百冊，銷售狀況勉強可以接受；到一九九三年出版最後幾本時，只印一千冊，而且銷售最終只有五百冊左右，虧損不可避免。這時董總已經離開香港回北京了。從此沒有人再敢繼續出版這套書。香港學術出版開始陷入困境，於此可見一斑。這無非是因為，中國內地「文化熱」降溫了，導致香港學術出版冷卻。

我到香港是在一九九六年底，三聯的圖書出版正處在轉型期。趙斌知我是文學出身，有一種割捨不去的文學情結，於是在第一時間便提醒我，香港三聯不能再像過去一樣出版文學作品了，現在對香港市場來說，「文學是毒藥」。

對這話，開始我似信非信，覺得真正好的文學創作，總是可以再試試吧？正好當時韓少功出版長篇小說新作《馬橋詞典》，從內容到表達方式、敘述結構都有很突出的新意，責任編輯、香港女作家舒非推薦出版，我決定試一下。結果出版以後，銷售很不理想，使我的信心遭受不小的打擊。過去我在人文社，知道當代文學編輯室負責小說的編輯每年都會編《中篇小說年選》、《短篇小說年選》，或者是《獲獎小說年選》，把一年中的優秀作品收入一本書集中出版，這樣的書，因為關注新創作的讀者多，所以經濟效益是有保障的。香港三聯也想如法炮製，在我到任以前，編輯舒非就和一位海內外知名的文學批評家簽了合同，請他連續五年為香港三聯編輯《中國當代短篇小說年選》，每年一本。而我接手三聯編輯部工作以後，發現這套書市場反應很差，再加上這位文學批評家很忙，往往不能及時交稿，使得每一本出版都會脫期，而這種應時的書，越是脫期銷售就越差。我猶豫再三，最後在出版兩本之後，忍痛與編者解除了後三本的出版協議。

文學市場萎縮，不僅在香港，而且在比香港人口多幾倍的台灣也是一樣。有人說文學類似嗎啡，如果控制好劑量，它是市場的興奮劑，可以療傷止痛，提振精神，而一旦過量，超過了市場實際需求，就真的和毒品差不多。所以做大項目、系列圖書要特別小心。

當年我在人文社時，陳早春社長主持策劃了一套大型文學叢書，叫做《世界文學名著文庫》，收入古今中外名家作品一共二百四十種，包括中國從《詩經》以來，西方從《荷馬史詩》以來一直到二十世紀上半葉的經典文學作品。當時，台灣以出版文學圖書為主的光復書局和人文社搞合作，一起投資建立了激光排版工廠，該出版社的老闆林春輝先生來京時參觀人文社的樣書，他看中了這一套，決定購買全部的版權，到台灣出版繁體字版。我曾親眼看到林老闆和助手一起，攜帶一隻公文箱，箱內放着八萬五千元美金，來向人文社支付第一批圖書一百種的定金。但是後來我聽說，這套書還沒有出完，光復書局就關門了。原因是書的銷售遠遠低於預期。

另一個例子關於沈登恩先生。我剛到香港就認識他，因為他和三聯有合作關係，不時會來訪。他是台灣遠景出版社的老闆。此人在七八十年代，乃是風雲人物，一向被稱為台灣出版界的「小超人」。在港台，「超人」的稱呼可不是隨便使用的，我印象中，好像只有李嘉誠被稱之為工商界的「超人」。沈登恩確實不凡，七十年代末，李敖剛剛出獄，在沒有媒體敢於報導他的情況下，沈登恩冒險出版了李敖的代表作《獨白下的傳統》，並且在報紙上刊登整版廣告，宣稱「過去，遠景沒有李敖，李敖也沒有遠景，今天，他們彼此都有了」（遠景是沈登恩的出版社名稱，在此為雙關語），一下打造出一本超級暢銷書。接着沈登恩又出版李敖著作多種，頓時賺得盆滿缽滿。後來，沈登恩看到金庸在香港走紅，而台灣禁止出版金庸著作，他又設法打通各種關節，最終將金庸武俠小說成功引入台灣，這又幫助他賺了一桶金。再往後，他在台灣隆重推出香港雜文家林行止的文集，同樣做得風生水起。他在那時的港台出版界，簡直就是成功人士的象徵、業界人士仰望的對象。但是，就在他事業達到巔峰之時，他動了一個念頭，就是要下決心出版一套《諾貝爾文學獎全集》。這樣一套大書，在當時總共大約近三百種，每一本都需要向海外出版社或作家本人購買版權。其中有些要價頗高。而台灣市場狹小，每本書的印數很少，成本壓力很大。沈登恩一不做二不休，咬緊牙關花費鉅資打造這套品牌大書，結果才出到一半，就因為資金周轉不靈，難以為繼。到後來甚至可以說是負債累累，到處欠錢，十來年緩不過氣，見人都低一頭。他不得不把自己已經買斷版權的一些圖書抵押給債主，以避免對方與他打官司。最悲慘的一幕，是他患癌症去世以後，遺體告別那一天，竟然有債主到靈堂上向他的夫人討債。他的故事聽得令人唏噓。一念之差，一個錯誤決定，打爛一手好牌的故事，這算一個典型。於是三聯同事常有人拿沈登恩給我做例子，讓我別碰文學。

當然這也不是絕對的。文學類的大項目不可以接受，但其他書也不必一概拒絕。關鍵是選題要對路，找準港人的關注點。

例如，一九九七年，北京的老朋友楊義來找我，說是他搞了一套三卷本的《魯迅作品精華》（點評本）。內容是把魯迅小說、散文和雜文中的代表性作品精選出來，在每篇後面用一兩千字的短文加以點評。楊義直言告我，在內地，他曾經找過兩家出版社，人家都以魯迅的著作已經出版得太多而不予考慮，然後問我，這樣的書香港能出嗎？我也有些猶豫，畢竟，香港這麼小，連內地都不願出的書，在這裏可能有生存空間嗎？

一天，我正在辦公室看這部書稿，香港一位資深出版人來訪，見到這套厚厚的魯迅著作，便好言勸我不要出，說如果出，「你死梗了」（死定了），但是我讀了楊義的書稿，有些不甘心，想要試一試。我覺得，魯迅只有一個，而以楊義這樣的魯迅專家的身份點評魯迅的著作，也只有這一部。在當時，這算是獨一無二的書。我想，魯迅著作對於今天的青少年，不加導讀恐怕是不能完全理解的，港人普遍比內地人的中文水平低，難道他們讀魯迅，不需要導讀嗎？於是我們壯着膽子把這三卷大書投向市場。出版後雖然談不上熱銷，卻也絕非遇冷。印數不多，但是很快就重版了。要知道在香港，凡是能夠重版的，就是被市場認可的書。後來，這套書的生命力還真是很強。直到十五年以後，二〇一三年我在北京三聯為生活書店策劃選題時，考慮到這套書尚無內地版，還請楊義對他的評點進行增補和修訂，又出版了《魯迅作品精華》（點評本）的簡體字版本。這時香港三聯的副總編輯侯明聞知此事，又專門來和我商

《魯迅作品精華》

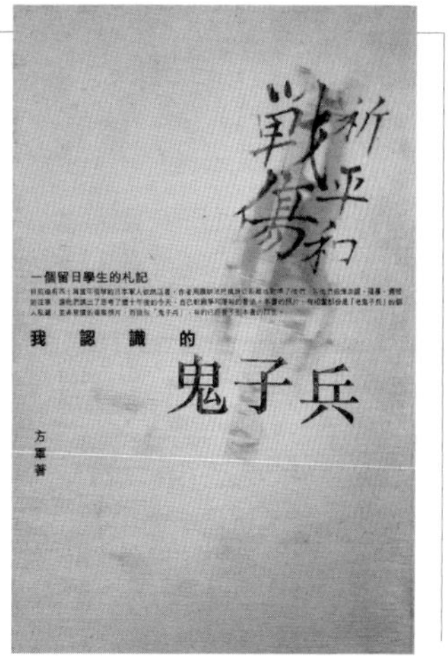

《我認識的鬼子兵：一個留日學生的札記》

量，她也要在香港再次出版這一套書，說明市場仍然看好。當然，誰都知道，魯迅著作出版，只能算是一個特例。

不過，港人並不是一概排斥文學，他們只是比較務實，讀書的功利意識強些，願意獲取實實在在的真知識、真資訊。「文學熱」退潮以後，港人中的小說讀者恐怕是不多了，但是他們對紀實文學還會表現出一些熱情。例如九十年代，錢寧的《留學美國：一個時代的故事》在香港曾經引起轟動，後來章詒和、龍應台在香港牛津大學出版社和天地圖書的暢銷作品，也都屬於非虛構的紀實之作。

這一類非虛構圖書我也經手過幾本，值得一記。

首先是方軍的《我認識的鬼子兵：一個留日學生的札記》。

這位作者不是名家，當年他只是一位普通的留日學生。但是他專注於抗日戰爭的史料收集和研究，幾十年來對「最後一批人」即老八路、老新四軍、國民黨抗戰將士、侵華日軍老兵、被日軍強擄的勞工、被日軍強擄為性奴隸的老婦、當年歸國參加抗戰的華僑、東北抗聯戰士、美國援華飛行員等老人進行跟蹤採訪，上世紀九十年代，他寫下的第一本書，就是這本關於侵華日軍老兵的。對自己的寫作動機，他這樣說：

> 當新世紀的曙光就在我們面前時，許多侵華日本士兵的生命也快要走到人生的盡頭了。他們回味侵華戰爭的血腥嗎？他們懺悔自己的罪惡嗎？他們思考對未來的和平貢獻力量嗎？他們要把侵略他國時所犯下的罪惡悄悄帶進墳墓而不警示後人了嗎？在連老鬼子本人都不懺悔的情況下，他們的子女會很好地認識

作者與方軍（左二）及抗戰老戰士（左三至左五）在《我認識的鬼子兵》新書發佈會

日本軍國主義者的罪惡以及他們給人類社會帶來的危害嗎？這正是我想知道的。我在日本留學六年，正是抱着這個目的，利用一切可以利用的機會，深入採訪了十幾位侵華老日本兵。借助他們自己的言談，他們的日記，他們提供的戰爭期間的照片，他們從中國劫掠去的文物，向世人揭示他們今天的內心世界。

我正是抱着這種意圖，拿起笨拙的筆，寫出這本《我認識的鬼子兵》。

我拿到這本書稿很欣賞，但是擔心自己對市場判斷不準，於是向趙斌總經理請示。他告訴我，抗日題材港人是比較關心的，因為二次世界大戰中太平洋戰爭爆發，香港淪陷，日本佔領軍曾對香港實施法西斯統治，這對於香港老一代人是刻骨銘心的記憶。但是趙斌問我兩個問題。第一，他說這種紀實類的作品，就怕抄第二手材料，任何事情一經他人轉述就沒意思了。我回答說，方軍的採訪都是第一手的。他又說，紀實就怕夾雜虛構，虛虛實實讓人信也不行，不信也不行。我回答說，方軍的作品是純紀實，比較紮實。趙斌說，你這樣講，書就沒有問題，你放心出版吧。

果然，這本書出版後獲得好評，我們在香港舉行了新書首發式，很多香港本地的抗日老戰士都聞訊趕來為作者站台。

另一本書是樊建川的《一個人的抗戰》。

樊建川今天知名度很高，他在四川安仁鎮建立的建川博物館聚落已經擁有數十間博物館，是網紅打卡地，但是在上個世紀末，他的第一間抗戰博物館才剛剛組建，《一個人的抗戰》也是他寫的第一本書。嚴格地說，這不是他的回憶錄，只是一本圖文書，用來介紹他的抗戰收藏。從這本書中，我發現他是一個有理想、有魄力、有膽識的人，他提出了一個理念：「為了和平，收藏戰爭」。所以他的收藏，並不注重所謂「古董」文物的經濟價值，而完全是為了收集日本侵華歷史的證據，作為中國抗戰的旁證。這是因為他父親是當過八路軍的抗戰老兵，他受父親影響，很早就開始收藏抗戰文物。他其實可以走仕途，一九九一年，他三十四歲時已經在四川宜賓市擔任常務副市長，正是在前途遠大的光景上，他毅然辭職下海，當了一家房地產開發公司的董事長。做房地產開發當然是為了賺錢，但他賺錢的目的是為了收藏。地產公司剛開始盈利，樊建川就說服了公司的其他董事，從公司拿出兩個億左右，興建了抗戰博物館。這真是大手筆，做得漂亮。

記得我們二〇〇〇年出版《一個人的抗戰》時，為了配合新書首發，特地請樊建川帶着一批抗戰文物到香港來做展覽。大件的大炮、坦克、裝甲車帶不動，他就帶來了日軍的鋼盔、三八式步槍、刺刀、手雷、炸藥包、望遠鏡等等，以及一些文獻資料和原始照片，文物多是八路軍從日軍繳獲的戰利品。那個展覽就在三聯中環書店的展廳舉行，很受歡迎，參觀的讀者甚多，對促銷作用很大。同時，樊建川來港後也利用這個機會，到香港烏蛟騰抗日英烈紀念碑前舉行了一個對當年東江縱隊港九大隊抗日英雄的追思儀式。

樊建川和我的交誼保持了二十多年。後來我還在北京三聯出版過他的回憶錄《大館奴：樊建川的記憶與夢想》。那是另外一個故事，書是我逼着他寫出來的。因為我敬佩他的人格，認為他值得把自己的一切記錄下來。但他沒有時間寫，我就約請一位四川當地作家，住在大邑縣安仁鎮的酒店裏，每天趁他休息的時間對他做採訪，然後把錄音整理成書。那本書是對他前半生的一個全面總結，份量很重，也比較暢銷。但是他對《一個人的抗戰》出版一直是念念不忘的，可能是因為抗戰收藏是他全部收藏的起點吧。大約十五年後我到建川博物館參觀，在大門口的宣傳欄裏面，看到反映博物館發展歷程的照片陳列，其中我在《一個人的抗戰》香港版新書發佈會上致辭的照片赫然在列。

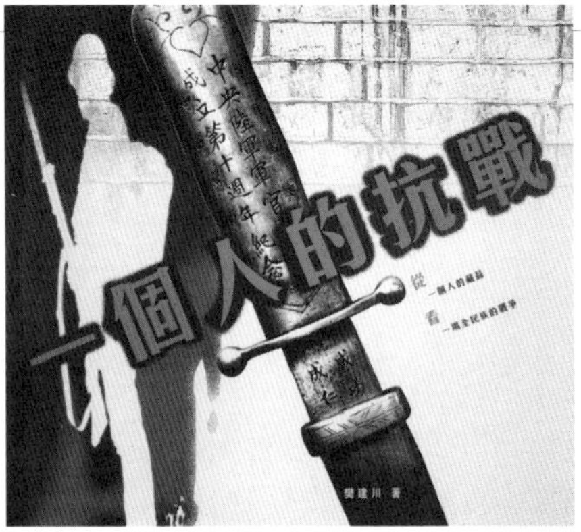

《一個人的抗戰》

另有一本個人回憶錄是關愚謙先生的《浪》。這是他講自己故事的第一本書。關愚謙是個傳奇人物。他也算是高幹子弟，父親關錫斌是周恩來在南開的同學，早年投身五四運動，後來被周介紹加入中共，是中央文史館館員。因為這層因緣，也因為他懂得俄語和英語，曾經給陳毅等中央領導當過翻譯。文革時，他任職中國人民保衛世界和平大會，做行政工作。最初也曾參與造反，但是很快遭到運動的衝擊。在預感到自己將可能挨整被批鬥的情況下，他選擇逃離中國。逃離的辦法，就是偷了日本友人西園寺公一的兒子西園寺一晃的護照，換上自己的照片，蒙混過了北京機場的邊境和海關檢查，登上了飛往埃及開羅的飛機。後來幾經輾轉，他在德國定居。從頭學習德文，最終竟然當了漢堡大學的教授。但他始終愛國，在德國幾十年為中德文化交流做出了不少貢獻。

關愚謙和香港以及三聯的緣分都很深。他和德國姑娘海珮春相愛，是在香港尖沙咀登記結婚，而他們兩人從事中國文化研究，是從編寫一本《中國文化名勝攬萃》開始，這本書九十年代在香港三聯出版，多年來一再重印，是我們的常備書。所以他經常會來香港，每每要到三聯坐坐。一九九七年香港回歸前後，我見過他一次，他告訴我要寫自己的回憶錄，並且拿出了兩章書稿給我看。我粗略看過，覺得有意思，鼓勵他繼續寫。然而兩年以後再見到他，這本書已經在人文社出版了，王蒙先生給他作序，責任編輯是我的老朋友王培元。關愚謙同時給我原稿和人文社的樣書，要我選擇如何出版。我發現王培元的編輯工作做得非常好，去掉了原稿中的一些遊離的枝枝蔓蔓，規範了語言表達，使得全書結構清晰，閱讀感覺流暢。於是我把王培元的

作者在關愚謙《浪》新書座談會，中為關愚謙，右為三聯前輩蕭滋先生

加工稿作為底本出版了。唯獨書名，人文社在「浪」之後，又加了一個副題，寫作《浪：一個「叛國者」的人生傳奇》，大概是想以闕「叛國」的特殊舉動吸引讀者。但是關愚謙對這兩個字似乎有些忌諱，他說自己從未「叛國」，哪怕加上引號，也容易引起誤解。於是我在港版上，只屬一個字的書名《浪》，取作者浪跡天涯之意。

關愚謙也許可以算是半個港人，因為他在香港知名度很高。他在《信報》有專欄，數年堅持，一般讀者未必知道他是德籍華人。他在鳳凰衛視也經常露臉，每到香港，必會接受邀請做嘉賓，談國際問題。所以《浪》在香港出版，是很引人注目的。新書出版恰逢二〇〇一年香港書展。我們在書展上舉辦新書發佈會，嘉賓多人趕來捧場，光是鳳凰衛視，就來了吳小莉、何亮亮、曹景行、阮次山四位著名主持人。場面非常熱鬧。我在台上主持並致辭，我的老闆趙斌坐在台下第一排正中，他拿着相機為我拍了很多照片。他那天顯然很開心，散會後又親自開車送我回家。

關愚謙在此後的二十年裏和我交往甚多。他的回憶錄後來繼續寫作，一共出版過三本，題目分別為《浪》、《情：德國情話》（講自己的愛情和中國情）、《緣：人生就要活得精彩》（講自己幫助中國文化與德國文化結緣），他對我很信任，遇有出版方面的問題總是和我商量，包括幾本書名的確定、書中內容的取捨和分寸，以及選擇在哪裏出版等等。後來他和夫人海珮春的作品，在北京三聯或其他出版社出版，我幫他做過不少策劃，這些以後還會講到。

前面提到，「文學熱」退潮以後，跟着「文化熱」也冷卻了。這使文學編輯出身的我，無論在選題策劃還是書稿審讀方面，都面臨着新的困難——自己的知識積累不足。我過去比較熱衷文藝理論，所以讀書除文學作品之外，大多選擇哲學、美學、心理學方面的著作，而史書讀得相對較少。無非就是文革期間讀過《中國通史》、《世界通史》等少數必讀書，改革開放後讀過一點湯因比的著作而已。但此時我發現，香港三聯在目前情況下，如果要出版學術類圖書，只能以文史著作為主。我意識到自己必須調整知識結構，惡補文史理論知識。我從八十年代初期一直跟蹤研究中國當代文學，幾乎所有獲獎的小說全部讀過，但是此時，我無法繼續跟蹤了，一是到了香港，與內地文學界基本脫鉤，資訊受到局限；二是沒有時間再堅持研究當代文學。所以我在此時決定放棄當一個文學評論家的追求，而把主要精力和時間用在文史方面的「補課」上。大概有兩三年，我利用週末和晚上的時間，選讀了一批文史類圖書，雜書讀得很多，比較系統地閱讀涉及香港史、澳門史、中國近代史、中國現代史和晚清史的一些名著。我覺得作為一個編輯，雖然不必要求自己編什麼書就成為什麼學科的專業人士，但是至少應該掌握相應學科的背景知識，瞭解相應學科的發展水平，以便在審稿中具有基本的鑒別能力。在新的環境下，我必須這樣做，這意味着，香港三聯八年，我在從一個編輯的「專家」向雜家轉變。

# 八、「螞蟻戰術」：小書的生意經

我去香港的第一年是一九九七年，回歸前後，經濟形勢非常好，我們做事也一切順利。但是到了第二年以後，席捲亞洲的金融風暴來了，頓時感到出版上的經營壓力非常大，圖書的經濟效益直線下降。那一兩年，香港很多間出版社維持不住高房租和員工的高收入，紛紛倒閉了；不倒閉的，搬離中環的高端寫字樓，大量裁員也是普遍現象。三聯雖然是中國政府投資的企業，但是在這裏，實行的是徹底的市場化，必須自收自支，自負盈虧。虧損時無人援手救命，要想自救的話，唯一的辦法就是降低成本，而降低成本最直接有效的方法就是縮小辦公室面積和裁員。

一九九八年和一九九九年是我們經營最困難的時期，那時我注意到，有的兄弟出版社把十幾個人的編輯部壓縮到兩三個人，成了留守處。新書也不怎麼出版了，只靠一些重印書賺取一點基本的收入。三聯沒有到這種程度，但一九九八年也曾經裁員，從二百五十人，減少到二百二十人。不過，編輯部一個人都沒有裁。我們把這支編輯力量保存下來了，因為我們知道，編輯的人才是最難尋找和培養的，三聯的出版傳統就在這支人才隊伍中。一旦編輯隊伍散了，傳統就保不住了。

經濟蕭條影響各行各業，出版業是首當其衝。因為對於消費者來說，書通常不是剛性需求。他們首先要衣食住行，然後才會考慮讀書。經濟不好，民眾消費意願降低，不但書買得少，而且對於圖書價格的承受能力也降低，過去他們肯花錢買的書，現在他們可能嫌貴，不肯再買了。對於這種新情況我們必須有對策。

香港三聯總經理趙斌是個很有經驗的出版專家。他敏感覺察到這種現象，有一天來找我說，我們必須設法降低書價，出版一些低定價的小書，讓讀者消費得起。低定價的小書也有利於分散出版風險。如果因為低價而引起總量不足，我們可以依靠增加品種，重新獲得出版總量上的優勢。他把這個策略，叫做「螞蟻戰術」。

從哪裏開始？趙斌帶着我，到三聯設在香港中環辦公室樓下的書店考察。那家書店是三聯的旗艦店，有大陸和港台圖書超過十萬個品種，還有大量的外文書。對於三聯的編輯來說，這裏就像公司的資料室一樣，同時也是我們瞭解市場的視窗。我們在書店裏看到日本有一種「文庫本」叢書，比如《講談社文庫》、《岩波文庫》等，清一色使用小開本，平裝，定價低廉，但是內容包羅萬象，多為名家經典作品。我到這時才注意到，我過去在內地見到的各種「文庫」，幾乎清一色是着眼於文化積累，所以追求莊重大氣，多是採用大開本精裝，做成典藏本甚至豪華版，書價也較為昂貴。這樣的書通常只能為圖書館提供收藏，而不是針對普通家庭和一般讀者的。而日本這些「文庫」或大型叢書，則是着眼於普及，收入其中的作品，定價甚至比作為單行本出版時還低些。他們的目的，是想讓愛書的家庭，能夠把這些圖書作為自己家庭圖書館的基本收藏。後來，我讀到有關商務印書館的史料，瞭解到三十年代王雲五在商務組織《萬有文庫》出版時，也是想方設法要把文庫的定價降低，以便普通讀者有能力購買。這反映出另外一種完全不同的出版理念。

我們意識到這種理念對我們在今天的形勢下是完全適用的。

考慮到三聯曾經出版過不少文學精品，可以採用這種形式重新整合出版。雖然「文學熱」退潮，影響到新書的策劃，但是三聯原有的一些買斷版權的保留品種，重新出版不受此限。何況，我們是要改變包裝降低定價。

我們當即決定編輯一套《三聯文庫》。第一批出版的是十八本中國歷代詩歌選集，從詩經、楚辭，到唐宋的李白、杜甫、白居易、蘇軾、辛棄疾，一直到清代納蘭性德的詩詞選集。過去三聯出版這套書，平均定價六十港元左右，現在我們改造成小開本（瘦型小三十二開），盡量壓縮成本，最終平均定價僅在二十五港元左右，便宜得令人吃驚。特別是，趙斌和我在書店裏研究日本的文庫本時，發現了日本人採用的一種米黃色膠版紙，很厚，但是很輕，手感特別好，給人特別舒服的感覺。我們決定也要用這種紙，讓製作部的同事照這個樣子去找紙。當時我們並沒有意識到它對提高圖書性價比的作用。後來書印出來，我們看到這批書比起用普通的七十克膠版紙印的書厚了很多，每一本都顯得部頭大了不少，原因在於選用的是輕型紙。這樣，書看起來厚了，而定價卻降低了，豈不是很值得買？後來有朋友對我說，你們這些顯得厚，其實頁碼並不多呀。我回說，無論如何，二十多元一本，沒有虧待讀者吧？事實上，從出版這套書，我懂得了做出版是需要動一點生意頭腦的。

第一批《三聯文庫》推向市場，被讀者認可，銷售情況不錯。於是我又繼續策劃，在兩岸三地的文人作家中約稿，獲得楊絳、王蒙、李歐梵、劉再復、余光中、余秋雨等一大批名家的供稿支持，著名現代文學史學者楊義和當代文學評論家白燁還協助我進行了多部作品的編選。在幾年時間裏，《三聯文庫》每年推出一批新品種，到我離開香港時，總共出版八十一種。我們專門製作了一種有機玻璃的旋轉書架，贈送給香港幾十間中文書店，用來擺放這套叢書。叢書中的作品，對於喜愛文學的讀者，是頗有吸引力的。當時我的一位領導、香港中聯辦副主任王鳳超就表示，這套書小巧，重量也輕，攜帶方便。他每次出差時，別的書不好攜帶，他就從《三聯文庫》裏選一本，裝在口袋裏。所以這套書成了他的常備書。那段時間，我回北京探親，常到北京三聯的韜奮書店看看。我在那裏發現北京三聯也出版了一套《三聯精選》，內容同樣是「大家小書」，同樣採用小開本，低定價，分批出版形成系列，頓時覺得，這兩間三聯書店，如此不謀而合，或是傳統使然呀。

另外一套有意思的小書，是《管理精要叢書》十四種。那時，管理學還算是新興學科，社會上流行的管理學著作還不多。這套書，是三聯的版權編輯陸詠笑從法蘭克福書展上帶回來的，原出版者是英國的 Kogan Page Ltd，那是一家出版經管類圖書的專業出版公司，在國際上享有一定聲譽。但是這套書並不是談理論的，而是知識類讀物，專門傳授管理方面的操作方法。例如《主持會議》，內容就是教會讀者，作為主持人怎樣才能把一個會議開好，會前要準備些什麼，會議中要照顧哪些方面，遇到什麼問題應該如何應對，以及怎樣開場、怎樣總結之類。再如《管理自我》，教讀者如何給自己制定近期和長期規劃，如何分配自己的時間，如何處理自己的學習、工作與家庭的關係等等。其他還有很多題目都非常有趣，例如《選拔人才》、《授權要訣》、《理解行為》、《創造時間》、《激勵幹勁》、《解決問題》等。作者清一色是管理學專家，甚至是著名學者。但書的內容卻極其精簡，可以說就是操作手冊，意在將必要的操作步驟列出來，讓讀者一條條照辦即可。原出版社把它們做成口袋本，書很薄，開本很小，目的是方便讀者攜帶查閱。我們買回了版權，將它們翻譯出來，發現每一

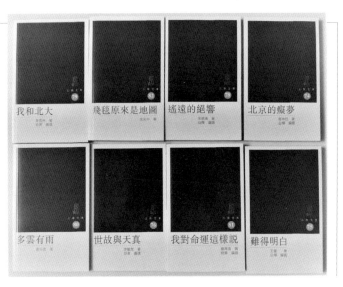

《三聯文庫》部分品種

《管理精要叢書》部分品種

種只有兩三萬字。但是我們不想按原樣做成口袋本，因為那樣小的開本，顯得不夠大方和莊重。最後我們將這套書設計成瘦長的大三十二開本，比《三聯文庫》還大一些。這樣就不必叫做「手冊」，所以我們把叢書名翻譯成「管理精要」。當然，每冊這樣少的字數，如果密集排版，書就會太薄，以致沒有了書脊。而那樣若是按成本定價，一本書可能還賣不到十五元，也似乎不值得辛苦地做一場。我們測算了以後，覺得能把定價控制到每冊二十八港元，是最理想的結果，因為這個定價比較符合讀者的心理預期。於是我們在書中採用了比較舒朗的版式，往往每頁只有幾條管理要訣，留白比較多。我們便在留白處加了一點尾花或插圖之類。

正像我們期望的那樣，這套書出版後銷售非常好，接連重印，成為香港市場上比較暢銷的圖書。我想其中的原因有兩點，一是實用性強，讀了就能用，適應一批香港企業管理人員的需求；二是定價合理，二十八元一本，在港版圖書中是很低的價位，一般讀者購買是不需要猶豫的。但即使這樣，三聯的利潤也很豐厚，因為書的成本特別低。我由此也增長了一點經驗：圖書定價雖然需要考慮成本因素，但最終價格應該根據讀者平均購買能力確定。

《管理精要叢書》十四種後來被深圳的海天出版社看中，他們希望購買中國內地簡體字出版權，到香港來找我洽談。出版社總編輯鄺昕注意到每一本的字數都不多，對我說，你們香港人真會做生意，這不就是賣紙嗎？意思是我們投機取巧了。我報以苦笑。因為在這時我已經懂得，書的形式可以是各種各樣的，只要讀者認可、市場接受，就可以大膽去做。字數多少不是衡量一本書價值的標準，也和出版社的誠信無關。

不過，他們雖然是這樣說，但還是喜歡這套書的內容，也包括裝幀設計和品相。他們購買了《管理精要叢書》全套書的版權，而且要求我們按照港版書的設計和製作標準，原模原樣地在深圳為他們印製了一萬套書，共十四萬本。這是我第一次嘗試用輸出成品書的方式向內地進行版權交易，且交易額不小，使我很有幾分成就感。

# 九、開發新的產品線

香港三聯的出版要應對環境的改變，必然需要增加品種，但是開發什麼產品線，選題從何處來？這不僅關係到一個時期的出版風格定位，而且關係到長遠發展方向。為了盡快見到效益而又確保圖書的文化品位，我們把目光投向了翻譯類圖書，想把它作為三聯在本港原創書、內地版權引進書之外的第三條產品線。當然，在其中特別關注的是圖文書。

我們發現，九十年代以後，隨着電腦技術的進步，圖文書的出版成為世界潮流。國外一些大公司乘勢崛起，例如專門開發藝術類圖書的Phaidon（費頓出版社）和以圖文書出版見長的Ivy Press（常青藤出版公司）等都在最近這些年取得長足發展，其中最有代表性的就是DK。這些不需要多說，明眼人只要注意他們在法蘭克福書展的攤位變化就可以一目了然。三聯每年都去參加法蘭克福書展的版權編輯陸詠笑總是感歎，這些出版社的攤位面積為什麼都比過去大很多？例如DK一家出版社如今在書展上的攤位面積，比起香港所有出版社參展面積之和恐怕還要大幾倍。DK這家公司是兩個熱衷視覺藝術的出版人Christopher Dorling和Peter Kindersley在一九七四年創辦的，在鉛字印刷時代，他們幾乎沒有形成什麼影響，香港的老出版人曾協泰先生曾說，八十年代DK要推銷中文版權，還是它的老闆Peter Kindersley親自拎着手提包，裏面裝滿樣書，到香港的出版社一家家拜訪。那時怎知他們會在十年以後發展成現在這種「巨無霸」的規模？不錯，他們依靠的就是電腦排版技術，但更重要的是，他們迎來了讀圖時代。

前面我曾經談到，中國內地出版業電腦化改造比起西方世界要慢一拍，但香港則是與西方同步的。我們意識到，從西方引進圖文書，掌握其全球中文版權，然後在香港和中國內地，甚至同時在台灣出版中文翻譯版，這對我們是一個機會。

因為上世紀九十年代末，英美等西方國家的出版社與中國大陸出版社的合作還不那麼密切，他們對中國的瞭解還較少，通常會更傾向於信任香港的出版公司，把全球中文版權委託給香港三聯等出版社。這樣，如果我們購買了西方國家那些設計新穎別致的圖文書的中文翻譯出版權，一方面可以對香港版有比較好的銷售預期，另一方面還可以預期在中國內地和台灣有可觀的版權轉讓收入，在操作上，如果與內地或台灣出版社聯合製作，還能共同降低印製成本。甚至，在內地或台灣出版社訂製的情況下，我們還可以直接以提供成品書的方式轉讓版權。如此一舉多得的事情，我們何樂而不為？

所以，大約就是從九十年代中後期開始，我們特別看重法蘭克福書展，把它看做我們開發新的產品線特別是圖文書的資源庫。我在香港三聯工作期間，每年出版新書在一百八十種左右，外文翻譯選題約佔三分之一，其中十之八九就來源於法蘭克福書展，大多是圖文書。

做出版的人應該都知道，法蘭克福書展是世界上規模最大、參展商最多、展出書種最齊全的書展，因為它在國際上享有盛譽，所以它雖然一年一度舉辦在德國，但英文圖書的展出和版權貿易規模，也遠遠超過英國倫敦和美國紐約舉辦的國際書展，更不要說其他語種的圖書了。所以無論是渴望版權合作而需要尋找選題，還是想要瞭解國際出版業的發展現狀，去法蘭克福參加書展都是不二選擇。有人說，法蘭克福是出版人的聖地，就像穆斯林信徒心目中的麥加一樣。每個穆斯林一生至少要朝拜一次麥加，出版人一生也應該至少去一次法蘭克福。我以為此言並不誇張。這個書展，我在香港三聯期間去過兩次，回到北京工作以後又去過兩次，的確是開眼界、長見識的，如果條件允許，我希望再多去幾次，因為每一次都有收穫，不僅能拿到合作的項目、選題，而且能學到國際上的先進出版社怎麼做書。

我們去法蘭克福書展，每次都帶着明確的目的和任務，一定要帶回幾十個選題，否則我們在香港出版的一條產品線就會運轉不靈。壓力太大，使我們不可能像內地一些出版社的參展人員那樣輕鬆。那些年，內地一些出版社的參展團，是由旅行社組織，全體人員進入展場只一兩天，走馬觀花看看，然後留下一兩個人值班，大隊人馬就乘坐大巴出發逛旅遊景點了。我們從來不敢這樣。去法蘭克福，對我們是苦差，也許是一年中最勞累的幾天。為了省錢，我們會選擇遠郊區的民居式的旅館，每天乘坐地鐵往返，路途上通常需要花費兩三個小時。從開展到展覽結束，五六天時間，我們是一刻也不曾離開展場的。兩次參展，我都和趙斌以及版權編輯陸詠笑同去，商量好的做法，是進場後三人分開，各自搜索和記錄選題，當天晚上回到旅館，三人開會碰頭，交換資訊。如一人提出合適的項目，第二天其他兩人分頭去看，看後再研究。書展的八號館，是英文圖書展館，面積奇大，用英文字母排列着大約二十條通道，每條通道大約有四五百米長。我們就在這些通道兩邊的展商櫃檯上進行地毯式搜索，常常需要來來回回地反覆看，有時一整天只能走幾個字母的通道，到了晚上腰酸背痛，兩腿發麻。通常一次書展，我們會把八號館的所有通道走兩個來回。這距離加起來也有幾十公里。趙斌去的次數比我多，他早有經驗，還有對策。臨行前他就告訴我，去法蘭克福要穿一雙舊皮鞋（有時應付正規場合，需要穿西裝，不能穿旅遊鞋），不僅因為穿舊鞋舒服，不會擠腳，而且還因為幾天中在展場走路太多，弄不好會把鞋走爛。到那時正好可以在德國的商店買一雙新皮鞋穿回家。他說德國皮鞋的質量特別好。

我們這樣辛苦地發掘選題，當然收穫良多。幾年中三聯從法蘭克福買回版權的精彩圖書，以圖文書為主，這樣三聯的一個嶄新的圖文書板塊就建立起來了。後來這些書真的不僅在香港，而且由我們授權在內地和台灣出版，一切都像我們當初預想的那樣。這樣的版權合作有很多成功案例，例如從法國 Hachette（阿歇特出

作者在法蘭克福書展（二〇〇〇年）

版公司）引進的系列文化讀物《燈塔叢書》，我們向吉林一家出版社轉讓版權，一次就輸出三十種。又如普及動物和植物知識的《小精靈叢書》六種，我們與台灣大新書局合作共同印製，出版前還加上了附贈圖片的CD-ROM。當然，其中最值得一說的，我認為是香港三聯和北京三聯的版權合作。

二〇〇二年前後，我們幾乎同時推出了兩套英國Ivy Press的圖文書，一套名為*A Crash Course*，共十四種，第一批出版十種，內容是對各種藝術的歷史和特徵的圖文介紹，每種藝術形式一本，如《電影》、《攝影》、《建築》、《戲劇》、《時裝》、《設計》等，我們把叢書名翻譯為《速成讀本叢書》，意思是從這一套書入門，可以掌握各種藝術門類或學科的基本知識。另一套叢書名為*Get A Grip*，共七種，分別介紹天文學、新物理學、生態學、遺傳學等七個不同學科的創立和發展過程。我們把它翻譯成《把握關鍵

《速成讀本叢書》部分品種

叢書》，意在強調這套書給讀者建立的學科概念是最重要的，必須掌握。兩套書都製作得非常漂亮，設計令人眼前一亮。《把握關鍵叢書》還別出心裁地採用牛皮紙印刷全書，往書架上一擺特別吸引眼球。當年香港書展，北京三聯總經理董秀玉女士前來參加，她在我們的展台上看到這兩套書，拿在手裏不放。對我說，這些書我要定了，請你不要再和別人談版權。就按你們繁體字版的樣子，製作簡體字版給我們即可。後來，我們請北京三聯的編輯審定書稿後，在深圳為他們代印這兩套書一共十七本，每本一萬冊，我們以成品書供貨。這不僅對我們，對北京三聯都是一筆相當可觀的大生意，可謂實現了雙贏。

購買國外版權，當然就要解決翻譯問題。但是在香港找人譯書很困難。我們知道，作品翻譯的水平高低，在透徹理解外文的前提下，決定於譯者的中文表達能力。港人雖然大多從

《把握關鍵叢書》部分品種

小受英語教育，英語理解力很強，但是因為他們普遍中文基礎不佳，所以並不擅長文字翻譯。何況，香港的人工成本很高，好的譯者並非沒有，但是我們僱用不起。這時我就需要向中國內地求援。我深深感到，我的內地背景對於自己在香港工作也是一種優勢。特別是我在人文社當編輯十四年，給我帶來的資源實在太多了。我工作上遇到的困難，通常打一個電話到人文社，找自己的老朋友幫忙，馬上就能搞定。比如需要介紹內地作者，需要請人幫忙編書，需要把書拿到內地排版校對等等，當然，需要找圖書的譯者也是如此。人文社的老朋友不僅給我引薦了多位內地的知名翻譯家，包括香港缺少的德文、法文翻譯家，而且他們自己也常常親自披掛上陣。比如老編輯、曾經獲得過「中美文化交流獎」的翻譯家胡允桓、曾經翻譯過《莎士比亞作品集》的翻譯家蘇福忠、曾經翻譯過《哈利·波特》的翻譯家馬愛農，以及後來擔任中華書局總編輯的周絢隆，都曾為香港三聯譯過書。他們的翻譯作品文字清通，質量很高，速度又快，為我把一批翻譯書作為「短平快」的品種及時推向市場起了關鍵作用。

然而也有不順利的時候。有一次陸詠笑在法蘭克福書展上發現了一套英語讀物，名為《外國人系列》，我們很喜歡。這套書一共四種，分別是《美國人！》、《德國人！》、《法國人！》、《日本人！》。這套書的內容，是以犀利的文筆分析和研究這幾個國家的國民顯示了何種民族性，也就是他們的文化性格。作者的語言幽默，文筆老到，揶揄調侃，使人讀來含蓄有味，時時忍俊不禁。書名加上驚歎號，是趙斌的主意，意思就是想讓讀者知道，他們將會從這套書中看到令他們驚歎的外國人的性格，或者說是「嘴臉」。書是小書，每一本的文字都很少，譯成中文大約只有三萬來字。我想，如果只是翻譯出版，那麼書可能就太薄了。但是這樣的書似乎很適合做成英漢對照本。因為它的英文一流，甚至堪比教材。如果做成英漢對照的版本，既擴充了篇幅，又擴大了書的使用功能，閱讀之外，可以幫助讀者學習英語，是謂兩利。於是我分頭聯繫內地的幾位翻譯家，請他們迅速將書譯出。

我當時並沒有想到，越是這種語言風格特色突出的書，翻譯越是困難。譯得既要精確，又要傳神，還要譯出原作的味道，談何容易？這對翻譯家來說，是面臨一場大考。不過，因為我邀請的幾位譯者都二話沒說就接受了，我沒有感到任何擔心。他們按時交送譯稿，我們也很快就正常出版了。書一上市，立刻受到讀者歡迎，我很開心。

但是沒過多久，我收到一個郵件，打開一看，裏面是一本《日本人！》，這正是《外國人系列》之一。書裏夾了不少紙條，還附信一封，內容是對這本書的翻譯質量的投訴，舉出不少例子，被認為是翻譯中的硬傷。來信的讀者批評三聯「盛名之下，其實難副」，出版圖書以次充好，不負責任。

我本人的英文程度不高，但是看了這位讀者的信，已然感到不需要再深入研究就可以判斷，有幾處確實是譯者理解錯了，頓時感到頭大。我立刻找來三聯編輯部英文最好的陸詠笑，請她對這本書進行全面的校改。然後通知發行部門，將已經發貨的幾千本《日本人！》全數召回銷毀。同時我給來信的讀者覆信一封，真誠表示歉意，並承諾退還購書款。我之所以這樣做，是因為我不希望這件事演變成一個公眾事件，為三聯品牌帶來負面影響。

其實《日本人！》的譯者，在內地是一位相當知名的翻譯家，他曾為我們翻譯過多種圖書，質量都不錯。他本人同時還是作家，文筆也很好，曾出版過幾本散文集。但這本書，由於作者行文風格獨特，文字飄逸靈活，不僅翻譯不易把握，而且易生歧義。誤譯純粹是一個偶然事件。但這件事為我敲響了警鐘。我感到，對於一間品牌出版社來說，出版質量是它的聲譽的基本保證。像《日本人！》的翻譯質量問題，如果發生在一間普通的出版社，可能讀者根本不會在意，更不會寫信提出質疑，因為「無錯不成書」，同類情況在出版界並不少見。香港的讀者恐怕不會為了退回幾十元書款和出版社做計較的。但是問題發生在香港三聯這樣一間著名的品牌出版社裏，讀者便感到不可接受。他們對三聯的要求更高，這是理所當然的。甚至，從心理上分析，一些讀者願意挑戰類似三聯的品牌出版社，是因為這樣可以

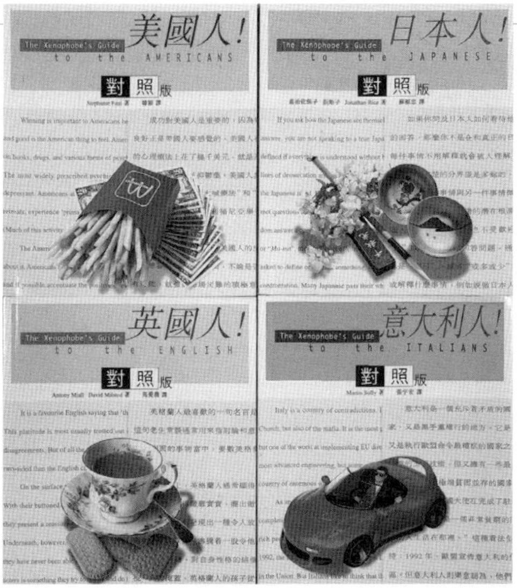


《外國人系列》

證實自己的能力和水平，而我們所做的英漢對照，正好給他們提供了挑戰的機會。由此我聯想到不久前北京的中華書局出版《梁佩蘭集校注》被讀者指責漏洞百出的事。讀者的批評極端尖銳，稱：「我從未見過如此厚顏無恥的書」，說得未免誇張了。但無論讀者怎樣刻薄，中華書局只能照單全收，誠懇道歉並承諾整改，誰讓你是品牌大社呢？

這件事發生後，我要求三聯的編輯對翻譯書的譯文質量嚴格把關。

在翻譯書之外，我們想到的另一條產品線是教育類圖書。當然沒有計劃做全日制中小學教材，因為這種教材需要很強的專業資質和資金背景，我們並不具備。

不過，就像現在內地很多出版社都在爭奪青少年讀者，出版了很多「給孩子的書」一樣，我們也覺得，三聯不應總是固守為知識分子和文化人服務的出版定位，而自動放棄青少年和兒童教育這個潛力巨大的市場，完全可以策劃出版一些學生課外讀物、教輔讀物以及語言學習類圖書。但是，因為三聯在讀者心目中，是以出版人文社科圖書為主、注重思想和文化探索的出版機構，這個品牌已經被固化了，如果忽然冒出一大批針對青少年的教育類圖書，會讓讀者感到奇怪，被認為是我們違背傳統、荒腔走板的行為。所以趙斌總經理和我商量，書可以出，但要換一個出版品牌來出。好在香港註冊一間出版社很方便，只要在政府相關部門登記，交幾萬元註冊費，就可以成功取得品牌和國際書號，於是我們註冊成立了智能教育出版社。

在這個新品牌下，圖書出版並不難，因為內地此類書很多，從中挑選一些品種，簽下繁體字版出版合約即可。製作也是易如反掌，因為那時我們在內地有兩個固定的合作夥伴，一是我的老家人文社和台灣的光復書局合資成立的光文激光排版公司，二是南京理工大學開辦的電腦排版公司，他們都可以隨時為我們提供服務，而且將排版和校對問題一併解決，確保質量。我給他們書稿，他們幾個月後直接寄給我印書的膠片，中間的過程完全不必讓我操心。

但是，在選題方面我們做了各種探索，卻都不大成功。原因可能主要在於香港的學校教育和內地不接軌。例如中小學教學輔導書，我們出版了幾個系列：首先，數學類有《趣味數學系列》六種，《數學好玩系列》六種，《奧數加油站系列》四種，《數學金手指系列》六種，《數學大師講數學系列》十八種，市場反應均很一般，並沒有引起港人多大興趣。據瞭解，購買這些書的人，主要還是大陸新移民的子弟，而不是本港土生土長的孩子。港人不大認同內地的一套數學訓練方法，且這些方法對港人的應試教育確實實用性不強。其次，英語類有《英漢對照有聲讀物》（CD版）八種，《張道真英語語法系列》五種等，都是內地的暢銷品種，但在香港仍然反應冷淡。因為港人的英語教育，是從孩提時代就開始的，類似母語教育，內地孩子作為外語學習的書，對他們並不適用。當然，在中國文化讀物類的圖書，我們組織出版的《插圖本中國詩詞經典》八種，《小學生必背古詩》、《中學生必背古詩文》三種，《中國文史經典講堂》十四種，《學生彩圖版中國通史》十種，市場反應好些，畢竟，港人要瞭解中國歷史文化，還需要借助內地的資源。

不過，做教育類的圖書，有一個頗為意外的收穫，是我們出版了一套反響強烈的語文課本。這倒是全日制學校的教科書。本來，這個領域我們是不敢問津的，因為競爭太激烈了。在香港，做成套教材就像押寶，必須經過教育局審批，還要懂得營銷，到各間學校推廣教材。所以像我們這樣一向缺乏教材出版經驗的出版社，是很難參與到教科書市場的。專業市場水深，不能輕易淌，這一點我們早知道。

然而我們遇到的是一種另類的教科書。這就是國際學校的語文課本，它是專門針對非華裔學生學習漢語的教材，也就是用英語講授漢字和漢語文的課本，題目是*Chinese Made Easy*，譯為《輕鬆學漢語》，作者是兩位國際學校的青年女教師馬亞敏和李欣穎。

記得最早是香港三聯的副總編陳翠玲向我推薦這套書稿的。她拿來作者用彩色打印機印出的樣稿，令我第一眼就感到非常親切。這是因為作者對於這套教材的成書早有系統的想法，她們完成書稿後便自己聯繫了上海的畫家，為書稿插入了大量活潑可愛的卡通插圖。她們甚至自己懂得圖書的裝幀設計，在樣稿上把圖文互動的效果呈現得非常突出，令人有耳目一新之感。

我約兩位作者見面，發現她們都是中國內地人，先在英國留學，然後在香港定居。長期擔任香港國際學校的語文教員，都已有十幾年的教學經驗。特別是馬亞敏，當時在對外漢語教學領域已經小有名氣，常常發表研究論文，並在相關國際研討會上演講。她們之所以要編寫這樣一套覆蓋國際學校從小學到高中階段的全部語文課程、一共十五冊的漢語課本，是因為她們現在使用的教材，無論內容還是設計和印製，都不能令她們滿意。她們研究了英國、美國、澳大利亞的同類漢語課本，從中汲取了聽說讀寫訓練的方法，並根據她們自己掌握的非華裔學生學習漢語的特點，選擇實用的對話和簡短的文章，注重培養學生用流利、準確的漢語進行交流的能力。她們現在已經開始在自己的學校裏，按照自己的課本授課，學生和家長的反應甚佳，所以她們對這套書的出版非常自信。

然而，國際學校的市場有多大？香港一共有多少非華裔學生需要學習漢語？針對這樣一個狹小的人群，出版一套投資頗大的項目（十六開全彩精印，十五冊），且要長期維持，是否合適？我們算過賬，香港一共只有十幾二十所國際學校，每個學校一個年級的學生頂多百十來人。即使所有學生都使用這套課本，每一冊的需求量也不過一兩千冊。何況，國際學校的漢語課本，也有多家出版社的多種版本，同樣面臨競爭。我們出書後能佔有多大市場份額？很難預測。當時按我預估，這套書弄不好會有一點虧損。這種尷尬的情況曾經讓我對是否接受出版猶豫再三。

但是，這套書對我實在很有誘惑，因為它的獨特素質，它內容和形式上的與眾不同，作為教材，它那種非同一般的精緻、美觀和富有情趣，都讓我不捨得放棄。這是大事，我不能獨自決定。與趙斌、陳翠玲商量，大家都想試一試，哪怕虧一點錢也認了，這給我很大鼓舞。然而，討論出版合約時，又遇到障礙——兩位作者對我們的期望偏高。她們對於合作條件的要求明顯高於三聯的其他作者，開出的版稅率，是我們對楊絳、王蒙等老一代作家都不曾支付過的高標準。開始我們談不攏，因為這是一種破格待遇，而她們並不是名家，她們的書是否有很好的銷量也未可預知，在這種情況下破格，她們需要給我一個理由。但是她們和我長談，一次，兩次，三次，反覆娓娓講述她們在這套書中全情投入所付出的辛苦，介紹了很多書裏書外的情況，特別是告訴我她們已經先期投資支付了卡通漫畫插圖作者的稿費（這筆費用原本是應由出版者支付的），結果我被她們說服，甚至是被她們執着編書的故事感動，於是接受她們的條件。

我最初並沒有料到，這套書第一批十五種出版後便被多家香港國際學校採用，因為這是香港本地出版的唯一一套在

《輕鬆學漢語》部分品種

內容與形式上與國際接軌的非華裔學生漢語教材。緊接着，北美、歐洲、澳大利亞的漢語學校紛紛發函來訂貨，海外市場的需求甚至大於香港本地。於是冷門書變成了熱門書，第一版供不應求，馬上加印。後來又多次重印，成為三聯的常備書。接着，兩位作者又編寫了一套《輕鬆學漢語》的少兒版，還補充編寫了多本練習冊。她們戲稱之為「中文滾雪球系列教材」（含課本、練習冊和教師用書）。二〇〇五年我離港回京以後，她們十幾年來仍然在與香港三聯合作，雪球越滾越大。香港三聯以此為開端，最終把對外漢語學習用書打造成一條獨立的產品線，各種教材和配套讀物總共竟然達到三百多種。

前兩年，我到香港三聯和老同事們聊天，問到他們的經營情況。對方告訴我，在《輕鬆學漢語》帶動下，現在漢語學習的圖書，已經成為香港三聯的經濟支柱和重要利潤來源之一。這令我感到十分快慰，同時心生感慨。我覺得這件事說明，即使在市場十分狹小的條件下，只要你的出版物針對性強，並且具有一流的品質，被市場樂於接受，那麼它的生存空間仍然是足夠開闊的。我想起自己讀過的一本經濟管理學著作，名為《藍海戰略》，書中講企業的投資，不必去熱門領域的「紅海」競爭，而應該把目光投向無人問津的「藍海」。我現在才意識到，三聯當年冒險投資進入的非華裔學生漢語教學領域，儘管很小，但竟然就是這樣一片「藍海」。後來，我在一些編輯業務培訓班上講課，也常常用這套《輕鬆學漢語》作為案例，告訴大家，不要盲目地害怕小眾書，香港市場上的《輕鬆學漢語》就其讀者群體來說，是極端小眾的，但是它的出版成功告訴我們一個道理——贏得小眾中的大眾，遠勝於在大眾中佔有小眾。

# 十、王世襄與一份「無奈的合約」

我是到香港以後才認識王世襄先生的。當然早聞他的大名，只是一直無緣相識。而真正有機會見到他，卻是在他與香港三聯發生糾紛的情況下，很有幾分尷尬。

一九九六年底，我剛到香港三聯任職，出版經理關本農就告訴我，王世襄先生因為對香港三聯不滿，要解除《明式家具研究》一書的出版合同。

深入瞭解問題的緣由，我知道王老對三聯的意見，其實主要不是為了這一本書，而是因為此前他在香港三聯出版的圖冊《明式家具珍賞》，他沒有得到應有的報酬。

問清原委後，我明白事情不怪香港三聯。根源在一九八五年香港三聯和北京的文物出版社聯合出版了《明式家具珍賞》，為此雙方簽訂了一份「無奈的合約」（王世襄弟子田家青語）。因為那時沒有著作權法，合約簽得很不規範，雖然署名王世襄主編，卻是由文物出版社代行簽字（甲方），將這本書的版權（包括中文和各種外文版權）永遠轉讓給了香港三聯（乙方），合作條件是：甲方提供畫冊全部照片和文字，由乙方設計和印製。乙方須以實物向甲方（文物出版社及王世襄）支付報酬，這就是贈送甲方半成品（全部印刷完畢的圖書正文內頁）一千四百套。這一條，香港三聯是如約履行了的。也就是說，香港三聯付過稿酬。

這就帶來了兩個問題。其一，是這樣付酬合理嗎？以我的瞭解，合作出版，以實物（成品或半成品圖書）付酬，作為香港和內地出版社之間合作的模式，是符合慣例的，至少在當時是這樣。其二，這樣合作是不是甲方（包括王世襄和文物出版社雙方）吃了大虧？我測算了一下，一千四百套半成品，大約折合十四萬元港幣，這在八十年代中期是一個非常巨大的數字，作為稿酬，數倍於當時一般圖書稿酬的標準。這筆錢可以說，無論對文物出版社還是王老本人，都算是可觀的收益。那時王老一個月的工資才不過兩百多元呢。只不過，北京的文物出版社將這些半成品的正文內頁裝訂成書到市場上銷售後，並沒有向王老支付過稿費，因為他們認為自己是書中全部照片的拍攝者和版權所有者，擁有畫冊的版權，王老只是他們請來的主編，於是僅用贈送一百冊樣書向王老付酬。這顯然是對智慧財產權的誤解，為此王老覺得十分委屈，認為自己被兩家出版社特別是香港三聯坑了。他不知道他的稿費應向文物出版社索取，也不知道香港三聯為出版此書曾經承擔很大的經濟風險，前期的製版費用已十分昂貴，後期的印製費用更是驚人，這曾經引起出版社一度虧損。他只是瞭解到此書經過大力推廣後接連重印並向台灣地區和多個國家售出版權，香港三聯收入頗豐，覺得自己的利益被侵害，憤憤不平。本來，這份合約規定他的學術著作《明式家具研究》也按這種模式和香港三聯合作，但王老為了保護自己權益，立即要求終止合作，在補償了文物出版社一筆拍照費用之後，成功將《明式家具研究》的版權收回，於一九八九年二月和香港三聯單獨另行簽訂出版協議。

這樣，關於另一本書《明式家具研究》，王老和香港三聯的合約，就是完全符合國際出版規範的。出版前，由香港三聯一次性向作者支付文字稿費和照片使用費共計港幣六萬元，另附英文版稿費五千美元，兩項合計達十萬港幣，合同期限八年。但是，就在我到香港工作的第一個月，因為這份合約即將到期，王老來信通知香港三聯，準備結束合作。

我第一次見到王世襄先生，算是巧遇。一九九七年春節過後，我赴港後第一次回北京出差，抽空到北京三聯拜訪董秀玉總經理，談話中推門進來一位老者，身穿灰色棉衣，圍着黑色的長圍脖，頭戴皮帽子，他就是王世襄先生。

董總介紹後，我遞了一張名片給王老。告訴他《明式家具研究》這本書，我們還希望和他續約。他聽了似乎很高興，並沒有堅持說要收回版權。他說話非常客氣，告訴我，他會給我寫信，有事在信裏商量。

我回港後不久就接到了王老的信。他寫信用圓珠筆，字跡非常工整，而且用複寫紙拓寫。為了這本書續約，他大約給我寫過五六封信，每一封都如此。我猜他自留底稿，是要留下證據，以備發生版權糾紛。他那時對香港三聯的戒備之心非常重，當然這和我個人關係不大，他主要是對三聯的老一代領導人、前總經理蕭滋先生誤解頗深。但這樣一來，我們洽談續約就不順利了。

在這種情況下商談繼續合作，我們當然需要格外善待作者。和趙斌總經理商量以後，我們主動提出把原先的稿費制改為版稅制，重印時按百分之十的版稅付酬，這樣老先生可以比第一版出版時多得幾倍的報酬。王老欣然接受這一條件，但是，對於我們提出因為香港市場太小，圖書銷售很慢，準備重印三千冊，並考慮將其中一部分銷售到中國內地，老先生卻不同意，他表示，如果有一部分賣到內地，就一定要印五千冊。我幾番去信解釋，他都不肯讓步，一時雙方僵持。最後老先生來信，說雙方各退一步，按四千冊印，一言為定。於是我們寄上合同，王老簽了字。

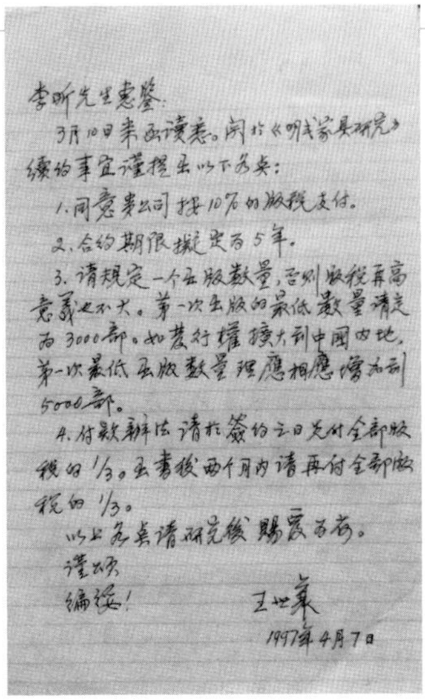
李昕先生惠鉴：
3月10日来函读悉。关于《明式家具研究》续约事宜谨提出以下各点：
1.同意贵公司按10%的版税支付。
2.合约期限拟定为5年。
3.请规定一个出版数量，否则版税再高意义也不大。第一次出版的最低数量请定为3000部。如发行权扩大到中国内地，第一次最低出版数量理应相应增加到5000部。
4.付款办法请于签约之日先付全部版税的1/3。出书后两个月内请再付全部版税的1/3。
以上各点请研究后赐覆为荷。
谨颂
编安！
王世襄
1997年4月7日

王世襄先生為《明式家具研究》續約致作者的信

續約條件談好了，但香港三聯發行人員聽說此事，意見頗大。他們說過去八年總共都沒有售完三千冊，未來五年怎麼可能銷售四千冊？新書變成舊書，銷售只會一年比一年少。於是我們只得重新研究，壓下合同暫未簽字。誰知過了兩個月，王老沒有收到寄回的合同，又急了。他對我們的誠信提出質疑，懷疑我們利用他先簽字搞什麼鬼，來信中把話說得極其難聽，有點老賬新賬一起算的味道。於是我對總經理趙斌說，此事恐怕不能再耽誤下去。趙斌覺得，事到如今，哪怕是苦果也要吞掉，所以同意就按四千冊簽約。我算了算，這筆版稅總共約三十二萬港元，若是書壓在庫裏，是難免造成虧損的，但是想到王老對香港三聯的一腔怨氣，我們以為需要安撫老先生的情緒。趙斌說：「《明式家具珍賞》出版，王世襄沒有從文物出版社拿到報酬，我們在《明式家具研究》上多給他一點，算是我們的心意。」

不過，王老大概不會領我們的情，這是在商言商的談判，何況，兩本書的報酬原本就各不相干。但是，香港三聯以這樣的條件簽下《明式家具研究》的續約協議，真的是在作虧損預算，當時就可以預見，這盤棋沒有勝算。這樣做的結果，是到了二〇〇二年合約再次期滿又要續約時，由於庫存尚多，我們已經無法承諾再次重印此書。於是香港三聯關於《明式家具研究》一書與王世襄的版權合作只能到此結束。

然而到了這時，王世襄先生也感覺到需要解決《明式家具珍賞》一書的版權問題了。當年那份「無奈的合約」是特定歷史條

《明式家具研究》

《明式家具珍賞》

件下的產物，當時中國的著作權法還沒有實施，如此的版權合作無法可依。但是現在，一切都可以在法律框架下重新研究解決。所以在二〇〇二年底，王老委託了律師，分別與文物社和香港三聯交涉，整個過程，我是直接參與者和當事人。我和時任文物出版社社長蘇士澍通了電話，都覺得這件事用不着訴諸法庭。儘管那份「無奈的合約」是無期限的授權，原本沒有「結束」一說，儘管文物出版社作為圖冊中全部照片所有者確實也應享有一部分的作者權益，儘管香港三聯當初花費數倍於基本稿酬的鉅資簽下如此協議是為了買斷這本圖冊的全部版權，但到此時，我們都不願意再斤斤計較了。於是我們兩社和王老共同起草了一份協議，本着尊重歷史的態度，兩社都聲明確認，王世襄本人是《明式家具珍賞》一書唯一合法的著作權人，應依法享有著作權人的全部權益。王老則主動表示放棄對香港三聯和文物出版社在本協議簽署之前出版「珍賞」或授權他人出版「珍賞」行為的「任何版權訴訟請求權」，同時放棄對兩社此前出版「珍賞」所獲得利益的追索權，於是圍繞《明式家具珍賞》的版權糾紛至此了結。此書後來由王老另行授權文物出版社製作出版。

版權問題是順利解決了，但是不能不說，在這場糾紛中，有一個人卻承受了難言的委屈，他就是香港三聯的前總經理蕭滋先生。

不少出版界同行都知道，蕭滋先生對於王世襄的明式家具研究是獨具慧眼的。隆重介紹王世襄先生，可謂有膽有識。

一九八二年，蕭滋和香港幾位出版界同仁一同到北京組稿，在文物出版社提供的選題目錄中，他一眼看中的就是王老的著作。據他自己解釋，他是因為早年做外文圖書進出口工作時，曾經注意到德國學者艾克用英文寫的《中國花梨木家具圖考》（*Chinese Domestic Furniture*）在香港和歐美市場上都受到關注，表明中國家具已經開始進入收藏家的視野。他由此相信這種題材的書，在香港這個狹小市場上，應該是有條件出版的。但是，王老當時交給文物出版社的著作，與艾克那一本不同，它不是關於明式家具的圖冊，而是一本以文字為主的大部頭學術著作，蕭滋擔心此書以如此面貌出版會造成經濟上的較大虧損，所以大膽建議，把這部著作一分為二，首先沿用艾克那本圖冊的思路，將著作中的圖片抽出來編成一部以圖為主的大型圖冊，待圖冊產生影響後，再集中力量打造一本高質量的學術著作，這樣前一本圖冊如有盈利還可以補貼後一本學術著作的虧損。蕭滋的建議得到文物出版社和王老本人的認可，於是王老的著作便被拆分成《明式家具珍賞》和《明式家具研究》分兩批出版。

從經營策略上講，蕭滋的策劃思路無疑是正確的，但是他當時並不能確保明式家具的圖冊可以盈利。他的測算，是即使盈利，大概也要在重印並售出海外版權之後，而並不是立即可以見到。但這些話，他並沒有告訴王老，更沒有說香港三聯即使是先做這本圖冊，按照與文物出版社合約規定的合作模式，也仍然承擔不小的經濟風險。以致於王老從來沒有意識到蕭滋選擇出版《明式家具珍賞》，只是因為他看重了這部書的藝術和文化價值，而並不是為了賺錢。王老不瞭解，作為一個在香港備受敬重的文化人、一個著名的出版家，蕭滋一生都從沒有把賺錢看得特別重要。

無論如何，大型圖冊《明式家具珍賞》的出版成功了。一九八五年八月，王世襄先生親赴香港參加《明式家具珍賞》新書首發式，一時引起轟動。這是中國人有關明式家具的著作第一次呈現在世界面前，王老為此非常振奮和激動，他為蕭滋先生題詞：「從此言明式，不數碧眼胡」，意思是說今後研究中國的明式家具，要看中國人自己寫的著作了，顯示出一種發自內心的自豪和愉悅，而他給責任編輯黃天的題詞：「先後奮戰，共慶成功」，表明他對香港三聯的編輯出版工作十分滿意。

但是，因為出版後沒有拿到稿費，王老對香港三聯的態度頓時有了很大轉變。由於不能瞭解香港三聯的經營情況，所以他內心中的猜疑轉變為對蕭滋的誤解和怨恨。不久蕭滋退休，王老致香港三聯新任總經理的信這樣說：

> 大家都清楚：當時瞭解《明代家具珍賞》一書的國際行情，可以出多種文本及一文多本（如英文本就有五個）暢銷全世界的是蕭滋先生。瞞着作者，將他蒙在鼓裏，和文物出版社搞非法交易，用一千四百本畫冊內文頁換取作者所有的世界各種文版的版權，也是蕭滋先生。大陸作者多年出不了書，對版權法又一無所知，因此有機可乘，只須略施小技，給點小恩小惠，便可使他俯首貼耳，感恩不盡，撈到大便宜；瞭解以上情況的也是蕭滋先生。總之，蕭先生的精心策劃，掘了陷阱讓人跳，實在不夠朋友。儘管他為貴店撈到了便宜，但實在不光彩！他本人和貴店必將為此付出代價，至少是聲譽上的代價！

這分明是說，蕭滋為王世襄出書根本是一個陰謀，而香港三聯也參與了坑蒙拐騙。這些話對蕭滋先生的不公平顯而易見。但蕭滋本人當時對王世襄的態度只是風聞，不得其詳。直到大約十五年後，就是在王老和我們解除《明式家具珍賞》合約的前後，王老為了了卻這樁心事，做了兩件事：一是將那份「無奈的合約」交給他的入室弟子田家青保存，囑田在將來適當的時機發表出來，立此存照，以鑒後人；二是接受《中華讀書報》記者採訪，把他心中關於《明式家具珍賞》的苦水盡數倒出。這篇文章引用了他上面這封信，被蕭滋看到了。

蕭滋先生的心顯然是被狠狠地刺傷了。當時我正在香港三聯主持出版工作。聽到三聯很多同事議論，大家都對蕭滋抱以同情，給他以安慰。平心而論，王世襄著書立說，付出的心血和辛勞沒有得到應有回報，他的不滿和憤怒，我們都能體諒，他有火氣要撒，我們也能理解。但這既不是蕭滋的過錯，也不是香港三聯的責任。相反，應該承認王世襄是從香港三聯走向海內外，走向全世界的。香港三聯以達到國際水平的圖書製作形式，將這兩本著作推向國際市場，奠定了王世襄作為「明式家具學」創始學者的尊崇地位，使其贏得了全球文博界的高度讚譽，蕭滋作為出版策劃人和主持者，功不可沒。這兩本書的責任編輯黃天在一次演講中談到，這兩本書在香港出版，使香港獲得先機，很快便成為明式家具的集散地——多少家具珍品由此出口海外；但若干年後，又回流香港，甚至重返內地。明式家具熱潮，從香港掀起；明式家具走向世界，從香港出發。他所講的情況，大抵符合事實。然而這一切的背後推手，正是蕭滋先生。

《中華讀書報》那篇長文發表以後，我和蕭滋先生幾次提起此事，相信這是他的一個心結。勸慰的同時，我想請他撰文澄清事實。但沒想到這位儒雅的老人只是付之一笑，說：「是非功過，由後人評說吧。」

此後又是十幾年過去，這件事差不多被人淡忘。誰想因為王世襄弟子田家青出版《和王世襄先生在一起的日子》一書，按照王老的遺願公開了那份「無奈的合約」，使得《明式家具珍賞》的版權糾紛再次成為媒體話題。一直緘口不言的蕭滋先生已經年過九十，但這次他有點忍不住了。此時我已經返回北京多年，蕭滋先生給我來電話，講了自己內心的感受，說：「在《明式家具珍賞》這本書上，王世襄的確吃了虧，我覺得不好意思，所以三十年中他講了那麼多罵我的話，我都沒有回應，我覺得這是歷史造成的，就讓它過去吧。可是田家青又把它翻出來，我不能不說清楚了。」

於是蕭滋先生在《中華讀書報》發表了一篇回憶性的長文，說明當年香港三聯是怎樣費盡心力把《明式家具珍賞》做成傳世經典的。老先生依舊保持儒雅風範，他沒有去爭辯什麼，只是講自己做了什麼。文中雖然提到香港三聯為了製版花了十四萬港元，相當於香港普通人家半套單元樓房的價錢，但是既沒有公開當年的成本和效益賬目，也沒有講述發行此書先虧後盈的過程，甚至沒有提到當時香港三聯承擔的經濟風險，更沒有說明三聯曾經向甲方（文物出版社及王世襄）以實物形式支付過巨額稿費。我讀了文章以後，打電話對蕭滋先生說，有些話也許他不方便說，我來寫文章幫他說吧，他未置可否。

我聯繫了田家青，責怪他為什麼要在自己的書中刊出這篇「無奈的合約」，他說，這是王世襄先生正式託付給他的事情，他怎麼能不履行責任？田家青也是香港三聯和北京三聯的骨幹作者，與我關係甚好，聯繫也相當密切。他對我很信任，寫了文章常常會提前發給我，聽取我意見和建議。他這本《和王世襄先生在一起的日子》，就是我在北京三聯工作時出版的，稿子我曾經看過，但看的只是文字稿，而「無奈的合約」是一個加了說明的照片插圖，我在發稿前未曾見到。現在印在書上，我覺得有點對不起蕭滋先生。便對田家青說，關於王世襄與蕭滋之間的恩怨，我恐怕要寫一篇文章。田家青回說：「你可別寫，你如果寫了，我還得回應，那麼咱們倆人不是打起來了嗎？」我說：「我只講客觀事實。王世襄有委屈你要替他說，蕭滋也有委屈，為什麼我不能替他說呢？文章寫好了我先給你看。」

後來，我寫了一篇長文，題目是〈王世襄《明式家具珍賞》的版權公案〉，全面回顧了這本圖冊出版的前前後後，分析和評論了「無奈的合約」產生的緣由，對王世襄先生的維權行為抱以同情和理解，同時強調作者被侵權的責任並不在香港三聯一方，蕭滋先生不但無過而且有功。

我把文章寄給田家青過目，他沒有表示異議。

於是我在《南方週末》發表此文，引起一定反響。蕭滋先生看了，電話裏連說：「謝謝、謝謝。」我想，這篇文章大概將他的心結解開了。

幾個月後，我到香港看望蕭滋先生。他握着我的手，很用力，兩眼深情地望着我。聊天聊到一半，他忽然進入內室翻箱倒櫃。起初我不知他要找什麼，等他拿出一隻卷軸，才明白他又要贈我墨寶。他是知名書法家，作品在香港大會堂展覽時曾經獲得大獎。這次他拿出來的是一幅以一絲不苟的工整的小楷臨寫王獻之的長卷作品〈洛神賦〉，文末有跋曰：「晉王獻之小楷洛神賦傳至唐代只存十三行，余已臨習多遍，茲試以大令筆意書寫全文，如能得其十一於願足矣。」落款為「戊子初春蕭滋書於香江」。

他展示後很鄭重地贈我，囑我收藏，說是留個紀念。他強調這是他十年前的作品，是自己最滿意的一幅，同樣的水平，現在已寫不出。我被此情此景深深感動，受寵若驚，簡直不知說什麼好。

一切盡在不言中了。

作者與蕭滋先生合影（二〇一七年）

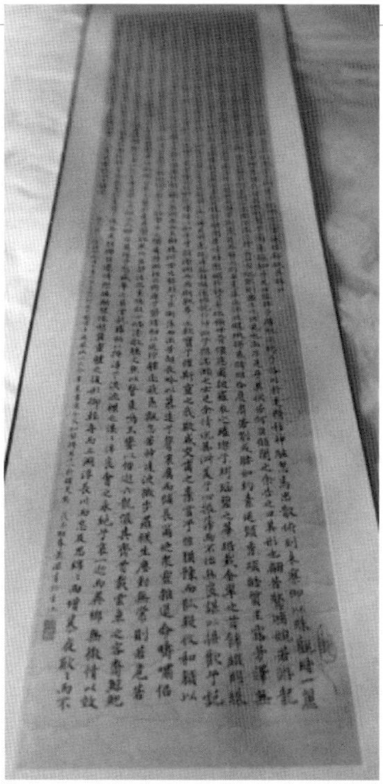

蕭滋先生贈作者的長卷書法作品〈洛神賦〉

# 十一、設計領先的原創畫冊和圖文書

香港不僅是商業大都市，而且也是文化創意之都。在現代藝術設計潮流的帶動下，香港在圖書裝幀設計方面，一直較中國內地領先，至少到二十世紀末都是如此。而在出版界，香港三聯又恰恰是一家格外重視圖書設計和品相的出版機構，曾屢次獲得全港評定的印刷及設計大獎。上世紀八十年代以後，內地很多出版社願意和香港三聯合作出版畫冊，如王世襄先生的《明式家具珍賞》和《明式家具研究》兩本巨著原本都是向北京的文物出版社投稿，但都在香港三聯設計並製作成書，就是典型的例子。我在前面提到，這是那一時期內地出版社和香港三聯的一種合作模式，當然這也是因為畫冊由兩地共同設計和印製，可以分攤成本，增加出版社的收益，所以大家都有合作積極性，致使同類情況很多。如劉勵中編輯的畫冊《藏傳佛教藝術》、陳從周主編的畫冊《中國廳堂：江南篇》、中國建築工業出版社編輯的畫冊《中國園林藝術》，還有阮儀三主編的畫冊《江南古鎮》等等，都是香港三聯和內地出版社聯合出版的，其中有些書，即是內地出版社委託香港三聯負責裝幀設計。

好的設計出自好的設計師，也出自好的管理體制。我到香港工作以後，發現三聯和人文社不同，圖書編輯出版過程中，美編起重要作用，甚至在某些情況下，他們是「龍頭」。人文社的美編主要管封面設計，頂多在書中加幾幅插圖，對排版不參與意見。社裏把排版工作歸入出版部，單獨請人設計版式，其工作和美編互不相干。但在香港三聯，排版是歸美編領導的，一本書的設計和排版統一安排，由美編主導。因為美編是一本書裝幀藝術形式的總負責人，所以他們習慣上將美編稱為「設計師」。

設計師要讀書，懂書，有創意，還要特別用心。當時香港三聯有兩位今天被華文出版界公認為設計名家的

作者與陸智昌（阿智）、陳翠玲合影（二〇〇一年）

設計師，他們是陸智昌和甯成春。甯成春是北京三聯的美編，董秀玉女士在香港三聯做總經理時曾經將他借調到香港大約一年時間。此間他設計了顧景舟主編的大型畫冊《宜興紫砂珍賞》，一舉獲得「香港印製大獎」全場總冠軍。香港回歸前夕，甯成春已經返回北京工作，但因為新華通訊社和聯合出版集團出版一本題為《香港》的大圖集，特地又把他從北京借回香港主持設計，可見他當時的聲望已經很高。他後來是為北京三聯樹立圖書裝幀藝術風格的人物，一直被後來的設計師模仿和學習。

陸智昌人稱阿智，是地道的港人，他在香港三聯擔任設計師超過十年。他那種被人們熟悉的清新淡雅的設計風格是在香港三聯時期形成的。他做書極其用心，不論大書小書，都要自己找到感覺才肯動手。他設計的很多書都是別具一格的，幾十年來在香港和內地各種評獎中獲獎無數，可以說是「拿獎拿到手發軟」。有些書，他設

《香港電車》

計得非常細緻，因此費時頗多。但是他拿出來的作品，從來沒有讓人失望過。我記得北京三聯曾有一本畫冊《硯史箋釋》，此書介紹清代書畫家、收藏家高鳳翰一生藏硯、製硯、銘硯的藝術成就，圖片中包括很多古代的著名硯台。責編請阿智做設計，結果稿子在他手裏壓了多年，拖了再拖，就是出不了書。每次問他，他都說沒有找到感覺，做不出來。作者急死了，投訴多次。但是最終阿智設計完成，此書出版，獲得第三屆「中國出版政府獎」裝幀設計提名獎。作者非常滿意，逢人就誇阿智設計得好。

再講一個小故事，那是一九九八年，李安策劃了一本小畫冊，題目是《香港電車》，講香港人稱之為「叮叮車」的有軌電車百年史。書中的圖片，都是舊照片和明信片，來自一位香港的收藏家。這本書，李安請阿智設計。他面對這些老舊的照片，想着如何設計才能出彩，花了很多時間。其實在我看來，論題材，這本書平淡無奇，論設計素材，沒有什麼特別吸引眼球。要把它做成人見人愛的書，而且設計出新出奇，可謂難題。所以甚至覺得，這本書恐怕不值得折騰，再折騰也沒有什麼轟動效應。試想，這本小畫冊定價才一百二十八元，如果印三千冊，即使按六折全部售出，總銷售收入也不過二十萬元。按照總經理趙斌的說法，人工也要算錢，那麼阿智每個月幾萬港元工資，連續用幾個月的時間花在這本書上，那麼這本書的成本就太高了。

另一個問題是當時香港三聯只有兩位設計師，一年要出版一百多本新書，都靠他們倆設計，我作為編輯部的主持人，眼看着很多書不能及時出版，心裏很急。我幾次忍不住，要催阿智一下，希望他加快速度。但是他每次回答我，只有一句話：「你要行貨（意思是沒有個性特點的、可以用流水線批量生產的產品），還是要精品？」我只能回答：「當然還是要精品。」他說：「要精品你就不要催我。」

後來，他真的磨了三四個月才拿出這本小書的設計稿。但是當年年底，香港舉辦印製大獎評選，這本小畫冊從三千本出版物中脫穎而出，奪得唯一的大獎。我得知消息後非常感歎，覺得阿智真是說到做到，三聯聘請這樣的人做設計師，工資再高一點，也值！

除了出版社內部的設計師，香港三聯有時也會從店外聘請高水平的設計師幫忙。例如香港理工大學有一個設計學院，那裏的老師不但能講授理論，而且也能動手操作。曾有不止一位該院設計專業的老師為三聯設計過圖書，這裏特別需要說一說趙廣超和他的作品系列。

和別人是受聘為三聯工作不同，趙廣超設計的都是他自己的著作。他不信任別人的設計，因為他任教於香港理工大學，專業是平面設計，可謂專家。他自己的書，要通過設計表達什麼意念，只有自己最清楚。所以找出版社商談出版，是一定要連同自己的設計一起洽談的。

趙廣超愛好中國文化，尤其喜愛中國古代建築和繪畫藝術。他的書，大多關於建築史、藝術史。過去，他從來沒有寫過這方面的著作，與我們也從無聯繫。大約是一九九九年夏天，他突然打電話到我的辦公室，簡單地自我介紹以後，他告訴我，自己寫了一本書，題為《不只中國木建築》，是有關中國古典建築的隨筆集。

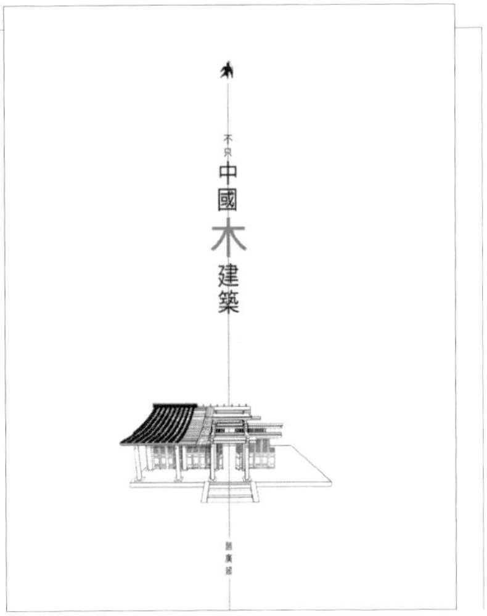


《不只中國木建築》

我聽了這名字覺得很奇怪，問他，什麼叫做「不只……」，他說為了不受題材的局限，除了討論木建築以外，還會說一點其他的相關問題，所以才用了這樣的書名。我當時想，這會不會是雜七雜八，東拉西扯的內容？作者並非專業人士，寫這樣一個專業題材的著作，能寫好嗎？心裏不免有疑問，甚至想直接婉拒算了。但是趙廣超不由分說，問我的傳真機號碼，說要把稿子傳給我看看，讓我無論如何看完稿子再說。於是接下來的一兩個小時，我的傳真機響個不停，稿子一頁頁傳來，最後把機器中厚厚一打紙都用光了。我一看那稿子，頓時感到震驚，原來那是已經設計好的圖文書版樣，作者利用他作為平面設計專家的優勢，繪製了大量有關中國古代建築的精緻白描線條圖插入其中。在此之前，有關建築的圖文書，我見過插入照片的，插入解析建築結構的透視圖的，但是從沒有見過這種插圖，它可以非常精確地反映古代建築的形制特點，筆調清新，風格淡雅，表現細膩，令人一見傾心，愛不釋手。這真是一種先聲奪人的效果，我從書的形式上就已經喜歡上它了。再看內容，我讀了其中一部分書稿，發現作者談的都很靠譜，對照我讀過的梁思成《中國建

《筆記〈清明上河圖〉》中的白描線圖

築史》，感覺挑不出什麼明顯錯誤。我將書稿轉給三聯擅長製作藝術類圖文書的編輯沈怡菁，結果她看稿後拍案叫絕，說趙廣超的書不僅插圖好，而且文字也寫得很棒，書名雖然另類，用筆雖然輕鬆，但是內容相當嚴謹，表明作者對於中國建築史是有深入研究的。這樣我們立刻決定把它作為重點書，盡快安排出版。

這本書的出版，對我們是極其省事的。因為全部設計由趙廣超自己提供，我們只進行編輯校對，做一些基本的出版和行銷策劃。這本題材和裝幀設計都針對高端讀者的小眾圖書，定價達到二百港元一冊，出版後卻大受歡迎，短期內銷售一空，接着連連再版，成了香港的暢銷書。

由此，趙廣超找到了感覺，他趁熱打鐵，又連續做了幾本形式和風格類似的圖文書：《筆紙中國畫》、《筆記〈清明上河圖〉》、《大紫禁城：王者的軸線》等，全在香港三聯出版，每一本都引起轟動。白描線條圖成了趙廣超的招牌，無論用在哪一本書上，都令人眼前一亮。不需要彩色填充，不需要渲染烘托，只是清淡簡單地以細線勾勒出圖形，就帶出一種別具一格的藝術效果，特別富有雅致的文化感。這幾本書中，要數《筆記〈清明上河圖〉》更加出奇制勝。趙廣超把它做成兩個可以展開的冊頁，放在同一個函套裏。一個冊頁是等比例縮小的《清明上河圖》原作，另一個冊頁則是對《清明上河圖》的解讀，其辦法還是利用電腦製作的白描線條圖將原作中的個別場景抽取出來，然後加以介紹和評析。兩個冊頁都是十六開本，展開後能拉到一米六長，讀者可以將它們並列擺在長案上對照閱讀。作者不僅從藝術的角度點評，而且進行歷史和民俗方面的解說，講出繪畫背後的故事。全書從頭至尾細緻地一部分、一部分地解讀《清明上河圖》，類似老師在課堂上講課，採用的是回到歷史場景中去的方式，而白描的線條圖又將歷史場景重現得格外清晰。這種著作，真是中國繪畫史研究中沒有過的，也是離開了現代的電腦設備便做不出的。我看了覺得新奇，但又擔心自己的評價不夠專業，於是將書稿寄給中國美術學院美術史教授任道斌先生，任先生同樣拍案稱奇，給予了極高的評價，寫了熱情洋溢的推薦意見。於是我們將這本書在香港隆重出版，後來，我到北京工作以後，還將《筆記〈清明上河圖〉》和《不只中國木建築》介紹給北京三聯，在內地出版兩書的簡體字版本。

從趙廣超的作品編輯中，我有了兩個感悟：一是我發現讀者對於圖書形式的喜愛和追求，有時超過對於內容的需要，好的形式會為圖書的內容帶來「可讀性」；二是我認識到藝術設計的獨特性是制勝法寶。趙廣超解讀《清明上河圖》，把圖和文字分別做成對照的兩個冊頁的做法，後來我見到內地有不止一個設計師模仿，但是都沒有達到趙廣超的水平。原因是他們沒有做出電腦抽取的精準白描線圖，這是趙廣超的絕活！

另一套有影響的圖文書，是《作家與故鄉叢書》，這套書的策劃也是得之偶然。二〇〇二年的一天，三聯的編輯沈怡菁告訴我，她到珠海去，認識了一位女攝影家，名叫卓雅，此人癡迷於沈從文，她細心研讀沈從文的作品之後，便到沈從文的湘西老家，拍攝沈從文作品中的場景，不忽略一草一木等一切細節。她家裏有一隻電冰箱，是專門用來存放照相的反轉片膠卷的。從她的大量照片裏面，若要編一本《沈從文的湘西》易如反掌。甚至有大量的圖片可以和沈從文對家鄉描寫的文字一一對應。沈怡菁帶回了一些照片樣稿，清一色黑白照片，影像的捕捉，光線的利用，產生出一種視覺的衝擊力和感染力。我看了甚喜，當即就決定出版此書。但是我又想，如果只出這樣一本，似乎單調了些，難以引起讀者注意，而且也不便於促銷。於是我想再組織幾本同類書，編成一套。所謂同類書，就是名作家寫自己故鄉的散文隨筆或小說，再配上攝影家的高質量黑白照片做插圖。為什麼一定要選擇黑白照片？因為這是懷舊題材，需要以黑白色調營造氛圍。如果配上彩色照片，就類似旅遊書了，效果必然不好，看起來是增色，實際卻是降低了品位。我意識到，要強調藝術性和獨特性，那麼無論文字和圖片，都一定要選最好的，就像書中文章每一篇都是名作一樣，照片的每一幅都應該是可以獨立發表的藝術照片。正好，我認識兩位喜歡拍攝鄉土民居的攝影家，一位是北京人沈繼光，他過去就出版過有關北京胡同

《作家與故鄉叢書》部分品種

的明信片集；另一位是上海人陸宗寅，他的照片大量用在多本江南風光的圖冊中。於是我確定了叢書選目，選定了作家和作品，然後請沈繼光為《老舍的北京》和林海音的《城南舊事》配圖，請陸宗寅為《魯迅的紹興》、《郁達夫的杭州》、《王安憶的上海》、茅盾的《林家舖子》和豐子愷的《緣緣堂隨筆》配圖。因為馮驥才和香港作家也斯本人就是攝影家，我請他們自己編了《馮驥才的天津》和《也斯的香港》（多年後在北京重新出版時，又增加了陸宗寅插圖的《胡適的績溪》）。這樣一套書整體推出，採用銅版紙，反覆校色後雙色精印，看起來是黑白書，但是黑白中有濃淡，有層次，有立體感，印刷效果不亞於畫冊，令人驚喜。這套書獲得眾人好評，北京的當代中國出版社當即購買內地版權，並委託我在深圳按照港版原樣印製一萬套，以成品書向他們供貨。直到十年以後，我在北京重新組建三聯生活書店時，當當網的總裁李國慶見到我還說，當年你做的那套《作家與故鄉叢書》多好呀，怎麼絕版了呢？如果你重新出版這套書，我可以包銷。於是我在二〇一四年三聯生活書店恢復獨立建制後策劃的第一批選題中，就列入了這套書，當當網上書店果然包銷了八千套。不過要說明的是，雖然生活書店版的《作家與故鄉叢書》整體質量不錯，也受到不少好評，我的老領導楊牧之先生還特地打電話來表示祝賀，但是和香港版相比，由於它採用的是純質紙而非銅版紙，印刷效果便有所遜色。看版樣時，我和設計師反覆調整雙色色標，也無濟於事。最終精品效果沒有達到極致，這是一個不小的遺憾。

另外一個遺憾是這套書中缺少了一本楊絳作品。本來，叢書中沒有哪位作家，都不能算什麼遺憾，但問題是我錯過了機會。二〇一四年我在補充策劃《胡適的績溪》時，忽然想到可以編入楊絳先生一本。楊先生祖籍無錫，但是青少年時代生活在蘇州，無論是無錫還是蘇州，都可以說是她的故鄉。我事先問了陸宗寅，這兩個地方他的照片儲備如何，他說沒問題，精彩圖片可以任意選用。於是我聯繫了為楊絳先生料理版權的吳學昭女士，聽她的意見。她說，楊先生對蘇州的感情超過無錫，如果編一本《楊絳的蘇州》，她一定很開心，會喜歡做這件事。但是她關於蘇州的文章只有幾萬字，不夠編成一本書，除非她能補寫幾篇。可惜，她現在的身體狀況已經不能寫這類文章了。最後，吳學昭埋怨我說：「你約稿約得太晚了呀！早幾年你見到楊先生怎麼不約稿呢？」我真是後悔得捶胸頓足。是呀，這套書第一批出版，是在十幾年前，我那時的想像力和策劃力怎麼這麼差！

# 十二、幾場版權糾紛

我在中國內地做出版時，處理過一些比較複雜的版權問題，還打過版權官司，為此研究過《著作權法》及其《實施條例》，自認為在版權方面，即使不能算半個專家，也可以說絕不是外行。但是到香港以後，我發現，兩地在版權管理方面有諸多不同，總的來說，是香港管理更嚴格。一些在內地被默許通融的版權使用，在香港則是被禁止的。例如某作家在一家出版社出版文集，然後到另一個出版社去出版文集中的單行本，這種情況內地很常見，但是在香港則不許可。再如，香港的大學教材很貴，一個教師想讓學生省錢，將自己購買的教材中有關章節複印多份分發給學生使用，這個教師可能會被控告侵犯智慧財產權。甚至，如果一個作者在香港出版一本作品集，其中的單篇作品被作者授權給另一家出版社收入該作者的其他作品集中，這種行為都可能帶來版權方面的質疑。記得我剛到香港時，看到天地圖書出版楊絳的《幹校六記》、《將飲茶》、《雜憶與雜寫》等書的單行本銷售相當好，正好我要編輯《三聯文庫》，準備向楊先生約稿。我自己編輯了一本《楊絳散文選》，收入了這三本書中多篇散文，把目錄寄上以後，我打電話給楊絳先生，希望她授權確認。她很高興，二話沒說就在我寄去的合同上簽了字。過了幾天，香港出版界同仁聚餐，我正好和天地圖書的幾位老總坐在一桌。我談起即將出版楊絳先生的散文集，他們立時對我表示，這可不行，這些文章的版權在天地圖書。我有些納悶，說在內地大家都是這樣做呀。但他們說在這裏要按香港規矩。幾天以後，我忽然接到楊絳先生的電話，她說天地圖書的董事長陳松齡先生找過她了，反對香港三聯出版《楊絳散文選》。楊先生說，為了不和他們爭吵，她給我換一本天地圖書沒有出版過的書。隨後楊先生給我寄來另一本散文集《從丙午到流亡》，我將這本書收入《三聯文庫》。

至於書中的剽竊和抄襲問題，在內地也很常見，一般會在作者之間解決，出版社往往不需參與，但是在香港，出版社卻承擔着很大責任。出了問題，出版社需要從中協調。二〇〇二年，我遇到了一場這樣的麻煩。

## （一）

那時我們剛剛出版過一本經管類圖書《二十一世紀中國市場》，作者是香港一位知名的企業家，曾是香港「十大傑出青年」，時任全國政協委員、香港中文大學商學院的客座教授。這本書是香港中文大學的研究生教材，根據講稿整理，出版後被認為抄襲。最早向我通報消息的是香港中華書局的總經理陳國輝。他說有香港城市大學的學生，舉報三聯這本書，分別抄襲了香港中華書局和香港城市大學出版社的兩本經濟學著作。這兩本著作的作者共三人，都是香港城市大學的教授，教授們知道了非常憤怒。

我當時想，既然陳國輝是代表中華書局找我，那很顯然是涉及兩社之間的侵權問題。意思是三聯的書，侵了中華書局的權，我不能不當回事。於是我當場在電話裏回應三條：第一，通知三聯發行部立即停止發行、門市立即停止銷售此書；第二，請中華書局和城大出版社來函提供證據並提出解決辦法；第三，通知作者，請作者作出書面解釋。

當時我還沒有看到抄襲的證據，但是我相信陳國輝，他說自己親自用三聯這一本書對照過中華和城大的兩本書，基本是大段大段的一模一樣，並且不是一兩段，而是多處，涉及幾萬字。陳國輝所屬的中華書局，是我們三聯在同一集團中的兄弟公司，有問題還好商量，但是陳對我說，城大出版社那邊很激烈，準備給三聯發律師信了。

我很惱火，也很着急，要求作者盡快做出解釋，作者回覆一封電郵，如此說：

> 如出現一些內容與有關論著及資料雷同，書中又未能充分引注，我們謹向有關作者致歉，並請貴社予以諒解。

這樣的解釋未免太輕飄飄了，他顯然沒有認識到問題的嚴重性。我只好請他到三聯來面談。這時我已核對過別人對他抄襲的指控，可以確認侵權事實成立。但與他交涉，並不順利。他的社會地位很高，在香港算是知名人士，整個香港沒有幾個全國政協委員，他佔了一席，不能算是小人物。然而他很固執，也不明利害關係，我第一次找他，他不承認抄襲，只承認疏忽，說話時甚至還有些理直氣壯。他說，我在書中用了別人的文字，是有些考慮不周，因為沒明確標出來，但我在書後都附了參考書目，那些被指責抄襲的內容在參考書目裏都可以找到，這說明自己做事是光明正大的。他問我：「我會不會那樣傻，抄了別人的東西，還把目錄列出來？」意思是書中使用他人學術成果，只能算是引文。但我跟他說，書上署的是你的名字，整章整節的文字來自別人文章，既不加引號，也不加注釋，還不和原作者打招呼，前言後記裏都沒有說明，這等於是把別人作品署在自己名下。這本書一共二十來萬字，被指責抄襲的達到五萬字，佔全書篇幅的四分之一，天下有這樣合理使用別人成果的嗎？

作者不認同我的說法，他硬挺着不認錯，拖了好幾天。被侵權的幾位學者聲稱要打官司，訴諸媒體。我擔心一旦媒體介入，會弄成一個新聞熱點，影響不好，就再次把作者找來懇談。不過這次我直言不諱，講的都是利害關係。我對他說，你這政協委員還想不想當？大學客座教授還想不想當？一旦媒體曝光，你就無地自容了。你的辯解是沒有人會相信的。你現在唯一的辦法，就是老老實實認錯，誠懇道歉，而且還得出血賠錢。最後作者只得同意，為了抄襲五萬字，賠了六萬港元，以求息事寧人。

這件事最後還是協商解決了，沒有曝光，也沒有打官司。事後作者居然跑來感謝我，時逢端午節，他給我們編輯部提來了一籃糉子。

不過，我認為出了這樣的問題，出版社編輯部也要汲取教訓。儘管在答記者問時，我公開講：「學術著作中的抄襲、剽竊問題，應該由作者文責自負。出版社事實上沒有能力審核每一部學術著作中有無抄襲。」但是在下面，我還是對責任編輯說，畢竟這本書和其他一些書不同，它後面附了參考書目，作為編輯，你在選題立項的時候，是不是應該分析一下，這本書和同類書相比有什麼特點？你是不是需要根據參考書目，找一些同類書來翻閱比較一下？如果你做了這項工作，那麼書中的問題可能就被你發現了。但是你沒有做到這一點，是編輯工作沒有到位。

## （二）

在香港做圖文書，使用圖片的版權也需要特別謹慎。和內地不同，港台出版業的版權管理同國際接軌，十分規範和嚴格。使用他人享有版權的照片，不經授權，一旦被發現，定要承擔賠償責任，有時懲罰相當嚴厲，小型出版社可能為了幾張侵權照片而傾家蕩產。我曾聽說有一家台灣出版社侵權使用了國外某大出版社的一張照片，被告上法庭，判決結果是侵權的出版社需要賠償一百萬台幣（人民幣約二十萬）。所以在香港，沒有版權的照片一律不能使用。當然，這個概念，我也是逐漸形成的，而且有過教訓。

前面提到，二〇〇一年我們為了擴大市場，創辦智能教育出版社作為三聯的副牌，這就需要組織出版一些學生課外讀物。我注意到內地一家出版社出了一套著名歷史學家白壽彝擔任顧問，戴逸、龔書鐸主編的《學生彩圖版中國通史》（全十冊），圖文並茂，通俗易讀，設計和製作也很精緻，很適合推薦給香港的中小學生。於是我聯繫內地這家出版社商洽版權，很快就簽訂了合同。雙方合作順利，他們直接提供排好的圖書版式，我們將簡體字置換成繁體字，很容易就出書了。為了配合銷售，我們特地趕在二〇〇二年春節前夕出版，定價三百八十港元，首印三千套，臘月二十五、六日上市，供應香港各大書店。

大年三十，我急忙查電腦，聯網顯示的數字表明，我們的判斷沒錯，這是一套熱銷書。正高興間，突然接到香港商務印書館一位副總編的電話，他告訴我，商務的二十來家門市書店已經將這套書下架了，原因是書中的部分照片侵犯了商務的版權。我知道，香港商務印書館過去許多年中，曾經組織人力到內地拍攝博物館文物，出版了不少畫冊。但是如何證明我們這套圖文書裏面的圖片就是侵權呢？那位副總編說，這十本書裏面包括將近二千張照片，他們的編輯一一核對過，其中有二百零八幅取自商務已經出版的畫冊。我問他有什麼證據嗎？他說，照片的拍攝環境、拍攝角度，特別是採用的燈光都可以證明照片的版權。一件文物上面在什麼位置有幾個燈光的反光點，這是不會重複的。只要兩張圖一對照就可以確認。我聽了大吃一驚，連忙說我要向內地出版社詢問。

大年三十，找人很困難，幾經輾轉，找到那家出版社社長，他大概是正在吃年夜飯。我把香港商務投訴的事情說了，以為他會矢口否認或表示自己不知情，沒想到他竟然立刻承認，他們的確用過商務幾本畫冊裏面的照片。他對於版權如此沒有概念，令我吃驚。我沒好氣地說，那你就考慮賠償吧，連香港商務的損失帶香港三聯的損失都要賠。咱們過了年再具體商量。

因為這事情煩心，我過年沒有過好，茶飯無心。香港過年只放三天假，年初四，按例三聯領導要給員工拜年，聯合出版集團也要團拜。一大早，此時仍然兼任三聯總經理的趙斌開車到我家樓下，接我一同上班。其實我從來都是自己坐地鐵上班的。他專門來接我，自然是有事要在路上說。我一上車，他就極其嚴肅地問我，圖片侵權的事情準備如何處理？按照香港規矩，我們的書要收回銷毀，損失是注定不可避免的。我說，書暫時收回可以，但是不必銷毀吧？商務印書館是咱們的兄弟公司，我們和他們總可以協商解決吧？這件事我來協調。趙斌問：「你需要多少時間？」我說：「三天吧。」他說：「那就給你三天時間，如果你三天不能解決，我就把所有的侵權書銷毀。」

於是我先給商務印書館的總經理陳萬雄先生寫了一封致歉信，承認侵權過失並說明此係香港三聯的無心之過，請求諒解。我在信中提出幾條解決辦法：第一，三聯收回所有圖書，在庫裏封存，待版權問題解決之後再做處理；第二，請商務開列侵權圖片清單並出示證據，由三聯與內地出版社協商賠償事宜；第三，請商務開具圖片版權索賠價格，包括港版和內地版的兩個索賠價格；第四，三聯承諾妥善解決侵權事宜並承擔香港版本侵權的法律責任。

當天晚上的集團團拜會上，我見到了陳萬雄先生，他拍拍我的肩膀，說你的信我收到了，咱們好商量。

商務開出的索賠標準，是三聯繁體字版，每張照片賠償一百港元；內地簡體字版，每張照片賠償六百港元。二百零八幅照片，總共需要賠償十六萬多港元，均由內地那家出版社承擔。因賠款數額較大，我擔心內地那家出版社拒付或拖延，專門打電話找了國家新聞出版署一位領導，請他出面打招呼，一定要妥善處理此事。內地那家出版社畢竟是明事理的，當即痛快地接受了商務的條件，很快做出了賠償。於是三聯壓在庫房裏的書又重新開始發行。

這件事對我教訓很深。我意識到要在香港做圖文書，出版社自己必須建有圖片庫。在這方面，香港三聯的

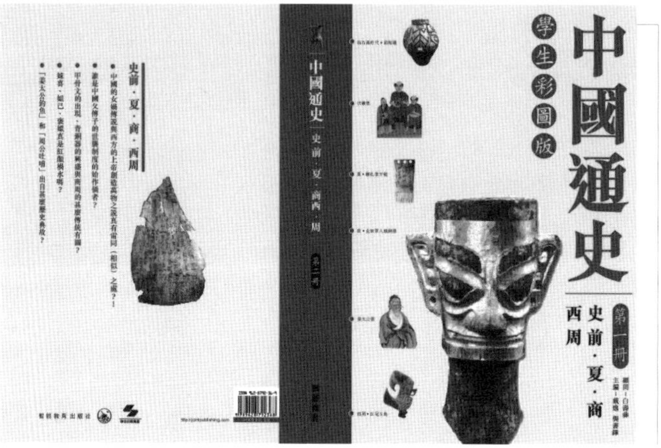


《學生彩圖版中國通史》

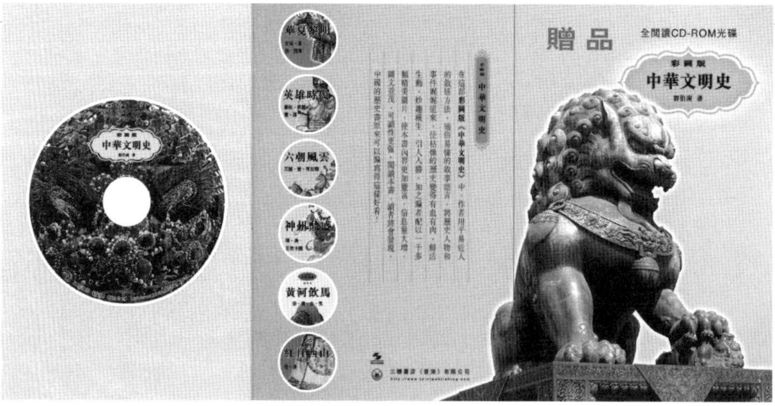


《彩圖版中華文明史》書盒

底子太薄弱，和香港商務相比差距太大。想要迎頭趕上很難，但是該做的事情必須要做，立即就得着手做，哪怕是土法上馬也要做。我開始設法搜集圖片。主要有幾個來源，首先是我看到香港鳳凰衛視出版過一套十卷本的《中國古代文明大圖典》，裏面有大量高清晰度圖片可以為我所用。我聯繫了他們的負責人，借來了此書全部的照片底片，從中精選了一兩千張中國古代文化相關照片進行掃描，按照每張五十元港幣的價格，購買了它們在三聯的永久使用權。其次是我在兩岸三地的書店裏，購買了一些收錄專供書刊使用圖片的光碟，補充到三聯的圖片庫裏。再者，是我親自動手去拍攝照片。我的攝影技術是不錯的，十五歲開始擺弄相機，在武漢大學上學時，還擔任過學生攝影社的社長。所照的照片，雖然不能說達到專業水平，至少比起一般攝影愛好者，還是要略高一籌的。我利用到內地和台灣探親和出差的機會，並利用在香港的假期，跑遍了香港、台北、北京、上海、南京、廣州、鄭州、武漢、洛陽等城市的各種大大小小的博物館，拍攝了五千至六千張中國文物照片，大概有一年多時間，我的假期簡直可以用上那句著名的話概括：「我不在博物館，就在去博物館的路上。」那時我用的數碼相機只有四百萬像素，去博物館攝影也只能隔着展櫃玻璃，所拍攝的照片達不到製作畫冊的水準，但是把文物圖像褪底後製作圖文書（包括彩色圖文書）則是一點問題沒有。我把這些照片都歸入香港三聯的圖片庫，讓他們敞開使用。為了這些圖片，我花費了不少時間和精力，因為每一張圖片下面都要保留說明文字，在博物館拍攝時，要麼當場拿筆記，要麼把圖片說明拍攝下來，回家再把文字錄入電腦。這是非常費時的，白天拍照一天，晚上整理文字說明，一弄就是一整晚。但是這樣做很值得，我樂此不疲。

這裏就需要提到另外兩部書。首先是《彩圖版中華文明史》六卷本。本來，香港三聯在八十年代曾經出版過一本《中華五千年史話》，作者郭伯南是北京的外文事業管理局的一位專家，他非常瞭解港台海外華人的需求，撰寫的著作親切好讀。這本書在三聯曾經很暢銷，但是進入了讀圖時代，而這本著作中的插圖只有寥寥幾幅，且係黑白圖，製作效果不理想，所以書已經賣不動了。在《學生彩圖版中國通史》三千冊銷售一空以後，為了尊重商務的版權，我們沒有再重印。當時三聯很需要一套通史類的圖文書作為替代品種。應該承認，在商務圖片侵權事件中，我是栽了跟頭的。三聯和商務雖是兄弟公司，卻也是競爭關係。圖片侵商務版權，弄得三聯人臉上無光，而主要責任在我。我知道自己從哪裏跌倒就應該從哪裏爬起來，為三聯，也為自己爭回一口氣。於是我決定利用三聯的圖片庫，給郭伯南的著作配圖，出版《彩圖版中華文明史》六卷本。這套書我下了力氣，親自做責任編輯，將它分冊重編並配圖。整套書在二〇〇三年重新出版，全彩印刷並附贈光碟，精緻、美觀、莊重、大氣，令讀者眼前一亮。書中插入彩色照片二千多幅，其中至少有七百多幅是我自己拍攝的。出版後，我曾對它愛不釋手，把它作為珍貴禮品，贈送給幾位家裏有大、中學生的朋友。不僅因為書好，而且因為書中傾注了我太多的心血。

還有一本書是插圖本《中國歷史年代簡表》。前面說過，到香港後，我經常在電腦上瀏覽圖書市場訊息，並從中找到選題的方向。我注意到，每到開學的季節，便有一本來自內地的《中國歷史年代簡表》熱銷。這表明此書在學生中有相當穩定的銷路，具有教學用書或教輔讀物的性質。我把這本書找來一看，發現內地出版社做得太簡陋了。內容包括兩部分，一是「年代簡表」，二是「年號通檢」，採用表格式設計，將開天闢地以來直至中華民國建立的漫長歷史，以西元紀年和中國歷史

《中國歷史年代簡表》

紀年相對照，特別是對公元前八四一年以後有確切考證的中國歷史紀年，按照歷史各朝代的順序，列出皇帝的稱號、姓名、所使用的年號和每年的干支，以此和西元紀年做逐年對照。這樣一本書，無非小開本，小冊子，純文字，毫無設計可言，而且用料和製作工藝都非常一般化。於是我便動了將它改造成插圖本的念頭。我聯繫了那家內地出版社，取得了文字版權，圖片當然就用我自己攝影的。我挑選了大約二百二十幅中國珍貴文物圖片，仍是以歷史朝代為線索，將它們按時序插入其中，使之圖文並茂，圖史互現，讓讀者在查閱歷史資訊的同時，從文物圖片上，順便獲得一些直觀的歷史概念和知識。這本設計和製作精美的書，自然要比過去熱銷的純文字版《中國歷史年代簡表》更受歡迎，剛出版就連續重印過幾次。在這本書封面上，作為全部插圖的攝影者，我署名「子夜」。這是我過去寫文章曾用過的筆名。記得九十年代初，北京的《中國文化報》約我寫隨筆的專欄，需要一個筆名。我打電話和楊義商量，他說，反正你的文章也都是半夜寫的，就叫「子夜」吧，遂有此名。不過，因為專欄沒有維持多久，這個筆名也沒用過幾次，在圖書中正式作為作者署名，也只有這一回。

要說明的是，無論署名不署名，我的照片提供給三聯做書，都是免費的。三聯編輯部曾有人提議向我支付照片稿費，我婉辭了。因為能把這樣的圖文書做成，我已經感到十分滿足，也算是我對三聯的將功補過。

（三）

說到圖片侵權糾紛，還有一事可記。二〇〇四年，我們接到了一封來自遼寧的律師信，內容是就三聯一九九二年出版的畫冊《宜興紫砂珍賞》中部分圖片的使用權問題提出交涉。信中說，三聯的這本圖冊使用了內地一位唐姓攝影師拍攝的紫砂壺藝術圖片七十六幅（附有圖片清單，聲稱該攝影師保存了所有圖片的底片可以核對），不但從未向攝影師支付報酬，而且書裏只有十一幅署了他的名字，其他六十五幅連名字都未署。該攝影師還說，是他「獨立出資提供了全程拍攝的燈光和背景架等全套設施」，而三聯竟然如此無償使用他的圖片版權，是可忍孰不可忍？現在攝影師要求三聯除了按正常標準補償稿費以外，還要承擔稿費標準三至五倍的違約賠償責任。他們根據攝影師的照片在別處發表時獲得稿費的數額，再乘以三至五倍，最後計算出三聯需要向攝影師償付八十三萬港元，聲言三聯如不在規定日期付款，他們就打官司。我看了信，一時有些發懵。這本畫冊一共印製二千冊，它的全部製作成本和稿費成本，加在一起也不足八十三萬元！這樣索賠可謂天價。但是如果我們圖冊中的照片，底片在人家手裏，那可就說不清楚了。我百思不得其解，只能向三聯的當事人查詢。我找到了幾位當事人，包括當年的香港三聯總經理董秀玉，這本圖冊的設計師甯成春（其時已經回到北京三聯）和美術編輯黎錦榮（也早已離開香港三聯），讓他們回憶這本書的製作出版經過。

原來，這本大書是董秀玉總經理向宜興紫砂大師顧景舟先生約稿，達成了出版合作。顧先生在宜興，有一個紫砂研究所，那裏有研究人員，還有一個外地來的年輕人，算是顧先生聘請的攝影師，此人就是律師函中主張圖片版權的唐先生。出版協議是香港三聯和宜興紫砂陶瓷公司簽訂的，根據協議，該公司負責提供全部文字和圖片，而香港三聯以向宜興陶瓷公司支付一百本（每本價值八百港元）的《宜興紫砂珍賞》並按當時的價格買斷一百五十把名家紫砂壺和五百件現代宜興陶瓷藝術品等實物作為稿酬。但是，當三聯要求紫砂公司提供書稿需用的照片時，卻發現該公司自有的照片不但不成系統，而且數量不足，根本不夠畫冊使用。為此，三聯設計師甯成春和美編黎錦榮先後兩次到宜興，帶着全套的專業攝影器材，專程去拍攝那些珍貴的紫砂作品。這時紫砂公司的攝影師唐先生見到三聯的兩個人去攝影，他作為接待人員，也總是拿着自己的相機追隨左右。拍照時，黎錦榮佈置好攝影台、打好燈光，每擺上一件紫砂作品，自己就會拍攝一張，然後唐先生也站到同一位置拍攝一張。這樣，同一把紫砂壺，同一角度、同樣距離、同樣光線下的照片，兩個人都會有。如此說來，唐先生當然可以拿出足夠的照片底片，作為他擁有圖片版權的證據，但是外人不知，此底片其實並非彼底片。

不過黎錦榮拍攝的照片，並非每張都達到最佳效果，發現有不夠理想的照片，甯成春為了精益求精，便詢問紫砂公司，是否有更好的片子？於是該公司提供了七十六幅唐先生拍攝的照片底片，甯成春從中選用了十一幅用在書裏，出版時都按慣例署了攝影者姓名。用完後底片歸還，一切手續都清清楚楚。至於唐先生的報酬，因為他是作為宜興紫砂公司聘請的攝影師，他的照片都是由紫砂公司轉給三聯的，屬於紫砂公司向三聯提供書稿的一部分，所以他的報酬應該包括在三聯向紫砂公司支付的報酬之中，而沒有權利向三聯單獨索取。

可是唐先生竟然聲稱，他對七十六張照片擁有版權，其中六十五幅沒有署名，這件事必須說清楚。我們說未署名的照片是黎錦榮的作品，但是我們有證據嗎？

《宜興紫砂珍賞》

我急忙安排行政處的秘書，到香港三聯的檔案庫裏查找。

兩天以後，他們給我送來一個蒙着塵土的扁平大紙盒，盒子外面寫着「《宜興紫砂珍賞》照片底片」，盒子裏面，有幾十個小格子，每個格子裏都放着厚厚一打小紙袋，每隻小紙袋裏都有一張照片底片。見此，我如釋重負，又極為感歎——十二年前的舊物，竟然保管得這樣井井有條。

為了和遼寧的律師溝通，我回信講了自己調查的結果。特別強調三個事實：

其一，書中使用唐先生十一幅署名照片，三聯已經根據協議向宜興紫砂公司支付過報酬。

其二，唐先生自稱擁有版權而未署名的六十五幅照片，我們根據編號進行了認真的核查。我們掌握的證據顯示，這六十五幅照片全部是由三聯的攝影師黎錦榮先生拍攝，其版權屬於三聯。在本畫冊中，三聯使用這六十五幅照片，於唐先生毫不相干。

其三，關於唐先生所謂「獨立出資提供了全程拍攝的燈光和背景架等全套設施」，黎先生和甯先生均指出這與事實不符。黎先生為了此次拍攝準備了包括幾十隻燈具、兩大卷淡藍色背景紙在內的全套攝影器材，從香港空運到南京足足十幾箱，出海關時還曾經遇到麻煩。購置和託運這批攝影器材，當時三聯有多人參與，他們至今記憶猶新，均可作證。而唐先生始終沒有為全程拍攝提供任何條件，只是每當黎先生打好燈光，搭好佈景，擺好展品以後，湊過來拍一張照片而已。這一點，請律師查看一下唐先生拍攝的紫砂壺的背景，是否都是淡藍色的就清楚了。

此後，我又擬定了一封正式公函，如下：

遼寧 XXXXX 律師事務所

XXX 律師：

收到一月十二日和四月八日兩次來函。

經過認真仔細的調查核實，我們確認，來函中引述的唐 XX 先生的回憶與事實完全不符。我們要再次澄清的是：

一、有證據顯示，唐 XX 先生是受本書主編、宜興陶瓷公司工藝大師顧景舟先生邀請協助其工作的。他與三聯沒有任何直接的合作關係。他提供給三聯的圖片屬於宜興陶瓷公司和顧先生提供給三聯的書稿的一部分。鑒於三聯早已根據協議向宜興陶瓷公司和顧先生支付了本書的全部報酬，唐先生的報酬問題應由顧景舟先生和宜興陶瓷公司解決。

二、有證據顯示，唐XX先生向三聯提供照片時，沒有對三聯提出過任何索取報酬的要求。

三、有證據顯示，三聯的本書攝製組自備了全部攝影器材。來函所謂「唐先生獨立出資提供了全程拍攝的燈光和背景架等全套設施」，係不實之詞。

四、有證據顯示，唐先生聲稱對來函中標有編號的六十五幅照片擁有版權，指控我公司無償地侵權使用這些照片，已對我公司構成誣陷。

綜上所述，我們謹在此提醒您注意：如果唐XX先生以不實之辭給我公司的聲譽造成不良影響，我公司將追究其應承擔的法律責任。

恭頌業祺

三聯書店（香港）有限公司版權室

二〇〇四年五月十日

對方收到我的信函後，沒有了回音。

# 十三、在深井中游泳的感悟

二〇〇四年國慶日前的一天，時任聯合出版集團董事長的趙斌通知我，組織決定將我調回內地。年底前完成工作交接，春節前離開香港。我聽了感到有些突然，雖然內派幹部一直有七年輪換制度，我已經在香港工作了八年，但是不久前集團主管人力資源的副總裁還告訴我，現在上面的政策調整，在港工作的內派幹部要做好長期留港的思想準備，不要急着回北京。我個人原打算再幹一兩年的。

但是細細一想，覺得現在回京也好。畢竟，我到香港是來學習的，該學的已經學到了，對個人成長來說，再待下去意義已經不大。客觀地說，香港八年，我收穫頗多，但是代價也不小。

我很慶幸自己有這樣一種幸運，或者說是有一個得天獨厚的機會加盟了香港三聯。我在本書上篇的結尾說，人文社給我的嚴格訓練，使我有了一個好的起點，有朋友看了，評價說你這句話太簡單了，怎能用「起點」兩個字來概括人文社的豐富經歷？他們是不瞭解，香港經歷對我的重要性。人文社使我成為一個訓練有素的編輯，也僅是一個編輯而已，作為一個出版人，我是在香港成熟起來的。無論是文化理想，還是經營意識，在這一時期，都變得十分明確。甚至我覺得自己的眼界、眼光、眼力都變了。我對於圖書品位的感悟力，對圖書品質和品格的直覺判斷力，也就是我後來常常講的「書感」，都是這一時期形成和強化的。當我從香港返回北京的時候，我認為自己對於編輯這個職業的認識已經和過去大不相同了，有一種海外學子留學歸來的感覺。

當然這八年工作是辛苦的，壓力是巨大的，為此消耗了很多精力，常有夜不成眠或者夢中驚醒的時候。所以我曾經有個感慨，說自己到香港做出版是在深井裏游泳，天地非常小，存活很不容易，水又深又冷，非練得身懷絕技不可。然而，工作也是愉快的，香港的工作環境中人際關係極其簡單，沒有內地企業中那麼多互相掣肘的因素，企業員工非常珍惜自己的崗位，工作敬業，服從領導。所以我作為出版社的領導，自己說了算（我到港三年後改任執行總編輯，後來又擔任總編輯，根據三聯內部分工，除了較大的業務項目以外，一般編輯出版事務由我獨立決定，八年中集團領導趙斌和曾協泰先後兼任三聯總經理，他們對我都極為信賴和支持），不受各種干擾，幹事情很痛快，效率很高。當然，在這種情況下，如果做不成事，或者把事情辦砸了，那也怪不得別人，只能怨自己。

不過，一方面是收穫滿滿，另一方面則是付出甚多，最大的代價是在家庭方面。八年中我一人獨自在港生活。本來我愛人是可以跟隨我駐港的，但因為兒子在北京上學，離不開她。這樣我離京時兒子上小學四年級，現在已升大學一年，兒子的生活和教育，我都沒有顧上。我的老父親，現已年屆九十，也到了我該床前盡孝的時候。每每想到這些，內心也常有矛盾，耳邊響起「不如歸去」的聲音。很長一段時間，在家裏安靜休息的時候，我最喜歡聽的兩首樂曲，一是肯尼基演奏的薩克斯名曲《回家》，二是德伏扎克的交響樂曲《來自新世界》，思鄉的旋律，常使我內心感動。

記得剛來香港時，長途電話費用很昂貴，每分鐘十港元。我關心家裏的事情，特別是兒子學習，總想在電話裏多說幾句，但是付不起高昂的電話費，於是和家裏約定，每次通話以三分鐘為限，兒子看着錶，到兩分五十秒時提醒掛斷。但這樣畢竟說不了幾句話，於是我就每隔一個星期去一趟深圳，一過羅湖就奔郵電總局，在電話亭裏往北京打長途。那時內地長途電話收費一分鐘一元，只是香港的十分之一，在我看來已經很值了，於是「煲電話粥」，一講就是一個多小時，和愛人孩子說完了，再給老父親打電話，過足與親人相聚的癮，再懷着極大的滿足返回香港。

其實，我到香港後第一週，三聯就為我配備了手機，那時在內地，手機還很少見，通常是企業老闆才用，但在香港已經流行。這手機的外形有點笨頭笨腦的樣子，出門還要用個皮套掛在腰帶上，但它可以隨時撥通國際長途。所以如果我想和家裏聯繫，本來是極方便的。可是，因為手機是公家繳費，我從來沒有用它給家裏打過一次電話。我懂得香港是以廉政聞名的社會，在這裏必須嚴於律己。我來港前桂曉風副署長談話中告誡我八條，其中就有一條是不貪不佔。這一條我真做到了。八年中我沒有用公款請過任何一個私人朋友吃飯，甚至沒有為私事報銷過任何一張計程車票。

關於坐計程車，順帶說一件小事。那時我回中國內地出差，訪客辦事免不了時時要乘計程車，回港時總是會拿出一大疊計程車票交給我的秘書阿燕，請她為我報銷。阿燕跟隨我八年，除了對我交辦的工作盡心盡力，勤懇負責以外，她每天都會提前到我辦公室，為我打開水、刷茶杯。就是這樣一個對我可謂忠心耿耿的小秘書，一次我給她計程車票，她拿去清點後竟然從中挑出一張，一臉認真地對我說：「李先生，這張車票的時間不對。」我一看，原來車票上的日期，不是我到內地出差的日期。我想起那一次是我乘坐計程車時，司機告訴我車上計價器的列印功能壞了，出不了車票，他只能找一張舊票給我。我做了解釋，阿燕才釋然。這件事雖小，卻讓我記起了陳毅的一首詩：「手莫伸，伸手必被捉……」。

想到即將返回北京，我的感慨很多。那些天曾反覆誦讀陶淵明的〈歸去來辭〉，心心念念「田園將蕪，胡不歸？」由此生發出不少身世之感。

記得就在二〇〇四年春節，我回北京探親，當飛機在首都機場緩緩着陸時，我從小小的窗戶一眼看到，跑道兩邊白皚皚的大片積雪，在陽光下分外耀眼。我頓時熱淚盈眶，因為我已經八年沒有見過雪了。的確該回家了。

作者在香港三聯的辦公室裏（二〇〇四年）

作者與深圳工作室的同事及藍真先生夫婦（前排左一、左二）合影

作者週末與趙斌、陳翠玲一起爬山（二〇〇二年）

在港八年，我每年回北京時，都會回到自己的老家人文社坐一坐，會會老朋友。大約是二〇〇二年，劉玉山新任人文社社長，我去表示祝賀，同他聊天。他問我：「你對自己調回北京工作如何看？」當時，人文社老領導屠岸先生已經向新聞出版署推薦過我，希望盡快把我調回人文社，充實社領導班子。

我沒有直接回答他。因為劉是搞文學的，所以我講了三個文學幻象。

我說，這些年來，我的腦子裏常常閃現三個幻象，它們給我的意念是彼此矛盾的。第一個幻象是小孩子堆積木，已經堆得很高了，每加一塊，都擔心是不是會倒下來，但是仍然忍不住要往上加；第二個幻象是小孩子騎自行車，車閘失靈，無法停下，不能下車，於是只能左一下右一下蹬車保持平衡，就像電影《生死時速》的情景，前景凶多吉少；第三個幻象是小孩子放鞭炮，放了一個不太響，再放一個還是不夠響，總想放一個響的，放一個驚天的，於是仍然止不住要繼續放。

我解釋說，前兩個幻象，代表了我對當今時代港台出版業的悲觀看法（當時台灣已經出現了小林一博所謂「出版大崩潰」），我恨不得早一點結束那裏的工作，但是第三個幻象，反映出我對自己沒有做出突出的業績，心有不甘。

劉玉山聽了，對我報以苦笑。他要我自己選擇何時歸來。

現在是我選擇的時候了，還回人文社嗎？香港三聯老一代出版家藍真先生，是給我最多指導和鼓勵的前輩，他聽說我要被調離香港，很不理解，甚至親自找到有關領導，要求把我留下。但是組織決定是無法改變的，他深表遺憾。他對我說：「你可以離開香港，但是不可以離開三聯，我們有一句話：『一入三聯門，終生三聯人』。你回到北京，哪裏也不要去，就回北京三聯，我會和范用介紹你。」我當然謹遵其命，因為我早已認為自己是個三聯人了。

年底的一天，三聯香港編輯部全體人員到深圳去，我在深圳工作室召集最後一次年終總結會。這個工作室是我在二〇〇〇年一手建立的，第一批員工都由我面試後錄用，現在這裏已經有一個完整的編輯出版團隊，可以獨立編輯、設計和印製圖書。香港三聯每年的出版物，至少有三分之一是在這裏編輯製作完成的。那天，我做了一個相當全面的總結，不僅是對二〇〇四年，而且也回顧了我在香港的八年之中三聯的變化和發展。講完後，大家長時間熱烈鼓掌，我從掌聲中感到同事們依依不捨的情誼。晚上大家為了歡送我，一起唱卡拉OK，那天，從不在公開場合唱歌的我，第一次唱了一首《萬水千山總是情》，表達我的香港情、三聯情。時任香港三聯總經理曾協泰點歌，說他就唱《駝鈴》。我開始還沒有意識到這是什麼歌，但他歌聲初起，我聽到熟悉的曲調和「送戰友踏征程，默默無語兩眼淚，耳邊響起駝鈴聲」的歌詞，內心便湧起一片感動。曾協泰是港人，我沒有想到他居然會唱這首內地電影插曲。我倆是非常好的合作夥伴和朋友，一切都在不言中了。然後，深圳工作室一群男男女女的年輕人上台表演一個節目，說說唱唱突出一個主題，就是想要對我說三個字。雖然最終也沒有把這三個字直接講出來，但是每個人包括我都聽懂了。

香港的編輯部專門為我搞了一個送別的儀式。三聯的編輯、出版、發行人員都來參加，集團領導趙斌和藍真、蕭滋兩位老前輩也都專程趕來。我發表了感言，講了自己八年中的主要收穫。抱着感恩之念，感謝三聯給我機會，讓我學習，讓我進步和成長，感謝每一個領導和同事曾經給予我的幫助和支持。我認為自己已經說得很全面了，準備結束講話之前，陸詠笑忽然跑到我耳邊說，你怎麼沒有感謝你的家人？我恍然大悟，趕快補充了幾句。的確，在這個時候，我意識到，我來港工作，收穫主要是自己的，但代價主要是家人承擔。我虧欠他們。

那天的儀式上，大家紛紛與我合影。藍真和蕭滋兩位比我年長二十多歲的老前輩，每人捉住我一隻胳膊，要我站在中間。我說這可不行，會折我的壽的。他們說今天是例外，硬是「押解」着我合了影，感動得我幾乎落淚。總經理曾協泰向我贈送了一隻鍍金的銅盤，上面刻寫着這樣幾行字：

李昕同事

服務香港三聯書店八年（一九九六至二〇〇四）

書海航行，我們不會忘記與您風雨同路的日子

三聯書店（香港）有限公司

離港時香港三聯書店發給作者的紀念盤

二〇〇五年元月

回京後，我把這隻銅盤放在書房的玻璃櫃門裏。每每看到它，都感慨萬千。

離港之前，香港三聯的編輯舒非來找我聊天。問我感受如何？她是作家，自己也寫詩，所以我當即找出蘇軾的名詞《定風波》給她看。這首詞的原文如下：

莫聽穿林打葉聲，何妨吟嘯且徐行。竹杖芒鞋輕勝馬，誰怕？一蓑煙雨任平生。　料峭春風吹酒醒，微冷，山頭斜照卻相迎。回首向來蕭瑟處，歸去，也無風雨也無晴。

我對舒非說，這首詞結尾的意境，可以形容我此時的心情。「回首向來蕭瑟處，歸去」，對我來說，既沒有驚喜，也沒有失落，內心是平靜的。當然，我也相信，明天會更好。

藍真（右）、蕭滋（左）先生為作者送行

# 下篇

## 北京三聯九年（二〇〇五至二〇一四）

# 一、「地震」之後

二〇〇五年春節過後，我從香港返回北京，到中國出版集團報到。

其實，回來之前，我有多種選擇。可以留在香港聯合出版集團的深圳公司，那裏的收入高一點（當時中國出版集團還沒有為下屬企業領導幹部實行年薪制，我調回北京工作月薪只有六千元，與在香港的收入差距較大）；也有人介紹我到北京的另外兩家出版社擔任總經理或總編輯，那裏任職的級別可以高一點，升為正局級（我的行政級別在香港定為副局級）。但是我一心想的是加盟生活．讀書．新知三聯書店，也就是北京三聯。因為我是從人文社被借調到香港的，理論上應該是「哪兒來哪兒去」，所以集團領導徵詢我個人意見，是否回人文社？我表示自己在香港三聯做了八年，已經形成了三聯情結。如果允許我個人選擇，我的首選是北京三聯。集團黨組做了研究，很快決定，任命我為生活．讀書．新知三聯書店副總經理兼副總編輯。

選擇北京三聯，也與香港三聯的兩位與我感情深厚的前輩藍真先生和蕭滋先生有關，他們在我離港之前，都一再叮囑我一定要繼續為三聯服務。藍真先生特地打電話向范用先生和三聯老同志聯誼會會長曹健飛先生介紹我的情況，說我是他帶出來的，可靠。他為什麼要打這個電話？那是因為當時北京三聯正處在領導班子人事變動的敏感期，似是前景堪憂，他們正在為北京三聯面臨的問題焦慮。

北京三聯和香港三聯雖然並無隸屬關係，但由於本是同根生，彼此的兄弟聯繫還是相當密切的。兩社經常互通資訊，也互相關注對方各方面情況。如果一方有人事變動，另一方總是第一時間知曉。

二〇〇四年九月，就在我被通知調回北京的前幾天，北京三聯上任不到兩年的總經理W某，被免去總經理

生活·讀書·新知三聯書店外景

作者在《中國文化導讀》出版座談會

職務。我在香港收到北京三聯發來的大量材料，得知這不是一次正常的職務調整。

這是一個公眾事件，社會文化界曾廣泛關注，新聞媒體多有披露，將其稱之為「三聯保衛戰」。對此事件公開表態的人，除了三聯內部的十四位業務骨幹以外，還有范用、倪子明、曹健飛、王仿子、仲秋元、許覺民等一批三聯前輩，楊絳、陳樂民、許紀霖、葛兆光、陳平原、資中筠、邵燕祥等知名作家和學者，以及北京萬聖書園、上海季風書園、廣州學而優書店和貴州西西弗書店等四十二家民營人文書店。他們紛紛以集體上書、接受採訪、發表文章、寫公開信等形式，指責三聯W總經理因違規操作而嚴重損害三聯聲譽的現象，頓時引起軒然大波。這件事，我將其形容為「三聯地震」並不為過。

W總經理被免職，直接的理由自然是公開違反出版管理規定，以《讀書》刊號增辦《讀書．公務員版》，造成一號兩刊，以及買賣一百零八個書號等。這是硬傷，自然要做組織處理，但是，各界人士奮起「保衛三聯」的原因，卻主要是因為處理決定上指出：「W總經理未能正確理解和維護三聯品牌」。楊絳先生的幾句話頗有代表性，她當年三月三十一日發表在《文匯讀書週報》的文章中這樣說：

> 我和錢鍾書把書交三聯出版，是因為三聯是我們熟悉的老書店，品牌好。三聯有它的特色：不官不商，有書香。我們喜愛這點特色。

楊絳先生沒有直接批評W總經理，但言外之意，是說W總經理主持下的三聯，已經丟失了它的品牌特色。這篇文章引起文化界的熱議。「不官不商，有書香」這七個字，成為文化界認可的三聯品牌定位。

的確，生活．讀書．新知三聯書店自從改革開放以來在不到三十年的時間裏，經過范用、沈昌文、董秀玉三代領導人的苦心經營，已經樹立鮮明的品牌特色。總的來說，就是以「一流、新銳」為出版標準，追求「人文精神，思想智慧」，通過創辦《讀書》、《三聯生活週刊》這樣的著名期刊，出版《現代西方學術文庫》、《哈佛燕京學術叢書》等大量影響力深遠、廣受好評的圖書，使其品牌在社會上獲得極高的美譽度。

這樣，品牌的守護，對於繼任的三聯領導和三聯員工來說，都是「悠悠萬事，唯此為大」的事情。

如何維護三聯品牌？我剛到北京三聯的時候，曾經分頭向范用、沈昌文、董秀玉三位老領導請教。董總的一句話令我印象深刻。她說：「我從不亂出書，寧可少出幾本，我要求每一本書都是最好的。」

研究了北京三聯的出版物以後，我發現，這家出版社的確是走「少而精」、「小而美」的出版路線，而且做得相當成功，客觀上達到了「以少勝多」、「以弱勝強」的效果。其實它那時每年出書不過一百來種，但影響力卻超過了一些每年出書幾百種甚至上千種的出版社，在讀者心目中，它被認為是中國當代最優秀的出版社之一。幾十年來它出版的一些標誌性產品，總是被人們津津樂道。正因如此，讀者對它便有了期待，覺得它的出版物就應該是這樣的好書，一旦看到三聯出版物不符合他們的預期，他們就要詬病和質疑。

W總經理被免職，原因就在於他不瞭解三聯的品牌對他的要求，是有所為，有所不為。他失在「有所不為」上。他其實是想有所為的。他抱着改革的理念來到三聯，很想大展宏圖，自認為他所做的一切都是改革。這個問題需要聯繫W總經理上任的背景來談。

W總經理原是中國地圖出版社總編，二〇〇二年調到三聯任職。當時，正值中國出版集團成立，三聯加入集團，而前任總經理董秀玉退休。加入集團，意味着三聯轉企改制開始，今後將需要創造更好的經濟效益。據我瞭解，過去多年來三聯為了出好書不惜代價，致使經濟效益一直偏低，出版社員工的工資待遇也低於集團內的其他出版社。三聯的許多員工，有文化理想和情懷，並不太計較其他。但是，作為已經走上企業化道路的三聯，這終究是個需要解決的問題。企業應當做強做大，這是時代的要求，也是上級領導的要求。W總經理調入三聯，想必是帶着這樣的任務來的。而他所做的一切，主觀上都是在設法為三聯創利。經過他的一番操作，三聯的盈利的確有所增加，而且員工的收入在兩年內大幅增長，大家都得到了實惠。然而，由於他的做法偏離三聯傳統，做了一些以往三聯「有所不為」的事情，大家對他並不認同。從內部意見紛紛開始，到釀成一場社會性的風波，最終導致W總經理下台，這在中國當代出版史上，也是不多見的案例。

W總經理可以說是個失敗的「改革」者。幾年後有一次我見到他，他仍然非常困惑，說：「我幫助他們多賺一點錢有什麼錯？三聯的人為什麼端起碗吃肉，撂下筷子就罵娘？」我想他還是沒有理解品牌對於三聯人的意義。

我就是在這樣的背景下加盟北京三聯的。W總經理離職後，三聯書店總經理職位長期空缺，由黨委書記、副總經理張偉民主持工作。我剛來時，三聯的副總經理、副總編輯加上張偉民一共五人，此外還有一位總經理助理參加領導班子工作。對於這個班子來說，下一步該如何發展，面臨嚴峻考驗。有了W總經理的前車之鑒，在三聯講「改革」很難，談「堅守」則容易得多。至於今後做什麼不做什麼，如何選擇，頗費神思，大家都一時有些拿不定主意。此時，我們想廣泛徵求一下社會意見，於是邀集學術文化界一些專家朋友，舉辦了一次三聯的選題討論會，大家七嘴八舌，也沒有提出什麼好的建議。只記得萬聖書園的總經理劉蘇里回去後接受記者採訪時說，三聯現在有六個領導，但是「六神無主」。他概括得的確有幾分神似。

不過，講「堅守」，三聯還是有自己的章法。無論如何，出書不能亂。三聯需要發展，壯大規模，但是不能打遊擊戰，不能天上一腳地上一腳地做，不能零打碎敲地做，而要集中力量做板塊，打陣地戰。這是三聯從范用、沈昌文、董秀玉以來的一貫做法，已有成功經驗可循。在這方面，大家的認識是統一的。但是該開闢什麼板塊呢？一時意見又難以一致。我剛剛參加一兩次店務會，就預感到，在這裏關於出版理念、出版路向和出版定位的爭論將會長期持續下去。

## 二、我和北京三聯「對錶」

我是二〇〇五年三月三十一日到北京三聯報到的。四月一日正式上班。那天黨委書記張偉民帶着我到編輯部和大家一一認識，然後按例讓我講幾句話。我說得不多，只是自我介紹了一下，主要是強調兩點。一是我的座右銘。就是我在香港三聯上任時講過的兩句話「知過能改，從善如流」，不過這次我又加了兩句，即「與人為善，辦事秉公」。我解釋說，我的水平和能力有限，工作中難免會有錯誤和過失，但是我會出以公心，努力學習和提高自己。二是我談到香港三聯和北京三聯雖然同根同源，傳統一脈相承，但是因為面對的市場不同，當今各自的出版定位和風格也有不同。所以我來了這裏，首先要和北京三聯「對錶」，把自己頭腦中的出版思路校準，爭取盡快適應這裏的出版環境。我講的都是真心話，在當時情況下，這些也都是必須申明的。講完後獲得編輯部諸多同仁的好評。但是，我在此時並沒有表達另外一層意思，就是北京三聯在當前改革大潮中，也需要和時代「對錶」。我當時已經看到，北京三聯出版的「錶」比起改革時代中國出版業發展的「錶」，走得要慢一些。從觀念上說，沒有能夠「與時代同行」。遠的不比，我原來所在的人文社的出版理念和措施都顯得要更開放一些。僅舉一例就可以說明問題：像《哈利．波特》這樣的西方無名作者的流行小說，在二十年前是肯定不入人文社編輯的法眼的，但現在，他們不但出鉅資爭奪版權，而且舉全社之力把它打造成超級暢銷書。對比之下，三聯的編輯似乎缺少這種與時俱進的激情。

那時我作為副總經理兼副總編輯，側重在分管編輯業務，這也是如我所願的。北京三聯有圖書、期刊出版和書店三塊業務，由不同的店領導分管。圖書出版方面，當時有三個編輯室，分別以三聯的三個老店名命名：

生活編輯室，主要出版文化類圖書；讀書編輯室，主要出版學術著作；新知編輯室，主要出版科學人文等知識類讀物。我加盟以後，領導班子研究，決定增加一個綜合編輯室，一是準備出版LP（Lonely Planet）旅行指南，二是與有關文化公司合作，擴大三聯的新書品種。討論分工時，大家認為生活、讀書、新知這三個主要的編輯部門應該統一歸口管理而不宜拆散。原來的分管領導汪家明主動表示，他自己去管新成立的綜合編輯室，將這三個編輯室轉交給我。我初來乍到，一上手就接管三聯圖書編輯的核心業務，真令我受寵若驚。從這時開始，我在北京三聯工作了九年，從副總編到總編輯，工作分工時有調整，隨着後來三聯的規模擴大，又增設了一些新的編輯部門，我也曾經兼管過其他業務，但是這三個部門（後來改為三個出版中心，繼而又改為三個分社），一直由我分管，從未改變。

就像我剛到香港三聯任職時一樣，在北京三聯也有一個逐漸熟悉的過程。儘管我留意觀察，小心翼翼，不輕易表態，也還是會有碰壁或受挫的感覺。三聯的人，特別是編輯們，普遍素質較高，因此多少有些心高氣傲，不大願意接受外來的領導。這也是正常的。一間有自己的風格和傳統的出版社，新領導來了，不管他是誰，不管他來自哪裏，能否理解出版社的風格，融入它的傳統，定要面臨考驗。

記得二〇〇五年十月我去參加了法蘭克福書展。像在香港時一樣，我興致勃勃地帶回很多書目，用數碼相機拍攝了許多照片，回來製作了幻燈片，借助投影儀給編輯部舉辦了一場講座，題為「法蘭克福歸來話出版」。我在講座中介紹了許多英文版的新書，以為其中有些可以考慮作為三聯的選題。這如果是在香港，定然會引起編輯部的濃烈興趣，但是在這裏，卻反應冷淡。不但沒有人表示願意考慮其中任何一個選題，還有人說起風涼話，覺得這個新來的副總編眼光不怎麼樣。當然我介紹書展和一些新書情況的主要目的是活躍大家的思路，而並非只是為了購買版權，相信其中的確有少數圖書與三聯出版風格不合，但是肯定也有些明顯適合三

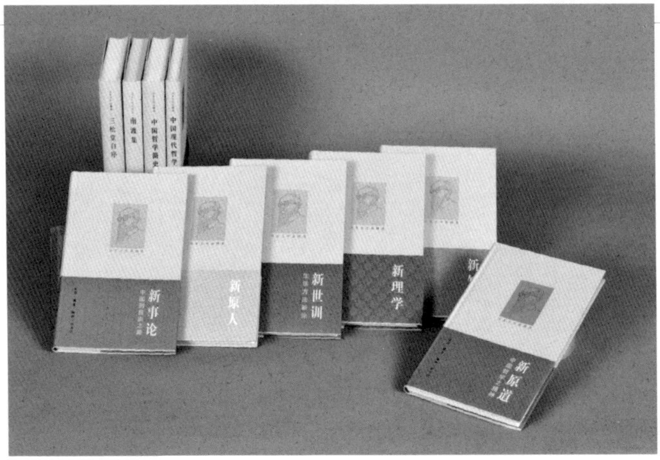


《馮友蘭作品精選集》

聯出版的圖書同樣受到忽視。例如英國一家出版社的「動物系列」，是非常有文化意味的圖文書，每一本書集中探討一種動物（比如鷹、貓、狗、老虎、螞蟻等）和人類的關係，從幾千年前一直講到現代，講得妙趣橫生，我認為可以翻譯出版，但當時沒有編輯表示接受選題，我也不便貿然聯絡版權。直到兩年以後，才有一位編輯回想起這套書，翻譯出版了其中的八本。

我從香港回京，也帶來一些作者資源。比如我在香港出版過馮友蘭著作，與馮的女兒、作家宗璞比較熟悉。有一次會議上我談到可以幫助編輯聯絡馮友蘭的版權。當時讀書編輯室的負責人舒煒感興趣，立即做了一個策劃，精選了馮先生的《貞元六書》、《中國哲學史》、《三松堂自序》等十本著作，列出了《馮友蘭作品精選集》的目錄。我們一起到北大燕南園拜訪宗璞先生，很順利地取得了授權。但此舉在編輯部也有人非議，一是覺得馮友蘭著作已經出版過全集，何必再出精選集？二是認為馮的學術地位，還沒有達到可以在錢鍾書、陳寅恪之後在三聯出版著作集的高度。這些意見我聽了也挺窩囊。心想，如果連馮友蘭都不夠三聯的格，那麼三聯還有什麼書可出？如此作繭自縛，豈不是逼着自己把路越走越窄？

其實這套書並不是沒有新意。我和舒煒當時最為看重的馮友蘭著作是《中國現代哲學史》，這是馮在文革後嘔心瀝血寫成的《中國哲學史新編》（全七冊）的第七冊，但是因為本卷題材較敏感，人民出版社出版時，只出了前六冊。這第七冊雖然九十年代曾經在廣東出版過一個單行本，但也早已絕版了。我們把它收入這套《馮友蘭作品精選集》，可以說是既滿足了讀者對它的需求，又了卻宗璞先生的心願。但這些事是很難對人解釋清楚的。

在一次會上，我談到我和台灣作家李敖的關係，說我可以介紹李敖的全部著作給三聯選擇出版。又是舒煒表示他願意嘗試。於是我找到了李敖在北京的代理人，拿來滿滿一紙箱李敖著作，大約有四十多本。然而三聯做事的節奏是比較慢的，舒煒的手裏，可能事情也比較多，一時顧不上。大約有三四個月，我們沒有給李敖那邊回話。李敖是個性急的人，我們長時間不答覆，他有些沉不住氣。說來也巧，就在舒煒拿出了他的策劃報告，準備出版大約十五本的《李敖作品系列》的同時，李敖來了電話，激憤地指責三聯對於出版他的作品沒誠意，「佔着茅坑不拉屎」。不由分說，他讓我們把一箱子樣書送回給他的代理人。我想解釋幾句都沒有機會，於是三聯和李敖作品失之交臂。

我到北京三聯入職的同時，隨身帶來了一本厚厚的香港版圖書，這就是香港城市大學校長張信剛策劃的大學通識教材《中國文化導讀》。該書由北京大學教授葉朗、費振剛、王天有主編，多家大學的教師參加編寫。此書出版後，在香港大受歡迎，還被香港電台選為二〇〇二年度「十本好書」之一。我把這本書交給三聯編輯部研究，開始時無人重視，轉了兩個人的手之後，有人自告奮勇當責編，把它出版了。可是緊接着我就受到質疑，有人說，三聯不該出版這樣的書，它是幾十個大學教師一起「攢」出來的，你一章我一節，拼拼湊湊而成書。這樣的書，學術水準通常不行，因為它不是個人學術成果，參與的作者一般不會在其中展現自己的真實水平。如此說法或有一定道理，但我不好辯解，這就是一本普及文化的知識性讀物，針對的目標讀者是非文科的大學生，恐怕不該以學術水平高低來衡量它的出版價值。何況，三聯大概也不能只出版最高端的學術著作吧？《中國文化導讀》出版後，我們召開了一個座談會，香港城市大學的校長張信剛，教授鄭培凱、馬家輝都遠道趕來參會。因為他們的人緣甚好，我們在北京邀請一批名家，包括李零、林梅村先生等，都前來捧場，大家也都高高興興地到會發言。同時我們應張信剛校長的要求，邀請了時任全國人大副委員長的許嘉璐先生來講幾句話。結果又有人批評我說，你不該請大領導。三聯的學術討論會，是從來不請領導的。這意思好像是有領導光臨，反而降低了三聯的身價。弄得我十分不解，為什麼三聯一些人想法，總是那麼與眾不同呢？

我忽然覺得，在這本書出版過程中，處處做事不順，心裏非常不舒服。幸好，此書後來被列為國家機關幹部必讀書，又被多家大學選做通識教育的教材，一直很受歡迎，十幾來年常印常銷，成了三聯的保留品種之一，因此對它的質疑也便漸漸聽不到了。

還有一本曾經讓我糾結的書，是王世襄先生的公子王敦煌寫的《吃主兒》。書裏專講王世襄和他的家人吃什麼和怎麼吃的故事。說是故事，它主要是介紹他們怎麼買菜，怎麼做菜，以及吃法上的種種講究。稿子最初看起來有些亂，也有些雜，我讀後印象不佳。覺得它像菜譜不是菜譜，因為它不具備菜譜的工具性；像故事又不是故事，因為它不過平鋪直敘，並不引人入勝。於是提了意見，要麼大改，要麼退稿。我當時並不瞭解，這種題材的作品，在三聯讀者中有一批擁躉。責編看了我的評語，有些不知所措，便去找其他店領導。而其他店領導也不便直接否定我的意見，便迂迴了一下，把稿子轉給了兩位老編輯：孫曉林和吳彬。孫和吳都是三聯威信極高的名編，審稿的判斷力自然靠譜。可是她們也不能駁我的面子，於是每人寫了一個意見，都說李總的評語有道理，這稿子的確有些雜亂，需要作者修改。但是稿子有許多可取之處，比如書稿中介紹許多家常菜的做法是王世襄一家的獨創，作者在此傾囊相授，十分難得；又說本書能夠幫助讀者瞭解老北京的風情和旗人生活的許多側面，認識價值頗高等等，總之是千萬不要退稿。我看了他們的意見，感到自己真是「跌眼鏡」了。我承諾過要從善如流的，於是立即同意，按照孫、吳的意見，請作者修改出版。果然，作者進行了一點小修小改之後，此書出版了，立即引起讀者關注，很快就脫銷，然後連印數版，成為一本比較暢銷的書。

我承認，直到這時為止，我的「對錶」還沒有對準。當然，我也更加感覺到，三聯與時代「對錶」的問題，比起我個人和它「對錶」更加重要。

## 三、不可或缺的兩種「關懷」

我從香港歸來，帶着在香港已經習慣的眼光觀察北京三聯，發現較長時期以來的三聯圖書，儘管不乏「一流」、「新銳」之作，儘管不少圖書在學術上也有新鮮探索，但是選題中關注現實民生的題材不多，而鑽入學術象牙之塔的不少。這和香港三聯為現實服務的出版風格差別很大。我覺得，兩地的三聯比較起來，還是香港三聯對於鄒韜奮先生所開創的文化傳統繼承得更多一些。所以，我在大大小小的會議上，總是講三聯的出版，要「暗示人生修養，喚起服務精神，力謀社會改造」（鄒韜奮語），選題不能不食人間煙火，不能缺少現實關懷。這樣講，是基於我本人來自三聯傳統的一個理念，就是我們作為編輯，一定要通過自己手中的書，啟迪人們的思想，從而認識現實和改造現實，最終促進社會進步。如果我們真的能夠做到這一點，就不枉此生。

正巧，在這時有編輯報來兩套系列選題，上馬不上馬，編輯部意見不統一。

一是《中國環境記者調查報告系列》，由編輯張志軍策劃，計劃每年一冊，內容是一些著名媒體的知名記者，就年度環境重大事件進行深度調查和跟蹤，反映中國整體環境狀況、探討現實問題以及相關的政策、出路、對策等等，我認為這樣的書現實針對性很強，對於我國生態和環境建設具有長遠的重要意義，儘管這種調查通常會揭露一些破壞生態環境的行為，因而容易惹是生非，出版是有風險的，有人認為這弄不好就是一塊燙手山芋，但我還是無保留地支持了。

二是《年度話題系列》，由當時的生活編輯室負責人鄭勇策劃，也是每年一冊，由以楊早、薩支山、施愛東為首的一批文學博士組成的1217俱樂部編著，內容是針對當年社會上有影響的文化現象加以梳理、分

《年度話題系列》中的《話題 2010》

析和點評，具體作法是，從每年重要的文化新聞事件中選出十來個話題，對每個話題進行綜述和分析之後，十餘位作者以對話方式各抒己見加以點評。我認為這個策劃很好，可以比較清晰地反映出一批思想活躍的青年人的現實思考。而我，從一開始就不僅把它當做現實問題研究著作，而且把這套書當做當代史料來看待。因為今天的新聞就是明天的歷史，作者對現實中文化事件的詳盡記錄和研究，反映出當代人鮮活的認識和思考，這對於明天的歷史學者具有史料學意義。於是在有不同意見的情況下，我對選題表示支持。

後來，《年度話題系列》的作者請我參加他們的聚會，我根據自己的上述理解在會上說，這樣的書，一本兩本或許看不出什麼，但是連續出版十年二十年，你就會發現它對當代思想史、文化史研究的價值。所以說，你們當前所做的，是「把個性化的思考留給歷史」。楊早聽了，馬上表示說：「你這句話概括得好，我們要用它做宣傳。」從此，這個系列的圖書，每一本封面上，都把這句話當做廣告語，一連印了很多年。

上述兩套書後來都形成了出版系列，但遺憾的是都未能堅持到底。《中國環境記者調查報告系列》因為調查取證、史料核實都非常困難，許多稿子為了客觀公正，需要我們聘請專家審稿並責成作者反覆修改，編輯工作之複雜遠遠超出想像，於是出版了三四種後便難以為繼；而《年度話題系列》從《話題2005》開始，一直出到《話題2013》，總共九本，其間不管遇到什麼困難，不管書中是否會涉及敏感話題，不管是否有人擔心它惹麻煩，我一直盡自己的能力做好導向把關，堅持按年推出。但到二〇一四年我退休後，這套書便停止出版，令人惋惜。我在北京三聯一共工作九年，這套書出版九本，它真可以說是和我共進退。

與現實關懷相聯繫的是人文關懷。「人文精神，思想智慧」是三聯一貫的口號，意謂它所出版的圖書，重在促進思想啟蒙，引領社會思考，這樣它在選擇出版物時，就需要有膽識、有擔當。遇到富有思想理論價值的圖書，要勇於支持，促成出版創新。當然，我也一向認為，對於編輯來說，強調「膽識」，並非兩者並重，而是「識」重於「膽」。有「膽」的前提，也是不違背政治原則。這就要首先以「識」來做判斷。

劉再復和錢理群作品出版的經過很能說明這個問題。

二〇〇四年我回北京工作之前，劉再復在香港曾經憂心忡忡地與我討論，如何在內地出版他的作品系列。那時，李澤厚的作品有多種在內地正常出版發行，而劉再復的著作十幾年來內地卻一直無人問津。兩人同樣是赴美學者，政治態度和思想觀點頗為相近，是學術上的親密朋友和夥伴，卻遭到兩種不同境遇，這令劉頗為不解。他問我這是什麼原因。我對他說：「李澤厚的著作，大多研究中國古典哲學和美學，和政治關係不大，而你的作品，直接研究中國當代文學，意識形態性較強，所以出版社對於出版你的著作比較謹慎。」於是我建議他，搞一點古典文學研究，比如他目前正在香港城市大學舉辦的有關《紅樓夢》的系列講座，就可以改寫成著作，這樣的書探討文藝自身的規律，無涉政治，在大陸出版，以我的判斷問題不大。

劉再復原先沒有關於《紅樓夢》的研究計劃，但是他聽了我的建議，心有所動，於是寫了《紅樓夢悟》。當時我還在香港三聯，就將此書安排在香港出版了，同時劉再復將此書的簡體字版權授予內地一家出版社。那出版社將書稿送審，結果被駁回，未能列入出版計劃。這時劉再復找我，有幾分沮喪，問：「你不是說這樣的書在內地能出嗎？」我說我認為是能出的，按內地的出版管理規定，這本書根本不需要送審，那家出版社把這本書送審，是自尋煩惱。這時我已經回到北京三聯工作，我答應他在三聯出版這本書。為了穩妥起見，我專門請示了時任中國出版集團副總裁的聶震寧，他同意我自己把好關不必送審的安排，於是此書順利出版，沒有出現任何波折。劉再復見此受到鼓舞，他再接再厲，又寫了《紅樓哲學筆記》、《紅樓人三十種解讀》、《共悟紅樓》，組成《紅樓四書》，全部由我安排，在北京三聯出版，沒有引起任何爭議。這時，一些處在觀望狀態的出版社忽然發現，劉再復的著作原來是可以出版的，於是爭相跟風出版。幾年之內，劉再復的作品幾乎全部，都有了中國大陸版本，總共達到六十來個品種，其中三聯出版的大約佔二十種。

《紅樓四書》

錢理群著作的出版也很有趣。九十年代，錢理群因為一本討論中學教育問題的論文集被一些報刊點名批評，因為書中有些文章觀點偏激，而此書署名錢理群主編。其實，編輯此書是錢的學生所為，錢本人事前並不知情。但是因為被點名，他所任教的大學很緊張，竟然幾年時間不讓錢上講台。於是錢非常鬱悶，心中有很多意見、看法和不滿，他把這些都記錄下來，每年寫一篇，叫做「年終總結」，一共寫了四篇。錢理群是文章高手，他有許多隨筆啟人心智，很受讀者歡迎。他把這四篇「年終總結」和近年所寫的隨筆類文章編在一起，準備出版，但是稿子到了四家出版社，都被婉言謝絕。一時弄得他也莫名其妙，以為自己的著作是被「封殺」了。二〇〇六年，他通過自己的學生鄭勇將這部題為《生命的沉湖》的隨筆集拿到三聯。我看了以後，建議錢理群刪掉四篇「年終總結」，其餘作品照舊出版。錢表示願意配合。於是此書在三聯推出，沒有任何不良反應。剛出版時有管理機關的人問我，錢理群的書，別人都不能出，為什麼你們可以出？我說，你不妨研究一下這本書，看看有政治問題沒有？結果就再也沒有了下文。此後錢理群的著作在內地多家出版社競相推出，三聯還出版了一套九本的《錢理群作品精編》。

我覺得，作為編輯是需要有一定政治智慧的。編輯如果沒有擔當，很多好書就會擦肩而過，但如果他要擔當責任，沒有足夠政治經驗也做不到。編輯應具有清醒的判斷力，判斷自己在政治把關方面能夠做些什麼，能夠妥善處理什麼樣的問題，例如哪些書可以自行出版而不必送審，哪些書必須送審，這就是政治智慧。拿後來我們出版《錢理群作品精編》來說，發稿後中國出版集團一位主管領導看到我們的選題報告，來電話問我，這套書是否涉及敏感問題，需要不需要送審？我知道如果送審，可能會耽誤很多時間，而且結果如何難以判斷。但是根據我的經驗，這套書所選文章，經過我們和作者一起篩選，並經過少量的技術處理，已經沒有什麼敏感內容了。所以我答覆說，這套書稿我看過，基本沒有問題，只有一篇〈中國知識分子的歷史命運——以胡風事件為例〉我們拿不準，需要送審，其他文章就不必送了。集團領導囑咐我把好關，同意我的意見。於是，這套九本的作品系列只送審這篇文章，其餘都由三聯自行安排出版。

外人或許不知，在我任職的九年中，北京三聯出版的一些有影響的作品，曾是別的出版社放棄的書稿。放棄的理由各種各樣，最主要的原因是怕出所謂「敏感」問題，結果與好書失之交臂。例如齊邦媛的《巨流河》、曾彥修的《平生六記》出版後都有其他出版社的編輯告訴我，他們早早就拿到了這個選題，可惜論證沒有通過，現在留下遺憾了。我覺得這樣的作品，屬於反思二十世紀歷史的厚重之作，正是三聯求之唯恐不得的選題，怎麼論證會通不過？三聯從來都高度評價這些作品的思想文化價值，因而我們在選擇出版時毫不遲疑。而它們甫一出版，便贏得讀者和媒體好評，多番獲得「十大好書」、「致敬作者」一類獎勵，的確令我們感到格外的欣慰。

# 四、楊振寧先生的兩次新書發佈會

如果說楊振寧先生是三聯書店的老作者，大抵是不錯的，八十年代他的第一本回憶性的散文集《讀書教學四十年》就是在香港三聯書店出版的，後來北京三聯也在內地重印。只不過，那時我還沒有到三聯任職。

我第一次見到楊振寧先生，是一九九八年十月香港三聯書店為了慶祝生活、讀書、新知三家書店在香港合併五十週年，在香港中環三聯書店內舉辦的「店慶聚」活動，楊振寧先生作為嘉賓前來參加。那天我和他聊天了一會天，只是閒談，說些什麼現在已經忘記了。那天和他打招呼的人很多，我想他事後也不一定記得我。

此後多年我和他沒有什麼聯繫。倒是發現他經常參加北京三聯前總經理董秀玉組織的「香山文化論壇」並發表演講，常有一些引入注目的論點，乃至振聾發聵的意見。因此我對他是比較關注的。我覺得他不僅是科學家，而且是人文學者，如果有機會，三聯還應該繼續出版他的著作。我注意到，他在其他出版社出過自然科學論文集，稱為《楊振寧論文選集》，因為這類文章與三聯的出版風格不合，我便沒有向他約稿。但我一直期待他有散文隨筆一類的文章，可以結集出版。

二〇〇五年，我在網上看到一條關於楊先生的訪問記。當時楊先生和翁帆結婚不久，很多記者關注他們結婚後的生活情況、翁帆在幹什麼。楊先生說：「翁帆的英文很好，她在給我做翻譯，我原來一些文章是用英文寫的，自己沒力量去整理，現在翁帆幫助我翻譯成中文。」他還說，他覺得這些文章譯成中文給中國讀者看很有意思。我當時就想，這可能是一本新書。

我知道楊先生此時住在清華，也知道作家宗璞先生是他的好友。於是馬上和宗璞索要他的電話號碼，和楊先生直接聯繫，告訴他三聯書店願意把翁帆的譯文編成書出版。楊先生當時還沒有想過出書的事情，一聽我說，立刻愉快地答應。我對楊先生說，這本書可以署名「楊振寧著，翁帆編譯」，作為你們兩人合作的成果。楊先生聽了很高興，他大概也會覺得，他和翁帆結婚以後，兩人以合作編書的形式亮相，是一個比較理想的選擇。

編輯這本書大約用了兩年時間，我們原本希望快一點出書，但因為楊先生對書稿精益求精，翻譯和編輯的過程很長，出版日期便一拖再拖。楊先生的嚴謹和認真給我們留下了深刻的印象。雖然這只是一本散文隨筆集，但是楊先生完全是以編輯科學論文的態度來工作的。他在每篇稿子上都加上了只有他自己看得懂的科學符號，然後告訴我們，書稿的目錄和次序是他親自編定的，不可以隨意調換。對於文中，某個詞應當如何翻譯，他都曾與翁帆再三討論，反覆斟酌。他交給我們的是一大摞非常清楚、乾淨的列印稿，對我們說，這稿子我們可以複印一份使用，原稿要退還給他。

開始，我請一位女編輯為這部書稿做責編，但是，她忘記了楊先生講過稿子需要退還的話。她沒有複印，就直接在原稿上做起了編輯加工，標注什麼地方是一級標題，什麼地方是二級標題，什麼地方要空一行，什麼地方要改變字體等等，結果稿子被改花了。編輯室主任舒煒看到後非常緊張，跑來找我，說這樣恐怕無法向楊先生交代。他要求我更換責任編輯，於是我把書稿轉給清華大學物理系畢業、後來在中科院讀過科學史博士的徐國強。徐國強因為有理科背景，所以他和楊先生的溝通非常順暢，反反覆覆和楊先生商量一些具體內容的修改，還提出了一些很好的建議，深得楊先生信任。也許是因為對我們的編輯工作滿意，退還原稿時，楊先生沒有計較那位女編輯留在原稿上的筆跡。

由於這《曙光集》是一本極有價值的著作，我們在出版時一定要舉辦宣傳推廣活動。我們在三聯內部商量了一下，決定在新書出版時，就在三聯編輯部樓下的韜奮書店開發佈會。這個書店有一塊空場，大概可以容得下百來人。我們過去經常利用這個空間舉辦新書發佈活動。

我請徐國強給楊先生打電話，告訴他發佈會的基本程序和安排。特別說到，有一些關鍵人物要楊先生親自出面邀請。他二話沒說就答應了。

楊先生是極認真的人，也有幾分書生氣。他曾詢問會議需要邀請多少嘉賓，徐國強告訴他多多益善，楊先生就當做一件大事來做了。他真不愧是嚴謹的科學家，開列名單一絲不苟，用 Excel 表，編着序號，寫了好幾十人的名字傳真過來，名單上全是大人物，副委員長、政協副主席有很多位，部長有很多位，大科學家也有很多位。當時我在黨校學習，徐國強把 Excel 表傳真給我時，我嚇了一大跳，看到排列在最後的一位被邀請人是江澤民。

我知道楊先生誤會了，馬上直接給他打電

作者與楊振寧先生一起看《曙光集》樣書

話。我對他說，新書發佈會不是這樣的開法，會場就在三聯自己的書店裏，沒有那麼大的排場，也請不了那麼多的嘉賓，真請來了，也沒有地方招待呀。到場的嘉賓、讀者和媒體人總共百十來人，至於嘉賓，只需要「您請三五位好友足矣」。楊先生聽了如釋重負，連說這樣最好。他說開這個名單可把他累壞了，挖空心思才想出這麼多人名，一直在抱怨我們給他出難題呢。

最後楊先生重新確定了嘉賓名單，他邀請了人大副委員長周光召、清華大學校長顧秉林、鄧稼先夫人許鹿希、新加坡世界科技出版公司總裁潘國駒，三聯方面則邀請了中國出版集團總裁聶震寧、中科院科學史研究所所長劉鈍等，再加上楊振寧夫婦親自到場，陣容已十分強大。

但這次新書發佈會開得並不成功，對我們是一個教訓。我們驚動了楊先生自己請人開發佈會，但沒有特別設計場地，結果秩序很亂。開會時，書店裏的讀者一聽說楊振寧夫婦來了，一下子就圍上來，人滿為患，小小的場地擠得裏三層外三層。會議的設計是，開始由我代表三聯致辭，接着中國出版集團總裁聶震寧致辭，然後是周光召、顧秉林、許鹿希先生發言，最後楊振寧先生講話，大家都講完以後自由提問。因為我們沒有策劃和設計，讓下面的觀眾和媒體隨便發問。當時楊振寧先生和翁帆女士結婚不久，讀者和媒體還在好奇之中，結果提問中所有的話題都針對楊振寧和翁帆的婚姻，而且有人的問題問得很討厭，比如問楊先生：「你比翁帆大那麼多，那麼你死了以後同不同意翁帆再嫁？」楊先生的風度和涵養令人敬佩，他只淡淡一笑，很坦然地說：「再嫁，沒問題。」結果第二天好幾家報紙都是以「楊振寧同意死後翁帆再嫁」為大標題。事後我到網上搜索，發現這場新書發佈會白開了——在網上幾天內就有幾千條報導，居然很少有人提到三聯書店、提到《曙光集》這本新書。

這事我沒敢告訴楊先生，怕他失望，怕他傷心。我對楊先生心懷歉疚，不敢說，只是偷偷地採取了一些補救措施，諸如請他出來參加中國出版集團在鄭州舉辦的讀者大會介紹《曙光集》，給他安排記者單獨參訪，並為他聯繫在一些大學做演講等等。楊先生很隨和，只要時間許可，他總是盡可能滿足我們的要求。由於他的配合，《曙光集》銷售得很不錯。

《曙光集》出版後，我們仍然和楊先生保持聯繫，希望出版他的新書。

有一次，楊振寧先生來電話約我們去清華高等研究院，他和我們商量，說台灣記者江才健寫了一本關於他的傳記，題為《楊振寧傳：規範與對稱之美》，這本書在台灣出版過，在大陸沒有出，他說很希望這本書有大陸版本，問三聯能不能出？我們表示，看看書再做決定。

我們幾位編輯都看了一下，發現此書雖然是楊振寧的完整傳記，但全書的重點，顯然是放在「楊李之爭」上面，也就是說，全書涉及楊振寧先生和李政道先生在誰先發現「宇稱不守恆理論」方面的爭論用筆非常多。我們雖然早就知道，楊李失和，他們的矛盾在專業圈內早已不是秘密。但是他們之間的爭論，我們的印象是還沒有在國內的大眾出版物中公開披露。我們直覺是，既然李政道先生沒有發言，那麼楊振寧先生也不適合率先出來講這個問題。三聯也不該首先挑起這個話題，畢竟楊先生和李先生都是國人格外敬重的大科學家。所以我們把書稿退給楊振寧先生，告訴他，這書恐怕暫時不適合出版。

那天，楊先生顯得不是很高興，他皺着眉頭，很用心地聽我講完目前不適合出版的理由，對我說：「其實這個問題，李政道早就公開講過了。」說罷，就轉過身，從書架上拿出一本書給我，那是甘肅科技出版社出的《宇稱不守恆發現之爭論解謎》。我翻了翻，書裏面確實都是關於楊李之爭的文章。再看版權頁，只印了兩千冊。我說：「這本書能有什麼影響？恐怕沒有幾個讀者能看到它。」所以還是沒有同意出版江才健的書。這一次，楊先生顯然對我們非常失望。

今天看來，我們當初的印象和直覺並不正確，所以婉拒江才健的書，是一個錯誤的決定。當然這也是因為楊先生並沒有告訴我，「楊李之爭」事實上早已進入大眾視野了。如果他這樣說，也許我立刻就會改變想法。我孤陋寡聞，沒有注意到李政道曾在二〇〇三年四月三日的《科學時報》上發表長達兩萬多字的答記者問，對江才健在台灣出版的《楊振寧傳》所講述的「楊李之爭」做了極為激烈的抨擊，使楊李之間的矛盾早已經成了大眾話題。而且，我當時沒有研究過楊李之爭的相關材料，不瞭解楊作為兄長，長期以來一直在與李的合作中扶植和提攜李的情況，因而沒有體察到李貶抑楊在合作中的作用，使楊心中有許多難言的委屈。而另一方面，正是因為江才健的書在大陸尚未出版，讀者無從知曉楊振寧的觀點卻偏偏獲知了李政道的態度，而楊振寧本人又沒有做任何回應，所以一個時期以來，楊振寧遭受了很多誤解，使得讀者的同情明顯偏向李政道一方。如果我們在此時出版江才健的書，倒是可以讓讀者從另一個角度瞭解「楊李之爭」的事實，或許可以有助於平衡一邊倒的輿論。可惜我那時未能這樣做，想來真是愧對楊先生。後來，我曾專為此事寫信向楊先生道歉。但楊先生好像並不介意，沒有深責我。

不過，在《曙光集》出版兩年以後，我還是有機會彌補了自己的過失。

二〇一〇年季承出版了一本《李政道傳》，據說，此書是經過李政道先生本人審定的。書中涉及「楊李之爭」，作者完全站在李政道的立場上，強調在獲得諾貝爾獎的研究中，李政道做的貢獻比楊振寧大。李政道不但提出了基本設想，而且還通過激烈的辯論說服了原本持反對意見的楊振寧，最後李邀請楊加入研究，承擔了一些計算方面的任務而已。這一說法和楊先生對當時情景的描述完全不同。這時候我感覺到楊先生一定有話要說，而且輿論界也需要有楊先生的聲音。

季承的新書剛剛出版時，我給楊振寧先生打電話。我說了兩層意思。一是問他，是不是看過季承的書？是不是願意接受訪談？如果願意，我可以請《三聯生活週刊》派記者。但楊先生說，訪談就不必了，他或許會寫一篇文章來回應；另一層意思，是我對他說，如果他想出江才健那本《楊振寧傳》，現在可以考慮了，但是這本書是舊書，二〇〇二年台灣的版本，如果現在出，請作者修訂補充一下才好。我覺得，連楊先生和翁帆結婚都沒寫進去，作為楊先生的傳記顯然是不完整的，不修訂仍然不適合出版。楊先生說，找江才健修訂沒問題，但現在還有一個人，華中科技大學教授楊建鄴另寫了一本《楊振寧傳》，你們也可以考慮，如果是為了回應《李政道傳》所講的「楊李之爭」，那麼這本書基本上也說清楚了，而且作為完整傳記，它在內容上還更豐富些。我知道楊建鄴先生既是很有名的科普作家，又是物理學的專業人士，對楊先生的學術有比較深刻的瞭解，他寫的一本，文采不一定比得上江才健，但描述和評論可能會比較內行。我問楊振寧先生：「您說這兩本書哪本更好？我來出版。」楊先生說希望兩本都出。我說，這恐怕不合慣例，三聯只能選一本。他說，那我說不出來，你自己定吧。

我沒辦法強求楊先生給我結論，正在猶豫之間，編輯徐國強說可以找楊先生的一位朋友幫忙。此人是香港中文大學的教授陳方正先生，他在三聯出了一本《繼承與叛逆：現代科學為何出現於西方》，是寫科學史的著作，反響非常大，得了好幾個大獎。他是楊振寧先生很好的朋友，此時正好來北京。我們就請他跟楊振寧先生聊天談這件事。後來，陳方正去問楊先生，如果這兩本傳記只有一本能留下來成為傳世之作，你希望是哪一本？楊先生說希望是楊建鄴那一本，因為這個人懂科學，對他在科學上的貢獻理解更透徹。陳方正先生把楊先生意見回饋給我們以後，我們馬上決定出楊建鄴的《楊振寧傳》。我們的決定一作出，江才健的那本《楊振寧傳》立即被廣東一家出版社拿走。看來我們的動作還不算太慢，還有優先選擇權。

二〇一一年九月，楊建鄴的《楊振寧傳》出版，又要開新聞發佈會。為了防止出現混亂場面，這次我們汲取教訓，把會議地點安排在華僑大廈，不發任何通知，不讓外面的讀者隨便參加，只是組織了三十多個媒體。當然這樣的會議也需要有一些讀者到場，怎樣請呢？我們與青年科學工作者的組織「科學松鼠會」聯繫，希望他們派代表。因為楊先生是科學家，同時請來的嘉賓還有專程從香港飛來的數學大師丘成桐先生和科學史專家陳方正先生，以及當時已擔任國際科學史學會主席的劉鈍先生，他們需要和懂得科學的讀者對話。而科學松鼠會裏面都是一些搞科學研究的年輕人，大多是博士、碩士，這些人不會像有些無聊的媒體那樣只關心無關痛癢的問題。

《楊振寧傳》

開會前，我們特別慎重，專門搞出一個策劃方案去向楊先生匯報。楊先生對我們的策劃很滿意，但他也很警惕，我們告訴他這個發佈會要請科學松鼠會的負責人姬十三來主持，楊先生馬上問我：「他們會不會提一些UFO或者特異功能之類的問題？」我說科學松鼠會是很嚴肅的，楊先生才放心。會上，科學松鼠會來了三十多人，加上記者一共有六七十人。互動提問，我們讓科學松鼠會事前準備，他們擬定的題目事先都給我們看了，共三十個題目，在這個範圍內的題目可以隨便選，但不要出圈。最後問的問題都比較嚴肅，大多和科學家的治學和成長道路有關，楊先生、丘先生也回答了很多人生方面的問題。那場活動我們叫做「對話大師」，對話從頭至尾都很精彩，事後網上和紙面媒體的報導也很集中，關於《楊振寧傳》的報導也非常多，促銷作用很好，完全達到預期效果。

# 五、雞肋：LP旅行指南在三聯

話說回頭。

二〇〇四年的三聯人事「地震」，不僅直接影響到出版業務的開展，使得當年出版總量比上一年大幅度下降，而且造成了編輯部思想上的茫然無措。W總經理搞的一套「改革」不能繼續下去了，但是要讓三聯回到二〇〇二年加入集團之前的做法，也有了現實困難。因為加入集團以後，上級對三聯的盈利要求提高了，原先每年只有百十來萬利潤的局面需要迫切改變，而三聯的員工收入在這兩年急劇增加，財務支出加大，客觀上也需要賺更多的錢。三聯要增加創利，在原有基礎上做加法，是不二選擇。但是加什麼？這是個難題。需要找到既能貼近三聯傳統出版風格又能大批量成板塊開發的選題，這談何容易？在這種時候，且不說普通的編輯，就連店領導班子成員，在談到開發新產品線時，也都顯得非常謹慎。

對國內選題進行批量的組織策劃，需要假以時日。要想盡快出書，從國外引進是捷徑。領導班子中有人提議與澳大利亞孤獨星球出版公司（Lonely Planet Press，簡稱LP公司）合作，翻譯出版LP旅行指南系列。這其實是個別出心裁的大膽想法。在三聯這樣的思想文化型出版社引進實用性的旅遊書，是否相宜？這需要論證。提出策劃的人認為，LP的旅遊類圖書並不僅僅是實用工具書，而且是有高雅品位、有豐富內涵的文化讀物，這一點和三聯的風格十分契合。LP公司是現今世界上最有影響力的旅遊讀物出版機構，它們的旅遊指南也是世界上品牌最響亮、讀者口碑最好的旅遊類圖書。三聯不是注重選擇，什麼書都要選最好的嗎？他們說，這就是最好的。而且，LP旅行指南品種多，覆蓋面廣，系統性強，如果和他們實現戰略合作，迅速做出三聯圖書的一個新板塊，是可以預期的。從另一角度說，澳大利亞 LP 公司有着豐富的國際合作經驗，市場運作經營有方，出版管理科學規範，與他們合作，三聯的同事也可以從中學到很多東西，這對於培訓我們的編輯和行銷隊伍也頗為有益。

這是二〇〇五年夏天，我剛到北京三聯任職，就參與了 LP 旅行指南的出版論證。我認為，上面所有這些分析都有道理。但是，出於經濟效益方面的考慮，我對於合作的前景卻有些擔心。因為我過去在香港曾經和英國著名的旅遊出版社 AA 公司合作出版過旅遊書，為此曾關注過這方面的市場，發現此類讀物，通常只有十幾個最多二十幾個熱門國家和城市的旅遊指南比較好銷，而其他旅遊書出版後都會遇冷，難以盈利。關於這個問題，我過去就和香港萬里出版機構的總經理曾協泰交換過意見，他的出版社幾十年來專注出版生活實用書，做過各種類型的旅遊讀物，他告訴我，出版旅遊書一定要小心，相當多品種的旅遊圖書是不能盈利的，這類書「紅花很少，綠葉很多」。所以，我的直覺是，三聯如果和 LP 立足於長期合作，所出版的圖書按照預期將達到上百個品種，其中定有不少虧損品種。且不說在未來網絡越發達，旅遊資料得之越容易，大厚本的旅遊書市場定會越加萎縮，只在當時，就很難對這套書的出版效益做樂觀判斷。

領導班子研究選題立項時，我明確講了自己的顧慮，表示不大看好。我當然並不能武斷地預測這套書最終會導致虧損，但是我覺得，即使出版後有少量盈利，這套書對三聯也不是最佳選擇。會上，我談到一個機會成本的問題。我說，如果接受這個項目，我們將要投入大量的人力物力，因為 LP 的書每一本都很厚，部頭很大，動不動一本五六十萬、甚至七八十萬字，編輯、校對、排版都費時費力，類似於編一本字典，如此做出的書，如果銷量不理想，那麼產出投入比恐怕是不高。如果我們把人力物力投入到其他方面，或許可以創造更多的盈利機會。失去了機會，就是損失了成本。所以我說，LP 不是能不能做的問題，而是值不值得做的問題。

我們需要比較做什麼更值？但是領導班子中有人問我，你說LP不值得做，還有什麼板塊值得做？我說三聯可以發展大眾文化讀物板塊。但會上立即有人表示大眾文化讀物不符合三聯定位，我初來乍到，自感對三聯的定位還不是很清楚，當然不便與之爭論，於是不再堅持己見。

那時，樊希安還沒有來三聯，在領導班子中，我個人意見是絕對少數。一次店務會，黨委書記、代理總經理張偉民要求大家對LP項目是否上馬人人表態，類似於投票表決。我想，三聯要做增量，在一時沒有其他業績增長點的情況下，LP項目似乎也是聊勝於無。考慮到自己不必自命清高，站到大家的對立面，我贊成了大家的意見。

但是，LP項目的經營情況，就像我一開始預想的那樣，不能令人樂觀。三聯專門招聘人員建立團隊，成立了一個人數眾多的LP編輯室，花費了遠超過編輯一般圖書的人力物力，但是所獲無多。這可能也與三聯在旅遊類圖書出版發行方面缺少資源和管道有

三聯版LP旅行指南

關。雙方簽訂的協議是三年，到了二〇〇八年即將期滿。雙方續簽協議時，三聯財務對於LP項目的結算還沒有出來，我的估計是有少量虧損（後來證明的確如此），所以對續約前景依然不看好。但是澳大利亞方面突然提出，要和三聯合作開發中國旅行指南（過去三年出版的都是外國旅遊書），三聯的LP編輯室興奮異常，躍躍欲試，認為出版《雲南遊》、《四川遊》、《貴州遊》等等的盈利情況肯定會比以前出版的外國旅遊書更好一些。但是LP公司的合作模式對三聯來說非常嚴苛，他們要三聯招聘的作者，接受澳大利亞公司派人組織的培訓後，到旅遊地去進行實地考察，然後按照LP旅行指南要求的格式，就地寫作書稿，作者的旅費和稿費都由三聯支付，但中文書稿的版權卻要歸LP公司所有。哪怕將來有一天澳大利亞方面不再和三聯合作，他們仍然有權使用這些中文書稿跟其他中國出版社合作。他們提供的協議文本，在三聯內部引起極大爭議。

當時還是黨委書記的張偉民主持工作，樊希安和我作為副總編，都極力反對這個協議文本，認為如此簽約，對三聯是一種侮辱。我們組織寫作的中文書，版權歸人家，豈有此理？三聯不能淪落到為LP打工的境地。副總編潘振平也說，三聯不是星巴克加盟店，不能弄得像是貼牌經營。我們都認為，在版權問題上是沒有退讓餘地的。但三聯的LP編輯室和主管領導認為需要委屈求全，因為這是LP在全世界與各國出版社合作的慣例。如果我們不妥協，合作就談不成。樊希安和我都說，談不成就作罷，本來也不是非合作不可。於是我們把雙方意見反映給集團領導，請他們對協議規定的合作條件進行評估。為此集團專門開了會，結果是支持我和樊希安意見，總裁聶震寧、黨組書記李朋義和副總裁劉伯根都表態說，協議不能這樣簽。

於是三聯的LP編輯室只好和LP公司討價還價，對方有所妥協。雙方勉強商定，LP中國項目的旅遊圖書，中文書稿的版權雙方共有，在三聯與LP公司合作結束五年之內，LP公司方面不能使用這些文稿與其他出版社合作。同時，為了減輕三聯的投資壓力，有人出主意，準備拉一個投資商入股，參與LP中國項目投資。讓三聯以品牌入股，佔乾股百分之五十一，投資商以現金入股，佔百分之四十九。這看起來對三聯非常有利。在招商引資時，有關人員為這套書出版發行做了一個年盈利百分之二十的測算。不過這測算顯然太樂觀了。論證中我和樊希安都認為達不到，但是LP編輯室和分管領導都信心滿滿，而他們真的從深圳找到一位熱心的投資商，願意參股。對此我們只能樂觀其成。於是LP中國項目勉強上馬了。

然而，事實真的又一次像我們預測的那樣，LP中國項目每一本旅遊書的平均銷量，只達到招商引資時預期的一半。這當然不可能有盈利，算下來還略有虧損，當然虧掉的主要是那位投資商的錢。到了二〇一一年，又是一個三年合作期結束，這時已經是樊希安擔任三聯總經理，我擔任總編輯。是否續約？又成了問題。不過，現在雙方都已經把合作前景看清楚了。澳大利亞的LP公司對中國市場運作感到不滿意，無意繼續與三聯合作，他們已經在和中國地圖出版社洽談新的合約。而三聯也覺得LP項目就是一塊雞肋，食之無味，該丟即丟。這樣，在經歷了兩個合同期共六年之後，在雙方都沒有得到應有回報的情況下終止合作。

今天看來，這場合作的確沒有給三聯留下什麼。庫存書不能再銷售了，LP編輯室的人員紛紛離職，有些人轉到中國地圖出版社，繼續做這套書。三聯方面連最初期望通過合作培訓人才的目的都沒有達到。LP對於三聯只是一個並不愉快的記憶，能夠喚起這種記憶的，是庫房中堆積的紙張。因為LP旅遊書需要使用一種特殊的、類似於字典紙的超薄紙張，三聯曾經大量訂貨，以致於十年之後，三聯副總編常紹民告訴我，當年備下的紙還沒有用完。

當然，六年中三聯出版了上百種LP旅行指南類讀物，根據《開卷》的統計，這些書也佔據了中國旅遊（特別是境外遊）圖書市場一部分份額，形成了一定的影響力。讀者很自然地將LP品牌和三聯品牌聯繫起來，以致於在雙方合作結束多年以後，還有許多讀者抱有這樣的印象。在經濟上，雖然多少有些虧損，但也並非不可接受。做出版的人都知道，出版社不可能出什麼書都盈利。不過，在我看來，如果把機會成本考慮進來，也就是說，如果當初三聯不是選擇做LP項目，而是集中力量發展大眾文化讀物的板塊，那麼三聯所獲得的效益，可能會好一些吧？

# 六、叢書，叢書！

三聯書店在一九八六年恢復獨立建制以後，從一個幾乎是白手起家的出版社漸漸聲名鵲起，短短二三十年就變成了著名出版品牌，靠的就是出好書、出精品。而這些好書，相當一部分集中在幾套有影響力的大型叢書。例如從八十年代開始出版的《文化生活譯叢》、《現代西方學術文庫》，從九十年代開始出版的《學術前沿叢書》和《三聯·哈佛燕京學術叢書》等。到了我加盟的時候，這些叢書還在繼續增添品種，但是我們都感覺到，無論是從提升品牌影響力還是從創造經濟效益的角度，三聯都需要增加一些新的叢書策劃，因為叢書比起單本書來有利於宣傳推廣，容易取得市場上的規模效應和彼此帶動的銷售效果。

二〇〇五至二〇〇六年，在我們設法通過做加法、做增量走出出版業績的低谷時，有四套叢書差不多是同時啟動的。

最先是黃華主持的新知編輯室手裏有些零散選題需要整合。新知編輯室最初的出版定位，是選擇出版與科學人文相關的知識類叢書。這類書從西方引進並不困難，因為近半個多世紀，無論自然科學還是社會科學方面，知識都在以前所未有的速度在更新，很多舊有的知識被顛覆、修正和重新解釋，涉及自然、環境、社會、歷史、文化等諸多領域的新發現、新探索和新成果，記載這種人類認識更新的過程的圖書很多，非常值得介紹給廣大讀者。

編輯室提出一組選題以後，我們在店務會上討論。大家覺得「新知」這面旗幟，我們還是應該繼續打。這些書可以用《新知文庫》名義出版。三聯早在八十年代就出版過一套很有影響的《新知文庫》，因為那時人

《新知文庫》部分品種

們頭腦中的「新知」概念，通常指從現代西方思想界引進新學科、新觀念、新方法，所以那是一套介紹理論知識的著作。不過，九十年代以後，那一陣理論風潮已經過去了。如今若是再編《新知文庫》，隨着社會關注點的變化，定位應有所不同，圖書可以不再是理論性的讀物，而是新知識的產生及其背後的故事。我們認定，這將是一套為當前中國文化界所需要的書，應該受到市場的歡迎。

《新知文庫》第一批五種，包括《人類基因的歷史地圖》、《香料傳奇：一部由誘惑衍生的歷史》、《證據：歷史上最具爭議的法醫學案例》等，於二〇〇六年出版。我們對它的期望很高，覺得這些書有趣味、有故事，甚至還有思想衝擊力，應該有不俗的市場反應。誰知出版以後，市場反應冷淡，一年時間，五千冊都沒有銷完。對於一套大叢書來說，這是開局不利。大家都有些發懵，於是開會研究。分析來分析去，覺得幾個選題都是好書，內容沒有毛病，為什麼市場不認？有人說，可能是版式和封面設計不討好。這套書採用了瘦長的小三十二開本，封面也算素雅，但是不夠搶眼。大家覺得，不妨重新設計一下，再做嘗試。當時香港三聯的著名設計師陸智昌（阿智）

已經在北京開設計工作室，於是我們請他設計這套書。他採用了小十六開本，做了一套既淡雅又醒目的封面設計，別有情調，令人見之愛不釋手。因為開本變大了，用紙也更好了，成本提高，我們還漲了定價，將平均定價二十多元增加到三十多元。然後我們重新印製發行這套書，結果居然每本銷量都在一萬冊以上，其中的《路西法效應：好人是如何變成惡魔的》、《說謊：揭穿商界、政治與婚姻中的騙局》等接連重印數版，成為暢銷書。這件事令我很感慨。後來我在編輯培訓班講課，曾經把這套書作為一個案例，告訴大家，一個好的裝幀設計，可以救活一套書。

《新知文庫》到今天已經出版了一百五十來個品種，成為三聯的一套品牌叢書。而與之幾乎同時開始策劃的《中學圖書館文庫》，於今的出版規模也達到百種左右。這套書二〇〇六年開始策劃，起因是我在一次店務會上感歎，人文社前一時期在聶震寧主持下業績猛增，是因為他們把一隻腳伸進了中學教育市場。他們從九十年代末期開始出版《中學生文學閱讀必備書系》，後來又出版《語文新課標必讀叢書》，所選入的作品，無非是魯迅的《吶喊》、《彷徨》，巴金的《家》，老舍的《駱駝祥子》，沈從文的《邊城》等等原先就在該社出版的文學名著，只是改變了一個名義，結果書的銷量大增，使出版利潤大漲。我問大家，三聯能不能在中學市場做一點文章？大家都說，那有什麼不行？雖然三聯的書，並非文學類，但是文史理論和知識讀物，也可為中學生參考呀。於是當時就決定策劃一套《中學圖書館文庫》，以朱自清的《經典常談》，呂叔湘的《語文常談》，夏丏尊、葉聖陶的《國文百八課》，黃仁宇的《中國大歷史》，蔣勳的《寫給大家的中國美術史》等圖書作為開始，準備按年陸續推出。這套書，需要動用三聯原有出版資源，並組織一批新稿，在三聯內部，因為副總編潘振平是老三聯，而且是歷史學者，他對情況最為熟悉，所以對於叢書選目，他的貢獻較大。後來因為叢書整體效益較好，我們又動員力量加緊策劃，最多時一年出版二十至三十多種。

至於學術著作，這是三聯的看家書。在我剛回北京的時候，因為W總經理下台事件的影響，整個出版局面極為沉悶。可以說，一兩年之內，三聯所出圖書幾乎沒有亮點。這時我接手分管生活、讀書、新知三個編輯室，鄭勇負責生活室，舒煒負責讀書室，黃華負責新知室，三聯的出版創新主要靠他們，責任不可謂不重大。不過，對鄭勇和黃華，我只是告訴他們要多抓一些亮點書、話題書、帶動社會思考的書，倒不一定是為了創利，而主要是為了讓知識界知道我們在想什麼、做什麼，有哪些新的創意。對他們，我沒有施加太多壓力。因為我覺得他們編輯的文化生活類和新知類的書，沒有剛性標準，可以見仁見智。但學術書不同，那是硬碰硬的，學術質量如何，一本書一套書是不是叫得響，學術界自有公論。所以我一直盯着分工出版學術著作的讀書編輯室主任舒煒不放，告訴他，你每年都得拿出點兒新鮮貨色來，讓學術界知道三聯還是三聯，哪怕是承擔一些虧損，也一定要有標誌性的著作。因為三聯和一般出版社不同，它一直是媒體和學術界關注的對象，讀者對它總有期待，社會對它的要求總是更高一些。一般的出版社，只要不出壞書就不會遭人詬病，但是三聯如果在一年中沒有引人矚

《西學源流叢書》部分品種

目的好書，就會令讀者失望，網上就會有批評的聲音。舒煒當然能意識到自己的責任，他很快便去聯繫一直為三聯策劃圖書的著名學者甘陽，商量策劃出版一套新的學術叢書，名曰《西學源流叢書》。當時店內有些人不解，認為甘陽已經在三聯策劃了一套《現代西方學術文庫》，何必另起爐灶再搞一套？甘陽解釋說，這套書源自一個新的理念，即「重新閱讀西方」。

甘陽認為，我國改革開放二三十年來一直在大量引進西方學術著作，這是在什麼背景、什麼條件下引進的呢？當然是在中國經歷了文革的十年封閉，而社會又遇到了很多現實問題的時候，國人感到需要到西方去尋求解決問題的方案，才去引進西方思想學術的。就好像是中國有病，需要到西方採藥。抱着這樣一種態度，我們的選擇性引進不免帶有實用主義色彩，就是說，我們自己需要什麼，就選擇引進什麼。這種引進既不系統，也不全面，而且無邏輯，帶着急功近利的色彩。但是在今天，當人們已經大量閱讀西方學術思想著作之後，開始變得冷靜了。人們發現，西方的思想，它的成長有自身的邏輯。西方的學術，它的發生，首先不是針對中國的問題而是針對西方自己的問題的。它自己有「源」也有「流」，而我們中國的讀者，只有把這種源流關係弄清楚，才算是真正弄懂了西方學術。所以，甘陽本着「回到西方自身的邏輯中去，重新閱讀西方」這種理念，本着拾遺補缺的原則，重新遴選西方的學術著作，編了這樣一套《西學源流叢書》。這套書從二〇〇七年開始出版，到現在也已經出版數十個品種，其中的《從黑格爾到尼采》、《洛克〈政府論〉導論》、《歷史講稿》、《劍橋中世紀政治思想史》、《古典學的歷史》等著作社會影響較大。

另一套學術叢書的出版，與《西學源流叢書》可謂不謀而合。它是中國人民大學教授何光滬主編的《基督教經典譯叢》。這也是學術界經歷反思之後作出的策劃。甘陽說我們要回到西方學術的邏輯中去選擇圖書，而何光滬則強調，我們學術研究，應該從閱讀和瞭解原典開始。所謂原典，當然包括中國《四書》、《五經》以

《基督教經典譯叢》部分品種

來各時期的典籍，也包括西方古希臘羅馬的哲學著作和近代學術著作。這些我們都耳熟能詳了。但是，在西方中世紀基督教哲學中有一批重要著作，卻始終沒有被翻譯、介紹到中國，而西方文化中的許多核心理念和基本思想，恰恰是從這裏面產生的。在某種意義上說，幾十年來我們也忽略了一些根本性的學術之「源」，使學術的引進出現了斷層。何光滬和我面談這套叢書選題時感歎說，這簡直是中國學術界的無知，豈不令人汗顏？為此我們需要補課，從翻譯出版這些著作開始。

然而和出版《西學源流叢書》不同，這套書在三聯是否列選曾有很大爭議，有兩個原因：一是它不符合三聯過去出版西學著作的定位。三聯出版西方學術著作，一向是只出二十世紀以後的現代著作，不做十九世紀以前的古典學術。這是因為十九世紀以前的西方學術著作早已被商務印書館的《漢譯世界學術名著叢書》規模化出版，三聯為了避其鋒芒，很長一個時期不在古典名著領域涉足。但《基督教經典譯叢》收入的基本上都是中世紀宗教學者的名著，若真的出版對三聯是破例的。二是這些書涉及宗教問題，出版的手續較為繁瑣，需要送交有關部門審稿，而且預期經濟效益也不佳。我考慮到這套書的特殊價值，是力主上馬的，但是在店領導班子中遇到比較強烈的反對意見。後來是何光滬自己聯繫了銷售管道，包銷一部分圖書，而我們找到了一個新聞出版署認可的審稿機關，可以順利解決送審問題，於是大家同意將叢書列入了出版計劃，我們在七八年時間裏中總共出版了三十來個品種。

不能不說，關於這套書我有一大遺憾，就是叢書中最重要的一部著作我未能親手出版。這就像我摘了滿天的星星，卻讓月亮被別人摘走一樣令我懊惱。究其原因，還是怪我魄力不足。這部重要的著作，就是湯瑪斯·阿奎那的《神學大全》。

湯瑪斯·阿奎那是中世紀最著名的基督教神學思想家，他的《神學大全》，在基督教世界的影響力僅次於《聖經》。譯者曾這樣介紹它：

> 《神學大全》富於條理性或體系化，還極具開拓性和原創性，在教理神學方面超越了教父哲學，在實踐哲學和理論哲學方面對古希臘羅馬哲學也都有所超越，憑藉其創新和精深而不僅成為中世紀教理神學的思想高地，而且成為中世紀自然神學的思想高地，不僅成為中世紀理論哲學的思想高地，而且也成為中世紀實踐哲學的思想高地。

這裏一連使用了四個「思想高地」，可見其至高無上的理論地位。

當何光滬先生找我談這套書出版時，我得知這是台灣一批神職人員歷時三十年從拉丁文翻譯成中文的文本，共十九卷，六百萬字。台灣繁體字版二〇〇八年出版，出版方委託何光滬聯繫大陸簡體字版本事宜，何光滬覺得，這正好可以歸入他主編的《基督教經典譯叢》。但是這套書卷帙浩繁，過於龐大，而台灣譯者要求支付的稿費標準偏高。我做了一個測算，全部出版，定價將在一千元以上，而版權方要求我們印製三千套，銷售有相當大的壓力。如果沒有外來資金支持，出版的虧損數額預計也相當大，以三聯的經濟規模確實難以承擔。三聯店務會討論這個選題，結論是若有資助可以立項，若沒有資助先放一放。所以我一直期望找到資金贊助，以促成其出版。從二〇〇九年開始，每年我都能見到何光滬先生，每次他都和我約定，雙方一起努力找錢印書。我也確實聯繫過兩三位熱心於學術出版的企業家，還向中國出版集團提出過申請，但是資助款一直落實不下來。二〇一三年，我忽然發現何光滬先生不再找我了，不久，我看到商務印書館開始出版這套大書的第一集五大卷。

這件事讓我感慨良多。三聯做不成的書，商務可以做，完全是因為商務的經濟基礎牢固，做事有底氣。由此我知道，做出版需要講情懷，講理想，但沒有經濟基礎做後盾，一切都是空談。

# 七、誰是頂尖學者？

幾十年來，為三聯品牌贏得聲譽的圖書，大抵有三類：一是影響力極強的標誌性出版物，如《傅雷家書》、《幹校六記》、巴金《隨想錄》、《陳寅恪的最後二十年》等；二是在學術文化界具有良好口碑的叢書，如《文化生活譯叢》、《現代西方學術文庫》、《三聯·哈佛燕京學術叢書》等；三是大學者大作家的作品集，如《陳寅恪集》、《錢鍾書集》、《錢穆作品系列》、《黃仁宇作品系列》等。對於選題策劃者來說，這三類書中第三類需要特別慎重，因為一旦確定選題，就等於是承諾出版一個系列。

三聯是從九十年代以後才開始做大家作品集的。那時董秀玉總經理主持工作，她的理念是「要麼不出，出就最好」，所以她首先選擇了陳寅恪和錢鍾書。這兩位現代史上的泰斗級的學者，在中國學術界沒有爭議。接下來三聯又選擇了錢穆和黃仁宇，這兩位身在港台海外的華人學者，也都是頂尖的。再往後應該出誰的？這個問題曾經讓我們很費躊躇。因為選擇不當，可能被社會詬病，更會在三聯內部引發分歧。前面說過，我和舒煒一起策劃了《馮友蘭作品精選》十種，就被某些人認為是選錯了人，而鄭勇極力主張出版《曹聚仁作品系列》，也被人質疑這樣的書能否和《陳寅恪集》、《錢鍾書集》擺在一起？總之在三聯做選題策劃特別難，編輯顧慮特別多，動不動就會困惑和糾結，這是因為前面起點太高，後面做事的難度大了。

那一陣，我們把老一代名家整個梳理了一遍。想到過陳獨秀、季羨林、周一良、吳晗、饒宗頤等等一批大家，但是經瞭解，他們的全集都有人出版過了。只有金克木的著作還沒有整合，於是趕快和作者的女兒聯繫，簽約出版了《金克木集》八卷。過了幾年，考慮到王世襄的著作原本都在三聯出版，我們又整合了《王世襄集》十四卷。

《金克木集》

再往後，把老一代學者按照年齡往下排，能夠眾望所歸的，恐怕就是李澤厚了。最早是主持工作的代總經理張偉民提議要出《李澤厚集》，眾人皆曰可行。舒煒去聯繫李澤厚本人，他表示願意授權。似乎雙方可以一拍即合。但是，李澤厚著作版權之複雜，旁人不知，我卻是知情的。他的作品分為前後兩期，後期（九十年代以後）的著作（如《論語今讀》、《實用理性與樂感文化》、《己卯五說》等）版權都在三聯，但是前期著作如《美的歷程》、《華夏美學》、《批判哲學的批判》、《中國古代思想史論》等十種，版權早已賣斷給了台灣三民書局的董事長劉振強。若要整合出版《李澤厚集》，作者本人是無權於授權這些前期作品的。如此情況，因為我在香港工作期間曾經幾次到訪台北面晤劉振強先生，瞭解得比較清楚。我知道，如果我們不經三民書局同意，貿然出版這套書，定會招惹一場官司，而且官司必敗無疑。於是我們去說服李澤厚，將作品集出版合約一分為二，前期作品與劉振強簽約，後期作品與李本人簽約，方才促成了這套十卷本《李澤厚集》的出版。說實話，這件整合李澤厚前後期著作出版的事，只有三聯書店一家出版社可以做成，因為李澤厚後期著作版權在三聯，其他出版社即

使可以得到三民書局授權，也是不可能從三聯得到授權的。出版時，我們選擇了布面精裝，藏藍色的封面分外醒目，其精美雅致，堪比《錢鍾書集》。李澤厚見到樣書開心異常，了結一樁心願。而我們通過複雜的版權運作，推出了一套廣受讚譽的精品書，也很有成就感。不過，此書出版後多有波折，此處略過，容後再講。

《李澤厚集》出版後，遴選大家著作集變得更難了。以三聯出版必須「拔尖」的標準，似乎在同時代學者中很難再找到能與李澤厚比肩的。於是編輯們又陷入了糾結。一次店務會，記不清是誰提議，說老一代的大學者找不出了，我們是不是可以眼睛向下，在改革開放以後湧現的所謂中生代學者中發現領軍人物。於是熱議一番，確定了四個人：陳來、李零、茅海建、陳平原，準備出版他們的作品系列。後來，因為陳來和李零的版權整合比較簡單，他們的作品系列很快出版了，而茅海建和陳平原因為版權分散，一時沒有整合成功。不過，茅和陳顯然從三聯的態度中感受到善意和誠意，他們後來對三聯也多有支持。

不過，這種做法，打破了論資排輩的慣例，對三聯算得上超常之舉。我感到對社會、也是對三聯自己需要有個交代。因而二〇一一年《陳來學術論著集》十二種出版，我們和清華大學國學院聯合舉辦新書研討會時，我在會上做了一個發言，題目是「三聯為什麼要給陳來先生破例？」。內容主要是肯定陳來作為中國學術界中生代學者的傑出代表，其中國古典文化和哲學研究著作的突出成就和潛在影響力，強調「三聯出版，必屬精品」，今天三聯所做的是一種前瞻性的工作，既是對當今學術的引領，也是對未來學術的積累，因為今天的陳來，可能就是明天的錢鍾書、馮友蘭。這個發言頗受好評，清華大學所屬的一家學術基金會立刻就找我聯繫，說是希望與三聯合作，共同出版這批中生代領軍學者的著作。

李零和陳來不同，他的著作除考古學專著之外，多是文風活潑，以思想取勝的隨筆，故而比較暢銷。作為老作者，他與三聯編輯的關係甚好，但是很長一個時期，他的作品不再交給三聯出版，因為他對三聯的發行能力不信任。當時他在同心出版社出的隨筆集《花間一壺酒》和在山西人民出版社出的《喪家狗：我讀〈論語〉》都是民營工作室「漢唐陽光」運作，銷售相當火爆。當三聯編輯向他約稿時，他很猶豫地問，這樣的書你們能銷售多少？編輯報上三聯發行部評估的數字，李零笑說，你們的發行，連「漢唐陽光」的一半也不及。這下將了我們一軍，因為我們確實不能要求作者為了友情與我們合作，而損失自己的經濟利益。後來店領導班子專門開會研究此事，會上決定聘請李零作為三聯的學術顧問，同時要求李零寫出新著，優先考慮三聯，但對此不做強求。李零或許是被三聯感動，決定先拿出一兩本作品讓三聯試試。於是他寫了《去聖乃得真孔子：〈論語〉縱橫讀》，又寫了《人往低處走：〈老子〉天下第一》向三聯交稿。但是這兩本書在三聯出版後，銷售真的達不到預期，李零曾表示失望，我們勸他不要放棄，再接再厲。此後他又寫了《唯一的規則：〈孫子〉的鬥爭哲學》和《死生有命，富貴在天：〈周易〉的自然哲學》，將四本書合稱為《我們的經典》。事隨人願，我們發現，當四本書整合出版以後，這些隨筆集頓時火爆起來，一躍而成為暢銷品種。有可能是因為「我們的經典」這個概念較為引人注目，同時也是因為讀者發現李零轉到

《我們的經典》

了三聯，其著作被整合，出版形式莊重大方，顯示出品牌書的氣象，於是出現了品牌效應。李零受到激勵，興奮起來，又寫出探究中國古代人文精神的四部著作《茫茫禹跡》、《周行天下》、《大地文章》、《思想地圖》，合稱為《我們的中國》，名稱同樣響亮，書也同樣熱銷。這樣，李零與三聯的合作，可謂雙贏。

說到出版大作家的作品系列，還需要提一下余秋雨的作品。我們在選擇了陳來和李零以後，對余秋雨能否在三聯出版作品系列的事，也曾慎重研究。但是他這個人在文化界爭議頗大，三聯內部，對其不以為然者甚多。在一次編輯部的會議上，我提議考慮出版《余秋雨作品系列》，遭多人反對。我力排眾議，強調要放下主觀成見，客觀地評估余秋雨著作的學術文化價值。在我的堅持下，社領導班子同意我向余秋雨約稿。

我同余秋雨原本是認識的，在香港編輯《三聯文庫》時，我曾經出版過他的散文集，一直保留他的聯繫方式。這次我趁他在京居住時，約他在北京娃哈哈大酒樓吃飯面談。事前我給他寫了個手機短信，告訴他三聯願意整合出版他的作品系列，我談了一些基本設想，最後說：

> 您的眾多著作分散在一些小出版社出版，設計製作水平不高，零零散散，無規模效應和品牌效應，與您的學術文化地位不相稱。如果您同意與三聯合作，您的作品一定會被設計製作得更加精美，更顯文化氣息；被編輯得更有整體性和規範性，更具規模和氣勢，在學術文化界發揮更大的影響力。

那天他來赴約，一見我就說，你的一個短信把所有問題都說清楚了。他和馬蘭一邊讀短信一邊感慨，說是大出版社做事就是大氣，不一樣。我明顯感到他為此而興奮異常，喜出望外。他一再表示，這是他的榮幸，編這套書，他一定當做一件大事來做。甚至說，他會把在三聯出版作品集當做後半生最重要的事。但是我也提了要求：為了不給讀者留下炒冷飯的印象，三聯出版他的書，必須從新書開始。他需要先給我一本新著，然後我們再逐步地將他的十餘部舊作整合到作品系列中。對此，他連連承諾，說是「一定一定」。他回上海後不久，給我用電郵發來了一個《余秋雨作品系列》的目錄，上列十四種作品，包括他早期的幾本戲劇理論研究著作和《文化苦旅》、《山居筆記》、《千年一歎》等文化隨筆集，其中第十四本被單獨標出。他附信一封，告訴我，這是他正在寫作中的新書，將作為系列的第一本交給我。但是此書暫未完成，要我務必替他保密。信中還有這樣的話：「謝謝您的關照。從今年秋冬到明年春季，我全身心都獻給這部文集了。」他將交稿日期定於第二年五月。於是我便靜靜等待，不再催問。萬萬沒想到的是，到了第二年五月，這部被余秋雨承諾作為系列第一本的新書，出現在另一家出版社的廣告中。那家出版社作為暢銷書在大力推廣此書。我瞭解後得知，原來是余秋雨參與投資的文化公司，在和那家出版社合作，要出版這本書。這關涉到余秋雨的投資利益。於是我想，他原來那些對三聯的承諾，在利益面前竟然是這樣的脆弱。

此事對我傷害很深。為了策劃余秋雨著作出版，在三聯內部我不知頂住多大壓力，苦口婆心說服了多少人，才得以與他達成合作意向，而他竟然如此不珍惜我們的誠意。從此我不再與余秋雨聯繫，當然也不再考慮他的作品系列。以致於幾年以後，余秋雨的經紀人找到三聯，拿來他的新作《何謂文化》，希望以文化公司的名義與三聯合作出版，並強調說，余秋雨讓他不要找其他出版社，還是在三聯出版最好。出面接待的編輯跑上樓來告訴我這番話，我連見都沒有見來人，就不假思索地拒絕了。

# 八、李澤厚先生與我的三聯往事

二〇二一年十一月三日，李澤厚先生在美國科羅拉多州逝世。當天，就有不止一家報刊的記者打電話給我要求採訪，被我婉拒。他們一再說，李澤厚的書都是三聯書店出版的，你可以講講出書背後的故事。我說，你不知道，李澤厚和我們打過官司。在這個時候，還是別讓我說的好。如果我說，說出來的都是怨。

我和李澤厚認識得很早，但是並不熟。一九八六年我在人文社工作時，曾經為了組稿，到過他在北京和平里煤炭部宿舍的家。那時他的家在一棟公寓樓裏，是普通的兩居室。他的書房兼臥室很小，他搬一把木頭椅子放在床前讓我坐下，他便坐在床上背靠牆壁和我交談。

這一情景，我在二十多年後再一次與他交談時提起，他還記得。

但是，我再一次與他交談，卻是代表台灣三民書局的董事長劉振強先生和他討論版權問題。他被劉振強指控出版侵權。

劉振強是當代著名出版家，他的業績在台灣學術文化界有口皆碑，可以說是德高望重的人物。他和李澤厚，是通過余英時先生介紹認識的。九十年代初期，李澤厚赴美國定居，因為缺少經濟來源，生活有一定困難。這時余英時打電話給劉振強，問他能不能幫一幫李澤厚？劉振強仗義，慨然允諾，決定出版《李澤厚著作集》，以稿費來支持他。為此他做了市場調查，發現李澤厚的幾部著作的單行本在台灣原本已有別人出版。為了理清版權，他一家家協商，將別人印製的李澤厚作品（累計上萬本書）全部買下來統統銷毀，為此先已投入了上百萬台幣。

一九九四年八月二十日，雙方簽訂協議，李澤厚將自己早期十種著作的全部財產權一次性轉讓給台灣三民書局董事長劉振強，獲得十萬美金作為報酬。

十萬美金，在今天看來或許不算什麼，價碼並不高，但是在當時，相對於其他著作版權的價格，這是一個相當驚人的數字。

同一天雙方簽署了三份合約，合約規定財產權轉讓後，李澤厚在全世界任何地方都無權用中文繁體或簡體字自行出版或授權他人出版《李澤厚著作集》中的「全部」或「一部」。也就是說，李澤厚把他早期十種作品版權賣斷了。

可是此後，李澤厚沒有遵守合約規定。因為劉振強遠在台灣，他沒有及時在中國大陸出版李澤厚的書，而李澤厚希望見到大陸版本，於是從九十年代中後期起，就委託一位代理人多次授權合肥、天津的兩家出版社在中國大陸

作者與劉振強先生合影（二〇〇三年）

出版這十種著作中的若干品種。

劉振強很快聞知此事，但考慮到自己與李澤厚的情誼，他多年一直默默隱忍。只是在朋友之中，他才會說些抱怨李澤厚的話。劉再復先生與他相熟，有一次到台北，被劉振強拉着去台灣大學的操場。他們看到那裏正在擺攤銷售中國大陸出版的簡體字版圖書，李澤厚的《美的歷程》、《中國古代思想史論》等都擺在那裏，劉振強憋得滿臉通紅，連說：「你看看，你看看，他們是這樣欺負人的！」

九十年代末期以後，因為我當時任職的香港三聯書店和台灣三民書局有業務合作，我曾多次在台北與劉振強先生會面，每次談着談着，總是免不了說起李澤厚。這情景令我聯想起祥林嫂講阿毛的故事。

如此的忍耐一直持續。起初，我沒有想到事情會弄到打官司的地步。

二〇〇七年，三聯書店要出版《李澤厚著作集》，為解決這個複雜的版權問題，我們出具的合約，開始是寫入了一個特別的條款，即是請李澤厚聲明放棄前期十種作品的版稅，由我們將這部分版稅代轉給台灣三民書局。我覺得這樣既可以照顧李先生的面子，又可以維護三民書局的利益，豈不兩全其美？我把這個做法向三民書局的版權室主任通報，誰知竟然惹怒了劉振強先生。他在十一國慶日那天清晨七點將電話打到我家裏，把我從睡夢中叫醒，劈頭就說：「如果你這樣做，我會把你告上法庭。」我頓時大驚。說來劉老先生和我算是老朋友、忘年交，一向感情非常好。我從香港三聯書店調回北京工作的時候，他曾特地從台北飛到香港為我送行。這樣的情誼，曾使我誤以為這件事我能替他做主。但是那天他的嚴厲態度，使我見識了他的倔強性格。

於是我們根據劉先生的要求，並經李先生同意，重簽合約，把《李澤厚著作集》拆分成兩半，李的早期十種作品由劉振強授權，後期作品由李本人授權，分頭簽約。這樣總算解決了一套書版權整合的問題。這套裝幀精美的著作集在二〇〇八年出版，李澤厚曾興奮異常。畢竟，這是他一生作品的總結，他一直抱以期待。

《李澤厚集》

如此又過了一兩年，劉振強與李澤厚依舊相安無事。但是，到了二〇〇九年，劉振強覺得需要和李澤厚展開交涉了，因為他和李澤厚同庚，兩人都快八十歲了，不能再拖。劉振強希望有幾位中間人幫他講講話，於是找了他的三個朋友：余英時、劉再復和我。他提的要求其實也簡單，就是一句話，立即停止侵權。只要李澤厚「停下來，道個歉」，一切都可以既往不咎。

為此，余英時多次給李澤厚打電話，劉再復在美國與李整日長談，我則兩次到李在北京的家裏專門商討此事，還打了多個電話。大家都知道李先生理虧，想說服他與劉先生和解，誰都不希望這兩位在文化界受人敬重的老人最終對簿公堂。

我第一次登門商談此事，是二〇〇九年十月中旬的一天。李澤厚在北京的寓所離三聯很近，就在東廠胡同北巷。那天李澤厚穿一件花睡衣，坐在扶手椅上，平靜地和我敘述他和劉振強先生的故事。

我告訴他，這次劉振強是下決心解決問題的。他前兩天派來兩位三民書局的版權負責人，聲稱要在本月二十四日之前委託律師，並同時考慮訴諸傳媒。為不使李先生的名譽受損，我來與他探討此事的解決方法。

但李澤厚滿不在乎，他說他的代理人諮詢過律師，律師認為他轉讓給劉振強的只是文集和全集的出版權，不包括單行本。現在內地授權出版的都只是單行本而已，並不涉及侵權問題。所以即使劉振強要打官司，他的代理人也不怕。而且代理人聲稱，他負全部法律責任。

我對李先生解釋，這裏有一個概念需要特別注意，就是「著作財產權」。中國大陸不大使用這個概念，但它在港台地區、在國際上是通用的。一般理解，財產權轉讓是有關著作的整體性權利轉讓，既不限於一個版本，也不限於某個地區。一旦財產權轉讓了，那麼無論著作被編成什麼形式的版本，在什麼地區出版，權利都在財產權擁有者手裏。我提醒他，因為合同是在台灣簽訂的，所以合同的解釋需要依據台灣法律。他的代理人的說法，肯定是不符合相關法律的原義的。

我對他強調了兩點利害關係，一是雖然代理人不怕打官司，但是一旦打起官司來，名譽受損的是你李澤厚先生；二是作為原始授權人，如果官司輸了，承擔法律責任和經濟賠償責任的，不是你的代理人，而是你李澤厚先生。

所以我認真地建議他，停下來算了。

李澤厚略為思考，講了五點意見，要我轉達給劉振強，我做了如下記錄：

一、李先生感謝劉先生在他困難的時候給他精神上的支持。說是精神上的，因為這十萬美元他一分也沒有動過，只是作為備用，有這十萬美元心裏比較踏實。當然劉先生很豪爽，賬也不算，上來就開十萬美元，令人敬佩。

二、李先生表示願把十萬美元寄還劉先生，這事兒不是說說而已，一回美國立即就辦，他說：「我要把版權拿回來」。

三、李先生講，還是不要傷感情，雙方還是朋友。

四、李先生說要和代理人談一下，那人也出了這麼多年了，停下來也不是不可以。

五、李先生特地說明當年把版權交給這位代理人絕不是為了錢，現在也不是為了錢。代理人為了出這些書，險些被開除黨籍和公職（一九九〇年以後，李澤厚的書在大陸不能出版，否則李也不會把版權賣給台灣三民的劉振強以換取十萬美元），今天支持他出版，是念舊情，是回報。

雖然李澤厚沒有同意「停下來」，但是我覺得他這幾條意見還是充分釋放了善意。甚至，他對那位代理人的態度，表現出他有幾分豪俠仗義，也使我對他多了一些理解。我將李澤厚先生的意見轉告劉振強，滿心希望他們可以和解，但沒料到劉以非常不屑的口氣說：「李澤厚太小看我了吧。這十萬美金算什麼？我會為錢打官司嗎？我只是要講一個道理，想弄清楚一個女兒可不可以同時嫁給兩個男人？」他還是強調，不必談錢。李澤厚如果能「停下來」，過去那些不愉快不必再提，但若不停止侵權，恐怕要打官司。與此同時，我得知他在北京已經委託了律師。

我用了幾天時間研究李澤厚的侵權案，並諮詢了三聯的法律顧問閻軍和新聞出版總署版權管理司副司長許超，感到劉和李這場官司一旦打起來，李必敗無疑。我還想再勸勸李澤厚不要打官司，於是在兩週之後約了李的朋友白燁和我一起登門拜訪。

這一次，我主要是提醒李澤厚先生，以我諮詢到的專家意見來看，他的代理人想鑽法律的空子，看來很難。冒險鑽空子不成功，代價將極大。我幫他分析利害，打官司對劉有利，和解才對李有利，其實劉的心裏也有矛盾，這麼多年一直沒有打官司，說明他還是講情面的，所以和解有基礎。白樺是出版人出身，懂得版權事務，知道錯在李澤厚一方。他也勸李息事寧人為好。還說李和劉都是這個年紀的人了，身體都不好，為了這樣的事情打官司傷神費心不值得。

可是李先生有點犯倔脾氣，他立刻表示，代理人不怕，他自己也不怕打官司。他說這沒什麼了不起，就算把他搞臭也沒關係，全不可怕。他說：「還能怎麼着，我到了這個年齡連死都不怕了。」後來劉再復告訴我，李澤厚在不久前查出前列腺癌，他已經做好最後的準備了。

不過，經我們勸告，李澤厚仍然同意，向劉傳話，再做一次善意的表達。我回辦公室後隨即致電劉振強先生，談了四點，為了慎重，我事前把要說的都寫在紙上了：

一、李先生非常感謝劉董事長當年給予他的經濟上和精神上的支持。當時他剛剛到美國，無依無靠，十萬美元是很大的數字，精神上得到很大安慰。這十萬美元當時劉先生是破天荒出了大價錢的，是仗義助人的，價錢高得連余英時都覺得不可思議。李先生還記得劉曾經給他很高的評價，說請他寫《中國哲學史》，這樣的書全中國沒有第二人寫得出。李很感謝劉對他的重視。

二、李先生說劉先生可能對他有誤解，認為他是利用這些版權在瘋狂賺錢。其實事情都是一位經濟人做的，他自己基本不在國內，不怎麼瞭解情況，所得的版稅也非常少。他並不是為了錢，只是希望有大陸讀者能看到他的書。

三、李先生希望不要打官司，劉再復等朋友也希望不要打官司。李先生說他知道劉先生對他有意見，也早就想解決這件事了，但他覺得應當先解決兩人之間的誤解，再談解決版權問題的方案。

四、李先生的解決方案是奉還十萬美金，向劉購買回他這十本書的中國大陸版權。海外繁體字版權照樣歸劉振強先生所有。

電話中，劉振強先生聽完我的轉述，當即表示反對。他對李的成見已深。他認為李的解釋都是假話。李澤厚就是一個唯利是圖的傢伙。他說李澤厚唯一的選擇就是停止在大陸出版這十本書，舊的可以賣完，新的不能再印。如果能做到就既往不咎，否則就打官司。我問：「李澤厚應該用什麼方法表明他已經停止出版了？」劉說：「請他寫個聲明給我，告訴我從某年某月某日起，大陸再出版李澤厚這十本書，都與他李澤厚無關。」

第二天，我將劉振強要求李澤厚寫聲明的話轉告。李澤厚那天似乎心情不好，顯得情緒激動，不假思索地說：「那就讓他打官司吧，讓我的代理人停下來是絕對不可能的。劉振強要打官司，我打得傾家蕩產也奉陪。」說完即掛斷電話。我在電話中聽到「啪」的一聲，那聲音像是電話被摔了。

過了幾天，李澤厚讓他的代理人給我送來一篇文章，題目是〈我與三民書局的故事〉，他希望我轉給劉振強。我看到他在文章中極力為自己辯解，堅持不承認將自己的著作權賣斷的事實，擔心他如此撰文會刺激劉振強，使矛盾更為激化。本著「勸和不勸分」的態度，我將這篇文章按下不表。

劉振強又等了一個多月，到了當年年底，元旦前夕他給我來電話，說現在李澤厚必須表一個態，停止侵權，是YES還是NO。我知道這是最後通牒了。劉振強說，如果答案是NO，他會立即起訴立案。但這句話怎樣告訴李澤厚？他考慮再三，覺得余英時、劉再復因為和李澤厚同是學界中人，恐怕不方便開這個口，所以還是請我把這句話轉達給李澤厚。

我隨即與李澤厚先生通了電話，勸他慎重考慮此事。他說：「我的態度都已經寫在文章裏了，隨劉振強的便吧。」我建議他再作和解的努力，用電話和劉先生直接溝通一下，因為我覺得他們之間的矛盾，可能根本不是錢的問題（劉先生不差錢），而是互相尊重的問題。也許李的一個電話過去，說句「對不起」，另作幾句解釋，雙方矛盾就能化解，「相逢一笑泯恩仇」。但是李澤厚身有傲骨，說他不會主動打電話，我也無法說服他。

這樣，一切都無可挽回了。

二〇一〇年初，三民書局在中國大陸委託律師，分別在北京和上海兩地起訴天津某出版社和安徽某出版社侵權出版李澤厚一系列作品，後來由於三民書局和李澤厚的出版合約條款的解釋權在台北地方法院，三民書局還在台北將李澤厚告上法庭。

我當時覺得，李澤厚的固執使他遇上大麻煩了，此時他只能被動地等待宣判，然後賠償劉的經濟損失。然而讓我跌破眼鏡的是，二〇一〇年七月二十七日，李澤厚委託代理人在《中國圖書商報》上刊登一則〈嚴正聲明〉，聲稱台灣三民書局無權授權李澤厚的著作在中國大陸出版，這矛頭顯然是對着三聯的。我看了非常氣憤，但和大家研究後覺得，我們沒有必要在報紙上和李澤厚打嘴炮，所以沒有回應。緊接着，十月八日，國慶日假期過後第一天上班，我發現辦公桌上有一個信封，裏面是一張來自安徽合肥市高新技術開發區法院的傳票，原來是李澤厚起訴三聯書店了，指控我們從台灣三民書局得到李澤厚早期著作授權是對他本人構成侵權的行為。我感到不解，他此時怎麼竟然忘記了這是他曾經簽字同意的授權方式。我猜測此舉是李澤厚以攻為守，希望爭取主動，但這樣對待克服障礙為他出版了著作集的三聯，豈不是以怨報德？

當時李澤厚在美國，編輯室主任舒煒一直和他保持聯繫，他說自己想打電話和李澤厚談談。我要他向李表達這樣幾點：

一、三聯書店不想打官司。

二、關於李的著作，我們手裏有非常嚴謹的合法授權合同。

三、不要逼我們打官司，迫使我們交出對李十分不利的證據。

四、希望李撤訴，咱們繼續做朋友。

但是那天舒煒沒有找到李澤厚，於是我給與李澤厚同在美國科羅拉多州的劉再復先生打電話，委託他向李轉達我的意見。我還順帶說了一件事：在一兩個月前，即李澤厚登出〈嚴正聲明〉將矛頭對準三聯以後，劉再復曾找我，說李澤厚有事請我幫忙。一位名叫賈晉華的青年學者寫了〈走進世界的李澤厚〉一文，她根據國際知名的權威著作《諾頓理論和批評選集》選收李澤厚作品的情況，說明李是亞洲歷史上最重要的四位哲學家之一。李對這篇文章非常重視，但此文作者投稿給《讀書》，壓了幾個月沒有發表。李希望我關照一下。我在電話中對劉再復說，雖然那篇〈嚴正聲明〉嚴重傷害了三聯的感情，但是三聯沒有計較，而是一如既往厚待李澤厚，所以賈晉華的文章，我們照樣準備安排在《讀書》今年第十一期發表。

劉再復先生聽完我的話，說李澤厚真奇怪，三聯對他那麼好，他做這樣的事情既不合情也不合理。他答應立刻與李聯繫。但李回覆說，他並不想與三聯為敵，現在是被逼無奈。撤訴他可以同意，但是估計他的代理人不會同意。

後面的故事就可以簡單敘述了。李澤厚不但沒有撤訴，反而又在南京鼓樓法院再次起訴三聯出版《李澤厚著作集》是對他侵權。這迫使我不得不拿出一部分精力準備應訴。除了派出三聯法律顧問閻軍幾次到兩地法院出庭以外，二〇一一年，我曾分別飛到合肥和南京，專門找法官面談。事前我寫了一篇〈李澤厚案要點〉，把李澤厚著作財產權轉移的來龍去脈詳加說明，並闡述三聯的觀點，同時將各種證據提供給法院。我明確對法官說，中國的《著作權法》是與世界接軌的，對於著作權的認定，海峽兩岸的標準應該相同。此案大陸和台灣兩邊都在開庭審理，如果判決結果不一，會弄成兩地皆知的一大新聞，所以務請慎重。合肥的法院本來已經開庭審理，似是準備宣判了，但法官見到我提供的證據，便把此案壓下不表，無限期拖延；南京的法院表示一定會依法辦事，他們審理之後駁回了李對三聯的起訴。

李澤厚與三聯打起官司以後，他不好意思與我聯繫，有事只通過劉再復先生找我。二〇一三年底，他完成了一本新著《回應桑德爾及其他》。書的內容，是他看到哈佛大學教授桑德爾關於社會公正問題的公開課，感到有話要說，於是在宣佈「封筆」多年之後寫了這本新書。他讓劉再復告訴我，這本書還是希望在三聯出版。他說了很多好話，說他一直感謝李昕的支持和幫助，和三聯打官司不是他的本意等等，希望我能理解他。我當時就回應：「這些話不必說。我對李澤厚先生一向是非常敬重的，他的學術地位我也從未懷疑。他與三聯的一點恩怨，不會影響三聯對他學術成就的評價。」於是這本書後來還是順利地在三聯書店出版了。

至於三民書局和李澤厚之間的官司，首先是台北的法院做出判決，李澤厚敗訴。二〇一四年五月，在我退休之前，三民書局兩位版權室主任前來造訪，告訴我，他們在北京起訴李澤厚在天津的侵權案，李又一次徹底敗訴，法院判決已開始執行。天津某出版社經李澤厚代理人授權出版的《美的歷程》被判侵權，出版社現已向三民書局賠償損失幾十萬元，賠款已到賬。這只是就侵權圖書中的一種所提出的訴訟（因當初起訴帶有投石問路的嘗試性，故只選擇一種）。現在三民書局正在追加起訴李澤厚的其他侵權作品，涉及天津、安徽等地的幾家出版社所出版的多種圖書，估計最終的賠償額將是巨大的數字，出版社敗訴賠償後，都會追究李澤厚的法律和經濟責任，屆時李恐怕難以承受。

後來我退休了，沒有再繼續跟進這個官司的進展。但我知道，有了一個判例以後，李澤厚要翻案是不可能了。

事後我想，李澤厚和劉振強最後的對簿公堂，簡直是兩個老先生性格較量的結果。一個倔強，一個孤傲。我認為李澤厚作為極其清醒理智的學者，不可能預見不到今天的結果，從我與他的多次交流來看，他是自知理虧的。他不肯答應「停下來」為的是保持自己的尊嚴，但最後官司輸了，不但有損尊嚴，而且還得被迫「停下來」，外加賠款。早知今日，何必當初呀！可歎。

# 九、紀實類作品：亮點與難點

三聯書店要取得良好的社會效益和經濟效益，需要有一些亮點書。我們注意到，能夠成為文化界話題的書，通常就能形成出版亮點，所以我在編輯部的會議上，多次鼓動大家要抓話題書。因為此時理論熱已經退潮，學術理論著作很難再像八十年代那樣形成話題，所以編輯們很自然地將目光轉移到紀實類作品上。

三聯不是文學藝術類出版社，一般不會出版摻雜想像的報告文學作品。我們選擇的紀實類作品，注重史料價值和思想價值，體裁多為回憶錄、傳記和口述史，也包括一些帶研究性質的歷史紀實。我以為，二〇〇五至二〇一四年十年時間，是三聯出版紀實類作品最集中的階段，也是富有光彩的作品最多的階段。這些作品甚至形成了一個不容忽視的板塊，總數不下百種，其中有代表性的作品，如何兆武的《上學記》、牛漢的《我仍在苦苦跋涉》、聶華苓的《三生影像》、齊邦媛的《巨流河》、陳徒手的《故國人民有所思：一九四九年後知識分子思想改造側影》、《徐鑄成自述：運動檔案匯編》、北島等的《暴風雨的記憶：一九六五至一九七〇年的北京四中》、周有光的《百歲憶往》、王鼎鈞的《回憶錄四部曲》、余戈的《一九四四：騰沖之圍》、曾彥修的《平生六記》、馬識途的《百歲拾憶》、中島幼八的《何有此生：一個日本遺孤的回憶》等，這一大批作品，若從寫作上細分有多種樣式，但總體上均係非虛構的紀實。雖然不能說每本書都是亮點，但其中確有若干種社會反響強烈，三聯在那些年裏獲得各種機構和媒體的年度「十大好書」、「優秀圖書」獎勵的作品，很多屬於這一類。

從上面列出的書目，明眼人可以看出，此類圖書清一色，關涉的都是二十世紀中國歷史。這一百年不平凡，中國社會歷經磨難，滄桑巨變，大時代不僅在社會群體中，而且在每一個家庭、每一個普通人身上都留下鮮明印記。我們覺得，因為個人的命運常常投射出時代的巨影，所以，人間的苦難與艱辛，慘痛與悲戚，憂患與哀愁，以及歡樂與欣喜，所有具體而細微的歷史真相都值得記錄下來，留給子孫後代。也許從出版的角度來說，更重要的還不是記錄，而是與記錄相伴隨的思考，這在很多情況下是清醒的反思。我們不是說要選擇出版亮點書嗎？那亮點便是來自於反思中閃現的思想火花。

但是我們也承認，以個人角度反思時代的歷史，這在客觀上是有難度的。敘述和認識的局限性，語言表達的情緒化，資料的不準確和片面性等等全都難以避免，如果是話題書，還難免涉及敏感話題。例如對中共黨史重大事件的評價、對國共兩黨領導人的評價、對建國以來歷次政治運動的評價等等，這些，按照中國內地的出版管理規定，是要講政治導向的。為此國家新聞出版署在一九九七年曾經做出過一個規定，有十五類選題的圖書屬於「重大選題」，需要「備案」，用比較通俗的話來說，就是要送審——把書稿送交中央有關部門，請專家審稿。對我們做編輯的人來說，遇到這樣的書稿只能「執行紀律」，按規定辦，但送審前的編輯加工，實是考驗編輯功夫——因為要設法保證送審後能被順利批准出版，往往先要處理一些敏感內容，避免書稿刺激審稿專家去做否定出版的決定。另外，我們遇到的紀實類作品，大多是個人回憶錄、傳記和口述，特點是以個體的微觀視角透視大時

《我仍在苦苦跋涉》

代，這樣的選題算不算重大？哪本書要送，哪本書可不送，大家莫衷一是。送審注定要耽誤很多時間，而且可能最終不獲批准，書出不來；不送審直接出版可能涉嫌違規，出了政治問題，編輯和出版社領導都要承擔責任。這些都是常常令人左右為難的問題，正是我們處理此類圖書的難點。

我個人一向主張，做編輯要敢負責。出版人最重要的品質是兩條，一是有眼光，二是敢擔當，即所謂有膽有識。這兩條決定了一個編輯一生有為和無為。要有為就要擔當，但這不意味着盲目承擔風險，編輯需要有鑒別力，有政治智慧，有出版運作的策略。

在這方面，我遇到過各種各樣的書稿，處理過形形色色的問題。

有人說我膽子大，別人不敢出的書我敢出。的確有不少這樣的例子，比如齊邦媛的《巨流河》，曾彥修的《平生六記》，錢理群的《生命的沉湖》，劉再復的《紅樓夢悟》，三聯出版前都曾被其他出版社拒絕過。但人們不知道，我也拒絕過一些書稿。其中有些作品，如果出版，反響也許很強烈。我不出，是因為我明白，這樣的作品在當前政策下不允許出版，勉強為之，不會有好結果。凡事必須順勢而為。

這裏僅舉兩例。

二〇一二年八月，我接到一份選題申報單，一位編輯要求出版巫寧坤先生的回憶錄《一滴淚》。對這本書，我早有耳聞，知其在政治上非常敏感，於是順手在選題單上批了幾個字：「先放一放」。接着，責任編輯來找我，要求覆議。她說知道這本書也許暫時不適合出版，問我能不能先和作者簽合同，我們將來再擇機安排？因為老先生已經九十多歲了。我當場翻閱了余英時給此書寫的序言，發現文中激烈否定「黨天下」和「毛時代」，便說即使出版此書，這樣的序言也不能用。至於能不能簽合同，我看看作品再定。

於是在那個週末，我用了不少時間細讀《一滴淚》，覺得此書其實是以個人經歷敘述建國後政治運動史。

不少人叫好，說是內容精彩，大概是因為作者善講故事，抓住了不少令人過目不忘的細節。但是因為細節豐富，對話和場景描寫多，讓我懷疑作者有虛構。這對回憶錄來說是最忌諱的。三聯出版紀實類圖書，強調的是非虛構。另一方面，書中以政治運動整人的故事貫穿始終，基調陰暗，壓得人透不過氣。作者對新中國的社會主義制度雖怨而不怒，但其怨之深之強，是只能以「恨」字作解的。其真實性也可質疑，二十多年中，巫寧坤和妻子李怡楷周圍竟然沒有一個好人可以給他們絲毫溫暖，一切都那麼冷酷無情，這與我們所瞭解的當時一般實際情況不相符，假如屬實也只能作極端的特例，不帶普遍性。這樣思想傾向和政治基調的書當然不適合出版，若出版也會被管理層禁止發行，所以我沒有同意簽合同。

二〇一四年六月，另一位編輯約到一部書稿，題為《秦城：隱形國史》，作者是某著名雜誌的記者。他採訪了數十位當事人，收集大量史料，寫出了中國第一政治監獄——秦城監獄誕生以來至今的故事，題材獨特，內容生動，故事好看。據說，這是一本以秦城為焦點折射整部當代國史的書，在對秦城考察的詳實度和準確度方面，「無出其右」。一位副總編在選題單上批示：「同意，內容要送審」。我翻閱書稿，發現這數十位當事人都是冤假錯案的主角，他們被自己人無辜關進自己的監獄。作者把這本書叫做「隱形國史」，簡直是把我們的國家比喻成一座監獄。這種導向當然存在政治問題，所以我當即否定了這個選題。我知道，出版前送審當然可以規避政治責任，但送審後肯定得不到批准，編輯最終勞而無功，這就沒有必要自尋煩惱了。

這兩本被我否決的書，至今仍然沒有內地出版社公開出版。表明我當初掌握的取捨標準，是時下出版界的客觀標準。

其實一些書稿就題材來說，不在新聞出版署規定的十五類「重大選題」之內，但也涉及敏感人物或敏感話題。出版社可以自己決定出版事宜，但是如果感到「拿不穩」，也可以送審，請領導機關給出決策意見。這類情況特別考驗編輯的政治經驗和智慧。因為沒有送審而出了政治問題，編輯和出版社領導有責任，所以出版前應該認真做一次「把關」。但是編輯不能為了降低風險，就對作品大刪大砍，以致損害了作品的思想文化價值。

對這樣「可送審可不送審」的書稿，我的一貫主張是盡量在出版社內部作出決定，能不送就不送。因為送審會延誤出版時間，而且可能節外生枝，引發一些意想不到的出版難題。不送審自己擔責，需要親自動手對敏感問題做處理，我的原則是當刪則刪，但是能不刪則不刪，盡量少動，盡可能完整地保留作者的學術（或創作）成果。這樣做當然有風險，弄不好會犯政治錯誤，甚至被摘掉烏紗帽，但是我有一種自信，就是認為自己能夠把握住大的政治原則，不會陰溝裏翻船。

我處理過不少書稿，都是自作主張簽字發稿的。有時中國出版集團的相關領導看到我們的發稿計劃總是感到不踏實，會給打我電話，詢問我某一部書稿是否會有政治問題，是否應該送審。我都解釋說，書稿我看過，我認為沒有問題，可以負責。例如台灣學者王汎森的《傅斯年：中國近代歷史與政治中的個體生命》，涉及對蔣介石、宋子文、孔祥熙等人的評價；牛漢的《我仍在苦苦跋涉》，涉及五十年代反胡風集團的政治運動；傅抱石女兒傅益璇的《傅家記事》，涉及文革中傅家子弟受迫害的慘烈故事；《徐鑄成日記》、《徐鑄成自述》，涉及一九五七年反右運動等政治運動；還有陳徒手的《故國人民有所思》，涉及多位著名知識分子在反右和文革運動中的被整肅的經歷，確實包含一些敏感話題，集團出版部領導知道三聯在安排出版以後，都曾提醒我，是不是送審更安全些？但我都以自己讀過為理由婉拒了。他們也都信任我，所以沒有勉強要求送審。

當然我也是需要履行責任、認真「把關」的。該處理的問題，我也非常嚴格。這裏舉兩個例子：

牛漢先生的回憶錄《我仍在苦苦跋涉》和屠岸先生的回憶錄《生正逢時：屠岸自述》都是我直接約稿。我在人文社工作時，牛漢是我尊敬的前輩編輯，還曾是我隔壁鄰居，屠岸則是對我有知遇之恩的領導。他們兩人的回憶錄都是口述後經何啟治和李晉西這兩位作家整理成文的，內容都是回顧自己坎坷曲折的人生道路——曾在歷次政治運動中經歷磨難，但都堅強樂觀地追求正義和光明。作品中，牛漢在被當做「胡風反革命集團骨幹分子」逮捕時表示「犧牲個人完成黨」的故事，屠岸在文革後田漢平反時為自己曾經在會上發言批判田漢而表示懺悔的故事，都是感人至深的。兩本書的基調同樣健康向上，這從書名就可以看出來。牛漢說「我仍在苦苦跋涉」是在講他作為一個詩人和編輯家對於文學和詩歌癡情不改；屠岸說「生正逢時」是在感謝生活的磨難給予了他一個有特殊價值的人生。兩本書我都沒有打算送審（牛漢的書發稿時集團領導已同意不送審，而後來集團接到上級通知，要求我們在出書之前送了其中有關胡風集團案的一章），但是編輯書稿時我都做了技術處理。

《我仍在苦苦跋涉》裏面有這樣一個細節：牛漢被打成胡風反革命集團骨幹分子關進監獄，他的老母親在老家想不通，覺得兒子曾經出生入死跟着共產黨幹革命，為什麼會遭受這樣的待遇？一定是毛主席弄錯了。她拿了一把水果刀，對着毛主席像，連續猛刺畫像上毛主席的眼睛，嘴裏念叨着：「你瞎了眼，你瞎了眼。」我讀到這裏，感到如此行文過分刺激，順手就把這一段刪掉了。後來撰稿人何啟治發現了，不以為然。他曾是與我很熟的同事，也當過我的領導，他打電話給我，抱怨說：「虧你是學文學出身的，怎麼能把這樣凸顯人物性格特徵的細節刪掉？」我說，「這個細節的確令人印象深刻。但是寫文章要考慮讀者心理。這個細節會令相當一批讀者在感情上無法接受，對作品有負面影響，所以要刪。」我認為這是一個重要的語言分寸問題，作者可以放開寫，但編輯需要掌握文章發表的尺度。

《生正逢時》是屠岸先生個人的回憶錄，作者非常可敬，謙虛低調。他認為自己並不重要，重要的倒是與他交往的文壇朋友，他希望在自己的回憶中盡可能多寫一些別人的言行故事。這固然使回憶錄內容更加豐富，

作者與屠岸先生合影（二〇一六年）

但也引來一些問題。屠岸有幾百萬字的日記，記錄了很多文壇往事。他會速記，很多人的演講、發言他都曾經用速記之筆記錄下來，特別詳細。例如他晚年和嚴文井先生成為密友，常常一起談天，有時是討論社會歷史和現實政治問題。他速記後，回家都整理成文，保存在日記裏。編寫《生正逢時》，他把其中一些紀錄收入書中。如果不涉及敏感話題，倒也無妨，但我注意到，對方作為文友和他私下聊天，講話隨意，其中觸及不少通常不會公開發表的內容。於是我說服屠岸先生，把此類內容大量刪減，最後發現，他的記述文字確實被刪得傷筋動骨。開新書發佈會時，我談到自己在編輯過程中這樣刪稿，不啻於對我的老領導的一種冒犯，於是起身給屠岸先生鞠了一躬表示歉意。但是我內心仍然覺得，自己作為終審人有必要這樣做。就拿嚴文井的談話來說，因其中涉及對於諸多問題的尖銳看法，這些言論沒有經他本人審查，而在他去世多年後，別人想要拿出來發表，這恐怕是需要慎重對待的呀。

至於那些根據明文規定必須送審的紀實類書稿，我通常的做法是先做技術處理，再送審，為的是確保送審通過。用心可謂良苦。手邊有現成的例子，是兩本題材相近的回憶錄，都是集中寫文革經歷的，一是北島等人主編的《暴風雨的記憶》，一是孔丹的《難得本色任天然》，兩書都涉及北京四中的文革風暴。

《暴風雨的記憶》最初不經我手，是一位副總編審定後又轉給我看的。他認為內容有些敏感處要再斟酌。當然反正也要送審，我們可以送上去了事。我看了稿子，覺得書稿雖是寫文革，但都是小人物故事，並不涉及文革總體評價，出版應無大礙，送審當可獲准。但有些細節，還是事前刪去為好。例如文中寫道：文革期間薄熙來在北京王府井書店偷書被書店抓獲，被扭送到公安局，警察打電話讓四中派人將他接回。這樣的醜聞，出現在書中是爆炸性新聞，讀者看到，是會奔相走告的。當時薄熙來還是中央政治局委員，屬於國家領導人，按出版管理規定，這是不能披露的。於是我在送審前將這個細節刪去。

而孔丹的《難得本色任天然》回顧自己的過往經歷。他的人生很成功，退休前是中信集團的董事長。但他的回憶，重點也是在文革一段。他曾是首都紅衛兵西城糾察隊的主要發起人和負責人，連續發佈過十個「西糾通令」，是對初期的文革運動有過很大影響的人物。但他後來因此兩度入獄，其父母都是高幹，卻也因此被江青點名為「西糾黑後台」，直接導致兩人被關押、其母自殺的家庭慘劇。他把這一切如實記錄，寫出了一段重要史實，史料價值不可低估。但是責任編輯問我，說此稿末尾有幾十頁文革文件，包括中央文革通知，紅衛兵的「通令」、「通告」之類作為附錄，如何處理？我請她說服作者，全部刪去。因為我們把此書作為作者個人回憶錄出版，不特別強調文革回憶。如果保留這些內容，容易誤導審稿機關，造成麻煩。後來發稿時，又出現爭議，責任編輯刪去了稿子中的一些敏感詞句，例如講到中央內部的一些派系鬥爭引發文革等內容，三聯審讀室主任做導向把關，反而認為可以不刪，因為講的都是事實。雙方意見送到我這裏。我覺得在目前情況下，謹慎為宜，所以甄別和調和了一下兩人的意見，刪去一些刺激的內容，保留一些溫和的內容，然後送審。這本書和《暴風雨的記憶》一樣，都很快獲得中央黨史研究室批准出版。

現在想來，當初處理這些問題，既要保全書稿，又要避免惹禍，其中的甘苦，真是難與外人言。好在我運氣不錯，我經手處理的此類書稿出版，從來沒有被管理層叫停過。

紀實類作品的難點，當然不僅僅在政治方面，史料的核實有時也頗傷腦筋。有一本書需要特別提及，這就是何兆武先生的《上學記》。

《上學記》是二〇〇六年出版的，反響很強烈。清華大學老教授何兆武先生回憶自己上學時的經歷，故事很精彩，特別是西南聯大時期的往事，涉及吳晗、馮友蘭等，情節很生動，也很有現場感。其中一段憶及馮友蘭先生，不僅有聯大的往事，還談到馮先生文革後期曾一度加入「梁效」寫作班子，為四人幫效力。這就涉及對馮先生人格的整體評價。書中提到一九七三、一九七四年馮先生寫過一些詠史詩（當時江青讓馮友蘭先生跟她一起到天津參觀小靳莊，向工農兵學習，參加批林批孔），大約二十五首，依據朝代發展，每個朝代寫一首詩。何兆武先生在《上學記》中引用了一首寫漢代的詩，裏面有兩句是：「高祖功業安天下，端賴呂后計謀多。」意思是說漢高祖取得天下霸業，還是要靠呂后。何兆武評論說，這詩是吹捧江青，認為毛澤東是依靠江青才取得成功的，屬於馬屁詩。《上學記》出版後，沒過多久馮友蘭先生的女兒馮鍾璞先生（她就是我們非常熟悉的老作家宗璞）打電話給我，說馮友蘭先生沒有這樣的詩，不但〈詠史〉二十五首裏沒有，而且他這輩子也沒寫過這樣的詩。我們吃了一驚，就向何兆武先生查詢，何先生說他記得沒錯，當時的報紙上有，他去找依據。結果何先生花了一個月的時間也沒找到。宗璞先生再三要求三聯登報公開道歉。我們就對何先生說，如果是您記錯了，您就寫封信向宗璞先生道歉吧。但何兆武先生非常清高，他不同意給宗璞直接寫信，就給三聯書店寫了一封道歉信。我拿了這封道歉信去拜訪宗璞先生，說我代表三聯書店也代表作者給您道歉了，但為了照顧三聯的影響，這事就別登報了。因為我們跟宗璞先生的私人關係非常好，所以她同意接受我的建議，這件事沒有讓外人知道。但這件事沒完，過了幾年又出事端。因為《上學記》是暢銷書，一印再印，幾年中印了七次。第一次印刷時有這首詩，為了糾正錯誤，第二次印刷時這首詩被刪掉，一直到第七印都和第二印時一樣。到第八印開印時，何兆武先生忽然說他找到了一首詩，這首詩是馮友蘭〈詠史〉二十五首中寫唐朝的一首，有四句：「破碎山河復一統，寒門庶族勝豪宗。則天敢於作皇帝，亙古反儒女英雄。」何先生說要把這首詩加進書裏，這是馮友蘭先生吹捧江青的證據。我們沒有理由不同意。這時宗璞先生患眼疾，視力很差，自己幾乎不能讀書，她有一個外甥女，每天會把一些書報讀給她聽，很巧的是，沒超過一個月，居然就讀到了新版的《上學記》，也讀到了這首詩，於是宗璞先生又打電話給我，說這是怎麼回事？怎麼書中又加進這首詩？這首詩與江青有什麼關係？寫的明明是武則天。宗璞說這是何兆武對馮友蘭的栽贓陷害，欲加之罪，何患無辭。要我解釋，三聯書店為什麼會允許這種現象發生？我當時說，這首詩是不是馮友蘭先生的作品？肯定是。只要是馮先生的作品，就不能再說是何先生搞錯了（這不是硬傷）。而對詩詞，讀者是見仁見智的，可以有不同理解，不同的理解屬於學術範圍。他認為是寫江青，您可以認為不是寫江青，但我作為編輯，不能干涉他一家之言。後來宗璞先生雖然很不高興，也無奈地接受了我的解釋。

這件事，我在二〇一五年出版《做書：感悟和理念》時，把它放在〈功在案頭〉一節，作為一個案例，意在強調出版口述史、回憶錄一類作品時，編輯要注意核對史料。對於一家之言可以保留，但是對於史料錯誤不能接受，編輯需要善於甄別。但是不久以後，撰寫者文靖將《上學記》交給人文社重新出版，使三聯書店丟失了這本暢銷書。三聯內部有人認為是我的書披露了書中修改「硬傷」的細節，引起文靖不悅，導致了這一結果。但事實完全不是這樣。

文靖本名文靜，過去是三聯書店的編輯，她整理並撰寫的書在三聯出版，我一直是支持的。二〇一三年，文靜從三聯辭職，臨走時找我，說想把《上學記》拿給人文社去出。我問為什麼，她說是因為這本書在三聯再版、重印等方面的安排不能讓她滿意，她的一些要求不能實現。我答應幫她解決問題，同時要求這本書一定要留在三聯，作為三聯的保留書目。她知道我不久以後會退休，便說：「我承諾只要你在三聯一天，我就不會把它拿走，但是如果你退休了，你就不要再管這本書的事了。」我當然也無話可說。

二〇一四年七月我退休，兩個月後就聽說《上學記》被授權給人文社。我打電話問文靜此事是否屬實？她說是。同時告訴我，她是信守承諾的。

對此我只有遺憾。

# 十、審稿背後的故事

我在三聯書店工作九年，前五年做副總編輯，後四年做總編輯，最繁重的工作當然是審稿。從一開始我就接手了生活、讀書、新知三個主要編輯部門，幾年後三聯擴大規模，增設編輯部，我又兼管過生活書店、對外合作部和三聯時空國際出版公司，這六個部門編輯發稿都由我終審，最多時我一年要終審一百七十部書稿。除去開會、出差和處理日常事務，我的時間（包括很多業餘時間）都在看稿，而且經常是看得昏天黑地，精疲力盡。

對於終審人來說，審稿的主要責任是政治導向的把關。一般來說，編輯三審是各有側重的。書稿的文字加工質量，主要歸初審和二審負責，但是出現政治錯誤，終審人應當承擔主要責任。所以做終審，終日需要小心翼翼，如履薄冰。但是我之所謂小心，不僅是怕出政治問題給三聯惹禍，也是怕自己刪改書稿不慎重，損害了作者的思想學術成果。

我在前面說過，自己對待書稿的態度，是盡量不刪不改，尊重作者，保全書稿面貌。這其實是我的一種工作習慣，不單是為了處理政治敏感問題才如此操作。這或許和我曾經在香港三聯工作八年有關。我注意到香港三聯有些編輯在觀念中特別在意智慧財產權的保護，哪怕是在書稿中修改一句話，也常常要打電話和作者商量，生怕擅改作品遭到作者怪罪。我也經常想起沈昌文先生講過的一件往事：五十年代，一位翻譯家在人民出版社出版一本作品，責任編輯把他行文中的一句話「他的病也一日日好起來」改為「他的病也一天天好起來」，那翻譯家便來向總編輯曾彥修先生投訴。為此曾彥修專門召開編輯部大會，對大家強調編輯必須尊重作者語言表達的風格。

至於對書稿中的思想觀點，編輯加工處理時就更是需要加倍謹慎了。因為思想是一本書的靈魂，體現作者的寫作意圖和目的。如果編輯把作者的某個重要觀點刪除，定然會損害作者的學術（創作）成果。但是另一方面，作品中的思想觀點又是最容易發生政治導向錯誤的。所謂終審「把關」，其實就是要把思想的「關」。

在這方面，我一向是主張寬待作者的。在政治上不抵觸大原則的前提下，我盡可能地尊重作者的表達自由。我處理過的書稿，大刪大砍的極少，一般都是用個別字句的刪節代替整段的刪除。我希望我的改動既不損害原意又不至於傷筋動骨。學術文化界一些作者正是因為知道我刪改書稿比較謹慎，才把書稿交給三聯書店出版的，例如傅高義的《鄧小平時代》，王鼎鈞的《回憶錄四部曲》的版權在高度競爭之下花落三聯，一個重要原因就在這裏。

台灣作家李敖有一次和我談天，說他曾經把自己在大陸出版的不同版本的作品進行比較，發現是經我手出的書刪得最少。他問，大陸在這方面沒有統一標準嗎？我說，政策是統一的，但是標準由各出版社自己掌握，有的寬些，有的嚴些。李敖笑了，他說這就叫「懸崖效應」，大家都知道懸崖立在那裏，膽大的人敢站在崖邊，膽小的人會退得老遠。你是敢立於危崖之上的。我說：「我並沒有那麼勇敢，只是沒覺得背後是懸崖。」

我說的是真話。我知道自己無非是避免把學術問題政治化而已。世上原本沒有那麼多危險的政治懸崖，只要編輯能分清政治和學術的界限。當然，如果將兩者混淆，再一味追求政治上的「穩妥」，那麼學術創新就很難存在了。

歷史學者郭世佑所著《歷史的誤讀》，是一本站在客觀立場上「拋卻主觀感情」地嘗試「還原歷史現場」的作品，意在糾正傳統史學界對中國近現代史上若干關鍵問題的「誤讀」。從洋務運動、甲午戰爭、清末新政、辛亥革命一直談到新中國和毛澤東。郭世佑是實力派的新銳學者，他對近現代史的一番解讀，有很強的思想衝擊力，頗能啟發讀者，當然其觀點不會那麼四平八穩。作者交稿時有幾分忐忑，認為編輯出版過程中將被刪去很多東西，但收到責編轉去我寫的幾條修改意見，幾乎有些喜出望外，因為他的許多大膽議論被我們網開一面保留下來。他多年來一直留着當年我們刪改書稿的文檔，說這或可作為編輯尊重作者的證明。前些天他提起此事，我請他將此文檔轉我一閱，我看到，當年我和責任編輯研究定下的刪改建議全部標記在稿面上，厚厚一本書，總共只七八處，有的是一兩句話，有的是幾個字而已。內容都是關涉辛亥革命前後的憲政問題討論，恰是當時輿論的敏感點。我今天重新翻看這些，仍然覺得，當初我們從鼓勵學術創新出發，盡量完整地呈現作者的研究成果，這完全是必要的，但對書稿作出一點技術處理也是應該的。

王培元先生是我在人文社的老同事，他是五四時期新文學運動的研究學者，對魯迅有深入研究，他寫了一本題為《荒野上的薔薇》的雜文集，學習魯迅風格，針砭時弊，其中有不少獨到見解。文章當然也顯示思想鋒芒，從書名「荒野上的薔薇」可知，那裏面包含很多「刺」。書稿交給三聯出版，他自知這些文章多數曾在香港報刊上發表，在內地出版不免要刪改。但出版以後，作者拿到新書非常滿意，說是要請客。因為他說，從我們對書稿的編輯中知道了三聯的審稿尺度，刪得很少，出乎他的意料。他找來找去，說我們只刪了他四個字，是一個比較尖銳激烈的形容詞。

吳學昭先生是吳宓先生的女兒，她是三聯的老作者。二〇一三年十月的一天，她給我打電話，告知她用一兩年時間寫了一本《吳宓與陳寅恪》，問我出版意向。我自然歡迎。但她直言不諱，說書稿涉及敏感話題，她害怕刪得太多。她說她同時也在徵詢人文社的出版意向。我當即承諾，請她放心，我一定盡可能保全原意，如果有改動一定徵求她的意見。囑她將書稿交給她熟悉的老編輯孫曉林。

此書交稿已經是二〇一四年年初。當時社裏都在議論，說我很快會退休。吳學昭很焦慮，一個勁兒問孫曉林：「李昕何時退，退了以後我的稿子怎麼辦？」我回覆說：「無論如何，即使退休，這部稿子我負責到底。」因為我確信，這又是一本不可多得的好書。

於是我加快審讀《吳宓與陳寅恪》書稿。發現作者寫得很扎實，材料組織得細緻縝密。大量第一手資料其實是來自《吳宓日記》，但是此前很少有人如此用心爬梳過。我全文通讀，重點看了從一九四六至一九七八年這三十二年，這是政治敏感問題集中的階段。孫曉林已給出了一些提示，我順着她提供的線索，注意到解放後的歷次思想政治運動，特別是反右和文革這兩個階段，吳宓本人的一些觀點，偶有出軌。但書稿大體上是記述吳和陳的個人經歷，一般情況下不涉及對領導人和政治運動的整體評價。其實可修改之處不多。我總共只加了四個紙條，都是對吳宓語言過激的表述做降溫處理。如吳宓表示不願入黨，因為「反對馬列主義」。我在紙條上寫：「不願入黨沒有問題，『反對馬列主義』這幾個字應該刪去。」又如吳宓說，五十年代，知識分子地位低，「就像羅馬人佔領後當教師的希臘人，地位只相當於奴隸」。這句話我保留了，但是我加了紙條說，此處不應該強調，這是「在共產黨中國」，「語氣太強，有刺激性」。我的修改建議吳學昭先生都欣然接受，於是此書順利出版，沒有送審。

說到送審，前面我已經講過，這是困擾我們的一大難題。按我的想法，只要沒有硬性規定必須送審的書稿，我都不送。我們憑藉自己的經驗決定書稿的取捨和技術處理。但事實上做到這一

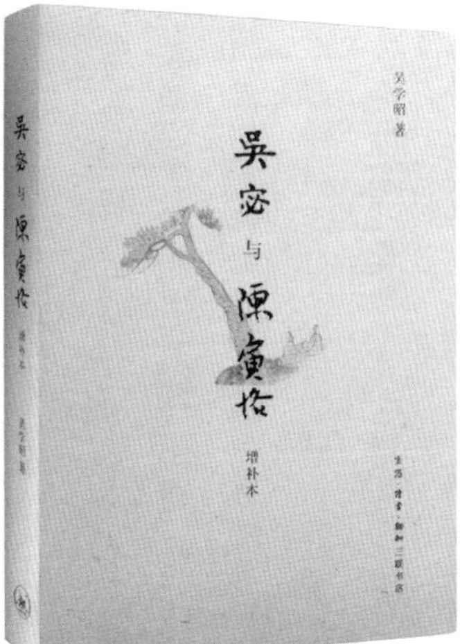


《吳宓與陳寅恪》

點也不易。因為確有不少書稿，是在我發稿後被上級通知一定要送審的。

二〇一〇年，台灣學者李敖的兒子李戡十七歲考上北京大學，他寫了一本書，名為《李戡戡亂記》，內容是批評台灣教材一步步走向「去中國化」的趨勢，也就是說，書的主旨是批台獨意識。作者很有正義感，站在「一個中國」的立場上發言，書稿中沒有什麼政治傾向問題，所以我們和他簽了合同，想盡快出書。為了加快進度，原先我想不送審了。因為當時還沒有一律規定，凡是台灣作者寫的書都要送審，為此我還專門給集團主管副總裁打了電話，他也說：「你若有把握不出問題，就別送了。」這本書發稿後，三聯組織員工去寧夏和當地出版界交流，順帶旅遊。就在我們到達黃河邊，身上纏住繩索準備從長長的跨河索道上「飛躍黃河」的一刻，我的手機響了，原來是主管副總裁打來電話，問我：「李戡的書，是不是送審為好？」我說咱們不是講好不用送嗎？他說集團裏面有一位具體負責的同事，對他說，如果這本書不送審，需要他簽字負責。我聽了，覺得不能讓領導為難，便同意送審。當然，這本書送審後經歷很多波折才得以最後順利出版，這是另一個故事，我在其他文章裏講過，這裏不再贅述。

二〇一一年三聯書店出版過一本書，題為《我與八十年代》，作者是《財經》雜誌著名的記者馬國川。書的內容是作者對八十年代一批精英文化人進行的訪談，訪談對象包括王元化、湯一介、李澤厚、劉再復、張賢亮、劉道玉、溫元凱、金觀濤等等當年的活躍人物，一共十二位。他們的對話，於八十年代有歌頌，也有批判；有追憶，也有反思；有深情眷戀，也有決然告別。總體上是回望或反思八十年代，同時也是對當下時世的審視和逼問，很有思想價值。二〇〇九年五月份我們編發了稿子，準備在國慶六十週年慶典以前出版。內容做了大量的技術處理，敏感內容都刪去了，是我親自做的這項工作。發稿後沒過多久，接到上級機關的電話，說你們那本《我與八十年代》要送審。我問為什麼？上級機關的同志對我說，那本書裏面有幾個接受訪談者的名字，比如某某、某某，都很敏感。我說這本書並不屬於規定中的送審範圍呀。對方給我一句話，說新聞出版總署規定重大選題備案有十五類書要送審，但規定中也說到其他出版社認為該送審的書稿也要送，你這本書就屬於「其他」，我聽了當然只能服從，將書稿送審。送上去之後一個勁兒催，但催總署沒有用，新聞出版總署不負責審稿，他們要按管道送有關審稿部門。這稿子被送到中央黨史研究室，過了幾個月被退回，得到的答覆是，這書寫的內容不是黨史。於是總署又轉送書稿到中宣部。中宣部過了幾個月又給退回來，他們說：「我們不是規定中的審稿單位。」的確，中宣部是領導機關，你怎麼能讓人家去審稿呢？最後這部稿子在新聞出版署成了死稿，沒人接招。拖了一兩年的時間，還是沒有音訊。作者馬國川在這期間找了我多次。我把書稿介紹到香港三聯書店出繁體字版，人家早就出了。這時我覺得這個問題非解決不可了，再拖下去對作者太不負責。於是我和集團出版工作部主任張賢明兩人直接找新聞出版總署負責書稿送審問題的人面談，給他們兩個建議，請他們選擇，一是請他們委託中國社科院當代中國研究中心的專家審稿，但社科院當代中國研究中心不是他們原先認定的審稿機構，這樣做需要破例；另外一個選擇是把稿子退回來，由三聯書店自己決定審稿事宜。我們跟他們懇談，他們同意考慮我們的建議。但是我們又等了兩個月還是沒有消息，到第三個月我決定不等了，自行安排出版。在出書以前，我又細看一遍書稿，因為我知道在這個時候出現政治問題，我就罪莫大焉——不僅是「把關不嚴」，而且涉嫌違規，罪加一等。但後來書出來了，社會反響很好，事實證明這是一本好書。

《我與八十年代》

又過了兩三年，我們接到一個上級通知，凡是台灣和香港作者寫的書，都需要送審。但是這樣的書稿，在我手裏實在太多了，想必在全國，不知有多少要請專家審稿的書。我早就想到，審稿部門不可能調集這麼多人力從事這項工作。這樣的規定，執行起來肯定有問題。

事實上，有些書稿真的沒有必要送審。拿三聯的書來說，台灣作家焦桐寫的《台灣舌頭》和《廚房裏的雙人舞》，都是談飲食文化的書，講怎麼吃，吃什麼，與政治絲毫不沾邊，此時我們也只能按規定送審。結果，這讓新聞出版總署也為難起來，他們不知送給誰審稿好，按管道應該送給國台辦，但人家是領導機關，大事忙不過來，才沒有人審理這種閒書。於是署裏壓了很多台灣書稿，拖了幾個月時間。我請集團出版部張賢明去催問，署裏先是猶猶豫豫，說再想想辦法，後來乾脆答覆說，這樣的書，今後你們不必送來，自己請專家審算了。於是張賢明對我說：「你如果能請專家，就自己請，請不到，你就親自寫個專家意見吧，你也可以算是個專家了。」這樣我就大着膽子，給這兩本書寫了所謂「專家意見」，保證沒有政治問題，同意出版。後來，張賢明告訴我，三聯那個階段需要送審的港台作者著作一共六本，他見到我的審稿意見和簽字，都直接發了書號。一位集團主管副總裁曾問他：「各單位的書稿，你都是這樣處理的嗎？」他說：「不是，只對三聯李昕開了特例，算是一個試點。」那位副總裁沒有說話，默許了。

此外還要提及一套來自台灣的四卷本的武俠小說，題為《王道劍》。這套書是以明成祖朱棣發動「靖難之變」推翻侄兒朱允炆篡奪皇位，致使皇帝朱允炆失蹤這一歷史故事為線索，寫成的一部歷史題材的武俠作品。內容與中國當代政治無關，亦不涉及兩岸關係和宗教民族問題，如果是大陸作者所寫，出版社完全可以自行決定一切事宜。但是這本書是台灣作者，而且身份有一點特殊，他署名上官鼎，本名劉兆玄，現已退休了，在一家大學任教，但他曾經從政，官至台灣的「行政院長」，政治地位很高，憑這一條肯定需要送審。這本書由三聯一位副總編終審，發稿我未經手，但責任編輯吳彬找我，說早已承諾作者出書時間，如果送審肯定不能按時出書。於是我又找張賢明，他說：「咱們不是有老規矩嗎？你來寫一份專家意見，我核發書號放行。」他真是痛快人，我立刻照辦。

對這些事，我非常感謝集團領導對我的特殊信任，但此時我即將退休，不知如此政策可以堅持幾天？所以在編輯部會議上我對大家說：「你們有這類書稿，就快點交給我，過時不候呀。」

# 十一、資源來自點滴積累

我到北京三聯不久，就意識到這家名頭很大的出版社，資源的積累並不是非常豐厚。和商務印書館、中華書局以及人文社相比，它的底子薄得多。這其中的原因在於自一九五一至一九八六年，整整三十五年三聯被併入人民出版社，成為該社的一個副牌，此間出書規模甚小，且時斷時續。一九八六年恢復獨立建制以後，為了迎頭趕上商務、中華等品牌大社，三聯「使巧勁」，優先選擇翻譯出版西方二十世紀以來有影響力的學術著作，雖然也出版一些國內的「文化人寫，給文化人讀」的作品，但總量不多。直到九十年代以後，才開始策劃出版《錢鍾書集》、《陳寅恪集》等大作家集和《三聯．哈佛燕京學術叢書》等原創的學術叢書。所以三聯在積累原創資源、發展原創作者隊伍上有較大的局限性。儘管在維護作者方面，三聯是極其用力的，自從范用時代開始，就以「讀書服務日」的形式，與作者保持密切聯繫和溝通，後來組織每年一度的三聯作者聚會，也是一件為人樂於稱道的盛事。但是三聯的作者隊伍其實數量有限，還有些作者在幾十年中自然流失。為此，在編輯工作中，我曾極力為三聯開發新選題，同時推薦新作者，一點一滴地幫助三聯積累作者和書稿資源。

粗略計算，這些年中我經手的書稿一千多種（多數是作為終審人），用約稿、提出選題建議、聯絡版權或進行項目論證等等方式參與策劃的選題數量已無法統計。其中，不計算引進翻譯書和向三聯原有作者組稿，僅僅是我給三聯（包括後來的生活書店）介紹的原創圖書作者不下五十人，所涉及的圖書選題超過一百種。這些作者中，很多是我人文社時期的老作者，如王鼎鈞、馮驥才、劉再復、楊義、王安憶、方方、屠岸、閻綱、從維熙、周良沛、吳泰昌、陳丹晨、牛漢和李敖、李戡父子等，有些則是我香港時期聯繫的作者（或其後人），

作者到府上拜訪楊絳先生（二〇〇六年）

海珮春在簽售《德國媳婦中國家》（二〇〇九年）

如楊振寧、馮友蘭、豐子愷、張信剛、曹景行、關愚謙、海珮春、馬家輝、趙廣超、樊建川、沈繼光等，還有一些是我在北京三聯新結識的作者，如陳東升、楊凱生、于幼軍、林文月、楊照、張曼菱、胡洪俠、劉仁文、張至璋、胡允桓、鄭碧賢、中島幼八等。我的作者緣很好，多數作者和我相識後都能長期保持友誼，其中一些成了終生朋友。而他們中間有些人，因為我的介紹而和三聯結下不解之緣。

我推薦給三聯的作者，有的純粹是從朋友轉變而來。例如張信剛和曹景行，都是香港知名文化人，我在香港工作時與他們熟悉，到北京後仍然有時與他們聚會聊天，聊着聊着，就聊出了選題，張信剛出了《尼羅河畔隨想》，曹景行也出了《印度十日》等。也有的朋友原本並不寫書，在三聯出書，是因為我一力邀約。

我前面曾談到德國漢學家關愚謙先生，他在香港三聯是我的作者，我回到北京三聯，他也跟着我在這裏出書，有一本《歐風歐雨》反響還不錯。但他的德國夫人海珮春本來並不是作家，只是關愚謙的助手而已。因為他們夫婦兩人常常和我一起聚會，我發現海珮春很聰明，也很幽默，有時會不動聲色地講一些她和關愚謙經歷的趣事，逗得我們捧腹不已。於是我便建議她寫一點什麼。她的漢語講得很流利，但是用中文寫作還有些吃力。我請她先用德文寫下來，然後讓老關給她做翻譯。這樣他們婦唱夫隨非常默契。珮春開始寫的是一篇文章，題目是〈天哪，我竟嫁給了這樣一個中國人〉，我覺得她寫得非常生動活潑，充滿情趣，富於睿智，但作為文章閱讀還不過癮，覺得這完全可以變成一本書。於是我懇切地向她約稿。我認為，她如果能從中德文化差異入手，寫出一個德國女人對中國的丈夫、家庭、社會以及歷史文化的種種觀察和認識，那將是獨特的，也是引人入勝的。結果她真的寫了《德國媳婦中國家》，用電郵發給我看。我一口氣讀完了，覺得很精彩，立刻給她回信，說了三句話的評語：「一個字，好！兩個字，很好！三個字，好極了！」她高興之極，知道自己一夜之間成了作家。

對於這本應我之約而寫的書，我在銷售方面曾經期望甚高。出版時，我不僅在書前作序大力推薦，而且邀請王蒙、馮驥才、鐵凝、王安憶四位名作家每人寫一段推薦語印在書的封底。我當時一心認為這本書將會暢銷。然而可能是因為宣傳推廣不得法，出版後市場的反應沒有達到預期，令我不免有些鬱悶。但無論如何，幾乎所有讀過的人都叫好，都說此書題材獨特，故事好看。記得當年年底，文壇上有人舉辦一場活動，邀請中央電視台主持人白岩松和我同為嘉賓。宴會上我們坐在一起。我當時並不認識白，但是他見我面第一句話就說：「我最近把你們三聯的一本書讀了幾遍，這本書寫得太好了。」我忙問是哪一本，他告訴我就是《德國媳婦中國家》，這讓我頗感驚喜，也得到些許安慰。

在我介紹給三聯的作者中，有幾位很有個性。有的性急，有的自尊心強，有的對編輯較多苛求。一些編輯對他們懷有敬畏，怕和他們打交道，但他們和我都相處甚好。當然，有的也是不打不成交。

小說家張曼菱是中國出版集團總裁聶震寧介紹給我的。她認識我的當天就和我鬥一場氣。

大約是二〇一一年，張曼菱想出版一套有關西南聯大的光碟。老聶讓她到三聯找我。對她說，這些事，李昕能幫你做策劃。其實我和她也算有緣，八十年代我在人文社工作時，她是《當代》的作者，與韋君宜、秦兆陽等我的老領導私交甚好；她畢業於北大中文系，她的同班同學高賢均是我在人文社最好的朋友。但我當時並不認識她。此時老聶打了招呼，她就興沖沖地前來三聯會我了。我們事前電話約好，那一天中午十二點準時在三聯書店門口見面，然後我和編輯室主任鄭勇請她吃飯。但事出偶然，我那天上午忽然牙痛難忍，下午需要到隔壁的隆福醫院治療。牙科的號極難掛，下午號中午十二點開始掛，要提前在掛號室門前排隊等候。我告訴鄭勇，請他迎候張曼菱，我用十分鐘掛完號就趕回來。就在這當口，張曼菱到了，從計程車裏鑽出來，問：「李昕在哪兒？」鄭勇說：「他出去一會兒馬上就回。」張曼菱立時不悅，說：「李昕擺什麼臭架子？他不守約，我也不奉陪！」說完便返身上了計程車回賓館了。我回來時，正好看到她乘坐的車子遠去。我自知失禮，馬上開車追到她住的賓館，先是道歉，再作解釋，最後懇談合作。

那天，我強忍着牙痛和她把合作確定下來。當時，她將自己花費幾年時間錄製的西南聯大人物訪談為中央電視台做了一個系列紀錄片，電視台為這個紀錄片刻製了光碟，她交給我出版，同時配上她編寫的一本薄薄的書，內容是這些訪談的文字實錄。這些內容出版當然沒有問題，我很快就做好了安排，出版非常順利。

但是，後來在我和她的接觸中，我發現，以她的學養才華，加上她對西南聯大史料的多年積累，最後只拿出這點成果，似乎不足以令人滿足。於是我建議她另寫一本書。我覺得她是作家，完全應該寫寫自己走訪海峽兩岸的西南聯大老校友，寫自己與他們親身接觸、交談的觀察和感受，以及自己的思考。這樣她的作品就成為一本獨家的研究性著作，思想價值提高很多。張曼菱說，她是小說家，以前從未寫過這類書，但我說，我相信她能寫好。因為她思想活躍而深刻，很適合以文化隨筆的形式完成這部著作。開始她有些猶豫，後來經過長時間思考，她找到了感覺，動筆洋洋灑灑寫開去，既講聯大人「天下興亡，匹夫有責」的愛國主義，也談聯大人「獨立人格，自由精神」的人文精神，終於把此書寫成了一本既能展現聯大人活生生的精神面貌，顯示他們對國家、民族的赤誠與擔當，又能見出作者對當下文化教育建設的思考與憂慮的厚重作品。完成後，她問我如

《西南聯大行思錄》

何確定書名？我對她說，就叫《西南聯大行思錄》，這本書是你邊走訪邊思考形成的作品，不正是且行之且思之嗎？

張曼菱自己大概沒有想到，《西南聯大行思錄》會成為熱門書、暢銷書。此書二〇一三年六月出版，到今天為止，兩個版本共印刷十八次，總印數達到十一萬冊之多。

通過出版合作，張曼菱和我的交流多了起來，她在寫作上有了什麼想法，或者遇到編輯出版方面的問題，她總是會和我商量。我寫了文章，也願意徵求她的修改建議。她每次來京，我們總會在一起閒聊，她喜歡講自己在北大上學時的生動故事。我發現她的故事，不僅獨特和有趣，而且帶有啟示性，這樣的內容如果作為回憶錄，同輩學人中恐怕很難寫出第二本，因為張本人的經歷，傳奇得幾乎不可重複——大學期間，她甚至作為中國第一個參與民主競選的女大學生，成了美國《時代週刊》的封面人物。於是我又建議她趕快寫下來。她說她本來也準備寫，而且季羨林先生已經為她題寫了書名。話雖如此說，但她其實也有不自信的一面，總是擔心寫不好。我只管鼓勵她。這本書，她是每寫完一章就發給我看一章，我都是當天看完給她回饋，有時會提一點建議，但主要是叫好，希望她繼續努力。這樣她全書完成時，我已經看過一遍。當即就決定在三聯所屬的生活書店出版，書名就叫《北大回憶》。此書出版後，反映不俗，很多人認為她寫出不僅是自己的記憶，而且是北大傳統和北大精神。在我們召開的新書研討會上，袁行霈、嚴家炎、謝冕、孫玉石、洪子誠、錢理群等北大中文系老教授都對此書給予很高的評價。

密切的合作使張曼菱和我成了非常好的朋友，但我需要說明，我們其實是諍友。她性子很直，不隱瞞自己觀點，當我們意見不一致時，常常發生爭執，有時也吵得不可開交。但無論怎樣吵，她都承認出版上我的見解有助於她，我也承認在寫作方面，她給我的指點甚多。甚至與她一起探討人生，我也能獲得啟發，比如二〇一四年我退休時，她贈我八字箴言：「已作真金，詎復成礦」，意思是警示我在人生高峰上退休，要注意保住晚節。這句話我就一直謹記不忘。

至於三聯那些原有的老作者，我也非常注意聯絡和維護。其中有些我過去就有聯繫，如楊絳、王世襄、資中筠、王蒙等先生，有些是我到北京三聯以後才結識的，如吳敬璉、黃永玉、丁聰、劉夢溪等先生，對他們我都恭敬如儀，過年時抽時間聯絡看望。有時也會直接上門約稿。我認為一個總編輯，需要親自策劃和組織書稿，這就像戰場上軍官要身先士卒一樣。同時我覺得，圖書是維護出版社和作者之間聯繫的紐帶，如果長期不為作者出書，關係再好的作者也會流失。例如王蒙先生，自從九十年代在三聯出版過《紅樓啟示錄》等兩本隨筆集以後，十幾年他出版過幾十部作品，都沒有交給三聯。二〇〇八年以後，我連續向他約了《老子十八講》等四部書稿，使他重新成為三聯的骨幹作者。

我在本篇開頭就講到，三聯的作者群和圖書積累原本就很小，後來還在不斷流失。很多標誌性出版物，陸續被其他出版社挖走了。這個問題曾經引起三聯領導班子重視。我們大約在二〇〇八年專門開過一個會，討論如何把八十年代三聯出版過的一些有影響力的圖書再找回來。這項工作，主要交給副總編汪家明和我兩人來做。汪家明找了傅敏，商量重新出版了傅雷的書信集等作品，我則找了德文翻譯家舒昌善，重新出版了褚威格的《人類的群星閃耀時》、《昨日的世界》等名著，又組織胡允桓等翻譯家重新翻譯出版了房龍的《寬容》、《人類的故事》等一個系列圖書。我們覺得，這些書曾經給三聯帶來過巨大榮譽，是應該作為常備書的。

有人在讀了我寫自己父親的回憶錄以後，認為我的作者緣比較好，也是得益於我的家庭背景。因為家父是清華大學的外語教授，曾經從事文學翻譯，在文化圈裏熟人較多。但這中間有些是誤解。家父從未給我介紹過任何一位人文社或三聯的作者。包括在三聯出版過幾本著作的周一良先生是家父的表兄，他與家父常有來往，

作者與王蒙先生（二〇〇九年）

但我甚至都沒有向他約過稿子，再說我回到北京三聯時，他已經去世了。至於三聯有些作者，曾與家父有過交往。例如楊絳先生，還有清華大學教授吳良鏞、樓慶西、陳志華先生，都曾經與家父同事，後兩位還跟着家父學習過俄語。他們和我見面，總會憶及家父，但是他們作為三聯的作者，那是早已有之的事，和家父無關。不過這層關係，確實讓他們在感情上和我比較親近。

需要專門說一下楊絳先生。她和錢鍾書先生是三聯的老作者，楊先生與三聯歷屆領導和多位編輯的感情都非常好，她與三聯的合作，開始於范用時代。不過楊先生是原則性極強的人，她對於三聯的信任和關照，沒有任何個人感情因素。她對我雖然和藹親切，但也都是公事公辦的。

早幾年我去看望楊先生時，總會問她在寫什麼著作，然後向她約稿。她便非常清晰地向我解釋，她處理版權有個分配辦法，這是早已定下的：凡是錢鍾書的著作，歸三聯；凡是她本人的著作，歸人文社；凡是錢鍾書的手稿，歸商務印書館。據此，她要我別惦記她的新作了。我當然只能尊重老人家的決定。但是後來，《錢鍾書集》的責任編輯馮金紅對我說，楊先生的新書不給我們，但我們可以重新出版她八九十年代在三聯出版過的幾本散文集。我覺得這個建議很好。就去說服老人家，告訴她，這幾本書三聯的版本絕版了，而讀者對這些版本非常留戀，總是期待三聯重印。我還從版權管理的角度，向老人說明中國的著作權法並不限制在人文社的《楊絳散文選》之外，另行出版她的散文單行本。我苦口婆心地邀約了楊先生多次，終於有一天，楊先生法外開恩，說：「凡是以前你們出過的，你們就拿去重印吧，當然，只限於這幾本。」她還是有原則地網開一面，但我們已經喜出望外，很快就重新出版了《幹校六記》、《將飲茶》、《雜憶與雜寫》和翻譯作品《斐多》這四本小書。後來，三聯的編輯又將《我們仨》加入，並整合重編一些其他散文作品，編成了《楊絳作品系列》（七種），產生很大反響。

# 十二、三聯可以出版大眾讀物嗎？

一家出版社可否出版大眾讀物，這原本不是一個需要討論的問題。但是在北京三聯書店內部，長期以來卻出現過不少爭議。

記得我二〇〇五年春天回北京到三聯任職，時逢W總經理因「未能理解和維護三聯品牌」而被免職不久，店領導班子成員不免心有餘悸，對於今後發展方向一籌莫展。店裏開會討論出版規劃，我初來乍到，不明就裏，發了一通議論。我先稱讚三聯幾十年來在出版上形成了鮮明的風格和特色，成為業界標杆，成就令人羨慕。但是三聯主要是做小眾市場，目標讀者是知識分子群體，在這方面三聯做得極好，可以說做到了極致，很難超越了。接下來三聯要發展，恐怕應該發展大眾讀物。我的發言當場無人回應，但事後有人悄悄提醒我，說你剛來三聯，說話要注意。「大眾」兩個字，在這裏不能輕易講，否則容易引起誤解，大家會把你當成W總經理那樣的人。我聽了出了一身冷汗。

的確，我也注意到，三聯一直在走「小而美」的路線，不求盈利多，只想把書出好。講求高品位、高層次、高質量，希望「每一本書都是最好的」、「拔尖的」，這是從領導到編輯的一貫理想。為此，選題策劃要強調「優中擇優」。就現代的中文作者而論，也許只有陳寅恪和錢鍾書兩人的著作是可以不加選擇地出版的，其他人的作品，在三聯出版都要經過篩選。例如國學大師錢穆，在三聯出版了作品系列二十餘種，但是他的《人生十論》和《晚學盲言》在第一輪被淘汰，後來被另一家出版社做成暢銷書；又如《資中筠自選集》五卷本，也是因為三聯的編輯要考慮如何精選，才使得這套非常有影響力的作品花落別家。

當然，應該承認，這種做法儘管留下一些遺憾，但對於三聯打造和維護出版品牌還是起到重要作用的。它與三聯強調「人文精神，思想智慧」的出版理念和「一流，新銳」的出書標準相一致，確保了較高的出版質量，以致於在讀者中形成了「三聯出版，必屬佳品」的口碑。但是我以為，這畢竟屬於上世紀八九十年代的做法，哪怕是一種成功經驗，也是需要與時俱進的。時代變了，出版環境也變了，現在全國幾百家出版社，兼併的兼併，上市的上市，都在爭相做強做大，三聯要我行我素地獨守「小而美」的經營模式，這已變得不大現實，因為市場競爭是冷酷無情的；特別是二〇〇二年以後，三聯加入中國出版集團，邁上了企業化的道路。從此出版總量、銷售收入和出版利潤成為三聯經濟效益的重要考核標準。當「少而精」的口號變成「多出書，出好書」的要求時，出版社的出版策略能不跟隨調整嗎？

三聯的編輯部經歷了W總經理下台事件以後，有一種維護品牌的自覺。編輯們格外關愛三聯品牌，決不允許亂出書，荒腔走板。從正面說，這是一種責任意識，目的在保證三聯出版的品質，精神可嘉；從負面說，這也形成了一種集

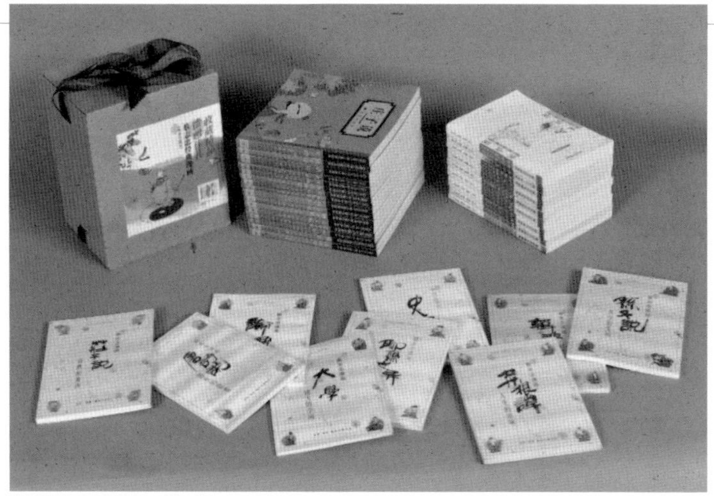

《蔡志忠漫畫作品系列》

體焦慮，甚至成為三聯「內捲」的重要原因。那個時期，一個編輯最為擔心的是自己策劃的選題得到這樣的評語：「這不是三聯的書」。這意味着自己的想法得不到三聯傳統和文化的認同，不見容於主流。為此不少編輯茫然無措，因為他們總是弄不清楚到底什麼才是三聯的書，一再遭受質疑之後便感到自己被邊緣化。

我認為出版社不應該畫地為牢，特別是在出版社向企業轉型的今天，作繭自縛，限制自己的發展，肯定沒有前途。三聯應該有個突破口，由此可以加速發展，做強做大。光靠出版小眾讀物顯然不夠，於是我想到了大眾讀物的出版。很快，樊希安從吉林省新聞出版局調來北京，和我同樣任職三聯副總經理、副總編輯，我們對此交換意見，兩人不謀而合。

其實並不是我們有先見之明。我們能夠意識到的問題，早就有人看到。此前，已調離三聯的兩位老領導都曾與我談到此事。曾任三聯黨委書記的俞敏說，三聯只做學術文化，出版不盈利，路子只會越走越窄。前任副總編輯周五一說，三聯想成為學術出版社是沒有條件的。世界上凡是學術出版社都有資助，在國內，像中國社會科學出版社，每年國家給幾千萬補貼。而三聯是純商業出版社，無補貼，拿什麼錢去和人家硬拼學術出版？

我以為三聯人有文化理想，不會為了錢而出書，的確可圈可點。但是三聯整體盈利過低，圖書出版業務甚至年年虧損，終究是需要解決的問題。這不僅是事業發展的需要，而且也是提高員工福利待遇和工資獎金水平的需要。幾年前W總經理搞「改革」，也是基於這些方面的考慮。不能因為他選擇了錯誤的改革方式，就連他改革的初衷都一概否定了。

我注意到，三聯內部有不少人是希望改變現狀的。他們知道我是從香港回來的，認為我瞭解市場經濟，於是跑來和我交流。至少有兩位在三聯工作多年的老編輯，向我訴說他們直到今天都融不入三聯主流，因為無法理解所謂「三聯的書」，標準為什麼那樣狹隘？拿文化讀物來說，要「優中擇優」，只能走所謂「精英文化」

的路，以白領、「小資」的需求為標準，但這樣的標準是脫離大眾的，導致很多好書無法出版。他們問，三聯不是要「竭誠為讀者服務」嗎？這讀者難道僅僅是少數「小眾」嗎？另有一位即將退休的老校對和我說：「老是講『天不變，道亦不變』的一套，默守陳規，但事實上，天（形勢）已經變了呀。」

這些事，我和樊希安在下面多次溝通，都很糾結卻無法言說。我們研究三聯的傳統，聯繫現實，越發想不通。我們知道三聯原本並不是和大眾無緣的。且不說三聯的創辦人鄒韜奮先生心裏一直裝着工農大眾，生活書店的《青年自學叢書》曾經在大眾讀者中熱銷，就是改革開放之後，到了沈昌文和董秀玉時代，三聯也出版過高陽的歷史小說系列、金庸的武俠小說系列、蔡志忠的漫畫系列，還有幾米的繪本系列。這不都是實實在在的大眾讀物嗎？怎麼現在連談論大眾出版都成了忌諱呢？

一天，《三聯生活週刊》的主編朱偉來和我聊天，我談到心中的苦悶，他說：「李昕，我知道你想幹點事情，但是在今天的三聯，還沒到時候，條件不具備。」言外之意是三聯若要改革，需要遇到更大的經濟困難，也需要等待時機。

到了二〇〇七年，中國出版集團給三聯施加的經濟壓力加大。主管財務的副總裁周洪立來三聯調研，對三聯目前盈利狀況表示不滿，明確要求，三聯應該在三年之內，年盈利超過一千萬。大家都感到有些驚異，因為歷史上三聯從來沒有賺過這麼多錢。現在一年掙三百至四百萬，還是近兩年費了很多心力通過擴大出版規模得來的，以前多年來的利潤更是少得可憐。如何將盈利迅速增長到一千萬？誰都沒有好主意。就在此時，我和樊希安對主持工作的代總經理張偉民建議，現在三聯需要考慮出版大眾讀物的問題了。張表示同意，請樊希安在當年十二月的年度選題會上做一個關於大眾出版的專題報告，以求活躍編輯部的思想。

開會之前，樊希安把他寫好的講稿發給我徵求意見。我發現他文章寫得很全面、很系統，把問題都說清楚

作者與樊希安合影（二〇〇八年）

了，但是並未對「大眾」這個概念做什麼界定。我擔心他被人詬病，建議他給三聯的大眾讀物加一些限制性詞語，說明三聯要出版的大眾讀物，和一般出版社的要求不一樣，我們要的，是「給非專業讀者閱讀的文化類讀物，包括文化生活、藝術文化、文化知識、傳統文化普及等方面的作品」，「我們所謂的大眾，是知識大眾，不是一般的普通大眾」。總之，是想把「大眾」二字的層次、定位提高。雖然我當時心裏很明白，這樣給「大眾出版」戴高帽子，也是一種作繭自縛，但是考慮到編輯部的輿論環境，我們不得不如此表達。

然而，就是這個試圖給大家提供思路的報告，在年度選題會上完全得不到重視，編輯們坐在台下聽講，會場秩序混亂，不時有人對報告的內容表示不屑，使眼色，做鬼臉甚至哄笑。領導班子內，有人也是冷眼靜觀，覺得你們講的一家之言，編輯們不願接受又能怎樣？果然，編輯部對報告內容不認同，這表現在事後幾乎無人在選題策劃方面做出積極回應上。

一些人似乎仍然認為只有策劃小眾的學術文化著作才可以證明自己的眼光和水平，自己與大眾讀物切割，才是回到了三聯傳統的正宗。

這樣又過了一年。二〇〇九年初，張偉民退休，樊希安接任三聯書店總經理。樊是一位有理想的出版人，進取心強，懂經營，有魄力，幹實事，一心想要改變現狀，把三聯的事業做強做大。然而這一切，都要從解放思想、優化選題入手。偏巧那一年，我們的新書和出版流程中的在製品圖書賣點特別差。樊希安決定再一次討論大眾出版問題，目的是挑戰守舊思想，鼓勵出版創新。

當年七月一至二日，三聯在北京房山錦繡山莊賓館召開圖書出版經營會。會議的主題就是大眾文化讀物的出版與行銷。我們準備了兩個會議文件，一是〈關於大眾讀物出版的構想〉，二是〈關於加強行銷工作的決定〉，提前發給大家徵求意見。會上，老樊讓我做一個主題發言，集中談三聯目前圖書出版中存在的問題。

我事先查閱了一些資料，把三聯二〇〇九年上半年情況如實向大家報告，我說到這半年中三聯的近百本新書銷售超過一萬冊的只有一本書，題為《吃，吃的笑》，此時大家神情嚴肅，笑不出來了。我接着公佈了三聯圖書銷售前二百名的排行榜，又與去年同期作比較，發現銷售下降相當明顯。二〇〇九年前二百種圖書平均銷售數只相當於二〇〇八年的百分之七十，滑坡之大不能不正視，這種情況一眼看去就是一盤虧損賬。我告訴大家，在我們自我感覺良好的同時，三聯出版業績是經不起認真算賬的。圖書板塊單獨核算其實多年一直處於虧損狀態，而三聯賬面上僅有的幾百萬利潤，全部是《三聯生活週刊》貢獻的。離開這家刊物，我們就是一間虧損的出版社，這在今天市場化的環境下，是完全不能接受的。我也談到我們的左鄰右舍，中華書局成立大眾出版分社做了哪些暢銷書，人文社和商務印書館的經濟效益如何，我們和他們之間的差距有多大。然後我放了狠話，告訴大家：「對於創造經濟效益，三聯一直沒有給編輯施加壓力，沒有像其他出版社那樣給編輯分配利潤指標。我們的編輯可以不當家、不理財，包括我也不當家、不理財，但是我要提醒你們，也提醒我自己，我們不當家，也要知道柴米貴。」

當然，所有這些都是我們今天需要發展大眾出版的理由。我知道自己的發言措辭激烈，或許有一點情緒化，但時至今日，面對這樣的困境，我已是不得不如此說。散會後，樊希安向我伸大拇指，說講得好。一位編輯室主任說，沒想到我在這次會議上這麼直截了當地把問題點出來。但他認為這樣講很透徹，有衝擊力。

這次會議開了兩天，有多人發言，討論相當深入。副總編輯汪家明、總經理助理楊進、財務處長劉高源、發行部主任張作珍的發言都正視當前三聯困境，認為我們需要調整策略，尋求改變。劉高源的講話最有份量，他從財務角度敲警鐘，認為三聯已有生存危機，於是提出三聯應在某種程度上建立市場導向。這種話，如果是在過去說，肯定是捅馬蜂窩的（因為在不少人心目中，三聯的出版只能是編輯導向），但面對今天的現實，大家都默默接受了。而副總編輯潘振平針對大眾讀物的發言更是直言不諱，令人刮目。

潘振平作為副總編，一直主管《三聯生活週刊》，平時對圖書方面的問題很少介入，這次也公開表態。他在會上說，三聯從來都不是服務於學術界的出版社。三聯一直是為大眾服務的，只是近些年來不知道為什麼變成了小眾出版社。他看到樊總起草的關於發展大眾讀物的構想中，仍然按照我們一年前確定的口徑，給大眾讀物做了一些限定，說三聯不出只講操作的生活實用書，不出跟風炒作的書，等等，講了三聯的「大眾」和別人的大眾不同，三聯的「大眾」是知識大眾，不是普通大眾，所以出書要選擇。潘振平說：「這是自己給自己套個枷鎖。如果書好，普通大眾書為什麼不能出？所以要少說『不』字。」潘是三聯老人，且學養深厚，一向在學術出版方面能夠得到編輯部認同。他這樣講話，對編輯們的影響力不可低估。

會議之後，大家基本上統一了認識，認為三聯發展大眾讀物是有必要的。這對編輯部，無疑是一場思想解放和觀念更新。

我想，此時大概就是朱偉所說的，時候到了。在三聯做大眾出版需要天時、地利、人和，現在條件都具備了。

此後，編輯的思想禁錮減少了，選題思路便拓寬了，創新活力也增強了，策劃新書的積極性和想像力都得到大幅提升。新的圖書選題頓時多起來了。為了適應這種變化，三聯在內部機構上也做出調整，先是擴大編輯部門的自主權，將幾個編輯室按照出版定位，改造成學術、文化、大眾和綜合四個出版中心，幾年後又進一步落實編輯部門獨立核算制度，將出版中心改造成出版分社。後來還增設了幾個新的編輯部門，諸如專題項目部、對外合作部、上海分公司和三聯國際（傳播）有限公司等等機構，擴大編輯隊伍，延攬出版人才。圖書編輯部在二〇〇五年我剛來時只有二十人。而經過這一輪發展，到二〇一三年，編輯人數已達五十人左右。而大眾文化讀物的出版，在這時已經融入了三聯的主流，編輯聞「大眾」二字而色變的時代一去不返，大眾文化出版中心以一個編輯部門可以登堂入室，正襟危坐。

《蔡瀾作品系列》首批四種

就工作成果來看，接下來的幾年，三聯出版增長勢頭甚猛。新書品種從每年一百五十種左右猛增到近四百種。其中不乏有賣點的大眾讀物。例如鄭勇策劃了香港知名文化人、暢銷書作家蔡瀾的作品自選集十種，這在過去是不可想像的事情，因為和香港「雅」文化的代表董橋相比，蔡瀾偏「俗」。三聯過去是取董橋而捨蔡瀾的。但是現在，編輯們發現蔡瀾自有他的瀟灑。他的見多識廣，他的人情通達，他的琴棋書畫美食養生無所不談，也包含某種難得的思想智慧，對普通大眾讀者有益無害。再如星雲法師的著作，依照過去的標準，三聯的編輯可能會選擇他的自傳《百年佛緣》，但現在，他們除此之外，還選擇了《星雲大師演講集》八種，《星雲法語》十種，甚至還出版了《與星雲大師一起吃飯：佛光山寺典座的六十道料理》這些令大眾讀者感興趣的書，出版後同樣反映不俗。再說生活實用書，這個領域三聯以往是絕對不碰的。但此時新成立的大眾文化出版中心主任張志軍策劃了《選對食用油》、《看懂食物標籤》、《咖啡賞味志》、《你吃對營養了嗎？》、《吃對五色蔬果：營養學博士教你認識植物營養素》等，我們也表示支持。開新書發佈會那天，我特地到會致辭，介紹這幾本書的文化意義、其中包含的時尚因素和健康理念，同時告訴讀者，三聯出版普通大眾讀物，也一定是選擇最有特色和價值的，我們仍然堅持「三聯出版，必屬佳品」的原則。還有王鼎鈞作品，在某種意義上也屬於大眾讀物。我關注鼎公二十多年，早在人文社時期就曾經考慮出版他談人生和談作文技巧的兩個系列，二〇〇五年我從香港回北京三聯，特地帶回一套十八本的台灣版《王鼎鈞作品系列》，希望從中選擇出版。但是因為擔心被質疑「這不是三聯的書」，我沒有對此做出任何策劃，一直將它們放在手邊多年。直到二〇一二年，隨着《回憶錄四部曲》出版，我們選擇出版了《人生四書》、《作文三書》，結果幾乎每一本銷售都很好。

當然出版大眾讀物，我們的嘗試也並不都很成功。例如大眾出版中心的主任張志軍想嘗試做繪本，她是曾經在二〇〇二年成功將台灣作者幾米的繪本作品推向市場並打造成暢銷書的編輯，她對這個領域很有興趣，更有信心繼續嘗試。我們給予了支持。然而她做得也不順利，畢竟做的不再是幾米。她的團隊先是做成人繪本，繼而做兒童繪本，試過原創繪本，又試過引進繪本，但是銷售都不理想，只有少數幾種賣到一萬冊以上。她的團隊不灰心，想繼續堅持，我們便繼續支持。因為這種做法符合三聯一貫的出版理念，就是不打游擊戰，只打陣地戰。永遠不能東一榔頭西一棒子地出書，而必須做產品線、做板塊。為了證實這個觀點的正確性，我還曾特意向做繪本出版很成功的新經典總經理陳明俊請教。陳告訴我，繪本是不可能每一本都盈利的，能盈利的暢銷繪本，佔比例大約百分之十，有了這百分之十的帶動，繪本板塊的整體業績就可以接受。但是，暢銷繪本的出現，必須有足夠的出版量做基礎。於是按照這套理論，三聯繼續試驗，繪本板塊持續運作了三年之久，總共出書達六十多個品種，但暢銷書一直沒有在其中出現，最後大眾出版業務只好放棄這個板塊，改而嘗試其他選題。於今反思，我仍百思不得其解。於是到網上查詢目前繪本出版情況，發現當下最頂尖的繪本作家乃是熊亮，類似於當年的幾米，他的每一本作品銷量當在十萬冊以上。我記得當年三聯出版的六十多種繪本，熊亮作品佔了其中十種左右。但是我們沒有享受到暢銷的紅利，可能是出版時機不對，也可能要怪我們沒有堅持到底。總之，我們種了桃樹，果子被別人摘了，不免遺憾，但這至少說明，我們對作品的判斷是正確的。

無論如何，令我們欣慰的是，三聯的圖書出版業務經過幾年的調整、改造以後，不僅有影響力的好書增多，獲獎書增多，贏得了良好的社會聲譽，而且經濟效益也大幅提升，結束了長期以來「以豐補欠，以刊養書」（以《三聯生活週刊》的盈利補貼圖書出版虧損）的局面。到了二〇一三年底，我們做了對比，不但出書總量和銷售收入都比二〇〇八年淨增長一倍半，而且出版利潤更是大幅上漲，以年增幅百分之五十的高速度連續增長五年，從八百萬增加到六千四百萬，達到八倍之多，創造了三聯歷史上最高的盈利。這當中，圖書利潤和期刊利潤各佔一半，真正實現了過去三聯人期待的「書刊並舉，兩翼齊飛」。而圖書的創利，固然與《鄧小平時代》、《龍應台作品系列》等暢銷書的拉動有關，也依賴於眾多大眾文化讀物出版所做出的貢獻，這是顯而易見的。

# 十三、兩位台灣女作家：齊邦媛和龍應台

近年來台灣人氣最高的兩位女作家齊邦媛和龍應台都在三聯書店出版過自己的暢銷作品。

## （一）

我與齊邦媛先生緣慳一面，甚至沒有通過信。但是我主持出版過她的書。她的回憶錄《巨流河》，是她的學生王德威教授在二〇〇九年冬天介紹給三聯編輯馮金紅的。馮當即將這本台灣版精裝書轉給我，希望我安排編輯看看，因為她負責學術出版，無暇處理這一類書稿。

因為王德威是三聯的老作者、哈佛大學教授、著名的中國文學批評家，我的直覺是，由他來推薦，此書定不簡單，於是我便先睹為快。

那個週末，我捧起《巨流河》便不能釋手，被它講述的故事深深吸引，敏感到它是一部具有厚重歷史感的書。

作品是一個大時代的真實寫照，作者以自己一家兩代人的人生經歷為線索，以女性特有敏感和細膩，勾勒出縱貫百年、橫跨兩岸的歷史圖景。作者的文筆溫婉深沉，含蓄內斂，寫人敘事，情貌畢肖。王德威在書末的評論裏，稱這本

《巨流河》

書「如此憂傷，如此愉悅，如此獨特」，它發出了一種「潔淨」的聲音，「一個跨越歷史，從千年之淚裏淬煉出來的清明而有情的聲音」。

這也是一部非常典雅的文學作品，但作者自己似乎並沒有把它當作文學來看待，她有感於六十年來，「殉國者的鮮血，流亡者的熱淚，漸漸將全被遺忘與淹沒了」，於是決心要為生身的故鄉和為它奮戰的人寫一篇血淚紀錄。

我發現，作者的家國情懷，作品的微言大義，使這部回憶錄當之無愧地成為了一部個人角度的二十世紀實錄。它是感性的，充滿着感情，但更是理性的，傾注着深邃的思考。對於我們，它提供了一個新的視角，打開了反思歷史的另一扇門。

這樣的好書當然要出版。但我同時注意到，作者回顧國共鬥爭時期的歷史，思想觀點明顯傾向國民黨一邊，對一些歷史事件和人物的評價不免偏頗。按照中國內地出版管理規定，這是需要做技術處理的。所以我把書稿交給編輯劉蓉林時，囑她在編輯中注意做一些必要的刪節，並且及時將處理情況和作者溝通。

這本書發稿時，恰逢我出國訪問，另一位副總編代我終審。我回國時問他，終審時是否發現了政治敏感問題，他說沒有。我有些不放心，又把書稿從生產流程中調出來看，也仍然沒有發現遺漏的敏感問題。看來是劉蓉林和複審編輯的技術處理很到位。（後來，我看到齊邦媛先生接受媒體採訪，說這本書的三聯版「刪減其實不多，不到一萬字。被刪部分，基本上我都是認可的。」）

於是我們按正常程序出版了這本書，立刻獲得強烈社會反響。

當年年底，《巨流河》分別獲得深圳讀書月和新浪網舉辦的二〇一〇年度「十大好書」評獎的第一名。因為獲獎，它成了暢銷書，此後一印再印，連印數版，一兩年內銷量接近二十萬冊。

不久，齊邦媛又給劉蓉林寄來了一本新書，即台灣「中研院」訪談整理的《齊世英口述自傳》，顯有徵詢三聯的出版意向之意。齊世英字鐵生，人稱「鐵老」，是齊邦媛之父。他的故事，在《巨流河》中濃墨重彩，給人印象頗深。從某種意義上說，這本口述自傳，可以視為《巨流河》的姐妹篇。

在我心目中，齊世英是值得大寫的人物。這個懷抱理想，剛正不阿，錚錚鐵骨的東北漢子，早年留學日本和德國，因不滿軍閥混戰，參與郭松齡反對張作霖的軍事行動，兵敗險遭劫難，後轉投國民黨，成為該黨「遼字第一號黨證」持有者，主持東北黨務。抗戰期間他奔波操勞，救難濟民，鐵肩擔道義；赴台後，他作為「大佬」級別的人物，與國民黨專制政治分道揚鑣，由於堅持民主理念，先是被蔣介石一怒之下開除國民黨籍，繼而又與雷震等共同謀劃籌組「中國民主黨」。直到晚年，他一直是對台灣民主化運動影響甚大的人物。他的人生經歷，代表了一代正直知識分子追求真理的心路歷程。

然而，這本自傳的出版卻讓我很費躊躇。原因是它的內容不完整，作者本人的口述到一九四九年為止。可能是他對自己後來的經歷故意隱諱所致。齊邦媛曾說，她父親是那種「君子絕交，不出惡言」的人，蔣介石開除他的國民黨籍，他仍然稱蔣為「蔣先生」，批評蔣的政策，從來對事不對人。基於這種溫柔敦厚的個性，他對自己赴台以後的遭遇、內心的苦悶緘口不言。這當然是一大缺憾，因為在我看來，他在台灣的四十年抗爭，才是他一生最為輝煌之處，他的人格力量，他的精神境界，集中體現在這裏。

儘管齊邦媛已經意識到上述的缺陷需要彌補，她給這本口述自傳增加了六篇附錄，收錄了康寧祥、梁肅戎等關於齊世英參與台灣民主化運動的一些片段回憶。然而增補文章大多語焉不詳，不僅缺乏對於歷史事件的完整描述和記錄，而且尤其缺乏當事人自己對於這些事件的所感所思。

有關台灣「解嚴」之前的一段歷史，我過去一向比較留意，曾讀過不少這方面的書。從胡適、殷海光、雷震，到柏楊、李敖的著作都有所涉獵，對《自由中國》案和「美麗島」事件的史料，也都有所關注，因而我對齊世英也早有一些瞭解。我知道此人晚年內心有諸多痛苦，頗多醒悟，他對國民黨其實有着深刻的反思，比如，他曾經對李敖說：「國民黨革軍閥的命，革了這麼多年，其實國民黨還不如軍閥。」

但作為自傳，未能把這些充分反映，實在可惜。這便是我最終放棄此書出版的理由。

但是很快，另一家出版社把它收入一套口述史叢書出版。

當然，今天想來，或許是我過分追求完美而求全責備了。事後我曾感到有些遺憾和後悔，因為《齊世英口述自傳》儘管至一九四九年為止，它的史料價值仍然是值得重視的。

## （二）

另一位暢銷書作家龍應台女士，我和她也並不熟悉，僅有兩面之緣。

大約在九十年代初期，我就讀過她《野火集》，當時曾考慮在人文社出版她的《人在歐洲》，但是因沒有聯繫到版權，遂作罷。

二〇〇九年以後，龍應台在三聯書店陸續出版了《目送》、《親愛的安德烈》、《孩子你慢慢來》等隨筆集，合稱「人生三書」，讓讀者見識了華人世界裏「最犀利的一支筆」。這支筆有溫度，有力度，能摹寫，能辨析，寫父親的逝，母親的老，兒子的離，朋友的牽掛，兄弟的攜手共行，還有深沉無私的母愛，兩代人跨越代溝、跨越文化阻隔的溝通等等，在具體的家庭故事中寫盡了人性的博大與隱微，人情的明媚與幽深，蘊含哲理，富有啟示，令人震撼，令人感動。

這三本書當時在市場上受歡迎的程度，說是龍應台再次刮起了「龍旋風」也不過分。但這些書出版時我都沒有經手。它們由前總經理董秀玉女士介紹到三聯，編輯工作由副總編汪家明主持。

不過，就在齊邦媛的《巨流河》出版之後不久，龍應台也在台灣出版了她的《大江大海：一九四九》。她倆此時不約而同寫這樣的著作，顯然都是因為時逢一九四九年的國共決戰六十週年，時下兩岸的思想與論界都在對此進行回憶和反思。這是一個熱門話題，於是引起我的注意。

但龍應台和齊邦媛不同，她不是那個歷史變局的親歷者和見證人，她自己的故事，沒有什麼可以直接回憶和記錄，她依靠的是採訪、考察、現場訪談、搜集史料，為此她踏破鐵鞋，費時多年。她把寫作新聞紀實、文藝散文和歷史傳記的幾種文筆融為一爐，以廣闊的視野呈現了一九四九年那場兩百萬人的大遷徙——一場從「大江」到「大海」的轉移，以及由此而導致的人物命運的改變。

我很早就讀到這篇作品，當作品在雜誌上先期刊登時，就有台灣朋友將雜誌寄來給我。我也曾把

《目送》

它當做一個選題來評估。

從作品中，我發現龍應台廣博的資料掌握使她超越了個人經歷的局限，可以把大時代下形形色色小人物的故事串接在一起，寫作縱横捭闔，運筆自如。以此為基礎，她抱定普世價值的原則，試圖站在道德的制高點上，展現國共爭鋒之中普通人的命運，反思這場戰爭對人性的踐踏、污辱和傷害。這種視角也使她的作品讀來格外動人心魄，但也帶着明顯的政治傾向性。

我注意到，龍應台在作品中明確表示，她要以此書「向失敗者致敬」。失敗者為誰？含義不言自明。過去，我一直認為她是無黨無派，僅僅是基於平民立場的、代表草根利益的作家，但此書似乎並非如此。儘管，她譴責的國共雙方為了爭奪政權，發動血雨腥風的戰爭，使我們的國家滿目瘡痍，使我們的人民蒙受苦難，似乎，她選擇的是人道主義的立場。不過，你可以從書中看到，她的全部同情都在國民黨（失敗者）一方。這樣政治思想導向的書在大陸當然無法安排出版。

這本書繁體字版出版後不久，龍應台從香港來北京會友。其間，汪家明提議，三聯的幾個店領導一起，請龍女士在娃哈哈大酒樓吃飯，探討進一步拓展合作的可能。這是我第一次與她見面。

席間，我們七嘴八舌地聊天，說到希望重新出版龍女士那本二十年前風行一時的《野火集》，她慨然相允。又說到九十年代她在三聯出版過的《人在歐洲》仍可重印，她也微笑點頭。我還提到她在香港天地圖書出版過的一系列散文集，可以考慮重組重編，她說這些都可以從長計議。

隨後，龍應台從包裹掏出一摞繁體字版《大江大海：一九四九》，簽名贈給我們每人一本。她問我們：「為什麼沒有談到要出版這本書？」

對這個問題，大家都心裏有數，一時無人開口。我也不便細加解釋，小心翼翼地說了一句：「不知你是否瞭解，你用這本書向失敗者致敬，而大陸更加需要向勝利者致敬的書。」

龍應台看了看我，若有所思，但沒有說話。我知道她心裏糾結，一言難盡。但最後她終於問道：「你們是不是可以嘗試出版？也許我該給這本書加一個副標題：你所不知道的台灣？」

我們只好實話實說，告訴她不僅在三聯，而且在內地所有出版社，這本書都無法安排。此非不為也，實乃不能也。

那天，龍應台顯然十分掃興。雖然她在答記者問時說，寫作「大江大海」，她定位的目標讀者是港台讀者。但我深信她知道，一本只在港台一隅銷售的書，是受了多大的局限！

我後來猜測，可能就是由於此書未能出版令她失望，很快，她和三聯的合作也便結束了。一些原本她同意考慮合作的作品，除《野火集》外都沒有交給三聯出版。因為合約到期，她不再同三聯續約。儘管，三聯幫她創造了《人生三書》和《野火集》的銷售奇蹟，僅《目送》就售賣了一百七十萬冊。這樣的業績，是龍應台此前與其他出版社合作時從未有過的。但龍應台執意將這些作品的版權轉移到另一家出版社重新出版。在此之前，我以三聯書店總編輯名義給她寫了五封信，對繼續合作提出了很多建議，極力設法將版權挽留下來，但甚至都沒有收到她的回覆，這令我非常失望。

後來我從三聯退休了，寫了一篇題為〈「大江大海」的文人記憶〉的隨筆，發表在《長江文藝》上。文中講了上述我與齊邦媛和龍應台合作的故事。這篇文章影響蠻大，她們兩人在海峽對岸通過網絡都看到了。齊邦媛先生似乎是對我婉拒《齊世英口述自傳》的理由不滿意，說了一句：「我沒有給李昕寄過這本書，也不知他是這樣的意見。」一看來是劉蓉林當時拒稿，出於禮貌的考慮，並沒有將我的意見直接轉告她老人家。由此我猜測，她和她父親齊世英在對待國民黨專制統治的態度上很不相同，她一直是力挺國民黨的，這正是她整理父親遺著時未能將父親晚年思想轉變歷程交代清楚的重要原因。而龍應台女士委託她的秘書發文解釋，說龍將版權轉移給別家，和三聯未能出版《大江大海：一九四九》無關。只是因為汪家明從三聯調走，而她又和其餘的三聯領導都不熟悉而已，並非是對三聯有什麼意見。

我這篇文章，在網上也有很多議論，因為我文中有幾句抱怨，一些網友認為，我和龍應台「鬧掰了」、「開撕了」。其實對我們雙方來說，這只是小事一樁。二〇一八年七月，龍應台女士和我都應邀參加香港書展，並分別擔任演講嘉賓，我們同住在灣仔萬麗酒店。一天吃早餐時，我見到龍女士坐在對面，便走過去打招呼。她一見我就微笑着說：「李昕，咱們之間沒有誤解，那件事早過去了，對嗎？」我也笑說：「是的，早過去了。」

# 十四、陳樂民與資中筠兩位先生的三聯緣

陳樂民與資中筠兩位先生與三聯書店的緣分很深。他們從八十年代起就為《讀書》寫文章，後來又都在三聯出版過多種著作。三聯有的老編輯與他們的交往達四十年之久，感情頗深。

## （一）

相比之下，我認識陳、資兩先生較晚。我和資先生更熟悉些，和陳先生只有幾面之緣。

我是九十年代初期才對資先生有一點瞭解的，那時我在人文社當編輯，她作為研究美國問題的著名專家，忙裏偷閒地應該社之約，翻譯出版了紅極一時的暢銷小說《廊橋遺夢》。我發現她的文筆極好，不禁心生敬意，但我沒有機會結識她。

我和她初次相見大約是一九九九年，此時我已在香港三聯書店主持編輯工作，辦公室在域多利皇后街中商大廈十層。資先生來訪，我陪着她在樓下的三聯中環書店一層樓一層樓地轉，她選購了一些圖書，一路和我聊天。她告訴我，她和陳樂民先生等人主編了一套總結二十世紀世界歷史的著作，題為《冷眼向洋：百年風雲啟示錄》，正準備在北京三聯書店出版。我當即表示感興趣，想看看書稿是否可以出一個港台海外版。我請她把稿子寄給我。但是收到書稿，我心中卻躊躇起來。我注意到這套書集中回答二十世紀最重要的國際問題，如美國何以興，蘇聯何以衰，以及作為近代西方文明發源地的歐洲向何處去的問題，等等，知道這是一部極有份量的學術著作。可是，因為我們當時正面臨亞洲金融風暴後出版最艱難的時期，正在實施集中出版低定價小書的

作者到府上看望資中筠先生（二〇二一年）

「螞蟻戰術」，而這部書稿上百萬字，篇幅太大，若出版在經濟上風險較高。我猶豫一番，便回覆資先生，這本書在北京三聯出版即可，香港市場太小，恐怕不適合出。

今天想來，我當初放棄這套書在香港出版，的確是有些遺憾，怪我的魄力不足，膽識不夠。這當然也是因為我二〇〇五年回到北京三聯工作以後，陸續讀到陳、資兩先生有關國際問題的著作，還有他們一些針對現實問題具有思想啟蒙意義的雜文隨筆，對他們的瞭解增多，欽敬之情日增。所以我一直希望為他們做一點什麼，彌補當初的遺憾。

二〇〇八年，《冷眼向洋》在北京三聯的出版合約到期。這時北京三聯也遇到比較大的經營壓力，這套書是否還要續約，店內有不同意見，主張放棄的人擔心這套書部頭太大，且書名不夠吸引人，市場受限。但是我認為自己不能再一次錯過這套書，於是想了變通的辦法，將它一分為四，分別以《二十世紀的美國》、《二十世紀的歐洲》、《二十世紀的俄羅斯》和《二十世紀的國際政治邏輯》四冊重新出版。這幾本書，口碑頗佳，特別是資中筠和陳樂民二位關於美國和歐洲的兩本，在今天讀者心目中，可謂傳世的名著。

從此以後，我和三聯幾位編輯與資先生接觸較多，有時聚會聊天，雖然不敢謬託知己，但我確實把她作為感情上比較親近的前輩。我希望與她多一點合作，凡是她的書，我都願意接受出版。特別是她著有一些諸如《斗室中的天下》之類的隨筆集，以犀利的筆鋒針砭時弊，充滿睿智，顯示士人風骨，我非常喜歡，曾不止一次向她邀約此類書稿。閒談時，她告訴我她有研究美國公益基金會的著作《財富的歸宿：美國現代公益基金會述評》，以及她父親資耀華先生的回憶錄《凡人小事八十年》，我都主動表示要拿到三聯來出版，均蒙她俯允。當然我心裏更為期待的，還是她那些圍繞知識界的思想現狀，梳理古今文化傳統，表達「獨立之精神，自由之思想」的學術隨筆。

二〇一〇年年底，資先生打電話給我，說她編輯了一套五卷本自選集，包括《感時憂世》、《士人風骨》、《坐觀天下》、《不盡之思》、《閒情記美》等，都屬學術隨筆一類，我意識到，自己期待中的書稿來了，很高興，通知有關編輯和資先生聯繫，準備接受出版。但是當時三聯編輯部仍然受到傳統的「優中擇優」觀念影響，覺得一下出版五本是不是太多了？是不是還需要再精選一下？於是壓了幾個月沒有回覆。此間資先生參加了廣西師大出版社一次聚會，該社的負責人懇切地表示，他們還沒有出版過資先生作品，希望資先生給個機會，於是資先生將這套書稿轉給他們。我得知消息，後悔得捶胸頓足，覺得自己態度不果斷，且沒有跟進到底，錯失良機。我給資先生寫了信，表達了我的遺憾。資先生反過來安慰我，說她這樣做，是擔心我們有難處，這讓我非常尷尬。

這套書，不久便被廣西師大出版社隆重推出，頓時成為影響巨大的暢銷書，當年還獲得《新京報》評出的「十大好書獎」。

後來我在一些編輯培訓班上講課，曾經不止一次以《資中筠自選集》出版為例，用自我反省的態度，談論在今天如此激烈競爭的出版環境下，客觀形勢已經不允許我們左顧右盼，三心二意，挑肥揀瘦，特別是對人們公認的大學者的作品，我們必須以更加積極的姿態爭取版權。我打了一個比喻，「自己種的果樹，果子一定要自己摘」。這個觀點得到大多數人的認同。

## （二）

與此相聯繫，兩三年以後，《陳樂民作品集》在三聯出版的問題，也提上日程。

在我看來，這當然是要全力以赴爭取出版的。因為陳先生是大家，對他的學問和人格，我都格外敬佩。他的學問不僅廣博，而且專精。他不僅是歐洲學家，著有《歐洲文明的進程》、《戰後西歐國際關係》、《二十世紀的歐洲》等多種著作，而且，他還是啟蒙思想家。他有名言曰：「我經過幾十年反覆思考，只弄明白了一個簡而明的道理：我摯愛的祖國多麼需要一種徹底的啟蒙精神。」在他看來，啟蒙是社會進入現代文明的途徑，而中國一百多年來的思想啟蒙和社會啟蒙是遠遠不徹底和不到位的。所以他不僅大聲呼喚啟蒙，而且身體力行。在他的著作中，啟蒙精神可以說貫穿始終。哪怕是他的歐洲學研究，也可以說「談的是歐洲，想的是中國」，他總是以西方為借鏡，映照中國的問題，這種探討，目的終歸在啟示國人。他寫的隨筆集《啟蒙札記》、《對話歐洲》都曾在三聯出版，這雖然只不過是學術普及讀物，但在讀書界影響之大，評價之高，堪稱名作。

《啟蒙札記》

《陳樂民作品集》部分品種

他的學術地位是獲得公認的，甚至可以說關於啟蒙思想研究以及歐洲學研究，國內很少有人的成就可以與之相比。

我認為陳先生是大家，還因為他善於將學術和藝術打通，這是更為難得的。我們很少見到西學學者擅長中國傳統書法、繪畫，而陳先生的書畫藝術創作，可以說不僅自成一家，而且風格獨具。二〇〇九年三聯書店出版了《一脈文心》，介紹他的書畫，文化界讀者從中感受到陳先生精深的中國文化和藝術修養，不禁為之驚歎。

也許只能用「學貫中西」這四個字來概括陳樂民先生的學養。在陳寅恪、錢鍾書先生之後，中國這樣的學者可謂鳳毛麟角。雖然他的名望還不夠高，但在我看來，只是因為我們的學術文化界和媒體一直對他關注不夠，研究不足，評價不到位。而這正是我們需要對他作隆重介紹的理由。

可是，這套《陳樂民作品集》選題論證時，三聯內部也有各種議論，與《資中筠自選集》出版前相似的一幕幾乎又要上演。有些人覺得一下出版九種是不是太多？是不是可以考慮再優選一下？畢竟，三聯追求「一流，新銳」，一向是除了陳寅恪和錢鍾書，對其他人的作品都是要選擇出版的。當然，這可能也和擔心經濟虧損有關，因為在沒有申請到國家補貼的情況下，出版社需要自行承擔經濟壓力，這也是實情。但是在討論中，因為有了《資中筠自選集》選題流失的教訓，我堅持認為，對陳先生這樣的大家，我們出版作品不能再猶豫，且不說一般情況下根本不會造成虧損，哪怕是真的賠錢，這樣重要的著作也應該義無反顧地承擔出版。後來大家一致同意全套出版陳先生的作品九種。

這套書我們在二〇一四年以精裝本推出，事遂人願，它的社會關注度很高，完全符合我們的預期。我們只召開了一個小型的新書發佈會，並沒有大做宣傳，讀者對它的熱情，大約是來自口口相傳的美譽。幾年時間過去，三千套書已然售罄。甚至，有讀者希望配齊一套九本書，遍尋書店之後，跑到三聯的庫房查找，也竟然無果。這對於成套文集的發行，屬於極佳的情形。真是印證了一句老話：「桃李不言，下自成蹊」，證明了讀者的眼睛是雪亮的，好書自有懂書人，作者不乏知音。這令我們欣喜，同時也更加堅定了我的一個出版理念：只要確信出版物是獨具價值、不可重複、不可多得的好書，不管它是學術的、專業的還是小眾的，都不必擔心經濟效益問題。

不過，我還是不免有些遺憾。因為幾年前《陳樂民作品集》在三聯的版權合約到期之後，面對庫房已無存書的狀況，不知三聯相關人士如何考慮，竟然沒有同意續約，放任版權流失。此時我已經退休多年，也不便再做什麼，只有為之喟然。所幸人民出版社所屬的東方出版社立即重編這套書，裝入書盒，隆而重之將它做成套裝，二〇二〇年，在陳先生誕辰九十週年時出版，稱為《陳樂民作品新編》。

據編者說，這套書是在「充分參考此前陳先生各種著作版本的基礎上，廣泛集佚，重新編次，細加考訂，認真校勘的結果。當然，北京三聯的開拓之功，是無論如何也繞不過的，在此不敢掠美」。

《陳樂民作品新編》出版之後，我收到資先生委託女兒陳豐寄贈的樣書，很是感慨。儘管我對三聯失去陳樂民這位重要作者頗為無奈，但是他的著作得以用這種方式再次面世和流傳，總歸可喜可賀，我心甚慰。

# 十五、陸鍵東先生和他的兩本書

上個世紀五十年代，女作家丁玲倡導過「一本書主義」。意思是文學作品貴精不貴多，一個作家一輩子有一本足以傳世的書，他就是成功者。

這聽起來好像不難。但是縱觀中國當代文壇，能以一本書聞名的作者實在不多。然而陸鍵東先生做到了，在他只寫了一本書的時候，學術文化界凡是聽聞他名字的人，大概都知道他的著作《陳寅恪的最後二十年》。

這是一本傳記作品，一九九六年在三聯書店首次出版。

在這本書中，陸鍵東根據大量檔案文獻和第一手的採訪資料，詳盡描繪了陳寅恪生命最後二十年的坎坷經歷，披露了許多鮮為人知的史實，為讀者打開了一段塵封的歷史。作者從陳寅恪的生存狀態和人際交往入手，探索了他的內心世界，並以此分析、詮釋了陳寅恪晚年作品的內涵，提出了不少頗有說服力的見解。全書重在展示陳寅恪先生的「獨立之精神，自由之思想」，一時好評如潮，洛陽紙貴。

陳寅恪雖為國學泰斗、史學大師，但過去幾乎不為人知。原因有三：一是他去世得早（一九六九年）；二是他為人低調，深居簡出；三是他的學問專深，著作難懂，一般大眾讀者很難瞭解。但是，自從《陳寅恪的最後二十年》出版，這個「大隱隱於市」的人物頓時成了文化界的熱門話題。此後文壇上誰若是還不知道陳寅恪，那一定屬於孤陋寡聞。

然而，就是這樣一本備受歡迎的暢銷書，上市不久就被叫停。禁止發行並非政治原因，而是由於一場民事訴訟，換句話說，是因為一場名譽權官司。

原來，書中提及一位反右運動前夕曾短暫擔任過中山大學黨委書記的人物，說此人是軍隊幹部出身，對知識分子的態度粗暴無禮，使大學裏諸多教授對之帶有三分恐懼。比如他有時會說粗話，發脾氣，甚至對教授發威說「老子斃了你」，等等。如此描寫引發那位黨委書記子女的不滿，認為這是醜化，因為他們的父親是長征老幹部，曾經擔任過周恩來的警衛員，解放前出生入死戰功卓著，解放後在軍隊和地方擔任各種領導職務，受到讚譽多多。特別是文革期間還曾經與「四人幫」做過堅決的鬥爭。這些都寫在他一九九二年去世時的悼詞上，而鄧穎超是親自參加了他的追悼會的。

於是子女們把陸鍵東和三聯書店告上法庭，認為《陳寅恪的最後二十年》侵犯了他們父親的名譽權。

在基層法院審理時，陸鍵東出示了大量證據，表明他的故事並非虛構，也不存在醜化某人的故意。他只是據實寫出一段真實的歷史，他關於此人的描寫都來自中山大學的檔案材料，有據可查，可以說是「無一字無來歷」。於是法院判決原告敗訴，侵權事實不成立。但是原告不服，又上訴到北京市第二中級人民法院，然而這次法庭面對雙方出具同樣的證據，卻做出相反的判決。法院認為，既然陸鍵東承認他使用了中山大學的檔案資料，那麼，因為這些涉及個人的檔案資料是不對外的，屬於個人隱私，陸鍵東不應在作品中公開。於是改判陸鍵東作品侵權，不作修改不得重印。陸鍵東和此書的責任編輯潘振平都表示不服，認為法院偏袒原告，對他的判決不公正，因為沒有任何法律規定，檔案中記載的個人行為和言論不能見諸書刊。所以寧可從此不再重印此書，也不會刪改作品。於是這本極受好評的作品斷市達十三年之久。其間，不斷有讀者向三聯詢問，此書何時可以重印？三聯編輯部也曾聯繫作者，是否可以設法再版，但被作者婉拒。

二〇一二年七月，三聯舉辦八十週年店慶活動，邀請一些重點作者來北京參加慶祝大會，陸鍵東也在被邀之列。利用相聚的機會，此時已是副總編的責任編輯潘振平再一次對陸鍵東表達了想要重印這本書的願望，陸這次反應比較積極，表示可以考慮一下。

此時老編輯孫曉林對我說，陸鍵東可能還有心結未解，希望我見見他，請他吃頓飯，與他懇談一次，瞭解他的想法。我同意了，就在三聯書店樓下的潤揚飯莊，我和他第一次會面。

談話中，我發現陸鍵東是一個極為誠懇踏實的學者，他不同意修改《陳寅恪的最後二十年》並非由於性格固執，而只是因為嚴謹認真。在他看來，這部著作表達了他多年的成熟思考，是絕不可以因為修改而傷筋動骨的。而且，如果修改中刪去了一些重要內容，等於是他承認他自己的寫作違背了歷史的真實，那樣他將無法面對讀者。我對他解釋，事情或許不像他想像得那樣嚴重。這本書的修改，若要規避官司，可能並不困難，極小的改動就能解決。陸問我如何操作，我答應為他請教律師。

這時陸鍵東告訴我，這本書其實一直有人盯着，找他的民營書商很多。有一位知名的書商對他說：「三聯怕事，我們不怕，你不用修改，把版權給我，我立刻給你十五萬元。」但是他現在根本顧不上考慮重版這本書，他腦子裏想的只是他剛剛完成的另一部書稿如何定稿，那本書題目是《歷史的憂傷：一個人與一個時代的痛史》，他已經花費了十幾年的心血，但是現在有兩家出版社都認為，書稿中有敏感內容需要做技術處理，要他大刪大砍。這把他弄得焦慮不堪，成了他的一塊心病。心病不除，其他事無從談起。

我的回應，先是告訴他《陳寅恪的最後二十年》不要交給書商，這本書不修改就再版，還會惹官司。這不是怕事的問題。另外請他也不要在意那位書商的承諾，如此暢銷的書，如果在三聯重印，版稅恐怕不止區區十五萬。再是談《歷史的憂傷》書稿，我告訴他，我是第一次聽說此稿，願意看看稿子。基於對陸鍵東的才學和人品的瞭解，我當即表態，對這本書，我將根據自己的一貫原則，盡量減少對書稿的文字改動。我願提供一些參考建議，爭取幫他把問題妥善解決。那天我們談得很好，從他的目光裏我能感覺到他對我的期待。

承蒙他的信任，幾天後《歷史的憂傷》書稿轉到我手裏。一翻書稿，我就知道自己遇到了一部巨作。作品寫的是中山大學教授、中國戲劇研究的著名學者董每戡先生在一九五六至一九八〇年這二十四年中的政治沉浮。董先生被錯劃為右派後沉淪底層二十年，卻仍舊埋頭著述，創造了豐富的學術財富，成為那個時代一個罕見的例子。他的個人際遇，折射了一代知識分子對祖國和事業的忠誠。

當然，董每戡先生的個人命運，也反映為時代的悲劇。陸鍵東以「一個人與一個時代的痛史」作為此書副題，可見他觀照董每戡個人命運，用的是全景視角。他為了寫出廣闊的時代背景，廣泛搜集和梳理史料，把若干當代思想史事件作為作品的一條宏觀線索，與董每戡個人經歷的微觀線索相交織，用類似電影鏡頭切換的手

《陳寅恪的最後二十年》（一九九六年版）

《陳寅恪的最後二十年》（二〇一三年修訂版）

法，並行展現小人物與大時代。

這本書稿，陸鍵東下了很深的功夫。自《陳寅恪的最後二十年》出版，直到此時，十幾年他從文壇上銷聲匿跡，原因是他把時間都花在這部書稿上。中山大學有一位老教授，在讀到他的《陳寅恪的最後二十年》以後，曾經對他說：「你一輩子，有這樣一本書已經足夠了，如果下一本著作不能超越這一本，就不值得出版。」他一直謹記此語，決心寫出自己的「超越之作」。然而，他認為最能顯示自己有所超越的地方，就在於他對當代中國思想運動史的敘述和評析，這作為董每戡個人命運的背景和襯托，可以帶來一種小中見大、大中見小的深刻。

然而兩家出版社要求他修改，都是希望他刪去一整條宏觀線索，讓他只寫董每戡個人經歷，不要觸及時代和歷史方面的大問題。這不符合他的初衷，也無法讓他實現「超越自己」，他自然糾結。

其實在我看來，哪怕是做政治評估，關鍵也是要看作品的基調。這部作品，它的基調是昂然向上的，宏觀和微觀的兩條線索，一是寫執政黨從犯錯誤到糾正錯誤的過程，令人清醒；二是寫董每戡堅強不屈的人格，特別是陷入逆境後與命運的抗爭，令人感佩。這兩條線索的輝映，釋放的是正能量。

我想，董每戡先生作為右派是歷史的錯誤，責任不在他。而他身處惡劣的生活環境，窮困而不潦倒，始終不墜青雲之志。沒有錢買紙寫文章，他竟然用街頭撿來的皺皺巴巴、長短不齊、大小不一、各式各樣的廢紙和廢棄煙盒拼湊起來的稿紙，寫成了厚重的戲劇學著作。他送交出版社的稿件，被編輯稱之為「百衲衣」。這樣強大的人格力量，這樣感人的故事，我們怎麼能不加以宣揚呢？這本書三聯應該出版。

當然，書稿中那條描述當代思想運動的宏觀線索，與董每戡的命運的呼應，時有遊離的情況，而涉及的問題在當前的輿論環境下卻不便過多討論。這正是一些編輯希望他刪去整條線索的原因。針對此種情況，我先後讀了兩遍書稿。第一遍是確定原則，我的建議是保留書稿的整體格局，而刪減處理其中具體的帶有敏感性的論述。我歸納出了幾種類型的問題，分別舉例說明，並提出刪改建議，徵得陸鍵東同意並請他做了一遍修改。此後，我第二遍審稿，一共在稿子裏面加了二十三個紙條，涉及的問題以細節為主。我最後建議他在副標題中避開「時代的痛史」這個刺激性概念，而以「董每戡的最後二十四年」為副題，既較為穩妥，又正好可以和《陳寅恪的最後二十年》相呼應。陸鍵東對我的處理建議全數接受，於是作品定稿便順利完成。對於我的做法，陸鍵東甚為滿意，他稱我為「解人」，非常感謝我對他精神成果的尊重。但因為當時我已屆退休年齡，他還是有些擔心，會不會仍然出不了書？我承諾說，這本書請他放心，我會負責到底。

與此同時，我請教了兩位深通民法和著作權法的律師，詢問《陳寅恪的最後二十年》應該如何修改。兩人的回答和我的預想完全一致，他們說侵犯名譽權是因為書中點了那位黨委書記的名字。修改時只要刪去他的真名實姓，就說有一位黨委書記如何如何，並不涉及名譽權的問題。我把這個諮詢結果告訴陸鍵東，他如釋重負，馬上答應對《陳寅恪的最後二十年》再做一次修訂，加入一些新發現的史料和新的學術研究成果，在三聯重新出一個修訂版。

二〇一三年六月，修訂版《陳寅恪的最後二十年》由孫曉林擔任責編，副編輯潘振平親自斟酌處理了涉及名譽權糾紛的細節，得到作者認可。此書在三聯出版，再一次引起轟動，不僅短時間內就發行十萬冊以上，而且還進入了當年媒體評定的幾種好書榜。

至於《歷史的憂傷》，出版運作也按計劃進行，但卻費盡周折。根據相關規定，這本書因為涉及解放後的多次思想政治運動，是需要送審的。我們做完技術處理，認為已經不存在什麼政治問題了，便送書稿到一個上級主審部門。陸鍵東聽到消息後非常糾結，擔心不能獲得批准，使一切前功盡棄，希望我想想辦法，於是我直接找了主審部門一位朋友，他曾是該部門的負責人，我請他安排加快審定書稿。他很關照，親自審了稿子，寫了同意出版的意見。但是因為此時他已退休，不能親自簽批，書稿被轉到某個職能部門去辦理批件和蓋章手續，卻從此長時間沒有下文。後來我經多方打聽得知，原來是主審稿部門又有其他專家加入審稿，且有不同意見，有人主張出版，有人主張「放一放」，於是此稿成了「死檔」。

這時已是二〇一五年底。眼看出版遙遙無期，陸鍵東先生問我怎麼辦？我當然也很無奈。此事不由我們做主，何況此時我已退休。但是，考慮到我對作者的承諾，這本書我一定要安排好出版事宜，否則我於心不安。畢竟，他是在我同意接受《歷史的憂傷》出版之後，才答應在三聯重新出版《陳寅恪的最後二十年》的。我不能言而無信，否則有欺人之嫌。於是我為他聯絡在香港出書。可是，問了幾家香港老牌出版社，均未獲響應，好貨竟然無人識，讓我頗感受挫。當然原因肯定在於市場方面——董每戡不像陳寅恪，他的知名度不夠，港人不瞭解他。儘管我一再介紹說，作者是大手筆，書則是不可多得，出版機會不可錯過，但仍然沒有喚起他們的興趣。

無奈之下，我找到前幾年新成立的中資出版機構香港中和出版社，聯繫他們的總經理陳翠玲女士，把書稿拜託給她。陳翠玲過去曾與我在香港三聯長期合作，算是搭檔，後來她也曾擔任過香港三聯書店的總編輯。她有眼光，也有膽魄，見到好書有激情，敢嘗試，中和出版社在她的經營下，幾年功夫就成了新品牌，被一些人認為是香港的第二個三聯

《歷史的憂傷：董每戡的最後二十四年》

書店。儘管，接到這部書稿，她第一時間也說，這本書在香港可能讀者不多，她需要論證一下。但是，當她閱讀書稿以後，特別是當她和陸鍵東見面之後，既被董每戡的崇高人格感動，也被陸鍵東的執着治學精神感染，她看到這部作品是作者繼「《陳寅恪的最後二十年》之後磨礪十八年的又一力作」，是「反映二十世紀中國知識分子命運的扛鼎之作」，最終決定在香港市場推出這本《歷史的憂傷：董每戡的最後二十四年》，使它以雅致、莊重、大方、精美的面貌出現在讀者面前。

這個結果雖然並不可稱為圓滿，但是總算差強人意。對陸鍵東先生是了卻了一個多年的心願，對我則是履行了一份沉重的責任。

# 十六、王鼎鈞先生和他的《回憶錄四部曲》

二〇一二年春節前夕，三聯的編輯饒淑榮來找我，說她想出版王鼎鈞（人稱「鼎公」）的書。

我的第一反應，是我二十年前在人文社曾考慮出版他的那幾本書，後來已經有出版社零星地出過了。

但饒淑榮問我：「你知道他有《回憶錄四部曲》嗎？」

「有四部？」這一下把我問住了，我竟然孤陋寡聞，不知此事。我清楚記得，自己收藏的《王鼎鈞作品系列》十八本中，只有兩本回憶錄，講的是他青少年時代的事情。

饒淑榮告訴我，現在這套回憶錄已經出齊了四卷本，完整地敘述了他的大半生，一直寫到他在台灣的經歷，故事很獨特，史料極豐富。歷史學家高華還特地寫文章推薦了第四卷《文學江湖》。

「是嗎?!」我立刻意識到，我們的機會來了。

饒淑榮建議，我們先出版《回憶錄四部曲》，然後可以推出《王鼎鈞作品系列》，把他的散文作品一網打盡。

其實，出版《王鼎鈞作品系列》是我一直以來的想法，只是一直找不到一個緣由，一個切入點。

於是我們一拍即合。

然而，饒淑榮告訴我，《回憶錄四部曲》的版權競爭非常激烈。她已經給鼎公寫過一封信，但是鼎公回覆說，中華版權代理總公司聯繫的另外兩三家出版社正在競標，請她也向這間版權中介公司報價。她說，現在是要拍板定案的時候了，恐怕需要領導出面。

我覺得，大家都到版權中介公司去競爭，靠報價定輸贏，三聯顯不出什麼優勢，但我們應該有很多理由可以說服作者。於是我決定直接給鼎公寫信。

我致鼎公的第一封信，回顧了我和他此前的二十年書緣，告訴他雖然陰差陽錯，未能落實原先的出版策劃，但是我一直對他保持關注與期待。希望他現在可以給我一個合作的機會，讓我實現一大心願。

幾乎當天就收到鼎公熱情洋溢的電郵。他信裏說：

謝謝您長期的關注。今年是龍年，三聯是作家的龍門，接到您的信，覺得是真龍入室了。……您提到兩次想為我出書，那些年，這些事都委託了台北的朋友，慢待三聯了。如果我還記得這番因緣，怎會還去委託第三者？

但是他說，既然已經委託了版權中介公司，「最好讓它辦下去」。又解釋說：「誰能跟三聯爭長爭短呢？相信此事會依照您的意願發展。」

從來信的口氣，我們感覺到鼎公的合作意向呼之欲出。然而，鼎公自有他的糾結。信的末尾，他說：

不瞞您說，四部回憶錄的內容或文句諸多不宜，如何刪修，涉及弟之文格，弟不免有些執著，是以遲遲至今。這才是未來最大的變數。

無論如何，我會永遠記得您的美意。

這意思，是要看我們如何處理他的書稿，再做決定。

但這個問題怎樣回答，先要研究書稿中的問題。

於是我四處聯繫北京的港台文學專家，想借閱《回憶錄四部曲》的第三、四部。然而無果，這兩本是新書，大家都沒有見到。只得寫信報告鼎公，請台灣爾雅出版社速速寄來樣書。

讀過《關山奪路》和《文學江湖》的樣書，我才明白，為什麼多家出版社都參與競爭這套回憶錄的版權，鼎公的作品太令人震撼了！

這部作品雖是個人回憶，卻有着時代史詩的氣象和格局。正像鼎公自己說的：「我要用這四本書顯示我那一代中國人的因果糾結，生死流轉。」他用一支冷靜的筆，寫出了一個大動盪、大分化時代的人間世相和他自己的一生滄桑。

《回憶錄四部曲》

至於鼎公說的「內容或文句諸多不宜」，我想他指的是作品反映抗戰後的國共內戰以及台灣「戡亂戒嚴」的白色恐怖，題材有些敏感，記述自然就會有所「不宜」。不過，以寫法而論，正像鼎公本人說的：「我的興趣是敘述事實，由讀者自己產生意見，如果讀者們見仁見智，如果讀者們橫看成嶺側成峰，我也很高興。」他秉持這樣的超脫的態度，作品的立場顯然會比較客觀，在黨派問題上並無特別偏激的褒貶，所以，我認為對這部書稿的「不宜」做技術處理，應該不很困難。

這樣的好書很難得。我聯想到類似的題材，相近的寫法，三聯不久前出版過齊邦媛的《巨流河》，極受好評，同時獲得了二〇一一年新浪網和深圳讀書月評選的「十大好書」第一名。相比之下，鼎公這部作品，內涵更豐富，故事更曲折，特別是作者對社會動盪和變革中的人生百態、世態炎涼的認識更富有洞見。王德威教授曾以「如此悲傷，如此愉悅，如此獨特」來評價《巨流河》，我以為，套用這個句式，我們一定要說鼎公的《回憶錄四部曲》是「如此冷峻，如此豁達，如此圓熟」，因而是「如此老辣」。

評估給了我們更多信心。我立即向版權中介公司報價：首印兩萬套。

起初，我以為這個報價不低，因為畢竟是四本書一起出，等於要印八萬冊。

誰想到，中介公司告訴我們，另有一家老字號的品牌出版社，和我們報價相同。

於是鼎公猶豫起來。他說他不想放棄三聯，但是那一家品牌出版社也是他多年來非常欣賞的。他給我寫信，建議兩家聯合出版。如果做不到，他就只好看天意了。他給版權代理公司的信是這樣寫的：

趙總您好！

來信敬悉。XXXX 既提出相等的條件，理應一同擺上檯面。請把 XXXX、三聯書店兩家的報價單傳給我（由您傳來的三聯報價單我並未收到）。如果條件相同，我在紐約抽籤決定。抽籤時邀請華文文壇重要人物三人到場監看簽名作證，並將文件立即傳來中華版權公司。

鼎拜

他說紐約有一座廟，現在正好在過年期間，反正大家都是要去廟裏的，抽籤很方便。

我有些着急，生怕這抽籤已成事實。於是連忙寫信，向鼎公痛陳三聯一定要出版他作品的理由。

鼎公：

上週收到爾雅寄來的回憶錄三、四兩冊。這些天大家一直在忙着傳閱您的作品，討論、研究、策劃和論證出版您的系列作品事宜，因為這對三聯來說也是一件大事，故費時較多，讓您久等了，很抱歉。

記得您曾有一信建議回憶錄四冊由三聯書店和XXXX聯合出版。我們能體諒您的心情，但此做法不合中國內地出版慣例和管理規定，難以操作，所以只能請您在三聯和XXXX之間做出選擇。我在第一次給您寫信時說，「三聯願意按照遊戲規則參與競爭」，指的就是這個意思。而在我看來，即使是站在純客觀的立場上看，您的著作也顯然更適合在三聯出版。XXXX固然是很好的出版品牌，但它的優勢在古籍整理和古代文化研究方面，出版現代作家的回憶錄和散文隨筆，從來不為它所擅長，它在這類圖書出版方面並沒有形成過品牌優勢，但三聯書店在學術出版之外，恰恰在這一類圖書出版方面品牌影響力很強。另外，更重要的是，三聯着眼的不是一套書，要出版的也不僅僅是回憶錄，我們所考慮的是要向中國內地讀者介紹一位海外華人著名作家，一位大師級的作者。所以我們做的是《王鼎鈞作品系列》的策劃，回憶錄只是其中一部分內容。我們希望讀者能夠從各個角度、各個方面、各種文體中全面地接觸您的作品，從而給您和您的作品一個應有的文壇定位——因為在我們看來，過去幾十年中，至少在中國大陸，您是一位被忽視的大作家，沒有得到公正的評價。我們覺得，只有這樣的出版策劃，才與您的地位相稱，也才值得您做出選擇。希望您能瞭解三聯在選擇出版作品系列方面，是非常慎重和嚴格的，過去在三聯出版過作品系列的作者，都是大師級和一流的學者和作家，其中包括錢鍾書、陳寅恪、錢穆、黃仁宇、余英時、李澤厚、高陽、金庸、曹聚仁、馮友蘭、徐鑄成等，所出版的系列著作收錄了他們最重要的著作。如果您的回憶錄不在三聯出版，那麼三聯只能出版您的散文系列，這樣您在文壇的定位會有明顯不同——僅僅被定義為一位散文名家，那顯然是非常令人遺憾的。

附件寄上饒淑榮的策劃方案和《關山奪路》一書的難點分析。策劃不是饒淑榮一個人做的，她所在的三聯學術出版分社社長舒煒參與了論證並提供了許多重要意見。三聯書店總經理樊希安和作為總編輯的我都非常支持他們的策劃。當然這些策劃還是初步意向，在這裏提出也是為了徵求您本人的意見和建議。或許將來還需要對出版次序和選目作進一步的調整。《關山奪路》需要做一些技術處理以解決「敏感問題」，想能諒解。需要說明的是，三聯在這方面會充分尊重作者意見，一是只刪不改，二是能小動則不大動。相信在處理這類問題方面，三聯的操作經驗比一般出版社豐富，承擔政治風險的能力也略強，因而可將保全原書內容的尺度放得更寬些。

請鼎公酌。請鼎公下決心。

順頌文安

三聯書店總編輯

李昕　敬上

二月十日

這封信發出兩天後，鼎公回信，同意與三聯合作。編輯部眾人雀躍起來。有人說我這封信寫得好，把它拿去給青年編輯傳閱，但我心裏明白，信的好壞並不重要，歸根到底鼎公看中的是三聯的品牌和誠意。

不過，洽談雖然是在競爭中完成，但真正建立合作，鼎公對三聯是極為友善和謙讓的。看到三聯提出包含二十三本書的《王鼎鈞作品系列》出版策劃，他十分體諒地回覆說，把這些作品全部包下來，出版風險太高。

不如首先精選十六種，其餘的將來慢慢再說。

我們當然樂於接受鼎公的建議。於是雙方很快確定作品系列的書單，並簽訂了出版合約。

編輯工作中，我發現，《回憶錄四部曲》出版的難點，在第三冊《關山奪路》。這本書集中反映鼎公在國共內戰時期長途奔波的曲折和坎坷。他身為國民黨軍士兵，歷經遼沈、平津兩大戰役；一九四九年，他在天津被解放軍俘虜，經歷俘虜營訓練，穿着解放軍服，又徒步行走膠濟鐵路全線至青島，最終從上海遠走台灣……一路上，各種危機、衝突頻發，各種艱難、意外互相糾纏，一個個場景震人心魄。作者將這四年的磨難完整記錄並使之昇華為一部超越政治、階級、個人得失恩怨的獨特回憶。他說：「國共好比兩座山，我好比一條小河，關山奪路，曲曲折折走出來，這就是精彩的人生。」

儘管作者寫作態度相當客觀，但由於題材的原因，仍有「諸多不宜」，主要集中在對內戰時期的學潮、左翼文學、長春圍城、山東土改等歷史事件的評論方面，我們當時估計，經過小幅度的刪、極其個別的改，完全可以解決問題，全書二十四萬字，涉及需要斟酌處理的地方，不超過百分之三。這些，我們在向鼎公詳細報告時，分五種情況向他舉例，包括「整段刪」、「整句刪」、「半句刪」、「個別字刪」和「改動個別字」等。

鼎公十分愛惜羽毛。他讀到三聯編輯部關於《關山奪路》的難點分析，立即回覆一信，清晰表達自己對於刪改問題的看法。

他首先提出：

以「只刪不改，只減不增」八字為總綱。倘因刪一字而使全句不通，則全句刪，倘因刪一句而使全段不明，則全段刪。

這個原則表明，他非常重視兩點：一是準確表達原意，二是文字的通順流暢，尤為擔心書稿改動後篡改了原意或出現語句不通的現象。

然後，他對我們列舉的五種刪節情況一一回應，並且具體舉例加以說明，就像中學老師在給學生講解語法課。

接下來他給我寫信，擔心青年編輯不熟悉歷史，囑我一定要關照這本書的編輯修改。我請他放心，承諾我會親自參加修改定稿。

後來編輯工作十分順利，責任編輯饒淑榮將需要刪改的問題在書稿中一一標出，和我商量後確定如何處理，然後再用電郵徵求鼎公意見。鼎公非常大氣，基本上全盤接受了我們的修改建議。

需要說明，合作順利並非由於我們的見解高明，而是因為鼎公的通達明理。過去幾十年處身在國民黨戒嚴時期的生活經驗，使他有一種超凡的悟性，對自己作品有哪些「不宜」一清二楚。他在回應我們如何刪節的問題時，已明確表示書中需刪改的大約有「一百來處」，並自己舉出大量實例。因此，我們其實是根據鼎公的意圖進行刪改，怎麼會不順利？原以為需要費盡心力去說服作者，一直擔心在溝通中發生問題，很有幾分惴惴不安，但事實證明，這一切都是多餘的。老實說，我做編輯幾十年，處理過無數類似書稿，《關山奪路》的問題算是複雜的，但是處理得卻相對簡單，原因在於作者的不同。

《回憶錄四部曲》出版後，鼎公很興奮，他對我們的工作是滿意的。曾對記者說：

我的書是用中文寫的，當然要把它送到中國人最多的地方去出。這一次三聯書店出版我的文集，對我來說是一個非常大的鼓舞。我的書找到了最好的歸宿。

至於《關山奪路》的刪改，有記者提到，歷史學家章立凡說，這本書他讀過繁體字版，也讀過簡體字版，沒有覺得有什麼不同。問鼎公，對簡體字版所做的文字處理怎麼看？鼎公這樣評價三聯的編輯：

刪稿也是藝術，編輯台上，他不是刀斧手，是化學家，減一字，刪一句，顯山露水。他面對讀者擔當責任，也尊重作者「知的權利」，得失寸心，我深慶付託得人。

把功勞歸於三聯的編輯，這是鼎公的精神境界，也是他的談話藝術。其實真正的「化學家」在幕後，是鼎公自己。

話說回頭。

當初三聯和鼎公簽訂協議，《回憶錄四部曲》八個月內出書，首印兩萬套。然後陸續出版散文四種、《人生四書》、《作文四書》，共十六冊。

以回憶錄的出版開局，市場反應如何，令人關

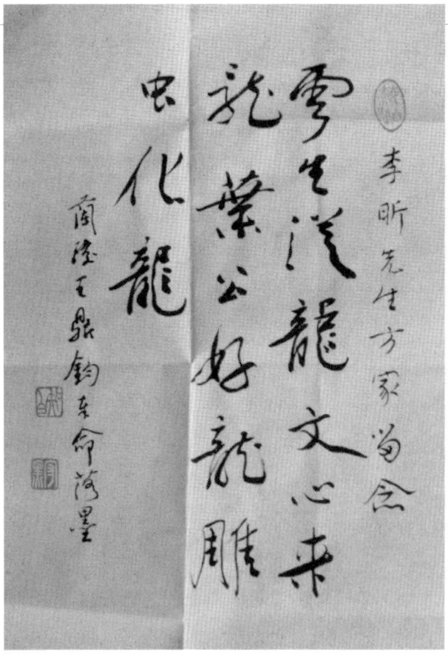


王鼎鈞先生贈作者的墨寶

切。誰都知道，凡系列書第一炮必須打響，否則後面就難辦了。

二〇一三年一月，在北京圖書訂貨會上，《回憶錄四部曲》正式亮相。三聯的展廳前熙熙攘攘，人頭攢動。那是因為三聯的展台正中，有特別吸引眼球的大暢銷書《鄧小平時代》。我在展台旁，一個勁把讀者往邊上引，讓他們看看鼎公的書。說真的，我有些擔心在這樣的氛圍下鼎公被忽視。

出書半個多月，首輪發貨差不多結束。我急忙向發行部負責人打聽，鼎公的書發得怎樣？答覆很令人失望，只發出六千套，佔總印數的百分之三十。

做出版的人都懂得，這個發貨率太低了。一般來說，新書首輪發貨要佔百分之六十以上，第一年發貨要佔百分之八十以上，才能令人比較放心。

我知道，此時必須大做宣傳。我想起《回憶錄四部曲》出版之前，鼎公曾經兩次邀請我為這套書作序，而我覺得在文學大家面前，晚輩不可造次，未敢應允，改而承諾出版後撰文推薦。現在，該兌現前言了。

當天晚上我回到家裏，直抒胸臆，一揮而就，只用了兩個小時，寫成一篇〈你一定要讀王鼎鈞〉。文中我隆重推薦《回憶錄四部曲》「博大而豐富，厚重而深沉」，是「二十世紀一代中國人曲折坎坷的人生經歷的縮影」。同時借用楊照、齊邦媛和高華三人的評語，表達了對此書的讚賞。告訴讀者，這是一套不可多得更不可錯過的好書。關於散文，我還談到：

> 鼎公的散文，文筆極佳。抒真情，寫真意，妙語連珠，信手拈來。有詩情，有哲理，篇篇美文，章章精品。我以為，這樣的散文不是刻意寫出來的，而是從心底裏自然而然地流出來的，來自於一種人生境界。

我評價說，鼎公的散文是台灣「崛起的山樑」：

那種圓熟、老到，那種融會貫通，那種爐火純青的功力，不僅在台灣，而且在中國大陸的現當代文學史上，能與他相提並論的恐怕不多。

文章最後，我說：

喜歡散文的讀者，若想領略舉重若輕的大家氣象和行雲流水的大家風範，我想對他們說：「你一定要讀王鼎鈞。」

這篇文章並未在報刊發表，我只是把它放在自己的博客裏面，然後囑咐《三聯生活週刊》的官方微博轉發。不出意料的是轉載頻頻，點擊不斷，此文成為熱帖，幾天之內，竟有一千多條轉發和留言。

在這之後，三聯書店又和鳳凰網讀書頻道聯合舉辦了讀書會，邀請中國人民大學教授張鳴、北京大學教授王奇生、歷史學者章立凡和文化評論家十年砍柴座談討論《回憶錄四部曲》。從此，媒體關於本書的報導漸漸多起來，它開始成為一個輿論焦點。

鼎公在大洋彼岸聞訊，也襄助一臂之力。為了推介新書，先後有十幾家海內外媒體對他進行專訪，包括影響力極大的《三聯生活週刊》。鼎公年高，聽力減退，不便電話答疑，便請記者寫下問題，由他書面回覆。後來，這些訪談文章竟然集成厚厚一冊，以《東鳴西應記》為書名出版。

在這樣的輿論影響下，《回憶錄四部曲》的訂數開始攀升。兩年內銷售超過五萬冊，此後一直常印常銷。在中國大陸，我大概是最早高調宣傳鼎公的人之一。我那篇〈你一定要讀王鼎鈞〉，話說得很滿。事後自己曾經有過擔心，怕被譏之為「王婆賣瓜」。然而，其後的反應讓我十分欣慰。不僅讀者並未質疑，而且很多專家與我頗有同感。

更讓我開心的是，文壇之外，讀者有慧眼，輿論很公正。首先是《看歷史》雜誌舉辦二〇一三年好書評獎，將唯一的「致敬作者」大獎授予鼎公，既而國內多家媒體紛紛將《回憶錄四部曲》入選「十大好書」書單。有心人曾統計，鼎公在當年反覆獲獎十餘次，儼然成了明星。

# 十七、《鄧小平時代》的出版前後

我在北京三聯書店九年間參與策劃的圖書數百種，其中最重要的是《鄧小平時代》。

前面談到丁玲講過「一本書主義」，強調作家一生要留下一本傳世之作。編輯比作家幸運，他們在工作中遇到傳世之作的機會多些。而我是其中最幸運者之一，僅僅在二〇一〇年以後的幾年，我經手的就有齊邦媛的《巨流河》，陸鍵東的《陳寅恪的最後二十年》（修訂版）、《歷史的憂傷》，王鼎鈞的《回憶錄四部曲》，特別是傅高義的《鄧小平時代》。

不過，一本書的出版，通常是多人合作的成果。《鄧小平時代》的選題並不是我發現的。三聯的兩位嗅覺靈敏的編輯葉彤和舒煒，都早早就讀到這本書的英文版。最初是葉彤拿着英文版來找我商談出版事宜的。我原來對傅高義先生就有所瞭解，在進一步瞭解了這本書的基本內容、主要觀點和英美學術界的反應以後，決定支持它的出版，親自參與洽談版權和整個編輯出版和發行的過程。

《鄧小平時代》

這本書是我一生經手的圖書中出版難度最大的一本，當然也是影響最大的一本。說是難度大，表現在三個方面：一是爭奪版權不易，二是審讀定稿過程艱辛，三是行銷推廣壓力大。每個方面，都有關鍵步驟，可以說，走錯一步，結果將是另一個樣子。

我們拿到《鄧小平時代》的版權，是經過三輪競爭的。中國大陸參與競爭版權的出版社多至三十家，這可能在當代出版史上是破紀錄的事。傅高義先生將這本書的中國內地版權委託給香港中文大學出版社，由社長甘琦女士（詩人北島的夫人）總負責。我們為了爭奪版權，在店裏組成一個三人團隊，由我牽頭，總編助理舒煒和資深編輯葉彤參加。不過投標時已經很晚，而且在不明其他對手條件的情況下，我們最初的報價偏低，只報了首印三十萬冊，這在參與競爭的出版社裏面，我們不佔優勢。但是我們三人團隊分析了傅高義先生的心理，覺得他一定不是很在意報酬（版稅）高低，他讓各家出版社競標，無非是要看誰有能力處理好編輯中的複雜問題。所以我們放棄了以一味抬高首印數參與競爭的做法，改而和他討論這本書的出版策略。

這策略具體來說是這樣的：因為本書的內容涉及國家領導人，首先有一個適宜不適宜出版的問題。書稿肯定要按規定送審，上級機關的審稿專家如果認為適宜出版，他們審定書稿時，會對書稿中一些不適宜公開的內容做刪節，如果刪削過多，將會影響書的銷量，所以舒煒提了一個建議，就是報價要視刪節的情況而定。刪去太多內容，首印數只能是三十萬，如果刪的不很多，就印四十萬，如果刪得很少，可以印五十萬。這叫做「上中下三策」。當然如何刪節，我們不可預知，只能揣摩。要想贏得「上策」首印五十萬，我們首先要對作者表態，就是想盡辦法維護他的學術成果，能不刪就不刪，能少刪則不多刪。為了確保能被上級機關批准出版並盡量少刪，我認為需要提前做些工作，比如為了避免引起審稿專家誤判，我們需要先將書中明顯「不宜」的內容（例如一些無法證實的「內幕」史料）進行刪節後，提前通過朋友關係找審稿專家預審一遍，爭取最大限度地保留書稿中的內容，同時又能確保在正式送審時順利獲得通過，等等。

這個策劃報告，是我利用二〇一二年元旦假期寫的，共七千字，後來葉彤增加了一個附錄，補充了一些實例，共一萬字。其實算是很簡短的報告，因為後來甘琦曾經告訴我，有的出版社寫出的策劃報告列印出四十多頁A4紙。但傅高義先生認為我們集中討論和回答了他所最為關心的書稿審讀和刪改問題，做了一些有說服力的預測，並提供了解決問題的策略，許多話說到他心裏了，於是他內心的天秤開始向三聯書店傾斜。後來傅先生請我和葉彤專程到香港與他會面，這相當於一次面試。他很慎重其事，為此連香港特區行政長官董建華先生請他吃飯，都被他推辭掉了。他原準備用三天的時間來思考，決定與哪一家出版社合作。但是由於我們準備得充分，談話中所作的分析和判斷合乎情理，拿出的策劃方案切實可行，進一步取得了他的好感，他便直言欣賞我們的出版策略，並當場起身宣佈與三聯書店合作，和我握手。於是一切都塵埃落定。

甘琦曾經告訴我，其實很多出版社都下了功夫，抱着志在必得的心情來競爭。三十家出版社的策劃報告可謂各有千秋，各出奇謀，篇篇都精彩。如果把這些報告集中在一起，簡直可以編成一本編輯學的教科書。但是在其中，她表示，三聯書店的表現是最好的，顯示了出版社的實力和專業精神。所以最後我們拿到版權是順理成章的。

這本書的編輯定稿分兩步走，第一步，是葉彤和舒煒兩位責編到香港，和香港中文大學出版社的編輯們一起工作，解決翻譯中的技術問題，將繁體字版定稿。然後，兩位編輯回到北京，再和我一起着手解決簡體字版需要處理的政治敏感問題。關於如何刪節的原則，我在編輯工作開始之前，一邊聯繫審稿專家，一邊聯繫傅高義先生。我在上級主審部門有一位擔任負責人的朋友，他本人不但是中共黨史專家，而且也是鄧小平研究專家，曾經和傅先生有過來往。他對這本書很重視，以朋友身份提出了很多具體修改建議，這些建議，我通過六封長信轉達給傅先生，全部取得了老先生的認可。

然後就正式進入了發稿過程。我和葉彤一起研讀過兩遍書稿，直接動手進行了幾百處技術處理，並就每一處徵求作者同意。為此葉彤做得很辛苦，和傅先生通信達上百封。傅先生非常通情達理，配合了我們的工作，

作者和傅高義先生談《鄧小平時代》推廣計劃

此書得以定稿。

外人不知，此稿按規定履行送審程序，有過兩次節外生枝的麻煩。先是新聞出版總署的一個辦事人員直接把書稿打回來，說這本書中涉及不能公開的內容，不宜出版，不要送審了。當時我在倫敦參加國際書展，三聯總經理樊希安打電話告知情況，要我趕快去面見署領導，因為主管出版業務的副署長也在倫敦書展上。我見到副署長後，解釋說主審機關的負責人，我那位朋友、研究鄧小平的專家已經看過稿子了，認為可以出版。於是副署長同意往北京打電話，安排書稿進入送審程序。這真是一場虛驚，我暗自慶幸當初將稿子給我那位朋友看過一遍。然而，書稿在主審部門又生意外。因為此書部頭大，多位專家分頭參加審稿，最終匯總時，出現許多不同意見。佔上風的意見是，這本書可以經過修改後出版，但是暫時先不要批准，放一放再定。我們知道，這所謂「放一放」，一年、兩年都說不定。樊希安非常着急，擔心夜長夢多出現變數，他想直接約主審機關的主要領導面談。我建議還是以三聯書店名義寫公函為宜，因為公函可以更為準確和穩妥地表達我們的意見。這樣我起草了一份長長的公函，介紹這本書在中國當代政治學著作中的特殊價值和作用，它的國際影響和社會反應，它在當前出版的重大意義，傅高義先生對於我們出版中文版的期待以及他對我們工作所做的配合，等等。我還講到我們曾經把這本書的校樣送給鄧小平同志的家人徵求意見，鄧樸方先生和鄧楠女士都對傅高義的研究表示首肯，並期望我們盡快出書。主審部門收到我們的公函後，重新做了研究，對書稿做了一個批覆，要求我們修改後出版。這份批件一共八頁紙，內有一百八十二條具體修改意見。我初看時嚇了一跳，但仔細看則感到非常踏實，因為每條意見都很具體，有的是刪一句話，有的是改幾個字，操作性極強，照改並不難。

難的是說服傅先生。因為他是極為嚴謹的學者，只認證據。有些地方雖然只是刪一兩句話，但他問我們為什麼刪，有什麼證據證明他的史料不準確？他依據的史料是有出處的，見於英文版什麼書，等等。我們無法說服他。他堅持說自己必須「討價還價」，不能喪失原則。對這一百八十二條需要刪改的內容，他指出大部分可以改，但有四十四條不能動。我知道如果這樣的分歧無法解決，意味着作者和主審部門角力起來了，結果可能是不能出書。於是我找甘琦女士幫忙，希望她從中斡旋。甘琦的情商極高，善於溝通，傅高義對她印象特別好，信任有加。畢竟她對大陸的輿情管理比較熟悉，又在美國留學多年，對這方面事情的理解力特別強。由她出面，問題果然迎刃而解。她給當時在世界各地旅行中的傅先生多次打越洋電話，一通電話就是一兩個小時，總算說服了傅先生又接受了二十六條修改意見。剩下十八條，甘琦要我回饋給主審機關進行協商。主審機關的專家對此做了研究，考慮到傅先生已經接受了百分之九十以上的修改，網開一面，同意其中十六條可以不再動了。只有兩條，他們認為是嚴重與事實不符，他們手裏有確切的史料證據，證明傅先生寫得不準確。所以要求這兩條必須改過來。主審機關領導把我找去，說是為了避免重複送審，這次可以直接給我們「同意出版」的批件，但是要我以三聯書店總編輯的名義保證，一定要說服傅高義先生改好最後兩條。這樣我請葉彤和傅先生溝通，無論如何都要找到新的表達方法，讓雙方都能接受，這大概用去了三天時間，雙方來回通了多個電郵，才算把問題解決。

一直到這時，我心中的一塊石頭才算落地。其實我們出版這本書，擔了很高的風險，無論是在經濟上，還是其他方面，原因有三：首先是簽合同，要預付版稅，這版稅傅先生拿到後就要捐出去做慈善。如果我們不能出書，總不能讓傅先生把預付的版稅退回來。其次是當年一月，中國出版集團召開年度選題會，我把這本書作為三聯重點書進行匯報，才講到一半，集團總裁譚躍就打斷我的話，說：「這本書咱們志在必得，不惜一切代價，你要把它拿下。」接着，集團把這本書匯報到中宣部，也列為集團迎接中共十八大的重點出版項目（當時計劃在十八大前出版，但主審機關批件下達在十八大召開之後）。如果最終出不了書，我們的責任也很大。第三條是一個更難控制的變數，就是傅先生在和我們簽訂合同時，特別要求寫上一條，如果他不同意我們提出的刪改意見，可以隨時放棄出版。這讓我在整個編輯過程中，一直心懷忐忑，生怕傅先生因為與我們意見不合而拒絕出書。不過，我們也是看人押寶。我們堅信傅高義先生是一位忠厚長者，品格高尚，為人正派善良。我們相信他看到了我們艱辛的努力和付出，便不會讓我們的心血付之東流。果然，儘管有許多不同意見在交流和討論，我們與作者的合作始終友好而愉快，最終達成了雙方都能接受的結果，算是功德圓滿。經過了整整一年的編輯製作，這本巨作在二〇一三年一月隆重出版，此時正值鄧小平發表南方講話二十一週年，我們借此機會大大地進行了宣傳。

《鄧小平時代》一書篇幅達六十多萬字，平裝定價八十八元，精裝定價一百二十八元，首印五十萬冊。我說它的行銷壓力大，因為它不是一般的流行讀物，甚至不能算是人物傳記，而是一本嚴肅的學術著作。因為題材的社會關注度高，書的可讀性強，我們認定這本書會比較暢銷，但是在出版之前，誰也不敢說它能夠銷售五十萬冊，畢竟市場上少有同類書暢銷的先例。風險是現實的，大家都早已認識到，但是當初不按首印五十萬報價（即所謂「上策」），我們也得不到版權。為此只能橫下一條心。三聯書店從沒有接受過這樣的重磅暢銷書，這一次店領導班子決心嘗試採用暢銷書特有的出版運作模式，「舉全店之力」共襄盛舉。店裏成立領導小組，由總經理樊希安和作為總編輯的我共同擔任組長，所有領導班子成員和所有相關業務部門的負責人都擔任組員，便於及時協調聯絡。我們在出書前對各大書店舉辦吹風會，制定多項優惠和獎勵政策，使五十萬本新書立即被訂購一空。隨即我們又加印了三十萬冊，連同精裝書八萬冊，總印數達到八十八萬。為了幫助書店銷售，我們又安排兩輪促銷活動，推廣部和發行部安排傅高義先生在北京、上海、廣州、深圳、海口等十個城市巡迴演講、簽名售書。傅先生巡講，兩輪共計四十多天，不僅責任編輯葉彤全程跟隨，而且樊希安和我也輪流陪同。我本人還多次接受各種媒體的採訪，給這本書大作宣傳。發行部還在書店裏策劃了多種形式的活動，比如舉辦《鄧小平時代》在書店的擺放創意評比，請傅先生給獲獎書店頒發獎金。結果此書銷售一路十分順利，一年時間，八十八萬冊圖書銷售一空，且沒有壞賬，到現在，已經銷售了一百三十多萬冊。同時，這本書還是二〇一三年中國所有圖書中獲獎次數最多的，總數達十六次。

行銷中非常關鍵的一步，是樊希安總經理堅持要在主流媒體，也即新華社、中央電視台、《人民日報》、《光明日報》做宣傳。他親自到這幾家主流媒體去洽談新書推廣。但是因為《人民日報》等大報有規定，宣傳有關鄧小平的書，需要得到中宣部或者中央的鄧小平辦公室的批准。但是此書剛剛出版，中宣部還沒有人看過書，不可能給出批件。於是我聯繫小平同志的女兒鄧楠女士，希望「鄧辦」開一個證明，但是鄧楠回覆我，她是同意宣傳的，不過她父親已經去世多年，「鄧辦」早就取消了。無奈之下，樊希安問《人民日報》和《光明日報》，我們刊登廣告行不行？對方說，廣告是商業行為，可以登。計算一下，兩家的整版彩色廣告，費用加起來三十四萬元。誰都知道，出版是微利行業，為一本書花費這樣多廣告費，以前不但三聯，而且其他出版社也沒有這樣的先例。但是我們下決心做了這兩版廣告，就在新書發佈會舉行的當天刊出，讓天下人皆知，三聯出版了一本重磅學術著作。就像我們預想的一樣，廣告一出，立刻引起全國各類媒體關注，宣傳報導頓時形成熱潮。新華社接連發了十一篇通稿，中央電視台立刻跟進，《新聞1+1》和《面對面》連續做了兩期節目，每期半個小時，採訪傅高義先生，介紹這本新書。此後這本書的熱銷勢頭便一發而不可收。

儘管我說過，《鄧小平時代》對於我是人生中最重要的一本書。但是必須說明，它的出版發行成功，是集體智慧的成果。據統計，參加到這個項目中的出版社同事（包括對此書的編輯、出版、設計、製作、發行、

劉延東副總理為《鄧小平時代》頒獎，作者代表傅高義先生領獎

傅高義先生展示《鄧小平時代》文化衫

宣傳、市場推廣做出過貢獻者），總共達到六十三人。這個項目出現在三聯，它向社會證明了兩點：第一，三聯書店有能力按照現代出版方式運作暢銷書；第二，三聯書店仍然保持自己的現實關懷和人文關懷，仍然在通過自己的出版物探索中國的改革發展道路。

同時我還想說，一本有影響力的著作，可以對出版社的圖書選題產生帶動效應。

事實上，《鄧小平時代》出版以後，很快便有同類的選題被吸引到「三聯」，短時間內，我收到好幾本研究中國改革問題的書稿。吳敬璉先生也將他的《重啟改革議程：中國經濟改革二十講》、《直面大轉型時代：吳敬璉談全面深化改革》交給我們出版。有些學者因此而對三聯改變印象。例如王蒙先生不久前寫過時政類的著作《中國天機》，我曾經問他：「這本書為什麼沒有給我們出版？」他反問我：「你們三聯出版這類書嗎？」但是在《鄧小平時代》出版之後，他打電話給我，主動推薦于幼軍的時政類著作《求索民主政治：玉淵潭書房札記》給三聯書店，說這本書可以和《鄧小平時代》配套。就連星雲法師要出版自己的回憶錄《百年佛緣》，也讓助手聯繫三聯書店。因為台灣版的《鄧小平時代》請他作序，他由此關注到三聯，願意與之合作。所以說，《鄧小平時代》的出版不僅是創造了社會效益和經濟效益，它為三聯帶來的品牌影響力也不可低估。

# 十八、生活書店的重生

當二〇〇九年我們為大眾文化讀物的出版正名以後，我們心中也並非沒有糾結。畢竟從一九八六年恢復獨立建制以來，三聯書店作為中國知識分子的精神家園，形成了自己出書的品位和風格。三聯講求出版品質，有所為，有所不為，歷來有章法可循。我們拓寬思路，出版大眾讀物，雖然是成板塊地發展，不打亂仗，但這終究是在三聯原有出版路向、出版範圍方面做加法，這一類的書多了，容易令選題在整體上顯得駁雜，使三聯原本清晰的出版思路變得模糊。我們也需要承認一個事實，就是在讀者心目中，三聯的品牌在一定程度上是固化的。讀者對於三聯的認同，基於這種固化的內容。就像老字號全聚德的烤鴨，它的每隻出爐的鴨子都必須是按照一定標準製作的。全聚德作為菜館，當然也可以發展各種炒菜，但是決不能喧賓奪主，使人把它當成一間普通菜館。所以，當我們發現三聯大眾讀物漸多、佔比上升的時候，便免不了有幾分顧慮。我們設想的對策，是最好能使不同類型的圖書，從品牌上加以分流。理想的化分，自然是三聯書店的品牌以出版學術文化著作為主，出其他書使用其他品牌。在國外，出版社大多是這樣做的，一個品牌之下，集中出版某幾個類型的圖書，以顯示清晰的出版定位，因為他們可以隨時選擇註冊新品牌。但是在中國內地受管理規定的限制，出版社很難增設品牌，這就導致了許多專業出版社出書方向無所不包以致品牌難以辨認的情況。三聯前領導董秀玉女士，其實很早就注意到這個問題，曾經希望恢復「生活」、「讀書」、「新知」三個品牌作為出版社的副牌，但未能獲得上級批准。

二〇一二年，我們舉辦三聯書店八十週年店慶活動。研究活動方案的會議，時任中國出版集團黨組書記的王濤前來參加。他知道我們有把生活書店作為三聯副牌的想法，便提醒我們，這是一個機會，要抓住。於是樊希安讓我草擬了申請恢復生活書店品牌的報告，以三聯書店的名義上報新聞出版總署，而他本人在店慶活動中，直接向原國務院副總理、全國人大副委員長鄒家華同志匯報了這一想法。正如我們期望的那樣，鄒家華同志贊成恢復生活書店，他便同中共中央常委劉雲山同志協商，這兩位國家領導人都作出了批示。二〇一三年四月三十日，經由新聞出版總署研究，正式批准我們在三聯建制下恢復生活書店，不過不是作為副牌，而是作為一間獨立核算的出版企業，也就是作為三聯書店的子公司。據說，總署已經十來年沒有批准成立過新的出版社了。這一次是破例給予我們格外的照顧。

這對於三聯書店是一件大喜事，我們高興極了。經過三聯領導班子研究，在生活書店，樊希安兼任第一任總經理，我則兼任第一任總編輯。我和樊希安是把生活書店的出版業務作為三聯出版產品線的延伸來看待的。作為一個更加大眾化的品牌，生活書店可以進入一些三聯過去很少涉足的領域（比如文學類和生活實用類圖書），也可以名正言順地出版面向大眾的知識和文化普及讀物，就像當年鄒韜奮先生所做的一樣。當然，韜奮時代的生活書店，也在承擔着學術文化出版責任，所以它的選題定位，與三聯是同中有異，有並行有交叉。生活書店的老前輩藍真先生曾經特地提醒我，說新辦的生活書店不能只出版三聯不出的書，那樣生活書店就丟失了自身的傳統。須知，三聯的傳統，也是從生活書店繼承而來的。

在第一年裏，樊希安授權我獨立全權負責生活書店。草創之初，為了強調今天的生活書店與歷史傳統的承接關係，我把這個新出版社的前五個書號（從 0000 到 0004）分別留給了《生活書店史稿》、《韜奮畫傳》和三卷本的《魯迅作品精華》（增訂版）。為了給這個新品牌開好頭，我們積極向文化界名家約稿。真是得道多助，一聽說我們恢復創辦生活書店的消息，很多老一代作家和學者立即表示支持。二〇一三年七月一日，我

作者與馬識途老先生在生活書店的韜奮銅像前合影

們在人民大會堂舉辦恢復生活書店座談會，王蒙和吳敬璉先生都到場表示祝賀，王蒙在發言中還深情地回憶了他少年時代是如何讀着生活書店的圖書走上革命道路的。散會後在電梯裏，我向兩位老先生約稿，兩人都二話不說，一口答應。其他作家也大抵如此，所以後來生活書店的第一批圖書裏，包括有王蒙的《與莊共舞：人生的自救之道》、吳敬璉的《直面大轉型時代：吳敬璉談全面深化改革》、馬識途的《百歲拾憶》、曾彥修的《平生六記》、馮驥才的《西歐思想遊記》、從維熙的《我的黑白人生》、陳丹晨的《明我長相憶：走近巴金四十年》、張曼菱的《北大回憶》、楊義選評的《魯迅作品精華》（增訂版）等等學者和作家的新著，真個是名家雲集，陣容強大。

當然，這些作家關照我們，乃是基於對歷史上的生活書店的感情。拿百歲作家馬識途來說，他年輕時經常出入生活書店，和書店裏的一些中共地下黨員曾是同生共死的戰友，他到三聯來，就一定要到生活書店坐坐，說是「故地重遊」，「回自己的老家」，進門時看到鄒韜奮銅像，就一定要和鄒韜奮合影。又如老出版家曾彥修先生，我去看望他時，告訴他生活書店重新開張的消息，他連說應該應該，這個書店對新中國貢獻很大，不能關門。因為「沒有生活書店，就沒有『一二九運動』；沒有生活書店，就沒有『三八式幹部』的說法」。大家都把重建生活書店當成一件大事，甚至連競爭對手都因此而向我們禮讓三分。例如我給馮驥才打電話催稿子，馮告訴我，他曾經答應交我出版的書稿《西歐思想遊記》剛剛被人文社的副總編應紅搶走。我馬上打電話給應紅，請她支持一下。她問我是何理由？我說我要為生活書店組織第一批圖書。她聽了說，如果是其他理由，肯定沒商量，但現在這個理由，她能理解，表示願意放棄書稿，讓我們來出這本書。所有的人，都如此看重生活書店這塊品牌，這真讓我們感到肩上責任重大。

緊接着，樊希安和我商定了生活書店的戰略定位、出版思路、近期和遠期目標，我們裝修了辦公室，招聘了書店的第一批員工，要求立即開始運作，迅速出書見規模。在經營上，第一年就要盈虧持平，第二年就要盈利。為此，我親自策劃一些重點選題，該店第一批圖書大約五十多種，其中百分之八十以上是我直接組稿。在那一年裏，我的工作跨越三聯和生活兩邊，在樓上樓下兩間辦公室分頭辦公。但比較而言，我為生活書店所花費的心思，比起為三聯花費的還多。

在我為生活書店策劃的第一批選題裏，有兩本書特別值得一提。

首先是《何有此生：一個日本遺孤的回憶》。

記得是二〇一四年春天，三聯書店老前輩曹健飛先生打電話給我。說有一個非常熱愛中國的日本人寫了一本書稿，希望我可以看看。一兩天後，一位大約七十歲的面目清癯、身材瘦高的老人來訪，手裏拿着曹健飛的介紹信。我和他坐在三聯書店樓下的雕刻時光咖啡廳裏交談。他交給我一疊書稿，我一邊翻閱，他一邊給我講自己的故事。

他的漢語極流利，從說話聽不出他是日本人，口音倒是略帶東北腔。他一見面就對我說，他的祖國是日本，但中國才是他的故鄉。這頓時激起我的好奇心。

他的名字叫做中島幼八，是個日本遺孤。他是在戰爭期間跟着日本「開拓團」來到中國東北的。因為生父被強徵入伍後失蹤，接着日本戰敗，生母淪為難民，饑寒交迫之中，為了不至餓死，託人把剛滿三歲的他交給東北一位農婦收養。大約一年以後，

作者與中島幼八先生（左二）在日本東京相聚（二〇一六年）

他和中國養母建立深厚感情，以致於日本開拓團成員被遣返時，他的生母希望將他帶回日本，與養母發生爭執，鄉政府出面調解，讓孩子自己做選擇，年僅四歲的他選擇了養父母。後來他在中國接受教育，上了小學和中學，一直到他十六歲時，生母通過外交途徑到中國尋找失散親人，他仍然不想回日本，還說：「假如把我送上火車，我就跳車。」後來在學校老師的開導下，他知道回國後仍然可以為中日友誼做貢獻，才同意回日本與生母團聚。他最為感慨的是自己在中國這十幾年，養母為了養活他而幾次改嫁，以致他曾經歷了三個中國養父，每個養父對他都百般呵護，視如己出。他認為，這些中國人之所以接納他，撫養他，善待他，只是因為他們都是善良的人。他要感恩，要回報中國。所以他回日本後的五十多年，一直在力倡中日友好，並從事中日文化交流事業。他之所以認識曹健飛先生，是因為他曾在東京一間中文書店工作，而曹健飛當時是中國國際圖書進出口公司的總經理，兩人之間有業務往來。

中島幼八的故事太震撼人了。我請他坐在一旁喝咖啡，當場瀏覽他的書稿大約四十分鐘。我發現他的文筆還不錯，敘述清楚，故事也生動。但是他集中記述的是自己十六歲以前在中國的感人故事，而對他回日本後的生活經歷則語焉不詳，特別是對他從事中日友好方面的工作，諸如同日本的反華勢力作鬥爭，組織和參與呼籲中日邦交正常化的活動等等，還有他後來曾經為朝日新聞社和朝日電視台擔任翻譯，製作了不少新聞節目和電視節目，向日本讀者介紹新中國，這些內容在書稿中都沒有提及。我對他說：「您後來在日本所作的努力，和您當初在中國的經歷是有因果關係的。有了十六歲以前的您，才有今天的您。所以這本書一定要落腳在今天的現實中。」我建議他增補一個故事的尾聲，集中敘述這個方面的情況。後來他補寫了一萬多字向我交稿，我特地安排曾經編輯過《巨流河》的資深編輯劉蓉林擔任責編。劉蓉林做得非常用心，書出版得很漂亮。

這是一本明星書，社會關注度非常高。中島幼八先生來中國作宣傳推廣，開新書發佈會以及回東北給養父母上墳，都有電視台跟隨拍攝。中央電視台《面對面》和鳳凰衛視《冷暖人生》都做了播報，新華社影音視頻部、新華社亞太總分社以此書為依據聯合攝製的四集系列紀錄片《何有此生》，還獲得了中國紀錄片學院評委會大獎。在各類媒體強勢推廣的作用下，這本書的社會影響和市場反應都符合我們的預期。

另一個重要選題是《謝覺哉家書》。由謝覺哉老先生之子謝飛編輯。謝飛先生是著名電影導演，但我原本不認識他。也是在二〇一四年初，三聯副總經理張作珍在一個會議上見到他，拿回一張他的名片交給我，說他有稿子想找三聯的編輯談談。我到他府上拜訪，他給我講了很多他父母的故事。

謝覺哉老先生是中共老一代革命家，著名的「延安五老」之一，一九〇五年考取晚清秀才，參加革命前在湖南寧鄉老家與夫人何敦秀育有四男三女；一九三七年九月在甘肅蘭州八路軍辦事處與紅軍女戰士王定國結

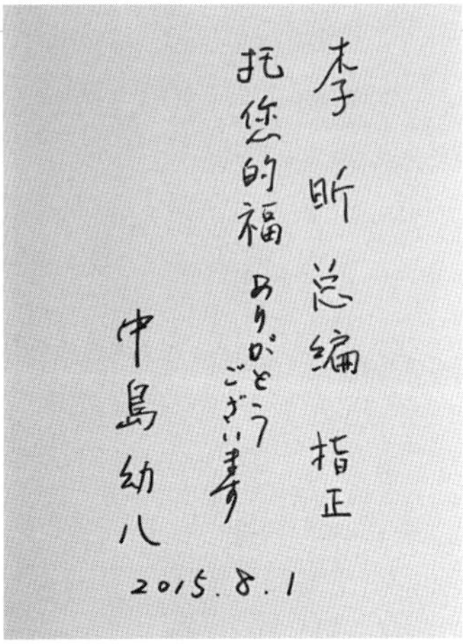
李昕总编 指正
托您的福
ありがとうございます
中島幼八
2015.8.1

中島幼八先生給作者的簽名

[日]中岛幼八 著
何有此生
一个日本遗孤的回忆

《何有此生：一個日本遺孤的回憶》

《謝覺哉家書》

為伉儷，育有五男二女，並長年撫養親友們的十多名子女。他與家人特別是子女們的通信，是一批非常珍貴的歷史文獻。謝飛先生告訴我，他想把這批信件編輯起來出書，就像三聯出版過的《傅雷家書》一樣。我非常興奮，覺得這是一個好主意。我意識到這本書和《傅雷家書》的特點不同，它的思想價值和史料價值，表現在對於青少年進行革命傳統教育方面，現實針對性很強，定會受到宣傳部門和教育界的重視，當即和謝飛先生達成出版意向，請他立即開始着手編選工作。後來他一共選收百餘封書信，這些書信縱貫近半個世紀，集親情、鄉情於一體，也從一個家庭的變遷映射出一個時代的動盪與革新，特別是集中展現了謝覺哉先生的嚴肅正派的生活態度，嚴於律己、以身作則的工作作風，顯示出老一代革命家的高風亮節，從而為後人樹立了榜樣。

《謝覺哉家書》出版時我已經退休。我得知它獲得第六屆「中華優秀出版物獎」，而且非常暢銷，很開心。

生活書店的第一批選題，我曾經有意識地進行了一些文學圖書的策劃。因為生活書店要與三聯書店區分品牌，需要錯位經營，形成選題類型的互補。過去文學類圖書特別是虛構性的文學作品，三聯是基本不會出版的，只有楊絳先生的《洗澡》算是例外。但是現在有了生活書店，我們可以放手進行嘗試了。於是我首先想到的就是把我在香港出版過的三卷本《魯迅作品精華》（楊義點評）和十本一套的《作家與故鄉叢書》引進到生活書店，出版簡體字版。這兩套書都得到當當網上書城總裁李國慶的支持。他親自安排當當採購部門的同事對這兩套書各包銷數千套，因而我們發行無憂。

文學書，特別是小說還可以做什麼？我是文學編輯出身，認識很多當代作家，可以直接向他們邀約原創書稿，但是想快見效益，需要從編選名作開始。中國當代文學研究會會長白燁是我老友，於是我找他一起進行策劃。因為當時我注意到，隨着圖書製作工藝的進步，近來有些出版社喜歡採用上好的紙張印製一些小開本的精裝書，供讀者閱讀和收藏。這樣的書小巧玲瓏，文字不多，但裝幀設計雅致，圖書品相出眾，讀者反應很好，認為它們帶「精品相」，握在手裏，可以賞玩。我想，如此的裝幀形式，很適合出版中篇小說，一個中篇就可以做成一本獨立的小書。改革開放以來，我國有無數優秀的中篇小說可供選擇。何不以此種方式編一套《新時期中篇小說精品叢書》？我把這個想法和白燁先生溝通，他說事情好辦，這些當代作家他個個都熟悉，作品更是全部讀過，由他來選，並且聯繫版權，不成問題。於是我和他一起確定了作家和作品的選目，總共三十多種，涵蓋了新時期以來幾乎所有重要作家的中篇小說代表作。對這套書我的期望值是甚高的，準備作為二〇一五年生活書店的重點書推出，想像中這套書擺上書架，陣容將甚是可觀。但是，

老作家從維熙的《我的黑白人生》在生活書店出版，閻綱、吳泰昌先生前來祝賀

我的計劃最終未能實現，白燁和我兩人只是空忙一場——因為二〇一四年七月我退休後，樊希安也調離三聯，繼任的三聯書店總經理（兼生活書店總經理）不肯簽訂出版協議，這套書被迫胎死腹中，十分令人遺憾。此後多年，我一直關注生活書店，始終未能見到他們發展文學圖書的板塊，可能是因為新領導的思路不同，我對此也無能為力了。

# 十九、告別三聯

我是一九五二年九月生，按慣例，應該在二〇一二年退休。但因為中國出版集團挽留，我的在職時間延長了差不多兩年。在這兩年裏，我做好了隨時退休的心理準備，但是仍然抱着只爭朝夕的態度做事。其實，自從出版了傅高義的《鄧小平時代》和王鼎鈞的《回憶錄四部曲》以後，我對自己的出版生涯已經感到十分滿足。此生足矣，別無他求。

我當然知道，自己的作為未必那麼盡如人意，特別是二〇〇九年以後，我支持樊希安對三聯圖書出版進行了一些思路的調整，其中有些可能並不為人理解。但我堅持認為，這一切只不過是為了跟上時代的步伐，避免三聯落伍。而在我們看來，三聯原本一直是一間與時俱進的出版機構，從鄒韜奮時代，到范用、沈昌文、董秀玉時代，每個時代的掌門人都為了適應時代的需要，對三聯的出版思路和定位進行過微調，對三聯的產品線加以拓展。結果是三聯穩步發展，影響力與日俱增。到了我們主持三聯出版業務的時代，我們不可能墨守成規，無所事事，因為時代在變，出版環境在變，競爭對手在變，讀者的需求也在變。市場化的時代，在轉企改制的形勢之下，更加需要追求鄒韜奮所講的「出版的

三聯書店成立八十週年紀念冊

事業性與商業性的一致性」。順勢而為，才是生存和發展的不二法門。

記得二〇一二年三聯舉辦八十週年店慶活動前夕，由我主持編輯一本有關三聯八十年歷史的紀念畫冊。用什麼做書名，曾經頗費躊躇。樊希安和我商量，我們最初共同想到的是「與時代同行」，準備用這個題目強調三聯必須與時俱進，從而為三聯今天的同事們鼓勁兒。後來是我靈機一動想到了「激流勇進」四個字，樊希安認為這個題目更好，反映出了三聯人的主動進取精神。的確，今天的三聯，是非常需要這種精神的。

到了二〇一三年，樊希安和我，都感到三聯圖書出版的運作機制已經基本理順了。部門的機構調整已經完成，編輯部的績效考核方案也近乎完善，大家的工作熱情很高，只要正常經營不會出現什麼大問題。我們唯一有些焦慮的是新成立的生活書店，一切都是剛剛起步，尚未走入正軌。所以樊希安希望我做好最後一件事，就是打造生活書店的出版品牌。他的安排，是在我退休之後，仍然繼續以生活書店總編輯的身份，全面負責這家新的出版機構的經營和管理。

這一年的九月，中國出版集團總裁譚躍找我長談三個小時，要我推薦三聯書店總經理和總編輯的繼任人選。我由此得知，樊希安將調入集團的上市公司擔任副總經理，而我的退休安排也進入倒計時。譚躍並沒有談到生活書店由誰負責，因為生活書店是三聯的下屬單位，其領導班子不歸集團直接任命。

二〇一四年七月十一日，集團召開三聯幹部大會，宣佈樊希安調離，我和潘振平從三聯書店總編輯、副總編輯崗位上退休。給我五分鐘時間，我發表了如下退休感言：

> 我這輩子，只從事了一種職業（下鄉不算），就是出版。這個職業符合我的人生理想，也能給我帶來樂趣，因而它成了我為之奮鬥的事業，三十多年樂此不疲。盤點一下，自己從業以來，參與組織和策劃的

圖書選題約一千種，審讀的圖書大約二千五百種到三千種，總字數在四億字左右，平均每年一千多萬字。而且所編輯的圖書，高品質者居多，總體上有助於推動社會思想進步，這令我感到充實，滿足，無憾。細細想來，我感到自己是幸運的。其一，我趕上了一個出版業勃興的時代，這個時代不僅允許，而且激勵出版人有所作為，在此前的時代，或者今後的時代，都未必如此；其二，我找到了適合自己發展的平台，從一開始到人民文學出版社，就已然站在至高點上，此後雖然調換兩個單位（香港三聯和北京三聯），卻都處在名社、大社的重要崗位上。平台和崗位使我得到別人未嘗得到的鍛煉，給我創造了別人未曾擁有的機會，為我提供了別人難以掌握的資源，使我這樣一個原本平庸的中品之才，取得了超越自己才能的成績。其實論學養，論功底，論才華，論見識，我都未必適合出任三聯書店總編輯，這個職務，應該有比我更出色（特別是更有學問）的人來擔當。但時勢選擇了我，我就勉力為之，並未失職。如果說，人民文學出版社培養我成為一個訓練有素的編輯，那麼三聯書店則引導我成為一個有文化理想的出版人。我尤其感謝三聯傳統對我的撫育和感召，這使我終生受益，並獲得自我提升。幾十年來，對待工作，我相信個人勤能補拙，但我更相信集體的智慧，相信品牌的力量和優良傳統的力量。從一九九六年到香港三聯上任時開始，每到一個新崗位，我就會宣佈自己的座右銘：「知過能改，從善如流，與人為善，辦事秉公」。於今自我檢討，這四條基本上都做到了。這要感謝同事們多年來的理解、支持和包容。在此，我向大家鞠一躬，謝謝大家。

對我的感言，現場反應熱烈。事後我把它發表在自己的博客裏面，第二天發現，此文一直掛在新浪博客首頁，點擊量已過萬。在博客首頁上還有一個「猜你喜歡」的欄目，應是特別推薦文章的列表，沒想到我的〈退休感言〉名列第一，而我在人民網的訪談文章〈Wifi時代，我們應當如何讀書〉名列第三。竟然有數百人給我留言，除了熟悉的朋友和作者之外，大多是我素不相識的網友。他們都由衷地表達了對我、當然也是對三聯的肯定，同時表達對我退休的惋惜之情。

這一切讓我欣慰和感動。不是每個人在退休的時候都能享受這種心情，我感到自己的運氣奇好，像是提前聽到了自己的悼詞。

我沒想到的是，這篇〈退休感言〉，居然連遠在美國的傅高義先生也看到了。過了兩天，葉彤收到他的信，老先生請葉彤轉告我幾句話：

Please pass on my congratulations to Li Xin. I hope he enjoys his new work and that his advice will still play a role in Sanlian. I am lucky he was working at Sanlian when my book was coming out.

其實我的感言中並沒有提到我會繼續任職生活書店。或許是葉彤告訴他我將開始“new work”的。

從此日起，我把辦公室從三聯四層搬到二層的生活書店，準備在這裏長期安營紮寨。看到我在搬家，三聯新任總經理也過來寒暄，極熱情地表示，希望我一如既往，發揮餘熱。但是兩個星期以後，情況陡變。先是人事部門負責人告訴我，說是新總經理請示了上級領導機關，上級機關認為我屬於中宣部管理的幹部，根據有關規定，不能繼續在原單位任職。我以為是自己的退休安排觸碰了什麼政策紅線，直接約新總經理面談，向他表示，我不當生活書店總編輯沒關係，但我對三聯是有感情的，願意把手裏的資源留給三聯。不任職，不

作者和吳敬璉先生在陳寅恪故居前合影

領工資，這些都無所謂，我願意幫助三聯做些策劃性的工作。但他說，所謂「不能任職」的意思，是實職、虛職、兼職都不可以承擔，甚至連不領報酬的顧問也不能做。於是我終於明白，我需要告別三聯了。

臨走以前，我還有一些未了的工作。八月初，我陪同吳敬璉先生到貴陽書展做演講，推廣《直面大轉型時代：吳敬璉談全面深化改革》。接着又陪王蒙先生到成都參加馬識途、馬士弘這兩位百歲老人的新書《百歲拾憶》、《百歲追憶》發佈會。這些書，都是生活書店新近出版的。月底，我再次陪吳敬璉先生到深圳演講。深圳出版發行集團見我來了，執意要求我再開一次講座，介紹三聯圖書。

我的「講書會」安排在九月一日下午，深圳出版發行集團百餘人參加，總經理尹昌龍主持。我的講題是「三聯的理念和最近新書」，講了大約兩個半小時。講完大家一個勁叫好，連說「太精彩了」，其實這樣講書，從二〇〇六年開始，面對全國各地書店的行銷人員，我已連續講過九年，場場都不例外。主要是我每次都精心準備，試圖講出圖書的特點和賣點何在，還有一些圖書背後的故事，所以比較吸引人。過去，外地有不少新華書店和民營書店的經理、副經理，每年都要提前打聽，三聯在一年一度的圖書訂貨會前舉辦的社店聯誼會何時開，囑咐務必發請柬，目的就是要聽我講書。今天我講完，尹昌龍上台總結，說從我的講書，他懂得了，書是活的，有生命的，有故事的，有靈魂的。三聯行銷中心的李旭正好也在現場，他告訴我：「太成功了，你講一本，他們下一本書的訂單，添貨很多呀。」李旭說，他想介紹我到全國各大書城去講，繼續打造「李總講書」的品牌。我說：「退休了，這些事不再考慮，今天是我最後一次告別演出。也算是我的義務勞動，因為從今天開始，我已經不在三聯領工資了。」

當晚我從深圳回京，因為飛機航班延誤，十二點才起飛，到達北京是次日凌晨三點。我回到家裏已是四點四十分，天濛濛亮了。這是我為三聯工作的最後一天。

# 尾聲

## 商務印書館八年（二〇一四至二〇二一）

編輯其實是無所謂退休的，只要他願意繼續編書，總有做不完的事情。正所謂一入編輯門，終生編輯人。當然，哪怕繼續做編輯，也要換一種生活方式。王蒙先生知我退休，曾告訴我，「既是退休了就不能再像上班那樣工作」，並且給我題寫了「道法自然」四個大字。對此我是頗為認同的。

我是二〇一四年八月在三聯書店辦理退休手續的。當月我仍舊代表三聯生活書店去貴陽參加全國書展。在北京機場候機時，碰巧遇到商務印書館教科文出版中心負責人蔡長虹。我們早就認識，一起閒聊了幾句，她知道我退休後不能繼續在三聯返聘，便問我是否能到商務來幫忙？我聽了有些意外的驚喜，因為商務印書館是我心目中一向敬重的品牌大社，又是三聯書店的兄弟社，能到這裏來工作，是我的榮幸。於是我同意她向商務的領導提出返聘我的建議。

突如其來的商務返聘意向，幾乎是立刻就決定了我的退休後的人生選擇。幾天後在貴陽，貴州省委副書記李軍請中國出版集團幾位領導吃飯，邀我作陪。飯局

商務印書館

中，李軍書記談到新聞出版總署剛剛批准在貴州成立孔學堂書局，他正在考慮這個新出版社的人事安排，見我恰逢此時退休，他便力邀我擔任孔學堂書局的總編輯。中國出版集團黨組書記王濤在座，當場熱情鼓勵我擔當此任，但我告訴他們商務有約在先，婉拒了。緊接着，八月底我陪吳敬璉先生到深圳做新書推廣，見到深圳出版發行集團總經理尹昌龍，他也邀請我擔任海天出版社的顧問，我也以同樣理由婉拒。

回京以後，時任商務印書館總經理的于殿利和副總編李平約我見面，誠懇邀請我加盟商務。此前于總曾提議讓我分管一些業務部門，許以很高的報酬。但我講了王蒙說過的話，表示不希望擔任實職，不想再每天打卡坐班，願意做一些聯絡作者和策劃選題之類的工作，看一點重點書稿，至於報酬則不計較，頭銜也不重要。于總當時的一句話令我感動，他說：「就按照你感到舒服的方式返聘你。」於是，從二〇一四年十月開始，我在商務印書館擔任特約編審和特約出版策劃人。

與此同時，我也擔任了另外兩個公司的出版顧問。首先是我又回過頭給香港三聯幫忙。因為三聯老前輩藍真先生讀到我的〈退休感言〉，又得知我離開了北京的三聯生活書店，感到很遺憾，便向香港三聯書店總經理李家駒先生推薦我在那裏擔任顧問。再者是我有幸到了嘉德公司。起因是我的大學同學和好友寇勤，他原是嘉德拍賣公司副總經理，此時正在組建嘉德投資控股有限公司。我找他，本是希望他能給我提供一間辦公室，以便閒時寫寫文章。可他說恰好他的新公司需要拓展業務，出版《嘉德文庫》，於是聘請我擔任顧問。這樣我退休後，還真是很忙。

## （一）

我退休後八年，主要做了三件事：除了編書外，還有講課和寫書。

所謂講課，是到一些大學和出版社去講編輯學課程。這件事，我是從二〇〇五年剛從香港回來時就開始做的。我要感謝南開大學常務副校長陳洪和中文系主任喬以鋼，他們在我的專業職稱只是副編審時就破格聘請我擔任南開大學文學院客座教授，讓我登台講授編輯理論。從那以後，我便一發而不可收，十幾年來在全國各地高校和出版集團、出版社舉辦過一百多場講座。退休前已在陸續講，退休後講得更多。我先後擔任了南開大學、河北大學的客座或兼職教授，北京印刷學院、武漢大學的兼職碩士研究生導師。我一共開講過大約將近二十個內容不同的講座，其中較為重要的被我編入兩本演講集出版，題目分別為《做書：感悟與理念》和《今天我們怎樣做書：編輯感悟和理念五講》。

說到寫書，我退休以來算是集中精力寫了幾本。過去工作忙，時間都為人作嫁了，雖忝列中國作家協會會員之名，也嘗試寫過幾篇小說、散文、報告文學和一些文學評論，卻從來沒有出過書。退休以後，時間充裕了，便放開手寫作。我寫的文章，除了編輯學方面的心得體會以外，大多是回顧我與文化界名家學者的交往，還有一些有關我個人家族的故事，出版的著作有《清華園裏的人生詠歎調》、《清華園的記憶》、《做書的故事》、《那些年，那些人和書：一個出版人的人文景觀》、《做書的日子：一九八二至二〇一四》、《李敖登陸記：出版背後的故事》、《南海何曾隱風流：清末廣東水師提督李準紀事》等。

無論講課還是寫書，即使在退休之後，對我仍然只是副業。這八年來，編書仍然是我的本行，經手的書又有幾百本了。我在商務參與策劃的選題，大多與三聯的選題相似。因為于殿利總經理當初聘請我來商務時就明確表示，期望我能多介紹一點三聯風格的書，因為商務的出版物，「硬學術」居多，需要補充一些學術普及著作和高端文化讀物，而這正好是三聯所擅長的。顯然，這意味着我需要沿用三聯傳統的思路來組織書稿。但是我在這方面極其謹慎，特別注意不要和三聯爭奪作者和書稿資源。我有一個原則：絕對不拆自己老東家的台。

我介紹給商務的選題，名家手筆居多。例如，我和蔡長虹一起策劃過一套《名家讀書叢書》，到現在出版和列入計劃的一共十本，包括王蒙、劉再復、錢理群、楊義、何懷宏、黄子平、陳平原、李輝、江曉原等人的作品。我們也曾聯繫吳敬璉、資中筠、楊振寧、王鼎鈞、馮友蘭、劉夢溪等老一輩學者和作家的著作在商務出版。這些人都是名家，他們沒有例外都曾經是三聯的作者，但是他們大都與我個人有多年交往，其中有些索性就是我介紹給三聯的。他們的書稿，都是我在退休以後專門為商務邀約的，從來沒有任何一本書稿從三聯轉來商務。

幾年前曾有一位三聯的老編輯打電話給我，她發現三聯有的名家作品版權轉到了商務，便問這是不是我做的事？電話中她的聲音幾乎有些顫抖，想必是心情很激動。但我向她解釋，我不曾從三聯「挖走」任何一本書。

三聯的老作者，在商務與我都是重新開始合作的。

先說資中筠先生。她的《二十世紀的美國》曾經是三聯出版的《冷眼向洋：百年風雲啟示錄》中的一部分。我曾使它獨立成書，單獨出版，為的就是讓它成為三聯的永久保留書目。然而我退休以後，三聯竟然放棄了這部名著的版權。二〇一七年十月，在何方先生的追悼活動中，我偶遇資中筠先生。此時我和她有兩三年未曾見面，她聽說我被返聘在商務印書館，便問我，《二十世紀的美國》可否在商務出版？這本書市場上已經斷貨了，而三聯又不肯再重印。於是我與商務的有關編輯和領導商量，在商務重新出版了這本書的修訂版，蔡長虹擔任責編。資先生很重視，專門為新版增加了上萬字的後記。出書以後，我們還舉辦了一個新書發佈會，請社科院美國研究所研究員趙梅和資先生對談，因兩人的演講都很精彩，那天的活動讀者反應熱烈。多位專家學者特地趕來聆聽，其中有楊天石、王立平、宋以敏、雷頤、馬國川、崔衛平等。大家一致稱讚商務把這本絕版書救活是做了一件好事。

再說吳敬璉先生。他過去在三聯書店接連出版過幾本經濟學論文集，我經手的有《重啟改革議程：中國經濟改革二十講》和《直面大轉型時代：吳敬璉談全面深化改革》。二〇一二年以後，一直聯繫吳先生的編輯賈寶蘭調離三聯，從此吳先生在三聯有事就直接找我。我曾多次陪同他到各地演講，推廣新書。吳先生對我極為信任，覺得我對他的著作理解比較準確，所以每次演講時，我開場介紹他新書的內容之後，他便說自己不再重複了，他另外講些別的內容。我退休後，吳先生遇到出版方面的問題，還是願意和我商量。我認為在中國當代經濟學家中，有關經濟改革發展和社會轉型的跟蹤研究，無人可與吳先生相比。他幾十年來的一系列論述，是中國艱難探索改革開放道路的真實而完整的紀錄，應該系統收集，留給歷史。於是我曾建議他編輯兩卷本的《吳敬璉改革文選》，並幫他聯繫出版社，分別在上海和香港兩地出版。二〇一七年，我知道他在《直面大轉型時代》出版之後，又有不少新的論文，便問他是否可以為商務編一本新書。吳先生欣然接受。關於書名，他像每次出書前一樣，找編輯商量。我和蔡長虹覺得他的著作，是在改革路上的創新性思考，於是建議書名叫《改革行思錄：吳敬璉近文選》。他考慮了兩天，加了兩個字，定名為《改革大道行思錄》，借《左傳》中「大道行思，取則行遠」句意，謂正道直行，須善於思考，方可越行越遠。此題目甚為契合作品原意。這本書出版後反響亦較強烈，獲得《新京報》二〇一八年「十大好書獎」。

還有楊振寧先生。他與北京三聯書店和商務印書館結緣，都始於我向他約稿。二〇〇八年他和翁帆女士在三聯出版了《曙光集》，從此，我與楊先生一直保持通信，十幾年中楊先生給我的電郵，多得不計其數。而我對楊先生是極其恭敬的，回覆他的電郵從來不過夜。二〇一七年夏天，楊先生又擬編輯《晨曦集》，他同時發電郵向我和三聯《曙光集》的責任編輯徵詢意見。我在第一時間很積極地表示願意接受這本新書出版，三聯的

資中筠先生與趙梅女士在《二十世紀的美國》新書發佈會

楊振寧先生與翁帆女士在《晨曦集》新書發佈會

編輯可能動作稍慢，於是楊先生立刻表示，這本書交給商務來出。從此，楊先生便開始了和商務的密切合作。二〇一八年《晨曦集》出版後，我們在二〇二〇年又出版了《楊振寧論文選集（一九四五至一九八〇）》，並在二〇二一年九月楊先生九十九歲生日時出版了《晨曦集》（增訂版），目前還準備在楊先生迎來一百歲華誕時，出版中科院院士、南開大學教授葛墨林先生的著作《我知道的楊振寧》，這本書也是楊先生的夫人翁帆女士直接推薦給商務的。楊先生是葛院士的恩師，兩人又是莫逆之交。關於楊先生，葛院士有許多親歷的故事可以寫出來，但是他需要一個助手，於是翁帆請我幫忙，我找到了南開大學中文系的副教授金鑫與他合作。

這裏必須提到楊建鄴先生的作品《楊振寧傳》。此書過去在三聯書店出版，我也曾參與選題策劃。但二〇二一年，這本書的增訂版出現在商務印書館的書目中。可能有人會覺得奇怪，其實這是一本三聯放棄的書。二〇一八年，三聯在這本書合約期滿後，未能按照作者要求續約，於是作者開始另外尋找合作的出版社洽談版權。偏巧此時我給作者楊建鄴先生打電話詢問情況，他據實以告。說是已有出版社將合同寄來，就在他的寫字台上。我表示商務希望出版這本書，並請他徵求楊振寧先生意見。

一天兩以後，楊振寧先生給楊建鄴寫信，並同時轉給我：

JY,

Please do choose 商務 to republish your book. 商務 is the oldest publishing house in China. I am publishing 晨曦集, a sequel to 曙光集, with 商務。

Hope you and your family are doing well.

CNY

信中的意見很明確，希望楊建鄴先生選擇商務。這樣書稿轉給商務，我們請作者進行了一番修訂，增補了近期的內容，然後出版。楊振寧先生還特地錄製了一段視頻介紹和評價它。

至於我和劉夢溪先生的故事，更是事關緣分。劉先生曾給我題寫兩個字：「書緣」，正是我們關係的真實寫照。他是三聯的老作者，與范用、沈昌文、董秀玉三代三聯領導人都有深厚交誼，也曾多有合作。但是他對我個人工作的支持，更可以說是傾心竭力，令我感戴莫名。其實他和我相識較晚，但是我們在情感上的默契很深。他說他會看相，一看我的面相，就有親切感，知道我是善良人，可以託付。所以三聯恢復生活書店的品牌，我擔任總編輯以後，他曾對我說，他計劃中有六部著作，都可以交給生活書店出版，以形成系列，而當時就有三部書稿已經殺青，題目是《現代學人的信仰》、《紅樓夢的兒女真情》和《馬一浮與國學》。我們原準備長期合作，但是他和我都沒有想到，我在生活書店只工作了短暫時間便不得不離開，我向他告知此事時，他一連說了四五個「遺憾」和「可惜」，然後對我說，他並不看重出版社品牌，而比較看重人。我離開了，他就不一定把書稿都交給生活書店了，當時手裏的三本著作，其中的《馬一浮與國學》，他希望我幫他安排在三聯書店（後來我轉給了三聯學術分社馮金紅女士），其他兩本書交給我處理，在哪裏出版都行。於是我把這兩本書介紹給商務印書館。

另外說說宗璞先生和她的父親馮友蘭先生。他們父女過去與三聯從無聯繫。我到三聯任職以後，曾參與策劃和出版過《馮友蘭作品精選集》。但宗璞先生在三聯，熟悉的編輯只我一人。所以我退

劉夢溪先生贈作者的墨寶

休後加盟商務，有關馮友蘭著作的出版事宜，宗璞先生便打電話到商務找我。不過商務並沒有去複製這部作品精選集，而是選擇了馮友蘭先生八十年代經歷文革反思之後嘔心瀝血完成的《中國哲學史新編》，這可謂馮先生集大成之作。這部鴻篇巨製的哲學史著作原有七冊，因第七冊論述中國現代哲學，其中涉及一些敏感話題，當年在人民出版社編印此書時，只出版了前六冊。後來，第七冊曾以《中國現代哲學史》為書名，在廣東的一家出版社印刷過一版，很快售罄，未曾加印。此後十幾年學術界無緣得見此書。二〇〇六年三聯出版《馮友蘭作品精選》時，我們以「三史六書一序」作為基本策劃，先是編入了作者的《貞元六書》、《三松堂自序》和《中國哲學史》、《中國哲學簡史》，最後又加上《中國現代哲學史》，將這本馮先生格外重視但斷市已久的著作編入其中，對此宗璞先生很感欣慰，非常滿意。

二〇一八年，我和蔡長虹聯繫宗璞先生，表示希望出版《中國哲學史新編》。宗璞先生問我們，能不能七冊一起出版？我們說盡量爭取。因為第七冊涉及建國後的政治思想鬥爭，需要送審，但我估計，因為此書不是寫史，而是哲學理論著作，可能做一點必要的技術處理之後，送審也能通過。於是宗璞先生同意讓商務嘗試出版這部巨作七冊的全本。編輯工作完成後，我們按程序送審，我為了避免意外，特地和中央主審部門一位領導講明情況，希望他們慎重處理。幾個月後，中央主審部門回覆審稿意見，表示同意出版此書，但是根據相關政策，需要刪去少量文字。我仔細看了一下，這些被刪的內容分作幾處，加起來總共不過幾百字。我為此很感慶幸，曾特地到宗璞先生家拜訪，向老人家解釋，主審部門的意見是相當溫和且寬容的，他們也希望刪改後的書稿不致傷筋動骨。宗璞先生當時表示，如果做這樣小刪小改，應該是可以接受的，這樣七冊全本就可以恢復原有格局，是一件幸事。但是她又說這事不能由她自己決定，她需要聽聽家人和朋友的意見。

大約兩週以後，我們接到了宗璞先生致商務印書館的來函，其中內容是她對主審部門提出有關《中國哲學史新編》第七冊的審稿意見的回覆。函中有這樣的文字：

貴館對出版《新編》第七冊，以保護《新編》的完整做出了很大努力。我很感謝。由於修改後的文字不再表達作者的原意，我不能同意這一文本。

我只能表示遺憾。雖然在我看來，主審專家要求刪去的幾百字，對於這部著作的整體學術價值影響不大，但是宗璞先生維護作者權益的態度，我必須尊重。只是這樣一來，我一直期待的一項盛舉——將馮友蘭《中國哲學史新編》完璧呈現——便流產了。最後商務仍然是出版了這套大書的前六冊，分為上中下三卷。

（二）

我是責任感很強的人，既然商務印書館聘用我，我定然要對它負責。我的資源以及我的才智和創意，都必然要奉獻給商務。所以這七八年來，我策劃選題，聯繫作者，幾乎全部都圍繞着商務的圖書出版。但畢竟商務印書館有自己的百年傳統和出版思路，我的想法也未必全都與它契合。有時我約到的書稿，並不適合商務，這時我便會把書稿推薦給其他出版社，推薦較多的是上海三聯書店。這中間可以一說的是兩本回憶錄。

我曾經講過，出版回憶錄是三聯的強項，我任職北京三聯九年所出版的回憶錄中亮點書特別多。為了把回憶錄和紀實類作品的板塊做得更有影響力，我在三聯工作時，曾經按照既往的風格定位約了不少此類書稿，其中包括馬來西亞女作家戴小華和盧作孚先生孫女盧曉蓉女士的作品。但這兩本書都是我退休後才來稿的。

戴小華的回憶錄名為《忽如歸：歷史激流中的一個台灣家庭》，寫台北的一家人情繫中華的感人故事。作

作者與戴小華女士合影（二〇一七年）

品中的人物都是愛國者。一位是作者的父親，他曾經是國民黨軍隊的上校，到台灣後，思念大陸，晚年葉落歸根，回到家鄉天津寶坻縣，為家鄉做了很多善事，去世以前，還把自己最後一筆存款捐給希望工程。另一位是作者的母親，晚年也到大陸定居，為治病又返回台灣，結果在台灣去世。臨死前有願望，還是要歸葬故里。於是作者想盡辦法，在一週時間之內，將母親的靈柩（棺木和遺體）送上飛機，運到北京，再轉運回寶坻老家。那時兩岸還沒有直航，靈柩要到香港轉機，難度之大可想而知，然而由於作者心誠，這一切都做到了，做得驚天地、泣鬼神。書中還有一個人物是作者的弟弟戴華光，他一九七七年從美國留學回台灣，因為發表呼籲兩岸統一的宣言，被當局抓捕，判處無期徒刑，直到一九八七年台灣「解嚴」時才出獄，此後也到寶坻老家定居。作品以一個家庭的悲歡離合，呈現出海峽兩岸剪不斷的中華情，非常動人心魄。

戴小華的故事，最初是她講給我聽的。

二〇一〇年秋天，我到天津出差，在馮驥才先生家裏與她巧遇，她是我人文社時期的老作者，見面很親熱，她知道我要開車回北京，就說要搭我的便車。一路上，她怕我犯困，就給我講這些故事。我聽了果然不但倦意全無，而且被故事感動到幾乎落淚。我立刻就要求她寫下來，出一本書。但是她很認真，兩次到台灣去收集資料，寫作中又反覆修改，等到她向我交稿時，我已經從三聯退休了。於是我與商務的領導和編輯商量，是否在商務出版？他們讀了書稿，都認為是好書，但是同時擔心，此類書過去商務沒有出過，怕做不好愧對作者。於是我轉給上海三聯書店，他們的編輯對此書做了非常好的策劃，和作者一起重新設計了章節，並擬定《忽如歸》的書名。出版以後，在文化界大獲好評。評論家陳思和說，這是繼聶華苓的《三生三世》、齊邦媛的《巨流河》之後又一部現代民族痛史。

另一位作者盧曉蓉女士，我是在二〇一二年三聯舉辦的一次新書發佈會上結識的，我過去讀過她寫自己祖父、中國現代著名實業家盧作孚先生的文章，知道她是香港作家、北大中文系教授嚴家炎先生的夫人。因為嚴先生是我人文社時期的老作者，所以她和我一見如故。她也對我講過自己不平凡的經歷，還給我看過一篇自述文章，我發現她文筆很好，但是自述文章過於簡略，因而建議她寫成一本書。她開始不自信，我一直給她鼓勵，終於在五六年之後，她興奮地告訴我，她完稿了。

這是她的心血之作。作者生於重慶，幼年時隨祖父盧作孚到香港，並在一九五二年祖父突然離世後隨父母回到重慶。她在「老師說什麼就是什麼，學校說什麼就是什麼」的環境中長大，品學兼優。她一直不懈地努力，但由於家庭的原因，她的人生並不順利，反而屢遭磨難。文革中她主動上山下鄉，作為知青去偏遠落後的農村插隊，體驗了百般民生疾苦，深受震撼，決心勵志圖強，並堅守自己的良知。改革開放後，已過而立之年的她考上華東師範大學政教系，畢業後先是教書，後來移民香港，擔任一間公司高管。作者在敘述自己的經歷時，在作品中穿插了她的祖父母、外祖父母、父親、母親的人生故事，可以讓讀者既瞭解盧氏大家族的真實面貌，又看到家庭的傳承與教養對人的作用——在黑白混淆、是非顛倒、道德淪喪時，如何守住做人的底線。

基於和《忽如歸》同樣的理由，我也把這本書稿介紹給上海三聯書店。總編輯黃韜將它交給資深編輯匡志宏。匡志宏做了別有創意的策劃，她將回憶錄拆分開來，把盧作孚先生的故事獨立一冊，把作者的其他故事作為本書主體，分別題為《祖父的遺產》和《逆水行舟：盧作孚長孫女回憶錄》，做成一個套裝，這樣既理清了故事線索，又鮮明地突出了這個特殊的大家族中長輩的人格對於晚輩的影響和示範作用。

這本書出版後也是大獲好評，學者劉瑜讀後，感慨作品「驚心動魄又溫潤如玉」，而錢理群先生以〈記住這一切〉為題發表長篇書評，認為盧曉蓉的回憶「談到了我們這一代最不堪回首的失誤和痛苦」，是在做一種「恢復個人和民族記憶的努力」，它提醒我們要永遠記住這一切並通過思考、反思和反省，不斷調整和完善我們自身的人性，推動民族精神、國民性的改造，真正實現「人的現代化」。

我向上海三聯熱情推薦出版戴小華和盧曉蓉的兩本書，當然是出於我想與廣大讀者分享好作品的願望，同時也是為了對作者和書稿盡責。因為書稿是我所約，我知道約稿是一種鄭重承諾，編輯必須善始善終，切不可將書稿弄成「爛尾工程」。我的一貫作法，只要是自己約定的書稿，都要求自己務必安排好出版事宜，絕不虧欠作者。所以，這些年中遇有其他一些因各種原因未能在商務印書館出版的書，我都會想方設法介紹給別家出版社。

例如邵燕祥先生的作品。我對燕祥先生是極為敬佩的，無論人格還是才學。我很早認識他，但是與他建立密切聯繫，只是最近這十來年的事。他是前年去世的，在他去世之前的七八年裏，我和他交往較多。他聽力不好，我們的交流主要靠電郵。我清點了一下，我們往來的電郵總共竟有七十多通，字數達四萬餘。我們在電郵中談文學和書，談現實人生，也談我們共同熟悉的人和事，心心相通，十分默契。我作為編輯，當然希望有機會出版他的作品，所以一再向他約稿。有一次他交給我一本書稿題為《五十弦》，內容是詩畫合集。以邵燕祥詩作五十五首，一一配上知名畫家戴逸如頗富意境的畫作，從而以畫家的個體視角解讀詩意詩境，由此合成一部詩畫合璧、別具一格的作品。這當然是好書，但是商務一般不出版詩歌，我只能把它介紹給上海三聯書店出版。

燕祥先生應我之約為商務編輯的是一本散文隨筆集，題為《人散後，夜涼如水：緬懷中國當代知識分子》，書名取豐子愷《人散後，一鉤新月天如水》的畫意，突出「人散後」的意境。所謂「人散後」，指的是書中所寫的人物，都是文壇上的知名作家和學者，他們均已不在世了，本書是作者對他們的深情回憶，抒發自己的內心的失落和惆悵之情。入選的文章，可以說是作者幾十年來「寫人」一類隨筆的精選，體裁多樣，有敘事散文，也有文學評論和序跋。在寫法上採用夾敘夾議的方式，作者將自己對文壇人物的親身觀察和獨立思考寫進文中，使這些隨筆不僅具有許多鮮為人知的第一

作者與商務印書館于殿利總經理（右一）、李平副總編輯（左二）、南開大學前常務副校長陳洪（右二）一起看望葉嘉瑩先生

手資料，而且顯示出獨到的見解。整體上看，可以說這部作品勾畫出了一幅二十世紀中國知識分子的群像，較為準確地揭示了一代知識分子的精神歷程。

因為這些文壇人物大多經歷了五六十年代的思想政治運動，所以對他們的講述難免會涉及一些敏感話題。根據近年來的出版政策，這些內容是需要送審的。我和燕祥先生商量此事，但他婉拒送審，因為不希望作品被刪改。於是此稿大約有一兩年時間壓在我手中，令我頗為無奈，很感歉疚。

接着，我又收到老作家陳丹晨先生的一本寫人物的隨筆集。這也是他應我之約編輯而成的。陳丹晨曾長期擔任《文藝報》負責人，與文壇上活躍的作家聯繫頗多，特別是與錢鍾書和楊絳二老，有超過四十年的交往經歷，曾寫出一組回憶文章，滿滿的都是第一手的近距離觀察和記錄，十分難得。我就是看到他這組文章後決定向他約稿的。當然他的書名為《昨夜星辰昨夜風：追憶二十世紀最後的文化名人》，除了錢楊二老以外，還以自己的親歷親見為主，寫了他對於多位大師級的作家和學者的印象。特別是關於巴金和傅雷二人，他的評述是獨到而深刻的。

陳丹晨先生也是我在人文社時期就熟悉的作者。我在三聯書店時曾經策劃出版過他的《明我長相憶：走進巴金四十年》，但出書過程費盡周折。因為巴金曾任全國政協副主席，屬於國家領導人，所以此書出版需要按例送審。然而書稿送達主審部門後竟然兩年沒有音訊，陳丹晨苦等不及，便給中央領導寫信申訴，引起領導出面過問，此書方被批准出版。這一次，我們又遇到同樣問題，商務將書稿送審，又是長時間沒有回音。這令陳丹晨先生十分沮喪，多次抱怨，幾乎要放棄出版，我也感到無能為力。

偏巧就在這個當口，香港城市大學出版社社長朱國斌找我，送來一份聘書，邀請我擔任該出版社的顧問。我於是將邵燕祥和陳丹晨兩先生的書稿交給他，徵詢出版意向。他自然歡迎，並表示他需要做一套有關知識分子問題的隨筆叢書，希望我另外組織幾本書稿與之配套。於是我又約資中筠先生編了她本人的《中國知識分子的困境》和陳樂民先生的《看的是歐洲，想的是中國：中國知識分子與中西文化》，另約雷頤先生編了《知識分子個人史：時代與命運》。這套書五本，二〇二〇年五月在香港出版，幾位作者拿到書都很開心。

不過，邵燕祥先生於二〇二〇年八月去世了。《人散後，夜涼如水》是他此生出版的最後一本著作。燕祥先生去世後，我到府上看望邵夫人謝文秀大姐。當時我很擔心燕祥先生沒有看到這本新書，但謝大姐告訴我，香港兩次寄來的書都收到了，燕祥先生很滿意。謝大姐說，一定要送給我這本書，加蓋邵燕祥的印章。這讓我內心得到一絲安慰。

## （三）

我在商務印書館其間參與策劃出版的圖書，基本屬於學術文化一類。近年來隨着出版競爭加劇，電子和網上出版物擠佔傳統出版市場，紙質圖書的印數和發行數一直在萎縮。原來可能暢銷的書不再暢銷了，原來不致虧損的書虧損了，為此我也頗覺焦慮，感到做書真是越來越難。不過，我還是願意嘗試，試圖通過適當的和周密的策劃，打造暢銷書。

這些年來稱得上暢銷的書有兩本。

一是韓啟德先生的《醫學的溫度》。這本書是我和蔡長虹共同策劃的。韓啟德先生是我國著名的醫學科學家，曾經長期擔任中國科協主席，也做過全國人大副委員長和全國政協副主席，既是大專家，又是大領導。我在七八年前認識他以後，一直比較關注他公開發表的文章。我發現他是一個思想開明，觀念新穎的學者。作為科學界領導，他有一般學者不具備的宏觀視野和全局眼光，對於科學技術特別是醫學的歷史和現代化進程十分

作者與蔡長虹一起看望韓啟德先生

熟悉，掌握諸多前沿動態；而作為學者，他又具備一種特有的平民視角和姿態，可以放低身段，自由提出個性化見解，與學術界進行平等交流和對話。這實在很難得。於是我和蔡長虹向他約稿，希望他把自己近期的文章，編成一本論文集交給我們在商務印書館出版。

韓先生很高興，他很快就編好了一部書稿，收入五十五篇文章，這可以算是他的一本科學論文集，其中有他的醫學論文，也包括他作為中國科協主席所做的有關科學問題的許多報告、講話、論文和訪談。對於這樣的書稿該如何處理？要不要編選？我和蔡長虹有過討論。我們覺得如果不做選擇，其實也是可以的，因為很多領導人的著作，就是這樣的面貌——編輯把文章大致分類，按時間順序排列，直接印製出書，也算是原汁原味。當然，這樣出版的書，一般只印三千本，通常被無聲無息地埋沒在書海裏，除了圖書館收藏一些以外，個人讀者是很少購買的，如此經濟效益便也不佳。不過，以韓先生這樣高的地位，他的著作如果需要申請一些經濟資助，應該也是非常容易做到。他自己不用開口，就會有機構或單位願意承擔出版補貼。我想，一般出版社的編輯，如果擔心這樣的書會虧損的話，一定會這樣考慮問題。但是，我和蔡長虹都覺得，這樣的書如果編好了，不但不需要補貼，而且可以有非常好的經濟效益。

於是我們斗膽向韓啟德先生提議，編輯這本書，只選擇和醫學相關的文章，而且要突出人文性、思想性、話題性和新穎性，把它編成一本在「醫學是人學」的主題下有關醫學人文的論文集，使之既是專業著作，又是大眾讀物。書中文章可分作兩輯，一輯注重反思，收入那些有思想的衝擊力和觀點的顛覆性的論文和演講，另一輯收入對當前醫學發展進行探索的文章。建議用《醫學的溫度》為書名，因為這個書名，代表了作者對醫學本質的理解，而書中一些文章，講述的正是作者本人擔任醫生時的有溫度的故事。

韓先生非常善解人意，從善如流，他根據我們的要求，和我們一起選定全書的目錄，使五十五篇文章被刪減到只剩二十一篇，把一本厚厚的論文集改編成了一本薄薄的小冊子。但是這些文章，正是全部論文的精華。韓先生曾經對我們說：「你們是把我文章裏面的奶油都撈走了，把渣滓都倒掉了。」當然這是他謙虛的調侃。

但是如此選擇，效果甚佳。這本書出版，贏得得了醫學界和整個文化界一片好評。不僅獲得了當年中國圖書評論學會主持評選的「二〇二〇中國好書」獎，而且還獲得了包括國家圖書館主辦的「文津圖書獎」在內的十來個其他大獎。就銷售情況來說，情況也非常好，兩年來已經售出近十萬冊，現在訂單還是源源不斷，今後仍然會常印常銷。

這本書的出版，堅定了我一個信念：編輯的選擇和策劃是可以改變

《作文六要》

一本書的命運的。

另一本比較暢銷的書，是旅美華人老作家王鼎鈞先生的《作文六要》，這也是蔡長虹和我一起策劃的。鼎公與商務早有合作。我到商務之前，鼎公已在這裏出版過一本散文集，題為《桃花流水杳然去》。當然鼎公多年一直把我作為忘年交，對我的工作向來是鼎力支持的。我在商務請鼎公提供新作，他將另兩本散文集《滴青藍》和《雲月精神：王鼎鈞自選集》交給我們。但是不知什麼原因，商務出版鼎公的散文，總比起三聯同類書銷售差些，從一些來函中，我能隱約感覺到鼎公對商務的銷售不大滿意。雖然我對這樣的結果也很不甘心，希望再拿到他的新書，再做新的嘗試，但是已經不好意思開口向他約稿。到了二〇二〇年前後，我有一種預感，覺得商務與鼎公的合作，很可能要結束了。不過作為朋友，我和他的聯繫是一直保持的，哪怕只是用電郵聊聊天，或者是逢年過節問候一下。去年元旦，我像每年一樣給他發了賀卡，通常，他是當天就回覆的，但是到了一月七日，仍然沒有收到回覆，我給他寫了這樣一封信：

鼎公：

新年好！

大約有兩三個月沒有得到您的消息了，你的身體康健否？美國疫情嚴重，令人心焦。元旦那天，我給您發了賀年卡，未接回覆，很擔心您的健康。希望您多保重，祝您平安康樂。

方便時，請回覆幾個字，以免牽掛。謝謝。

晚　李昕上

二〇二〇年一月七日

信寄出後，又等了三天，還是沒有回音，我有些着急了，擔心鼎公身體出了問題，畢竟他已是九十六歲高齡。我認識旅美華人作家周勵（即《曼哈頓的中國女人》的作者），知道她在紐約的朋友多，於是就發信問周勵，你知道鼎公近況嗎？為什麼他不給我回信？周勵說她本人和鼎公沒有直接聯繫，但是她有一個朋友住在曼哈頓，離鼎公的家很近，可以去老人家府上看看（鼎公的耳朵聽力不好，不能打電話）。她會拜託這位朋友瞭解情況。

接着，一月十一日，我收到了鼎公這樣一封信：

李先生：

您這封信，我今天在垃圾桶裏發現，真對不起。新年接到您的金卡，我也回了信的，也許還在您的垃圾桶裏？一笑。

疫情的確嚴重，半步不敢出門，書也讀不下去，疫苗到現在還輪不上，醫生說快了。打了疫苗可以心安一些。

蒙您掛念，十分感謝。敬祝府上一切康吉。

鼎拜

自然，收到這封信後，我就放心了。但是沒有想到，第二天，鼎公給我寄來一部書稿，書名《文路》，內容是向青年人傳授寫作經驗，是一本非常有賣點的書。並且他附言一句話，這樣說：

這本書稿是我居家隔離渡到彼岸的小舟，昨死今生，感念大德，特先請您過目。

這時我也非常感動，鼎公在「劫後餘生」之時，竟然想到的是我。之所以能這樣，我覺得一定是我在疫情中對他的關心，感動了他，使他明知道把書稿交給商務很可能會在經濟上減少一些收益，也全不在意。當然，對我來說，那就是一定要抓住這次機會，把鼎公的作品出好賣好，力求達到作者預期。

我和蔡長虹商量，如何把這本書做成暢銷書？蔡長虹認為，首先要改書名。我們注意到，這本書的內容，是一個中學老師給學生講作文的基本方法，作者將這些基本方法歸納為觀察、想像、體驗、選擇、組合和表現，也就是「六要」，通過六堂課給學生進行耐心細緻的講解，並佈置練習。這樣的內容，實際是關乎中小學生基本寫作技能的訓練，而不是作家創作技巧的培養。因而叫做《文路》，書名對於內容的揭示不很清晰，容易使讀者產生錯覺，似乎這是指導作家創作的書。於是我們寫信和鼎公商量改書名，先後提供了四五個書名供他選擇。幾番溝通後，一致同意採用《作文六要》作為書名。

這個書名顯然增強了賣點，把它對學生市場的針對性凸顯出來。但是如何推廣和宣傳呢？我和蔡長虹商量，需要找一些專家站台，專家應該包括教育界和文學界的知名人物。於是我們兩人分頭請到著名教育家朱永新、清華附小校長竇桂梅和著名作家莫言、王安憶、曹文軒以及著名翻譯家馬愛農，在本書封面上列名推薦。果然，這個宣傳效果不錯，本書出版後第一時間就佔據了當當網新書熱銷榜語言文字類圖書第一名。

然後我們又約請《樊登讀書》節目介紹這本書。樊登先生對此書甚感興趣，他在視頻節目中細緻介紹這本書的特點，時長竟達九十分鐘。節目播出後，市場反響強烈。

這本書剛剛出版半年，銷售已經近十萬冊。

能夠取得這樣的銷售業績，我感到欣喜和快慰——總算沒有辜負鼎公的信任。相信鼎公也是滿意的，因為他隨後又提供給商務兩部書稿，題目是《靈感五講》和《論文藝欣賞》。

一轉眼，我加盟商務也將近八年，這段經歷，幾乎和我分別在香港三聯和北京三聯工作的時間長度接近，在我的出版生涯中也甚為重要。我非常感慨的是自己幸運，做編輯始終站在中國最高的出版平台上，連退休以後也仍然如此。商務印書館不僅給了我發揮餘熱的機會，而且也成全了我一個完整的出版生涯。我感謝商務。

今年九月我將滿七十週歲。現在的人長壽，人生七十已不稀。我覺得自己仍然年輕，有活力和激情，可以繼續當編輯，做好書。所謂一生一事，此之謂也。

雖然不敢自誇「歸來仍然是少年」，但是總可以說：「我仍在路上。」

二〇二二年五月四日初稿

二〇二二年六月十五日改定

# 後記

這是我第二次動筆寫回憶錄。上一次，是在五年之前，我寫得非常簡短，只七萬多字，等於給自己的出版生涯列出了一個提綱。其內容大約相當於一篇長長的隨筆，所以我最初是準備將它編入我的一個隨筆集出版的。沒想到蒙深圳報業集團出版社的胡洪俠兄及汪小玲女士不棄，竟然把它當做一本小書單獨出版，書名叫《做書的日子：一九八二至二〇一四》。今天看來，那本書的確是過於簡略，許多重要的事情都沒有記錄下來。

當時我之所以動了寫回憶錄的念頭，還是因為受了老作家邵燕祥先生的啟發。我二〇一四年退休以後，陸陸續續寫了一些隨筆，講述三十多年「做書」背後的故事。文章完成後，我常常會寄給我特別尊敬的燕祥先生恭請指教。一次我到燕祥先生府上拜訪，他對我說：「讀你的文章，知道你經歷的事情不少。你應該系統地記錄下來。」我笑說：「寫回憶錄嗎？我還沒到年齡呀。」但燕祥先生卻說：「你可要抓緊呀。如果等你『到了年齡』，很多事就記不清楚啦。這事我是有教訓的。」他的話促使我寫了那本七萬字的小書。現在回想起來，我需要感謝燕祥先生。因為如果沒有那七萬字作為基本線索，這本厚度增加幾倍的新版回憶錄不可能順利完成。

當這本書完稿時，有人問我：「你寫這本書的目的是什麼？是總結自己，還是啟發同行？」我回答說：「可能兩者都有吧。」

從總結自己的角度說，我感到退休以後，自己的心態傾向於懷舊，主觀上也有寫回憶錄的動力。記得有一次，我為了重新編輯一本馮驥才先生十幾年前曾經出版的舊作，向大馮索取樣書，他在電話中嗔怪我說：「這書是你自己編的，怎麼會連樣書都不留？」他說：「我告訴你，你做了一輩子編輯，等到退休之後，最大的滿足就是欣賞自己編的書！你編過的書可要好好地收藏起來呀！」這些話，我當時聽了，並沒有很深的感受，但是今天，自己的確是像大馮說的，經常在「翻書憶往」，對着家中的幾組大書櫃發呆。我知道，這些書，記錄了我最重要的幾十年人生經歷，不僅滲透着我的酸甜苦辣種種體驗，同時也凝聚着我對歷史、現實和人生的思考。它們就是我人生價值的體現。我屬於曾經受過《鋼鐵是怎樣煉成的》影響的那一代人，對於奧斯特洛夫斯基那段「人生不可虛度」的名言記憶尤深，常以此自我鞭策。而今，在我編輯生涯告一段落的時候，我的確需要給自己走過的道路理一條線索，做一次盤點，進行一次至少是階段性的總結，也算是對自己的一次考試。當然，面對我曾經手（即以各種方式參與編輯出版過程）的三千本圖書，因其總體上已被社會、文化界和廣大讀者證明是有價值的好書，對於繁榮文化、傳播知識、促進社會思想啟蒙發揮了一點作用，我的自我考試是及格的。我感到自豪和滿足。儘管我一生沒當什麼官，沒發什麼財，沒成什麼名，我也仍然覺得，這輩子過得很值。特別是作為一個讀書人，我一生和自己喜愛的圖書作伴，從中不僅汲取了太多的營養，而且獲得了太多的樂趣。人們說，所謂幸福，就是快樂地生活。我無疑是一個幸福的人。

若說是啟發同行，我倒是不敢誇口說自己有什麼經驗可以介紹。在中國當代出版界，我屬於「生正逢時」的一代人，而且是其中特別幸運的少數人。我曾多次說過，做出版是需要有好平台的。而我先後在四家最著名的出版機構（人民文學出版社、香港三聯、北京三聯和商務印書館）擔任編輯，享受到這些出版平台帶給我的特殊資源和特殊便利條件，時代和環境的雙重因素，使我有機會做成了一些別人或許難以做成的事情。所以我並不認為，那些所謂的「成功」就能給同行多少啟發。但是我的「不成功」、我的失誤也不算少，一些原本可以做得更好的事情，因為我個人的種種原因，而留下遺憾和懊悔。有朋友讀了我的書稿，說我這本書記錄自己內心的遺憾，可能比起表達欣慰和滿足還多些。我想，或許正是這些內容，可以幫忙同行們引以為戒。

今年是我從事編輯工作的第四十年，這本書是我四十年工作經歷的紀錄。它的視角當然是個人視角，我知道這自有其局限性。世人皆知，編輯總是需要與人合作的。好書通常不是一個編輯單打獨鬥的成果。一個好漢也需要三個人幫。我曾見到有老編輯寫回憶文章提及自己編了某某有影響的作品，因為沒有或較少提及他人在其中的貢獻而招致同事的非議，以致於引起朋友反目。我極不希望這樣的事情發生在我身上，因為我一直對於幾十年來在各種情況下支持我的同事懷有感激之情。所以我在寫作時盡量注意，在一些有必要提及同事成績的時候，加入他們的名字。但是，由於這畢竟是一部個人回憶錄，受到敘述角度和文體的限制，我言及同事對於某書某事的貢獻，仍不可能詳盡敘說，有時只是寥寥數語，甚至一筆帶過。我希望這些同事可以從他們的角度，對我的回憶做出補充，這樣便可以對一些重要的場景進行立體還原。

這本書，寫的其實還都是做書背後的故事，但我試圖用故事說明自己的一些出版理念。這些理念是多位前輩出版人以言傳身教留給我的，對我一生影響至深。例如什麼是三聯傳統的精髓，我是從老一代出版家藍真先生身上讀懂的，而且終身受益。我在書中寫下了自己對於一些出版理念的固執和堅持，這或許並不能被所有同事和同行認同。我承認這應該也屬於見仁見智的範疇。但是，因為我的作品以記錄事實為目的，對於已經發生的一些爭議和分歧，我也並不迴避，而將它們留給後人評說。不過，所有這些都對事不對人，那些不得不講的故事，我盡力將文字收斂，以講事實為主，少做評論，盡可能保持客觀。

在這本回憶錄中，我用了不少篇幅，來敘述我們是怎樣在「歷史的夾縫」中做出版的。出精品，出好書是我的一貫追求，這是我們以自己的出版物開啟民智、促進社會進步的途徑。為此一定要設法呈現作者富有學術文化價值的精神成果，但在當前環境下，同時又要避免違反出版政策和原則。我一直在實踐着老作家王鼎鈞先生贈給我的兩句話：「改變那不能接受的，接受那不能改變的。」我認為，無論遇到什麼困難，文化理想不可放棄，個人努力不可或缺。

當年的七萬字書稿完成後，需要一個序言。我想到了劉再復兄。再復兄與我交往三十多年，我們相知很深。但是他很忙，要讀的要寫的著作太多。我有些不忍打擾，猶豫再三後，才把稿子發過去。附言請他寫序，囑他「書稿不必細讀，序言不必寫長，美言不必多說」。然而他幾天後便回覆了一篇激情洋溢的序言，說了不少令我愧不敢當的好話，使我感動不已。然而我更想說的是，讀者應能從這篇序言裏見出再復兄的為人和品格。在我結識的作家學者中，再復兄是一位永遠懷抱博大的仁愛之心的長者。他熱情、淳樸、善良，總是待人以誠，真情交友，內心常存感恩之念。所以他對我的那些美言，也可以看成是他對所有忠於職守的編輯們的讚賞和鼓勵。他喜歡和編輯交朋友，對於每一位曾經給予他一點微小支持的編輯，他都會心存感激。這些，讀者從他迄今出版了各種版本的著作一百二十多種，他仍然可以清楚地記起每本書責任編輯的姓名，就可以瞭解。我想起一九八五年我剛剛認識再復兄時，曾患一場大病，持續高燒一個月不退，在家休息，無法上班。一天晚上，忽然接到再復兄電話，他慰問我之後，告訴我他弟弟在香港工作，如果我需要內地買不到的外國藥品，可以讓他弟弟買了寄給我。我當時就流下熱淚，說感謝的話都泣不成聲。要知道，那時他已經是大名鼎鼎的中國社科院文學研究所所長，而我只是一個初出茅廬的小編輯！再復兄就是這樣一位令人敬重的長者，有他為我作序，我感到深深的榮幸。因為五年前這篇序言的內容，主要是談他和我之間的交往，對於增補重寫後成書的《一生一事》仍然適用，所以本書仍然以此為序。

感謝香港三聯書店葉佩珠總經理和周建華總編輯對我作品的認可。兩年前我曾經在那裏出版過《那些年，那些人和書：一個出版人的人文景觀》，這次他們又欣然接納此書，令我極受鼓舞。感謝本書的責任編輯張軒誦先生，他細心檢查了全部史料，幫我匡正和彌補了一些錯漏。同時我也要感謝香港的持恆基金。這家基金是為紀念三聯老前輩藍真先生（和持恆學友）而創辦的，我的兩本書在香港出版，他們都在經濟上給以支持。香港三聯和持恆基金為我所做的一切，都讓我時時感受到三聯人的深情，讓我倍覺溫暖。

最後，我還想說，感謝我的家人對我選擇編輯作為終身職業的理解和支持，也感謝讀者多年來對我所編所寫圖書的厚愛。希望大家喜歡這本書。

二〇二二年六月二十二日

責任編輯 張軒誦
書籍設計 陳朗思

書　　名 一生一事：做書的日子（一九八二至二〇二二）
著　　者 李　昕
出　　版 三聯書店（香港）有限公司
香港北角英皇道四九九號北角工業大廈二十樓
香港發行 香港聯合書刊物流有限公司
香港新界荃灣德士古道二二〇至二四八號十六樓
印　　刷 美雅印刷製本有限公司
香港九龍觀塘榮業街六號四樓A室
版　　次 二〇二二年十二月香港第一版第一次印刷
規　　格 十六開（一七〇×二三〇毫米）四四八面
國際書號 ISBN 978-962-04-5049-5